石油战略运筹学

王子宗◎主编

中国石化出版社

图书在版编目（CIP）数据

石油战略运筹学 / 王子宗主编. — 北京：中国石化出版社，2020.12
ISBN 978-7-5114-6103-2

Ⅰ. ① 石… Ⅱ. ① 王… Ⅲ. ① 石油经济—经济战略—研究 Ⅳ. ①F407.226.11

中国版本图书馆 CIP 数据核字（2020）第 260786 号

中国石化出版社出版发行
地址：北京市东城区安定门外大街 58 号
邮编：100011　电话：（010）57512500
发行部电话：（010）57512575
http：//www. sinopec-press. com
E-mail：press@ sinopec. com
北京富泰印刷有限责任公司印刷
全国各地新华书店经销
*
787 × 1092 毫米　16 开本　21.75 印张　408 千字
2021 年 11 月第 1 版　2021 年 11 月第 1 次印刷
定价：178.00 元

编　委　会

前言

PREFACE

石油是什么？从不同的角度看，石油有不同的内涵。有人说石油是“黑色的金子”，这其实是指出了石油的珍贵性和稀缺性；有人说《石油即政治》，这其实是揭示了石油的权力属性；有人说石油是“工业的血液”，这其实是指出了石油的经济价值；有人谈《石油战争》，这其实是揭示了现代战争的背后动因；有人谈《石油金融化》，这其实是指出了资源方和需求方对石油定价权的争夺；有人谈《石油与美元》，这其实是揭示了石油支撑起来的货币霸权……

作为一种能够深度影响政治、经济、军事、金融等的重要资源，石油的出现深刻地改变了人类历史的走向和进程。它既创造了丰富多彩的物质文明，为人类的吃、穿、住、用、行提供了极大的便利，又诱发了惨烈的战争破坏，引起了全球政治经济局势的动荡和不安。近百年来，帝国主义国家对石油资源的争夺烈度急剧增长，甚至已远远超过了白银和殖民地。时至当今，围绕石油资源而展开的明争暗斗和合纵连横依然不减，并以新的形势不断上演。

伴随着对石油资源的争夺和利用，演绎了大国的兴衰和交替。从某种程度上说，是能源催生了人类现代文明。因有了数量充足的煤炭，才有了钢铁行业的大发展，才有了机器制造业的大兴盛，才有了纺织品等的大生产，才提出了产品运输的大需求……英国凭借着煤炭和蒸汽机率先发起了人类历史上的第一次工业革命，社会生产力突飞猛进，国际地位获得极大提高。在独领世界百年风骚后，英国却因失去石油主导权而被美国取代了第一大国的地位。

在第一次世界大战中，燃油坦克和燃油战舰的战斗力让世人眼前一亮，石油的重要性已经初露端倪；在第二次世界大战中，石油对国家经济和现代战争的战略意义则更加凸显，很多学者将盟军的胜利归结为石油的充足供应，而这其中的绝大部分供应来自美国。1939 年以前，中东地区石油产量只占世界石油总产量的 5%，在国际石油市场上显得无足轻重，欧洲国家的石油进口主要来自美国和墨西哥；从 1941 年

12 月到 1945 年 8 月，盟军共消费了 70 亿桶石油，这其中的 60 亿桶来自美国。第二次世界大战后，美国一方面通过其国际石油公司控制了中东地区的石油开发，构建了新的国际石油秩序，另一方面通过“马歇尔计划”推动了欧洲主要工业国家的能源结构大调整，从“以煤为主”转为“以油为主”。从能源的视角看，美国正是依靠对石油的控制力使得欧洲受援国家沦为其势力范围，从而坐实了其世界超级大国的地位。

对石油资源的控制力已经成为大国实力或影响力的重要标志。美国战略家、前国务卿基辛格曾说：“谁控制了石油，谁就控制了所有国家；谁控制了粮食，谁就控制了人类；谁控制了货币，谁就控制了全球经济。”自第二次世界大战以来，美国一直将石油、粮食和美元作为其影响乃至统御全球的三大战略，其所有的国际战略布局也基本都是围绕着这三大战略而展开的。在这三大战略中，石油战略无疑是居于最基础、最关键、最核心地位的，因为正是凭借着农药、化肥、大棚等石油化工产品的支撑，才迎来了现代化农业的大发展，正是凭借着国际石油贸易必须使用美元支付的规则，才奠定了美元的世界货币地位。因此，在当今时代，一个国家想要谋求崛起，想要赢得政治、经济、军事、工业、金融等领域的全面优势，想要成为有强大实力和有全球影响力的大国，那就必须加强对石油资源的理解力和把控力。身处“石油时代”，我们只有理解了石油，才能眺望美好的未来，只有把控好石油，才能赢得长远的发展。

如何在相对贫油的背景下加强对石油资源的把控力是我们必须直面的问题。作为一个致力于实现民族伟大复兴的发展中大国、一个致力于构建世界命运共同体的有担当大国、一个致力于推动世界和平发展的石油进口和消费大国，我们应当有防止被石油政治“断供应”、被石油金融“剪羊毛”和被石油科技“卡脖子”的危机意识。为支撑国民经济高速发展，我国石油消费量连年大幅增长。自 1993 年成为石油净进口国以来，我国石油对外依存度逐年攀升，2009 年达 50% 以上，超过了国际警戒线；2011 年

达 55.2%，超过了同年的美国；2016 年达 65.4%，接近美国历史最高峰；2020 年达 73%，已然位列全球第一。当然，这是一个值得担忧的第一，它意味着我们对石油的把控力受到本土资源不足的严峻挑战。为应对挑战，我国采取了保持老油田持续高产，加强海外资源勘探开发，提高石油战略储备能力，深加工吃干榨尽现有资源，大力发展煤制油、氢能、电池技术等系列重大举措，同时也发展了石油战略运筹技术，夯实了对 7.02 亿吨石油资源（2020 年自产 1.95 亿吨，进口 5.07 亿吨）的控制力，为保障国民经济高速、高质量发展保驾护航。

本书回顾了近代石油工业的发展历史，枚举了人们生产生活中常见的石化产品，阐述了国际石油权力的内涵属性，总结了石油战略运筹中常用的算法理论，讨论了石油战略运筹中的典型案例，展望了石油战略运筹学的未来发展。如书中所言，为防止被石油权力绑架，我们应当立足于贫油少气的基本国情，深度掌握和灵活运用“石油战略运筹学”，将运筹学贯穿应用于整个石化工业链条之中，要让其成为制定石油战略的根本遵循，要借助运筹学来更加安全、更加经济和更加高效地勘探石油、开采石油、购买石油、运输石油、炼化石油和配送石油产品。希望在不久的将来，我们可以依靠石油战略运筹技术，在矛盾重重的国际市场上纵横捭阖，在危险丛生的金融规则中游刃有余，让遍布全球的大型油轮为我所用，让紧张繁忙的原油卸港有条不紊，使纵横交错的原油管网张弛有度，使庞杂耦合的炼化系统运转平稳，令林林总总的石油产品调度自如，令全国各地的供给消费井然有序，最终让雄伟的石油供应链承载着巨大的价值链为党分忧，为国献力，为民谋福……

本书的编写受到了来自多方的大力支持，感谢石化企业一线工人的业务解答，感谢石化企业技术专家的咨询指导，感谢辽宁省“兴辽英才计划”项目（XLYC1807152）的资助。由于编者水平有限，书中难免会有错误和不足之处，敬请读者批评指正。

目录

CONTENTS

第1章 石油战略运筹问题的引出

第 3 章 石油战略运筹的案例分析

第1章 石油战略运筹问题的引出

如果从能源的角度看，人类历史已经历了薪柴时代和煤炭时代，并正在经历着石油时代。有人说，石油产业已是明日黄花，不久人类就将进入新能源时代。然而真实的情况却是，所有正在探索或试用的新型能源，如风能、水能、核能、地热能、太阳能等，在连续性、成熟性、经济性、便携性、能量密度等综合评价指标上还远不能与石油相匹敌。关于新能源，有学者曾给出如下研究结论：

据统计，全球的风能约为2740万亿瓦/年，按照0.73%的可利用率计算，每年可利用的风能相当于150亿吨石油，接近当前世界石油年消费量的4倍。但由于风电设备的制造和安装费用较高，且风能连续性、均匀性较差，目前风能的利用规模仍然非常小。

据统计，全世界的江河的理论水能为48.2万亿度/年，相当于41.4亿吨石油。在当前的技术水平下，可开发的水能为19.3万亿度/年，相当于16.6亿吨石油，这是远远低于当前全球每年用作能源消耗的石油消费量的，所以水能也不能够完全替代石油。

据国际原子能机构2016年发布的《铀资源、生产和需求》称，全球已发现的开采成本低于260美元/千克的铀235资源的可采资源量仅为5.348万吨，相当于1020亿吨石油，按《BP能源统计年鉴》所说的全球37亿吨/年的石油消费量计算，核能仅能替代石油27年的时间。

据自然资源部中国地质调查局2015年度的调查评价结果数据，中国大陆地表下3000—10000米范围内的干热岩资源量相当于600万亿吨石油。根据国际标准，以其2%作为可采资源，则近似有12万亿吨的石油当量。虽然总量可观，但目前地热开采技术还不成熟，全球对地热能开发仍处于初级阶段或探索阶段。

据世界气象组织测算，太阳常数约为1368瓦/平方米。若一年中70%的时间为晴天，每天阳光垂直照射近似折算为6小时，大气衰减系数取55%，太阳能电池板转化率为20%，则每年每平方米地表产生的电能只相当于0.02吨石油的热值。要替代石油，就需要花费2300万亿元人民币去铺筑18.5万平方千米的太阳能板，承受这样高的代价无疑是不现实的。

综上所述，虽然在总储量方面，风能、水能、核能、地热能、太阳能等可能与石油相当，但在连续性、成熟性、经济性、便携性、能量密度等综合指标上，新能源目前可以说是远低于石油的。因此，人类开启新能源时代的梦想并非是一朝一夕就能实现的。人类要想早日进入新能源时代，就要充分利用好石油时代这个过渡时期，就要充分借助石油工业所提供的能量驱动和科技支撑。

既然人类还将长期处于石油时代或石油-新能源混合时代中，那我们就有必要把石油这个曾经改变人类历史走向和进程的重要资源学懂弄通。在这个国际风云剧烈变幻的时代，围绕着石油到底发生了什么？石油对人类生存和世界发展意味着什么？石油被人们赋予了什么样的角色？石油成了谁的工具？石油成了什么样的工具？石油消费大国要应用哪些手段保障资源安全？我国在石油资源的开源获取和优化利用中面临什么样的难题？运筹学在我国的石油战略中可以发挥什么样的作用？当前的石油战略制定对运筹学构成了哪些挑战？未来的石油战略制定会对运筹学提出哪些新的需求？在谋求中华民族伟大复兴的历史使命面前，上述问题是必须正面面对和审慎求解的。现在，让我们从人类发现和利用石油的历史说起……

1.1 石化工业的历史追溯和进程回顾

1.1.1 公元前10世纪前，石油就已被人类发现和利用

据记载，早在公元前10世纪以前，人类古文明就已经开始采集天然沥青，用于建筑、防腐、黏合、装饰、医疗。在底格里斯和幼发拉底文化的遗物中发现，苏美尔人曾经使用沥青进行雕刻。继苏美尔人之后，巴比伦人曾用沥青把砖黏合在一起，使建筑物能够抵御洪水破坏。在埃及的古墓中，曾发掘出一些用富含硫化物的石油保存下来的木乃伊。古埃及人曾在苏伊士湾的油苗区中，测算出从岩石中渗流出的石油量。在巴勒斯坦的古墓墙壁上的象形文字中，曾记载了发生在死海地区的石油开采事件。在公元前5世纪位于今伊朗西南部的古波斯帝国首都附近，曾出现手工挖掘的油井。波斯人在攻打雅典城的战争中，首次将石油当作攻击武器使用。公元前5世纪至公元1世纪期间，在高加索山脚下、里海沿岸的许多地方，都发现了油气苗，有的燃烧时间很长，还引来了虔诚拜火教信徒前来朝拜。

我国也是最早发现和利用石油的国家之一。据不完全统计，曾经记载过石油的中国古代史书有几十部之多。据史料记载，古代中国曾发现的石油产地遍布陕西、甘肃、新疆、四川、广东、台湾等八九个省区。东汉历史学家班固所著的《汉书·地理志》中记有“高奴县（秦置县名，在今陕西延长一带）有洧水（延河的一条支流）可燃”。北魏郦道元在《水经注》中进一步记述：“高奴县有洧水，肥可燃。水上有肥，可接取用之。”这里所说“肥”其实就是石油。我国最早命名“石油”一词的是北宋政治家和科学家沈括，沈括在其著作《梦溪笔谈》中对石油进行了科学的观察记录，对石油性能和用途作了详细研究。沈括认为石油“生于北际沙石之中”“与泉水相杂，惘惘而出”，并作出了“石油至多，生于地中无穷”“此物后必大行于世”的预言。明代医药学家李

时珍在其所著的《本草纲目》曾经记载过石油的保健作用，指出石油可以用来治疗人的疥疮等感染性皮肤病，同时对牲畜的某些皮肤病也有一定的疗效。

1.1.2 公元19世纪60年代起，石油开始用于油灯照明

虽然人类发现石油的历史非常悠久，但受科技发展水平的限制，在很长的一段时间内，人类并不能对石油进行有效的勘探、开发、加工和使用。直到1859年，美国人德雷克在宾夕法尼亚州钻成了第一口具有现代意义的油井——德雷克井，近代石油工业的宏伟历史画卷才算正式展开。

早期石油的开采动力主要来源于人们对照明的需求。第一次工业革命后，蒸汽机的大规模使用解放了人类劳动力，也增强了人们学习科技知识的动力。在美国，夜间阅读也变得蔚然成风。起初，人们主要使用抹香鲸油来提供夜间照明，但随着寡头家族对鲸油的垄断和美国南北战争的爆发，鲸油价格开始疯狂地上涨，甚至变成了一种奢侈品，让大多数有夜读习惯的人望而却步。

在这种背景下，人们开始致力于寻找鲸油照明的替代品，煤油也因此走进了人们的视野。当煤油照明逐渐替代鲸油后，石油工业的利润就开始变得丰厚起来，石油勘探、开采、运输、加工等大量业务也应运而生，并乘势快速发展。然而令人遗憾的是，在当时石油的利用仅被局限于点灯照明，因而人们只会提炼石油中的煤油成分，而对于更轻质的汽油成分，则由于其易燃易爆的特性，很难找到合适的用途，只能被白白烧掉。

1.1.3 公元19世纪90年代起，石油开始用作内燃机燃料

将石油中提炼出来的轻质组分就地烧掉是受科技发展水平的限制而采取的迫不得已的措施，因为在当时还没有找到一种有利可图的轻质油应用途径。虽然人们很早就产生了通过燃料燃烧做功来获得机械能的想法，如英国人斯特里特于1794年第一次提出了通过燃料与空气混合燃烧做功的理念，再如英国人赖特于1833年给出了直接利用燃烧压力推动活塞做功的设计，但这些想法在当时仅限于探索阶段，理论尚未成熟，也未得以工业化实施。

到19世纪中叶，科学家们逐渐完善了通过燃烧煤气、汽油和柴油等气/液态燃料来产生机械动力的理论，从而为内燃机的发明奠定了理论基础。1876年，德国发明家奥托成功研制了第一台往复活塞式、单缸、卧式、四冲程内燃机。该机以煤气为燃料，采用火焰点火，输出功率为3.2千瓦，转速为156.7转/分，压缩比为2.66，热效率达到14%，运转较为平稳。在奥托内燃机被大量推广应用，且性能不断改进提高时，人们却陷于煤气运输携带难题中。在这种背景下，汽油内燃机和柴油内燃机成了新的研发方

向。1883年，德国的戴姆勒首创了点火式汽油机。当时其他的内燃机的转速一般不超过200转/分，而戴姆勒的汽油机却一跃升到800转/分，功率得到了极大提升，且特别适应交通运输机械的要求。1897年，德国工程师狄塞尔首创了压燃式柴油机，该机适用劣质燃油，热效率达26%，具有良好的可靠性，实际应用不断增多。随着汽油机和柴油机的不断改进和广泛应用，石油替代了煤炭，成了内燃机的主要燃料，内燃机也与电动机一起成为了第二次工业革命的重要标志。

1.1.4 公元20世纪20年代起，石油开始用作化工原料

（1）在18世纪中叶以前，人类就已经可以用初级的化学加工法制造一些简单的生活必需品，如酿造、制陶、冶金、染布、造纸、制药等。公元前25世纪，埃及已经使用染色物来包裹干尸；公元前21世纪，中国已经大规模使用青铜器；公元前20世纪，夏朝人已经掌握酿酒术并将酒用于饮品和祭祀；公元前6世纪，腓尼基人使用山羊脂和草木灰来制作肥皂；公元1世纪，东汉人的造纸术已经较为完善；公元15—17世纪，中国因制药而发明了早期的军用火药，欧洲因制药而制得了硫酸、硝酸、盐酸等无机酸和部分种类的有机酸。由于中国的火药制作主要是基于经验科学，并未形成成熟的理论，而欧洲的制酸活动也基本限于实验室内，并未进行工厂化生产，因此严格来说，二者都算不上是真正意义上的化学工业。

（2）18世纪中叶，真正意义上的化学工业宣告诞生并开始高速发展。至20世纪初，无机化工业已初具规模，有机化工业也逐步形成。在无机化工领域，无机酸、无机盐、纯碱、氯碱、合成氨、化肥等产品开始得到大规模生产；在有机化工领域，化学家们以煤和石灰石等为主要原料制得了乙烯、丙烯、丁烯、苯、甲苯、二甲苯、萘、蒽等基础有机化学品和酸、醛、酯、醚、酮等基本有机化学品，在制药工业和香料工业中，化学家们相继合成了多种与天然产物具有相同分子结构的有机化学品，高分子化工和精细化工已经初现萌芽。

（3）20世纪20年代，以石油为原料的化学工业开始兴起。石油化工起源于美国，初期依附于石油炼制工业，后来逐步形成一个独立的工业体系。在20世纪20—30年代，美国的石油化学工业主要利用单烯烃生产化学品，如丙烯水合制异丙醇及再脱氢制丙酮、次氯酸法乙烯制环氧乙烷、丙烯制环氧丙烷等。至40年代末，美国石油化工在芳烃产品生产及合成橡胶等高分子材料方面取得了很大进展，丁苯、丁腈等合成橡胶生产技术得到迅速发展。自50年代起，世界经济由战后恢复期转入高速发展期，合成塑料、合成橡胶、合成纤维三大合成材料的迅速发展，使石油化工在欧洲、日本及世界其他国家和地区受到广泛重视。进入60年代，乙烯氧化制醋酸乙烯酯、乙烯氧氯化制氯乙烯等石油化工生产工艺也开始投入大规模工业化运转。

（4）20世纪70年代，石油取代了煤炭，成为化学工业的主要原料。石油化工的兴起和发展使得世界化学工业的生产结构和原料体系发生了重大变革，很多化学品的生产从以煤为原料逐渐转移到以石油和天然气为原料。在新原料的支撑、推动和催化下，各类新工艺、新产品不断被研发和推广。至20世纪70年代，全世界石油化工联合企业已有1000多家，石油化工所用的原料油已占到原油总产量的8.4%左右，所用的原料气已占到天然气总产量的10%左右。此时，单只美国生产的各种石化产品就已多达数千种。

（5）时至当今，石油化工已经全面成长壮大。有机化工新技术特别是在合成材料方面取得的新成就，使得工业生产对原油的需求量迅猛增长，极大地推动了烃类裂解和裂解气分离技术的快速发展。多种管式裂解炉和裂解气分离流程得以研发和投用，使得乙烯产品的收率大大提高，生产能耗也显著下降。1980年，世界乙烯的年产量达到3580万吨，2014年增长到约1.53亿吨，2018年又进一步增长到约1.77亿吨。有机化工的另一类重要的烃类产品——芳香烃（如纯苯、甲苯、对二甲苯、乙苯等）加工技术也不断进步。以纯苯为例，2007年世界纯苯产能达4800万吨，2011年增长到5577.8万吨，2017年又进一步增长到6618.6万吨，这其中绝大部分增量都来自石油化工，只有少量来自煤化工。随着石油化工的全面发展壮大，基础有机化工、基本有机化工、高分子化工、精细化工等方向已变得欣欣向荣，石油化学工业也成了世界主要工业国家的重要基础工业或骨干工业，其所生产的种类繁多、数量巨大、性能优良的石化产品已经深深融入了人们生产生活的各个方面。

1.2 石化产品与人类生存的紧密关系

承受着地底深处高温高压的苛刻环境，历经了上亿年的物理化学复合演化，通过了系统化的钻采净化处理流程，途经了千万千米的管道运输或油轮运输，经受了混沌复杂的炼油化工反应过程，石油从最初的生物质形态（石油有机成因说）逐渐演变成为人类生存发展的重要物质基础或条件，与人们的生产生活紧密地联系在一起。

也许有人认为，石化产品（由石油化工而来的产品）与人们生活的关联仅限于车辆加油而已，且随着电动汽车的突然问世和大量推广，石化产品将离普通百姓的生活越来越远。然而真实的情况却是截然相反的，历史上各式各样的石化产品庞多繁杂，深深地融入了人们生活的各个方面，与一般民众的联系变得越来越紧密。据英国石油化工网站统计，工业化国家平均每位居民每年直接消费的石化产品的质量约达5吨。未来随着数字化、网络化和智能化进程的加快，石化产品将不断以崭新的面貌融入大众的生活，推进人类文明的发展进程。以至于有学者放言，没有石油化工，就没有人类现代文明。

之所以没有意识到石化产品与民众生活的紧密联系，主要原因有两个：一是石化产品与人们生活的融合太紧密了，日常生活中时时处处都在用石化产品，对于合成纤维、合成橡胶、合成树脂等高分子化合物制作的各类日用品，人们往往习以为常，失去了对石化产品关注度和敏感度；二是石化产品种类繁多，很多不起眼的东西或物件也是石化产品或其衍生品，小至食品中添加的各种微量防腐剂，大至飞机起落架上安装的特种轮胎，如果没有一定的专业知识，很难意识到它们其实也是石化产品。对于学习石油化工的专业人士，通过仔细观察则不难发现，石化产品与人类生存发展紧密关联，吃饭、穿衣、住房、用品、出行等生活的方方面面都已离不开石化产品的支撑。

1.2.1 石化产品与吃饭的紧密关系

古语有云：民以食为天。改革开放40多年来，中国老百姓的饮食发生了翻天覆地的变化，食物的种类增多了，产量增长了，味道丰富了，色彩鲜艳了，保质期变长了，生产时节变换了，生产地域扩宽了……然而很多人没意识到的是，在如火如荼的饮食革命的背后，其实是化肥、农药、包装膜、塑料大棚、制冷剂、防腐剂、食品添加剂等石化产品在发挥着主力推动作用。

（1）粮食丰收靠化肥。据公开数据显示，施用化肥对粮食的增产作用高达40%。以至于有人说，中国老百姓填饱肚子的历史，既是一部粮食丰收史，也是一部化肥发展史。改革开放以来，我国化肥生产总量实现了一次又一次的跨越。据中国石油和化学工业联合会数据显示，1978年我国化肥产量在世界上总体排名第三位，其中氮肥产量排名世界第三，磷肥产量排名世界第四。而到2017年，这三个指标已经全部跃居世界首位。这其中，由石油化工生产而来的氮肥产量占到化肥总产量的80%以上。

（2）粮食不减产靠农药。据统计，如果不使用农药，农作物的损失将高达2/3以上。我国当前已成为世界最大的农药生产国，能生产500多种农药、几十种剂型，且环境友好型农药已经成为主流产品。在化肥和农药工业的强力支撑下，我国的农业生产力取得了巨大的进步，全国粮食总产量从1978年的3.05亿吨增长到2017年的6.18亿吨，主要经济作物产量也取得了几倍到几十倍、几百倍的增长，这极大地丰富了人们的菜篮子，创造了以占世界7%的耕地养活了占世界22%的人口的伟大奇迹。

（3）肉菜保供靠大棚。在以前，我国北方人家到了冬天，餐桌上除了白菜、土豆、萝卜等几种常见的、易储存的蔬菜外，是鲜见其他的绿色蔬菜的。如今，一年四季，北方人家的餐桌上的绿色蔬菜品种丰富、数量充足、质量新鲜，这主要应归功于农用塑料薄膜技术的发展进步。在北方，用塑料大棚种菜，可延长作物生育期40—60天，平均每年可增产蔬菜、瓜果1.8吨/亩；用半棚式暖圈养鸡，产蛋率可提高10%左右，用暖圈养肉猪、肉牛，冬季每日增重可达250—500克，用暖圈养羔羊，越冬成活率可达90%以上。

（4）食物保鲜靠制冷。自1925年首次生产出来以后，冰箱已经走进了千家万户，外形越来越美、容量越来越大，制冷保鲜效果也越来越好。作为冰箱制冷系统的重要组成部分，制冷剂的发展经历了一个漫长而又神奇的过程。从1834年最早投入使用的甲醚、乙醚、二氧化碳、二氧化硫、氯氟烃族等化合物，到20世纪使用的氟利昂、共沸制冷剂、非共沸制冷剂等，再到目前普遍使用的环保型R134a、R600a等，市场上的制冷剂产品随着人类的节能、安全、环保需求而不断升级换代。值得一提的是，这些制冷剂产品很多也是由石油化工生产而来的。

（5）种类丰富的添加剂。按功能不同，我国《食品添加剂使用卫生标准》将食品添加剂分为23类，主要包括抗氧化剂、漂白剂、膨松剂、着色剂、乳化剂、增味剂、防腐剂、凝固剂、甜味剂、增稠剂、食品用香料等。截至目前，全世界食品添加剂的品种达到了约25000种，其中80%为香料类产品，可直接食用的有3000—4000种，特别常见的有600—1000种，这其中大多数都是石油化工产品。添加剂的出现极大地丰富了食物的色、香、味等感官指标，有效地延长了食品的保质期，提高了食品的档次和质量，优化了食品的营养结构。可以预见，未来随着食品工业的兴盛、人们饮食方式的变革、营养健康意识的增强，安全环保、绿色无毒型的食品添加剂将得到更进一步的发展。

另外，人们日常生活中常用的保鲜膜，以及各种各样的食品包装袋、包装盒、包装瓶、饮水壶等也几乎都是通过石油化工生产而来的。有人认为，未来人类饮食文化的发展进步，将越来越离不开石油化工技术的创新应用。

1.2.2 石化产品与穿衣的紧密关系

从茹毛饮血的进化初期到繁荣昌盛的现代文明，人类从未停止过对“穿衣”的追求。穿衣最初只是为了遮挡和保暖，但发展到今天，又承载了审美、时尚、透气、防水、防弹、防辐射等多样化的功能需求。某种程度上，穿衣风格是一个民族、一个社会、一个时代的外在风貌反映，是一个国家的政治、经济和社会发展的最明显的标志。

在石化工业形成以前，人类制造服饰的材料非常有限，只限于天然的棉、麻、毛、丝、绒、皮革等。种植、养殖或收集加工这些材料，占用土地多，收获周期长，生产成本高，来源不稳定，从而导致“锦衣华服”变成只有少数富裕阶层才能享用的奢侈品，而普通大众则常常是粗布披身，新三年，旧三年，缝缝补补又三年。

近百年来，为解决“棉粮争地”矛盾，人们将合成纤维和人造皮革等石化产品引入了服装行业，不但缓解了农耕用地紧张的窘况，而且极大地丰富了衣服的品类、款式、功能和性能。对于我国这一人口大国而言，石化穿衣对于减少棉花占用耕地、保障粮食生产安全更是具有重要的战略安全意义。

（1）穿在身上的合成纤维。人们通过石油化工来生产基本有机化工原料，通过单体小分子来合成高分子聚合物，通过聚合物抽丝来获得合成纤维，最后将合成纤维用于纺织制衣。当前，中国合成纤维的消费量已占全国纺织纤维总量的70%左右，而且这一数字还呈不断增长的趋势。合成纤维的主要种类包括：

①涤纶纤维：涤纶学名聚酯纤维（Polyester），俗称的确良。其强伸度高，弹性优良，耐磨性好，小负荷下不易变形，尺寸稳定性好，易洗快干，洗后保形性好，耐晒和耐热性也不错。虽然它易起球，遇火易熔融、染色性较差，但并未影响其大规模推广应用。涤纶应用非常广泛，是目前世界上用量最大的合成纤维，采用不同的工艺可生产出品种繁多的商业化产品，如仿真丝绸及薄型织物，以及仿制麂皮、仿毛呢、哔叽等西服、外衣、外套面料等。

②锦纶纤维：学名酰胺纤维（Polyamide）。锦纶是纵向平直光滑、横截面呈圆形、具有显著光泽的长丝。其强伸度高，弹性优良，耐磨性极佳，小负荷下容易变形，耐热、耐晒性差，染色性好，是制作袜子的主要原料。

③腈纶纤维：学名聚丙烯腈纤维（Polyacrylic）。腈纶产品以短纤维为主，其中大多数为毛型短纤维。其强伸度、耐磨性能一般，但耐日晒性能特别优良，适宜作帐篷、炮衣等户外用织物；具有特殊的热收缩性，触觉优良，蓬松保暖，是制作膨体纱的首选材料。

④维纶纤维：学名聚乙烯醇缩甲醛纤维（Polyvinyl alcohol），有明显的皮层、芯层结构，皮层结构紧密，芯层结构疏松。维纶纤维的吸湿能力是常见合成纤维中最好的；其强伸度好，耐热水性差，染色性能差，性质接近于棉花，有合成棉花之称。

⑤氯纶纤维：学名聚氯乙烯纤维（Polyvinyl chloride），横截面接近圆形，纵面光滑或有1—2根沟槽。氯纶是最早开发的合成纤维，原料丰富，成本低廉。氯纶纤维几乎不具备吸湿能力，强伸度一般，耐磨性较好，耐日晒性较好，但耐热性差，染色性及在有机溶剂中的稳定性差。氯纶的突出优点在于其难燃性和甚至优于羊毛的保暖性，氯纶纤维制作的内衣、毛衣、毛裤等不仅保暖性好，而且具有阻燃性；氯纶纤维还可用于制作各种在常温下使用的滤布、工作服、绝缘布、覆盖材料等；氯纶纤维还特别适用于制作防尘口罩，因其静电效应，吸尘性特别好。

⑥氨纶纤维：学名聚氨基甲酸酯纤维（Polyurethane），又称弹性纤维，俗称莱卡。氨纶纤维强度较低，具有较好的耐酸、耐碱、耐光、耐磨等特性，但不耐高温，其弹性可与橡胶媲美，但其密度更小，断裂强度更大，软化温度和吸湿性能等也都优于橡

胶，并具有较好的染色性。氨纶纤维很少直接单独使用，而是多与其他纤维的纱线做成包芯纱或包覆纱来使用，主要纺织产品有紧身衣、运动衣、护腿袜、外科用绷带和袜口、袖口等。

⑦差别化仿真纤维：差别化仿真纤维通常是指在原来纤维组成的基础上进行物理或化学改性处理，使纤维的形态结构、物理化学性能与常规化纤有显著的不同。纤维的差别化加工处理，起因于普通合成纤维的一些不足，大多采用简单仿天然纤维特征的方式进行，以改进纤维形态或性能。差别化仿真纤维主要包括超细纤维、异形纤维、中空纤维等，种类非常丰富。

a.超细纤维：超细纤维的线密度为0.11—0.55分特，有很好的吸水性、吸油性和透湿性，织物光泽柔和，主要用于高密度防水透气织物和人造皮革、仿桃皮绒织物等的制造。超细纤维随着细度的变小，织物会更加柔软，手感更好，织物的透气性和透湿性也将得到很大改善，可从根本上解决合成纤维织物穿着不舒服的缺点，为合成纤维进入高档服装领域打开了一条通道。随着科学技术的发展进步，将有更多的领域使用超细纤维，超细纤维的开发和应用正孕育着巨大的机遇。

b.异形纤维：异形纤维是用异形喷丝板孔纺制的具有非圆形横截面的化学纤维。根据所用异形喷丝板孔的不同，其截面形状有三角形、十字形、三叶形、扁平形、多叶形、星形、Y形、H形、矩形、菱形、六角形、中空及多中空形等很多种。异形截面的纤维具有特殊的光泽、蓬松性、耐污性，并具有抗起球性，能改善纤维的回弹性等特点。根据异形纤维品种和横截面形状的不同，它可制成缎型织物和绉型织物（高档女式服装）、丝绸型织物（如乔其纱、双绉、派力司、府绸等）、毛型织物、麻型织物、羽绒型制品（如羽绒服、高档絮棉、睡袋等），以及类似羚羊毛、兔毛等动物纤维的特种制品。

c.中空纤维：中空纤维是一种特殊的异形纤维，它具有连续而均匀的空腔，一般采用特殊形状纺丝孔的喷丝板进行纺丝。中空纤维的蓬松性和保暖性良好，广泛用于枕芯、被褥和玩具等的填充物。

此外，差别化纤维还包括高收缩纤维、高吸水和高吸湿纤维、着色纤维、阳离子可染涤纶等其他不同品种。可以说，各类差别化纤维的出现，大大扩展和改善了织物的品种和性能。

（2）穿在身上的人造塑料。2016秋冬伦敦时装周，“菲达菲达”服装品牌的秀场以一身再生塑料材质制成的透视白长裙开场，著名服装设计师克里斯托弗·凯恩在发布其设计的2016年度秋冬系列服装上更是直接让模特们头绑塑料遮雨帽出场。这让我们看到，除了PVC、PU等塑料制品已在人造皮革上使用外，在要求越来越高的时尚女装市场上，再生塑料已开始成为供应服饰领域的又一热门材料。

①人造皮革：自古以来，除纺织品外，皮革也是人类制作服饰的一种重要材料，人类最早的服饰就是来自动物的皮毛。天然皮革因受资源不足、动物保护和加工工艺的限制，使用成本相对较高，于是就出现了用聚氯乙烯PVC加增塑剂和其他助剂压延复合在布上制成的人造皮革。人造皮革具有价格便宜、色彩丰富、花纹多样等诸多优点。后来出现的聚氨酯PU人造皮革和复合人造皮革则是较PVC人造皮革更新一代的产品，质感也更加接近动物的皮毛。而当前利用回收塑料制成的人造皮革可以帮助扩大服装的形式、范围和配件，使之看起来更为豪华，与冬天更相匹配。

②再生塑料：在日常服饰中，再生塑料起一个至关重要的角色。它可以以多种形式获得新生命，包括纯功利性产品及美丽的物件，并且长久环保。新的回收技术使设计师更容易结合再生塑料制成面料和里料，然后将之插入潮流服装和配件中，大大减少资源浪费。例如，现在很多牛仔裤公司使用回收塑料制作面料，以帮助织物更好地用于时尚服饰中。利用回收塑料制成的金属亮片可成为服饰重要的配件，为服装的整体搭配增光添彩。用回收塑料制成的T恤拥有惊人的弹性和柔软度，并且可以方便地回收利用。总之，可再生塑料在让人们获得美丽时尚的同时也实现了对环境的保护。

总而言之，石化产品对人类“穿衣”方面的影响是非常显著的，除以上讲到的合成纤维和皮革塑料外，用于制造鞋底的橡胶及丁苯热塑性弹性体（SBS），为衣料染色的各种染色剂和固色剂，以及品牌众多、能有效地清洗各种织物的洗衣粉、洗涤液和柔顺剂等也都属于石化产品。将来，石化产品不仅要在功能性和美观性上更大程度地满足人们对穿衣的个性化定制需求，更重要的是要依托高科技手段，为人们提供更多的节约、环保和智能化的服装产品。

1.2.3 石化产品与住房的紧密关系

随着生活水平的提高，人民群众对住房的需求也在提升，不论是对住房面积还是对房屋质量都提出了更高的要求。为满足这些不断产生的新需求，越来越多的石化产品被用到房屋的建造、装饰和使用中。这些石化产品种类非常繁多，包括各式各样的建筑材料、装饰材料、室内家具材料和电气材料等。

（1）石化产品提供建筑材料。石油化工为建筑行业提供了丰富的建筑材料，大到门窗、玻璃、屋顶、墙板、地砖，小到各种涂料、油漆、黏合剂等，都是石油化工的产物。

①聚氯乙烯塑料：说到石化产品中的建筑材料，首先不得不提的是大名鼎鼎的聚氯乙烯（PVC）塑料，其最主要的应用是制作塑料门窗。塑料门窗最早是在德国开始生产的，至今已有几十年的历史。塑料门窗的应用和发展与木材资源短缺和节能保温要求有着密切的关系。塑料门窗质轻、耐腐蚀、阻燃、电性能和气密性良好，具有良好

的保温性、隔声性及多种特殊的防护特性，其易于加工成型，容易着色，不用上漆就可制得色泽鲜艳的产品，还能通过特殊加工获得具有木质感、金属感、珠光及大理石等材料的外观效果，可以替代或节省钢材、铝材等金属及木材、皮革、传统纤维等材料。由于塑料工厂的建设投资和生产能耗均低于金属等传统材料，因此塑料的价格更为低廉。此外，PVC还可以用来生产塑胶地板、天花板及防腐蚀瓦等多种其他建筑材料。

②有机玻璃：建筑材料中的有机玻璃属于烯酸酯类透明塑料，一般是指聚甲基丙烯酸甲酯（PMMA）。它在塑料中透明度最佳，透射率高达92%—93%，可透过可见光99%、紫外线73%。相对普通玻璃，其密度较小，具有抗冲击性、不易碎裂、使用安全等优点，具有突出的耐候性和耐老化性。如果在制造过程中加入不同的染料或颜料，它就可以制成彩色透明、彩色半透明、彩色不透明等各种彩色有机玻璃，以满足不同消费者的个性化需求。

③聚碳酸酯（PC）板材：建筑材料中的PC板材具有高透光性和抗冲击性，耐紫外线辐射，具有良好的加工成型性能，且制成品的尺寸稳定性也较好，是近年来建筑装饰业的理想采光材料之一，比普通玻璃具有显著的优势。聚碳酸酯板材的隔热性能比普通玻璃高25%，抗冲击强度是普通玻璃的250倍，而质量仅为普通玻璃的1／2，因此近年来PC板材在各种形状的大面积采光屋顶、楼梯护栏及高层建筑采光设施等领域得到广泛应用。

④建筑沥青：建筑沥青是建筑行业中常用的防水材料，它一般是以石油经过常压和减压蒸馏得到的减压渣油为原料，用氧化反应法制得的。在实际施工中，屋顶必须铺设防水卷材。这种防水卷材铺装在屋面上后，因长期受到阳光的照射，老化速度会相对加快，同时由于严冬酷暑交错往来、白天黑夜温差变换、热胀冷缩相对剧烈等原因，必须要求其具有很好的耐老化性、耐热性和延伸性。近年来，一方面以高分子聚合物改性的沥青来生产防水卷材，另一方面以玻璃纤维布、尼龙布等代替纸张作为胎基，使得防水卷材的性能有了很大提升。除了用于屋顶防水外，在建筑地基的防水及在防止水库坝体渗水等方面，石油沥青也都是必不可少的防水材料。

⑤合成胶黏剂及其他：合成胶黏剂也是石油化工的重要产品之一。合成胶黏剂既能很好地连接同种金属或非金属材料，又能黏接性能相差悬殊的基材，如金属和塑料、水泥和木材、橡胶和帆布等，是现代房屋建造和装修中不可或缺的材料。此外，建材中的聚氨酯保温材料、聚酯清漆、聚酯腻子、胶泥、塑胶地砖、塑料管、碳塑修补剂等建筑常用材料等也都属于石化产品。

（2）石化产品制作装饰材料。涂料是现代房屋装饰的重要材料之一。随着石油化工技术的进步，涂料已摆脱依靠天然树脂和植物油脂的限制，而是可以通过石化精细化工来大批量生产。涂料的种类繁多，包括木器漆（硝基清漆、手扫漆、硝基漆辅助剂、聚酯漆、聚氨酯漆等）、内墙漆（水溶性漆、乳胶漆）、外墙漆和防火漆等，在对房屋保护和装饰方面起着重要作用。首先，涂料具有防腐、防水、防油、耐光、耐温、耐化学品的特性，涂在物件表面后，可以形成一层保护膜，从而有效防止金属锈蚀、木材腐朽、水泥风化等。其次，涂料可以使物件具有颜色、光泽、图案和平整性，能够起到美化生活环境的作用。最后，涂料还有隔热、绝缘、吸收或反射光、防滑、防飞溅、防噪声、减震及标记等其他作用。

（3）石化产品打造时尚家具。在现代家居中，有许多使用石化产品制成的时尚家具，例如，由不饱和聚酯树脂制造的聚酯玻璃钢具有质量轻、强度高、透微波性好、加工制造方便等优点，常被用于制作波形板、浴盆、耐腐蚀地板等。除聚酯玻璃钢外，聚氯乙烯、聚丙烯、人造革等材料也被广泛用于现代家具制造中，纵然是木制的家具，也要用到由石油化工合成的黏合剂及涂料等。这些石化产品可以制成餐台、餐椅、储物柜、衣架、鞋架、花架等各种家居和各种时尚摆件，可以用于制作各种化纤壁纸、化纤壁布、墙壁装饰画等室内装饰物品，这些由石化产品打造的家具和制作的装饰物具有价格便宜、颜色漂亮、轻巧耐用、时尚美观、保养方便、适用面广等特点，深受广大消费者特别是年轻消费者的喜爱。

（4）石化产品营造室内环境。目前，天然气已经基本取代煤、柴，成为城市居民最主要的燃料。在采暖方面，以前的燃煤锅炉正逐步被燃气锅炉替代，燃气的使用让人们摆脱了烟熏火燎的烧煤、烧柴的日子，同时采用家庭用燃气壁挂炉的采暖方式更加灵活方便，在保障供暖需求的同时也为节约能源、改善空气质量提供了更多的动力和空间。除燃气取暖以外，燃气发电也在越来越大的程度上保证着城市照明。截至2018年底，全国燃气发电企业共有150余家，燃气发电机组600多台，总装机容量约8330万千瓦，约占全国发电机组总装机容量的4.4%。与燃煤电厂相比，燃气电厂具有占地面积小、耗水量少、环境污染小等优点。用燃气发电代替煤装机发电，城市能源供应体系将更加绿色安全。

综上所述，从房屋的建造到装饰，从室内的家具采办到取暖用电，人们的住房需求中会用到大量的石化产品。这些石化产品为改善居住条件、美化居住环境已经作出了很大的，并还将作出更大的贡献。

1.2.4 石化产品与用品的紧密关系

自1859年石油工业的大幕开启以来，石油炼化技术不断创新发展，人们以石油为原料开发出数以万计的石化产品，这些产品被广泛地应用到各行各业和日常生活之中，有力地促进了行业的发展，改善了人们的生活。

（1）石化产品推动基础工业快速发展。从石油中提炼出的石蜡产品，是基础工业中必不可少的原料或重要的配套材料。以石油为原料生产出的石油焦，除作为高炉燃料、金属铸造使用外，也是制造各种电极的原料，有的石油焦还可用于原子反应堆、宇宙飞行器等高科技领域。从石油中炼制出的各种溶剂油、防锈油、防冻液等，广泛应用于金属加工、金属铸造、电器、橡胶、塑料、油漆涂料、建筑材料、印刷油墨、麻纺等不同行业。

通过石油化工合成的各类橡胶制品在工业中广泛应用，例如：工业机器上使用的各种轮胎、传送带、缓冲材料、设备里衬、电线电缆的外皮等几乎都是由合成橡胶制成的；各种耐油胶管、油箱、密封垫片等常是由丁腈橡胶制成的；对于需要耐高温、耐化学药剂侵蚀、耐高频交变应力的机器部件则可用含氟橡胶来制造。

通过石油化工合成的各种塑料制品在工业中也有诸多用处。工程塑料可用于轴承、齿轮、丝杠螺母、密封件等机械零件和壳体、盖板、手轮、手柄、紧固件及管接头等机械结构件上；工程塑料还可用于热交换器、化工设备衬里等化工设备上和管材及管配件、阀门、泵等化工管路中；近年来出现的国际高新科技成果的“骄子”——3D打印技术，其使用的打印喷涂媒介也基本上是工程塑料制品。泡沫塑料是工业上重要的包装材料，大量用于家用电器外壳、电器配件、按钮、体育文娱用品中。各种合成纤维和高分子材料也在工业中得到越来越多的应用，例如用PE纤维制造的防弹衣、防弹头盔等，具有性能优异、轻便灵活等特点，用芳纶制造的航空航天部件、体育用品、轮胎骨架、传送带及高强度绳索等，可以满足不同场合的使用性能要求。

除上述外，石油化工产品为其他工业生产提供的产品也是纷繁多样的，虽然我们无法一一列举，但很显然，我们可以理直气壮地认为，现代基础工业的正常运转，已经离不开这些石化产品的坚实支撑。

（2）石化产品助力电子信息技术进步。石化产品中的各类塑料、合成橡胶及黏合剂等被广泛应用于计算机及电子产品基础部件的制造中，例如计算机芯片、计算机屏幕、手机屏幕、各种模块基板、绝缘材料、太阳能板、封装树脂、个人信用卡、各种电缆封皮等。常见的光盘基本都是用工程塑料聚碳酸酯（PC）做成的；热致液晶聚合物等特种工程塑料是制造液晶显示器的主要材料；聚四氟乙烯可以用作制造绝缘材料；有机玻璃可用于制造塑料光导纤维；浇铸的低相对分子质量的环氧树脂可用于电子、电器设备和零件的包封和封装；模塑的环氧树脂可用于制作不易受压的电子产品。硅橡胶是一种性能卓越的密封材料、绝缘材料和分离膜，可广泛应用于电子电器制造。许多新型合成橡胶因具有某些天然橡胶无法比拟的特殊性能，如阻尼性、耐热性、密封性、耐溶剂性、生理相容性、形状记忆性等，在电子信息行业中也有着广泛的应用。

总之，电子产品的众多基础部件的生产都有石化产品的参与，以至于可以说，没有石化产品就没有现代电子产业。可以预见，未来随着电子信息技术的不断发展，石化产业和电子信息产业将会形成互相支撑、互相促进、共同发展的新局面。

（3）医疗卫生业与石化产品密不可分。医疗卫生业也与石化产品有着密不可分的关系。首先，许多药品本身就衍生于石化产品。例如，苯是石油的提取物，而许多药品则是从苯衍生而来的。我们熟知的阿司匹林是水杨酸衍生物与聚乙烯醇、醋酸纤维素等含羟基聚合物进行熔融酯化制成的。其次，合成橡胶和塑料制品在医药行业应用广泛。人体内长期或短期使用的排液管、导管很多是由橡胶制成的。硅橡胶由于性质稳定、耐热耐寒、透气性好、排水性好、不会被人体组织同化，因而被广泛用于制造各种假肢。一些间接的医药耗材，例如各种医用血袋和胶管、纱布、绷带及各种包装使用的塑料，也大多属于石化产品。最后，石化高分子材料也在医疗领域发挥着重要作用。这些具有特殊性能的石化产品常被用于制作人工关节、人工心脏、人工血管、人工皮肤、人工晶体等。例如，人工髋关节中的髋臼就是使用超高相对分子质量的聚乙烯制成的，这种塑料髋臼耐磨性好，能与金属骨头“默契配合”，现在已被普遍采用；各种人体医疗器件和人体器官的替代品，如心脏补片、人造动脉血管、人工气管等常用改性聚四氟乙烯等材料制成；在离子交换树脂基础上发展起来的离子交换膜等，现在已在人造肾脏、药物定时释放等方面发挥着重要作用。

综上所述，石化产品在医疗卫生业扮演着“救死扶伤”的重要角色，它们的出现有力地推动了现代医学技术发展进步，为提高人类生存质量、实现人类“长寿”的梦想作出了不可忽视的卓越贡献。

（4）日常生活中的石化用品处处可见。石化产品在我们的日常生活中随处可见，除了上文已经提到的与我们形影不离的食品、服饰、家具、饰物等外，还存在大量的我们随时随地都可能用到的石化产品。我们手边的精美书刊，座位上柔软舒适的海绵垫，脚下踩着的款式漂亮的地毯，鼠标下垫着的鼠标垫，可能都是合成乳胶或用合成乳胶处理过的产品。我们家中的各种儿童玩具、气球、篮球，以及各种各样的日杂用品，包括各种行李箱、杯子、碗碟、脸盆、凉鞋、水壶、手套、桌布、窗帘、雨具、塑料灯头、开关、电话、电器外壳等，有很多都是塑胶或塑料制品。我们家中的各种家用电器，如电冰箱、洗衣机、空调器、电视机、电风扇、吸尘器、电熨斗、微波炉、电饭煲、收音机、组合音响设备与照明器具的外壳主体，大部分由工程塑料制成。还有生活中常用到的各种塑料包装袋、塑料皮、保鲜膜，经过石蜡处理的用于包装食物药品的各种包装纸，也都属于石化产品。

化妆和清洁用品中很多都是石化制品，如洗涤剂、洗发水、沐浴乳、肥皂等，里面都含有石油的衍生物；石油精炼或合成出来的油、石蜡、香精、染料等，可以用来制作化妆品，发乳、发油、唇膏、面油、护肤油、防晒油、卸妆油、卸妆乳、婴儿油、雪花膏、指甲油、发胶等中都含有石油原料，含量较高的可达80%。

用于修补各种物件的“万能胶”是用环氧树脂制成的；用来润滑房门合页和对打气筒皮碗进行密封的是润滑脂；“不黏锅”之所以不黏是因为表面涂了号称“塑料王”的聚四氟乙烯；日常锻炼娱乐用的羽毛球拍和网球拍可能是由碳纤维这种力学性能优异的石化产品制成的；给孩子用的尿不湿中则是加入了吸水树脂这种强吸水的石化材料；而有机玻璃浇注的板材经表面涂覆耐磨涂层处理后，可直接作为眼镜镜片。

以上列举的种种，也只不过是我们日常生活中实际用到的石化产品的冰山一角。很难想象，离开了石化产品，现代人类该如何生活。或许，“石化产品塑造了现代人类文明”的说法并不夸张。

1.2.5 石化产品与出行的紧密关系

在当代社会中，人们的出行与石化产品的密切关系是最显而易见的。首先，汽油、柴油、煤油是拖拉机、小汽车、大卡车、轮船、飞机等各种现代化交通运输工具的动力来源；其次，现代道路、机场的修建也以沥青等石化产品为主要材料；再者，汽车、飞机、轮船等主要交通工具的生产制造本身也离不开各种各样的石化产品支撑。可以毫不夸张地说，没有石化产品，就没有现代交通运输；没有石化产品，人们就无法高效、顺畅地出行；没有石化产品，人们的工作和生活节奏和效率就会大幅度地降低。

（1）石油是现代交通工具的重要动力来源。小汽车、大卡车、轮船和飞机等都是当前人类出行的重要交通工具，而这些交通工具的最主要动力来源就是各种燃油，乘小汽车要用汽油，开大卡车需要柴油，坐飞机得用喷气燃料（煤油），轮船上燃烧的则主要是重质燃料油。据统计，每年各种交通运输工具消耗的燃料油，约占全部石化产品消耗价值的72%。没有这些石化产品，这些现代交通工具的性能将大打折扣甚至彻底停机，各个国家和地区之间的经济合作、文化交流就不可能如此的便捷和高效。

近年来，随着人们环保意识的不断增强，各种清洁型能源得到了大力的提倡和推广。但清洁能源想要取代石化燃料却还有很长的路要走，有很多技术问题待解决，有很多的污染账目也值得进一步讨论。例如：以煤电为能源的新型交通运输工具究竟是更污染还是更环保？以天然气为能源的传统交通运输工具究竟是更耗能还是更绿色？不管争论何时休止，可以肯定的是，在未来较长的一段时间内，石化产品还将是各类交通运输工具的主要动力来源。

（2）润滑油脂是机器咬合传动的重要保护。交通运输工具的高速、持续、顺畅运转不仅需要动力，也需要润滑。如果没有润滑，内部机件的高速咬合过程就会出现干摩擦，造成机件损伤、失效或卡死，最终导致交通运输工具无法正常运转甚至彻底报废。交通运输工具中使用的润滑剂包括润滑油和润滑脂等，润滑油又分为汽油机油、柴油机油、齿轮油、机械油等，润滑脂则多用于自行车、手推车和畜力车等的传动润滑。值得注意的是，润滑油或润滑脂的主要成分大部分是石油炼制的基础油，许多润滑油里面90%的成分来自石油化工。目前，润滑油（脂）的发展趋势是提高产品的性能，降低产品的成本，提高产品的环境友好性。无毒、低害、可生物降解的特种润滑油（脂）生产技术已经成为21世纪最热门的研究课题之一。

（3）沥青是铺设公路和机场的主要材料。沥青是一种防水、防潮和防腐的有机胶凝材料，具有很好的黏结性、绝缘性、隔热性，在道路工程中广泛应用，尤其是在高速公路的建设中应用广泛。另外，现在修建机场跑道也常采用沥青材料。行驶在柏油（沥青）路面上的汽车，其平均时速要比砂石路面提高25%。沥青主要可以分为煤焦沥青、石油沥青和天然沥青三种，前两种都属于石化产品。随着时代的发展，人们对沥青质量的要求也越来越高，出现了许多新型沥青种类，例如把合成橡胶之类高分子聚合物加入沥青中，形成改性沥青，用改性沥青铺设的路面在高温下不容易形成车辙，在低温下不容易缩裂，长期反复受压也不易因疲劳而出现裂纹；将甲酸钾盐放到沥青中，可形成除雪沥青，这种沥青可及时、主动除雪，而且还很环保，不会随着地面径流流到路面上去，大大降低了环卫工人的作业强度。随着沥青性能的不断改进，所铺道路的质量也在不断提升，使得人们的出行体验和出行效率都得到了持续改善。

（4）石化产品是制造交通工具的必备材料。仔细观察现代交通运输工具则不难发现，越来越多的塑料、橡胶、涂料、黏合剂等石化产品已深深融入其部件制造之中。甚至可以说，石化产品在交通运输工具的制造过程中是不可或缺和举足轻重的。

①合成橡胶在交通运输工具制造中的应用。合成橡胶主要用于制造轮胎。利用合成橡胶代替天然橡胶制造轮胎，可以降低交通运输工具的制造成本，摆脱自然条件的苛刻限制，满足多种多样的性能需求。例如，外胎胎面用胶既要使车辆安全舒适又要追求耐磨省油，内胎材质则要求具有较高的气密性，越野车等长期在恶劣环境中运转的汽车轮胎还要求耐光、耐老化，用于航天的橡胶部件往往需要耐几百摄氏度的高温。这些性能要求繁多、复杂、苛刻，但对于合成橡胶来说，是可以轻而易举实现的，而对于天然橡胶而言，却是很难做到的。

②合成塑料在交通运输工具制造中的应用。塑料产品在汽车上的应用日益增多，主要用作保险杠、燃油箱、仪表板、车身板、车门、车灯罩、燃油管、散热器及发动机相关的零部件。另外，像汽车前灯、侧灯、尾灯、后视镜面、透镜、车窗玻璃、内外装饰件、摩托车前风挡和头盔玻璃也大多是塑料制品。使用塑料代替金属材料，可有效减轻车身重量和节省燃油。一辆汽车平均用45千克的塑料，就可以代替100多千克的金属材料，更轻的车身可以减少能耗，汽车的自重每减少10%，燃油的消耗可降低6%—8%。一架波音787商用飞机有50%以上的部件为增强塑料，比同类型飞机节油多达20%。

③合成纤维在交通运输工具制造中的应用。合成纤维主要用于生产汽车的顶棚、地毯、座椅面料、车门内饰面料、行李箱内衬等。其中，锦纶因有较好的弹性和耐磨性，可用于生产汽车的安全气囊，芳纶则可替代石棉成为新的汽车刹车材料。近年来，高性能合成纤维在汽车、飞机的制造中展现出良好的应用前景。例如，以碳纤维为增强基的复合材料成为塑料车身的首选材料，在波音787梦幻飞机上，大面积使用的碳纤维复合材料大大减轻了飞机重量；在空客A380的制造中，也大量使用了合成材料，飞机约25%的部件由高级减重材料制造，其中22%为碳纤维复合材料，这使得A380飞机的每位乘客的百千米油耗不到3升，近乎相当于一辆经济型家用汽车的耗油量。

④其他材料在交通运输工具制造中的应用。石化产品在交通运输工具制造中的应用还有很多，除上面已经提到的合成橡胶、合成塑料、合成纤维等材料外，汽车、飞机等的制造中还广泛使用各种涂料和黏合剂等材料，当然，这些也大都属于石化产品。

总而言之，在当代社会，交通运输业必须依托石化产品的支撑，而交通运输又承载着商品、人员、文化流通的重大功能。如果说交通运输是助力现代经济腾飞的翅膀，而石化产品则无疑是托起这一“翅膀”，推动其“展翅翱翔”的最重要的驱动力。

1.3 石油权力对世界发展的重大影响

稀缺导致宝贵，宝贵形成权力，权力决定发展。毫无疑问，石油既是催生现代人类文明的重要能源驱动，也是当前人们生产生活的必备物质条件。但同时，我们还应认识到，石油也是当今世界政治、经济、军事的形态塑造剂，我们不得不学懂弄通其权力属性。

对一个国家而言，国内政治的稳定离不开石油化工的保驾护航，国民经济的发展离不开石油化工的重要支撑，武装力量的运转离不开石油化工的能量驱动。石油资源是如此的重要，以至于世界各国都在倾尽国力，用尽手段，争相抢夺。对石油资源的争夺曾改变了殖民地式的财富掠夺模式，改变了白银的世界货币地位，改变了世界的军事斗争形态。从某种程度上说，当前世界的政治、经济、军事格局正是由相关国家对石油资源的争夺进程决定的。

石油不仅是一种大宗商品，也具有显著的权力属性。回顾历史和审视当今，一些国家、组织和企业等主体就是通过石油权力来实现对他国、国民和消费者的控制、支配和剥削，以至于美国战略家、前国务卿基辛格甚至曾经放言：“谁控制了石油，谁就控制了所有国家。”历史上，石油权力曾经改变了美洲、中东、非洲等地区的国际政治形势，改变了地区国家的经济发展进程，改变了第一次世界大战、第二次世界大战、中东战争、两伊战争、海湾战争、伊拉克战争、利比亚战争等的结果走向。

对于中国这样的全球第二大石油消费国和第一大石油进口国而言，我们总希望石油淡化政治色彩，回归其商品属性。但随着全球政治经济形势变得更加不确定，这只是一种美好的愿望。我们唯有以务实的态度，基于现实的考虑，树立战略的思维，实施到位的举措，才能将“石油政治”带来的负面影响降至最低，才能避免被“石油权力”所绑架。基于此，本节将从石油资源权、石油定价权、石油运输权、石油技术权、石油战胜权、石油货币权等视角来讨论石油权力的内涵和影响。

1.3.1 石油资源权及对世界发展的影响

（1）什么是石油资源权。石油资源权是指一个国家、组织或企业等主体因占有稀缺的油气资源而形成的权力。这种权力可通过对石油消费国进行石油断供而迫使其在某些重大的政治、经济、军事、宗教、种族等问题上让步、屈服，乃至完全按照己方的意愿行事。

石油资源权是资源“供给侧”权力，是根本性权力，不可谓不大。历史上欧佩克、俄罗斯等石油供应组织或国家常通过石油断供、石油减产、石油增产等措施来达到其自身的政治、经济、军事目的，从而攫取相关层面的利益。

（2）产油大国通过行使石油资源权来调整国际石油市场供需平衡和保障自身卖油收益。在过去的几十年里，全球发生过多次石油断供/减产事件（表1-1），几乎每一次石油断供/减产事件的发生都会伴随着油价的显著变化。这些断供/减产事件常会对石油消费大国的经济发展造成较大冲击，也会保障石油资源国自身的卖油收益。

表1-1 部分石油断供事件汇总表

序 号	发生时间	事件名称	油价涨幅 /%
1	1973–10	阿拉伯石油禁运	231.6
2	1979–10	伊朗石油中断	15.1
3	1979–01	沙特拒绝增产	64.5
4	1979–05	沙特削减石油公司供给	30.7
5	1979–11	美国驻伊朗大使馆人质事件	17.8
6	1980–09	两伊战争爆发	28.4
7	1990–08	伊拉克入侵科威特	58.4
8	1999–01	欧佩克减产	43.5
9	2002–11	委内瑞拉石油工人罢工	117.5
10	2008–08	卡特琳娜飓风	11.2

续表

序 号	发生时间	事件名称	油价涨幅/%
11	2007年初	尼日利亚意外减产	18.8
12	2007年末	中国柴油需求激增	31.1
13	2008年春	欧盟强制推行10ppm低硫柴油（$1ppm = 10^{-6}$）	45.2
14	2011-01	利比亚断供	27.7
15	2014-07	第二次利比亚断供	15.8
16	2017-01	欧佩克2017减产	7.8
17	2017-09	哈维飓风	12.7
18	2017-11	第一次委内瑞拉断供事件	12.7
19	2018-05	康菲委内瑞拉索赔事件	33.3

可以说，在石油期货市场成熟以前，如果没有帝国主义国家的政治施压和军事干预，掌握石油资源权的产油大国几乎可以立于不败之地。不管是发生政治事件、军事冲突还是经济危机，产油大国几乎都能通过石油断供/减产等垄断性行为来调整市场供需，保证原油价格，攫取对自身最有利的政治、军事、经济、宗教等的收益。

（3）阿拉伯国家在第三次中东战争中行使石油资源权给亲以色列国家造成不小的麻烦。1967年6月5日到10日，以色列出动军队闪击埃及、叙利亚和伊拉克，史称第三次中东战争、六五战争或六天战争。在这次战争中，阿拉伯国家损失惨重，不但伤亡了几万人，而且加沙地带、西奈半岛、约旦河西岸、耶路撒冷旧城和叙利亚的戈兰高地等均被以色列占领，约100万阿拉伯人被迫逃离自己的家园，沦为难民。于是，阿拉伯国家拿起石油武器，对支持以色列的西方国家采取石油禁运。面对此次石油禁运，西方国家紧急开启已封闭的油藏，动用国家石油储备，并加大从委内瑞拉、印度尼西亚等第三方国家的石油采购数量，最终勉强渡过了难关。虽然阿拉伯国家第一次行使石油资源权以失败告终，但却让世人认识到石油资源权的存在和威力。

（4）阿拉伯国家在第四次中东战争中行使石油资源权迫使亲以色列国家改变不公的立场。1973年10月，第四次中东战争爆发，埃及和叙利亚为了收复西奈半岛和戈兰高地而对以色列展开军事行动。在进行军事斗争的同时，为了打击支持以色列的西方国家，叙利亚、黎巴嫩、沙特阿拉伯、伊拉克、科威特、卡塔尔、阿拉伯联合酋长国等阿拉伯国家实行了大规模石油减产和禁运，最终引发了第一次石油危机。阿拉伯国家行使石油资源权在经济上给了以美国为首的西方国家以沉重的打击，据美国经济学家统计，美国、欧洲和日本国内生产总值分别下降了4.7%、2.5%和7%（《西部论丛》——三次石油危机，2008年第8期）。石油资源权的行使有力配合了埃及、叙利亚等国的军事斗争，使得西方被迫调整中东政策，欧共体9国外长会议通过《布鲁塞尔宣言》，要求以色列结束1967年战争以来占领的阿拉伯领土，并要求保证巴勒斯坦人的合法权利，不允许通过武力获得领土。美国也于1975年首次承认巴勒斯坦问题是阿以冲突的核心问题。

（5）俄罗斯行使石油资源权让欧盟国家在对俄罗斯–格鲁吉亚冲突的表态中“首鼠两端”。2008年8月，格鲁吉亚和俄罗斯为争夺南奥塞梯的控制权而爆发武装冲突。经过近一周的激烈对抗，双方最终在欧盟轮值主席法国总统萨科齐的斡旋下达成了停火协议，这份停火协议宣布了南奥塞梯和阿布哈兹两个地区脱离格鲁吉亚的控制。后来俄罗斯又宣布承认这两个地区独立，并向这两个地区派驻军队，南奥塞梯和阿布哈兹在形式上已经成为俄罗斯的势力范围。放在以前，这种情况是传统欧洲强国所绝对不能容忍的，但由于现在俄罗斯控制着欧洲国家赖以生存和发展的能源命脉，具备了随时让欧洲国家陷入“天气寒冬”和“经济寒冬”的能力，因而在俄格冲突之后，欧洲的一些传统强国，如德国、法国、意大利等，虽然私下对该事件有所腹诽，但在公开场合却几乎都选择站在了俄罗斯的一方。在后来举行的欧盟峰会上，这些欧洲强国更是坚决反对有关国家提出的制裁俄罗斯的提议，俄欧关系非但没有受到不利影响，反而呈越走越近的趋势。

（6）欧佩克组织行使石油资源权让美国新兴的页岩油行业一度“满地鸡毛”。对于欧佩克成员国和俄罗斯等以石油销售为主要财政收入的国家而言，争夺和维护国际石油市场份额是关乎国家经济命脉的大事。任何关于国际石油市场份额的风吹草动都会挑战国家决策者的敏感神经。因此，美国近年来新兴起的页岩油行业成了欧佩克组织的眼中钉、肉中刺。随着页岩油开采技术不断成熟，自2012年起，美国的页岩油产量开始大幅增长。到2019年9月，美国已从石油进口大国转变为石油净出口国。美国石油出口量的增长对沙特阿拉伯等传统石油出口大国构成了巨大的市场份额挑战和财政收入冲击。为应对美国页岩油革命对自身石油市场份额所形成的巨大压力，沙特阿拉伯等国家利用其石油开采成本较低的优势发动了石油价格战。在当时，页岩油的开采成本大约为50美元/桶，而沙特阿拉伯的石油开采成本大约为30美元/桶，沙特阿拉伯等国家抓住自身的成本优势大幅增加国际市场的原油供应，一度将国际油价拉低到35美元/桶甚至更低。在超低油价的冲击下，美国的页岩油企业损失惨重，至2015年6月底，美国的页岩油产业资金外流近300亿美元，净负债总值升至约1690亿美元，大量实力不强的页岩油企业开始申请破产。

1.3.2 石油定价权及对世界发展的影响

（1）什么是石油定价权。所谓石油定价权是指国家、组织或企业等主体在制定市场油价方面的话语权，或者说是指有关主体通过调整自身政策、发展战略、经营活动等措施而使市场油价按照己方意愿变化的能力。石油定价权反映的是石油生产方和石油消费方在石油价格上的博弈，掌握了石油定价权的一方会为自身争取到巨大的经济利益。

自1859年现代石油工业宣告诞生以来，石油定价权主要经历了四个发展时期，分别是：标准石油公司以托拉斯的形式垄断美国市场的石油定价权时期，石油企业联盟以卡特尔的形式垄断国际市场的石油定价权时期，石油生产国联盟以卡特尔的形式垄断国际市场的石油定价权时期和石油消费大国通过期货市场分享石油定价权时期。

（2）标准石油公司垄断美国市场的石油定价权时期。在1859—1911年期间，虽然俄罗斯、墨西哥、委内瑞拉、伊朗等地都相继发现和开采石油，但产量份额占比并不大。而美国则凭借其国内巨大的石油生产和加工能力，一直保持着世界第一石油大国的地位。1870年美国产油526万桶，占当年世界总产量的90.7%；1890年美国产油4582万桶，占当年世界总产量的60%；1900年美国产油6362万桶，占当年世界总产量的42.7%；1920年，美国产油44295万桶，占当年世界总产量的64.3%。对于美国的石油市场而言，最具影响力、最具代表性的故事主线可能就是标准石油公司的诞生和发展壮大、谋求石油市场垄断地位、掌控石油定价权和最终被反垄断法强制拆解这一过程了。

在1870年以前，美国的石油市场是有充分竞争的。但自石油大亨洛克菲勒创建了标准石油公司（Standard Oil Company）后，美国市场的石油定价权逐渐被这家企业所垄断。在石油工业发展初期，洛克菲勒并没有盲目跟风进行原油开采，而是看准了炼油行业。通过扩大炼油规模、改善油品质量、控制生产成本、兼并其他炼厂，洛克菲勒在一年内控制了美国炼油行业近1/10的市场份额。1871年，洛克菲勒推动建立了美国炼油联合体，以“卡特尔”的形式垄断了美国的石油市场。到1872年4月，洛克菲勒已经控制了全美国大部分的重要炼油厂，成了当时世界上最大的炼油集团拥有者。

1882年，随着《标准石油公司托拉斯协定》的签署，标准石油公司成为世界上第一个大“托拉斯”垄断企业和世界上第一个石油巨头。通过兼并40多家厂商，标准石油公司控制了美国95%的炼油能力、90%的输油能力、25%的原油产量和至少90%的煤油出口。标准石油公司对美国石油工业形成了事实上的垄断，并且彻底掌握了美国市场的石油定价权。标准石油公司在经营过程中制定了上下游一体化的发展战略，推行了大规模、标准化的先进生产模式，同时利用石油定价权不断巩固自己的垄断地位，并从中攫取巨额利润。这种垄断性的石油定价机制一直持续到了1911年。

这种诞生于石油产业的垄断定价模式逐渐为美国的各行各业所争相模仿，对美国经济的良性发展构成了巨大的阻碍，引起了美国政府及公众媒体的极大不满。1906年

11月18日，罗斯福政府对标准石油公司发起法律诉讼，指控其违反了国家反垄断法。在经历了多次的审判和斡旋后，1911年5月，美国联邦最高法院最终裁定标准石油公司违反《反托拉斯法》，并将其解体为34家公司。值得一提的是，这些从标准石油公司拆分出来的公司并未就此衰落，反倒发展成后来人们耳熟能详的埃克森、雪弗龙、美孚等国际知名的石油巨头公司，对美国乃至国际石油产业都有着巨大的影响力，并曾一度联合掌控了国际市场的石油定价权。

（3）石油企业联盟垄断国际市场的石油定价权时期。在1911—1972年期间，史上有名的七家大型跨国石油公司——“石油七姐妹”曾基本掌握了国际市场的石油定价权。所谓石油七姐妹是指埃克森石油公司、美孚石油公司、雪弗龙石油公司、海湾石油公司、德士古石油公司、壳牌石油公司和英国石油公司。这其中，前三家是因标准石油公司被拆分而独立出来的公司，第四家、第五家是靠美国得克萨斯州南部的纺锤顶油田的超高产能而发展起来的公司，第六家是由在荷属东印度群岛开发石油的荷兰石油公司和运输销售俄国巴库石油的英国壳牌公司合并而来的公司，第七家是靠在伊朗开发石油而发迹的公司。从国别来看，英国石油公司是英国所有，壳牌石油公司是荷兰与英国共有，而其余五家则都是隶属于美国的公司。

“石油七姐妹”内部之间相互倾轧、激烈竞争，但对外却通过结盟协定形成“卡特尔”式垄断，通过控制石油定价权来合伙攫取高额利润。1928年7月，英、荷、美、法等国的跨国石油公司共同签订了《红线协定》。该协定规定：所有参与主体共同拥有奥斯曼帝国的石油资源权；任何一方在该地区发现的任何油田均属协定各方共有；未经他方同意，任何一方不得私自开发该地区的石油。1928年9月，“石油七姐妹”又补充签订了《阿科纳卡利协议》。通过该协议，跨国石油公司限制了联盟内部的自由竞争，将国际石油价格傲慢地限定在美国的油价水平上（当时美国的石油开采成本远远高于中东地区）。

通过《红线协定》和《阿科纳卡利协议》，“石油七姐妹”和法国道达尔石油公司基本完成了对中东地区石油资源的垄断和对除苏联、美国以外的国际石油市场的瓜分，掌握了国际市场的石油定价权，为自身攫取了丰厚的利润回报。这些国际石油公司控制着石油产量、石油分配、石油运输和石油销售，掌握着石油定价权，不受市场供需规律的约束，财大气粗，唯我独尊。他们的收入远高于经营所在国的政府的收入，他们的油轮吨位远高于经营所在国的海军军舰的吨位。在当时，掌握了石油定价权的国际石油公司的综合实力是如此之强，俨然一个个超越政府的独立石油王国，甚至成了难以复制的“历史神话”。

（4）石油生产国联盟垄断国际市场石油定价权时期。在1973—1986年期间，鼎鼎大名的石油输出国组织——欧佩克（OPEC），接替“石油七姐妹”，掌握了国际市场的石油定价权。起初，中东地区国家纷纷与西方石油公司签订土地租借权协议，依靠该类协议，西方石油公司可用极其低廉的费用在相关地区勘探、开采、加工石油。中东国家的石油工业也因此基本掌握在西方石油公司手中，形成了事实上的石油殖民主义。在中东地区民族、民主意识逐渐觉醒的大背景下，为对抗西方跨国石油公司的石油定价权和石油垄断利益，1960年9月，由伊朗、伊拉克、科威特、沙特阿拉伯和委内瑞拉五国牵头成立了欧佩克组织。后来随着卡塔尔（2019年1月退出）、厄瓜多尔（2020年1月退出）、阿拉伯联合酋长国、利比亚、赤道几内亚、尼日利亚、阿尔及利亚、安哥拉、厄瓜多尔、加蓬、刚果等国加入，欧佩克组织进一步发展壮大，成了反抗西方石油公司的重要力量。

欧佩克组织致力于扩大成员国的石油资源收益。为争取石油资源独立，欧佩克组织各成员国采取了系列不同的对抗国际石油公司的措施，包括：要求55%的石油收益税率、要求国际石油公司推高原油售价、参股国际石油公司、开展石油资源国有化运动等。通过执行这一系列措施，欧佩克组织成员国的实力逐渐得到增强，终于在1973年向全世界展现出了其对石油定价权的掌控力。实际上，欧佩克组织早在1960年就成立了，但却在很长的一段时间里并未实际掌握石油定价权。在欧佩克刚成立时，国际石油供给量是超过消费量的，且欧佩克组织对石油资源的掌控力也并不强大，因而其对油价的影响力也是有限的。

1973年，当第四次中东战争爆发时，欧佩克组织成员国几乎都在石油资源国有化问题上取得了重要进展，各成员国间形成了“卡特尔”式的垄断联盟。为支援阿拉伯国家的抗争，欧佩克成员国除采取断供、禁运等措施外，也行使了石油定价权来打击亲以色列的西方国家。欧佩克成员国通过协商实现按比例减产石油，人为地制造国际石油供需紧张，使得国际市场原油价格大幅上涨，有力地打击了西方国家的经济。在打击西方国家经济的同时，其自身的石油资源收益却从230亿美元/年大幅上涨到1100亿美元/年。在尝到了石油定价权的甜头后，为维护组织成员国的内部团结，防止因争夺国际石油市场配额而混乱降价，欧佩克组织进一步加强了“卡特尔”联盟，制定了统一的国际石油定价方式，即波斯湾离岸价加上波斯湾到交割地的运费，这一方式一直持续到了1986年。值得一提的是，受欧佩克组织的石油定价权的辐射性影响，阿拉伯轻质原油也取代了西德克萨斯中质原油，成了当时的原油定价标杆。

（5）石油消费国通过期货市场收复部分石油定价权时期。从1986年开始，国际石油市场进入了期货定价时代。欧佩克组织所把持的石油定价权之所以能够逐渐转移到期货市场上，主要原因可以归结为三点：石油消费萎缩、石油供应过剩和石油保障需求。

第一，欧佩克组织大幅提高油价导致西方国家经济萧条和石油消费萎缩，石油市场消费萎缩反过来削弱了欧佩克组织的石油定价权。实际上，“石油七姐妹”虽然是石油价格垄断性组织，但同时也是市场操作的高手。在“石油七姐妹”控制石油定价的那段历史时期内，国际石油价格基本稳定在2美元/桶左右。即使在发生战争的背景下，石油价格也未曾出现大起大落。战后西方国家经济的恢复和发展就是建立在相对稳定、相对低廉的石油能源基础上的。

1973年，第四次中东战争爆发后，欧佩克将石油价格从3.01美元/桶直接提高到5.11美元/桶，加上减产、禁运措施，西方国家的实际采购油价已经暴涨到了20多美元/桶。1978年，伊朗国内发生伊斯兰革命，停止石油输出60天，1980年，两伊战争爆发，伊朗、伊拉克两国石油产量暴跌。从1973—1980年这段时期，石油价格从3美元/桶上涨到约41美元/桶。两次石油危机对西方工业国家的经济造成了沉重打击，在近7年的时间内，其石油进口成本增长了近10倍，各国通货膨胀率飞速上涨，国内生产总值增速也进入了负增长阶段。出于对石油危机的恐惧，西方国家开始研发和推行节能技术、能源替代技术，从而进一步加剧了国际石油消费萎靡。

第二，非欧佩克国家石油产销量大幅增长，欧佩克国家开始增产降价以争夺市场份额，石油市场供应过剩进一步削弱了欧佩克组织的石油定价权。在第一次石油危机后，西方国家为了保证自身能源安全，开始依靠资本和科技的优势加大石油勘探、开采、运输力度。英国北海油田和墨西哥湾油田开发得到了大量的低息贷款资助，许多原先不能开采的石油也因科技进步而实现经济性开采。美国加紧建设了阿拉斯加输油管道，通过运输提效盘活了普鲁德霍湾油田的原油产量。苏联抓住时机占领市场，将其原油产量提升了50%以上。另外，由于压缩和液化技术已成熟，天然气也开始成为重要的石油替代能源。

随着非欧佩克国家的能源供应种类不断丰富和数量不断增长，欧佩克开始“限产保价”，将油价统一定为34美元/桶，并规定了每个成员国的生产配额。然而欧佩克国家内部的意见并不一致，伊朗因战争需要，每天超额生产80万桶左右，原油售价也降低到26美元/桶。为应对市场份额丢失和财政预算不足的风险，除沙特阿拉伯外，其他欧佩克成员国也纷纷加入市场争夺战，无限制价格战正式打响。到1985年底，沙特阿拉伯也加入石油增产和价格倾销的行列，其石油产量由不足200万桶/天猛增到900万桶/天。国际市场上严重的供应过剩导致油价猛跌67%，仅仅高于10美元/桶。至此，虽然欧佩克组织仍对国际油价有一定的影响力，但却已经没有了“说一不二”的绝对控制力。

第三，为保障石油供应安全和降低石油价格风险，西方石油消费大国推动建立了石油期货市场，通过“价格发现”主导了国际石油定价。西方国家早期的经济发展是建立在“石油七姐妹”所制定的稳定低廉的石油价格上的，在欧佩克组织掌握石油定价权后，油价的总体走高使其经济发展成本急剧增长，油价的剧烈震荡使其经济隐藏风险此起彼伏。为削弱甚至打破欧佩克组织的垄断性石油定价权，西方国家推动建立了以市场供需为基础的、经由充分竞价的石油定价机制。在此背景下，石油期货市场应运而生。石油期货市场中聚集了众多的买方和卖方，买卖各方在期货市场的规范运行机制下，将其所掌握的商品供需信息都集中到交易所内，从而汇总生成一个能够准确反映总体供求关系及价格变动趋势的信息库。买卖各方在更加全面、更加及时、更加准确的信息指引下，展开公开、公平、自由、高效地价格竞争，最终形成具有真实性、预期性、连续性和权威性的国际油价。

1982年，纽约商业交易所推出了第一个原油期货合约，此后原油期货贸易迅速发展，石油定价进入金融化时代。纽约商业交易发展成为北美地区的原油定价中心，伦敦国际石油交易所发展成为欧洲地区的原油定价中心。随着原油期货贸易的发展，出现了几种定价基准油。北美地区石油定价一般参照西得克萨斯中质原油（WTI）期货价格，欧洲地区一般参照布伦特原油（Brent）期货价格。此外，位于阿联酋的迪拜商品交易所应算是中东地区的原油期货定价中心，其出口原油定价有两种主要方式：一类是与出口目的地基准油挂钩的定价方式，如出口到欧洲的参照布伦特油定价；另一类是出口国自己的官方销售价格指数（OSP），如阿曼的原油价格指数（MPM）。在亚洲，为争夺地区石油定价权，新加坡、日本、中国等也先后建立了石油期货市场。值得一提的是，中国上海国际能源交易中心自2018年3月开始挂牌交易原油期货，到2020年1月，人民币计价的原油期货已占达国际市场的6%。

最终，在石油消费萎缩、石油供应过剩和石油保障需求三大因素的影响下，西方石油消费大国抓住历史时机，增加自身产能，拉拢产油同盟，建立了石油期货市场，通过期货市场的“价格发现”功能成功地将石油定价权转移到了期货市场上。自此以后，欧佩克组织的行政命令已经不能独断地和决定性地锁定国际市场原油价格，而是沦为原油期货市场的一个定价影响因素了。

1.3.3 石油运输权及对世界发展的影响

（1）什么是石油运输权。所谓石油运输权是指国家、组织或企业等主体因靠近海峡、控制运河、通过管线等占据石油运输要道而形成的权力。或者说，石油运输权是指某主体因有能力遏制世界石油运输的咽喉要道，并借此来威胁或打击他方的政治、经济、军事利益而形成的权力。

据互联网上数据显示，全球每天有超过3500万桶（约500万吨）的石油需要通过海上运输要道（如曼德海峡、霍尔木兹海峡、博斯普鲁斯海峡、巴拿马运河、苏伊士运河、马六甲海峡等）和长距离输油管线（如俄罗斯—欧盟油气管线）输往世界各地。

这些海上运输通道和长输管线可谓国际石油贸易的“咽喉”，一旦被封锁，石油供应国或消费国的石油运输成本和运输时间必将大幅上涨，从而导致不可估量或不可承受的政治、经济、军事损失。石油运输权的威力不容小觑，历史上与石油运输权有关的重大事件是不胜枚举的。

（2）乌克兰行使石油运输权攫取了经济利益。俄罗斯供应着欧盟约25%的天然气使用量，这其中约80%是由经过乌克兰的长输管线输送的。由于掌握了石油/天然气运输权，乌克兰获得了可观的经济利益，每月可坐收约1亿美元的管道通过费用。在收取管道通过费用的同时，还可以极其低廉的价格大量购买俄罗斯的天然气。对照国内生产总值（GDP）看，乌克兰的能源消耗量已经达到了“奢侈国家”的行列，其能源消耗量将近是欧洲国家平均值的4倍。

除此之外，乌克兰还进一步利用俄罗斯输气管线通过其国土的有利条件进行打孔盗气，偷偷窃取俄罗斯的天然气资源。虽然俄方很清楚乌克兰的行为，但由于不想放弃对欧洲能源的影响力，长期以来只能采取“睁只眼、闭只眼”的应对策略。由于缺少有效的遏制手段，乌克兰的动作越来越大，以致俄罗斯只得申请斯德哥尔摩法院仲裁，逼迫乌克兰缴纳欠款，同时也不顾花费高昂代价，筹建通过黑海到欧洲的南方海底输气管线，以减轻对乌克兰的能源运输依赖。

（3）俄罗斯行使石油运输权争取了外交主动。当前欧盟国家想要从俄罗斯进口天然气，就必须经过乌克兰的天然气管道。但乌克兰与俄罗斯因克里米亚的归属权问题导致两国关系非常紧张，乌克兰经常拿关闭天然气管道来威胁俄罗斯，这种行为同时也对欧洲国家构成了间接威胁。曾经因能源断供而在寒冬中瑟瑟发抖的欧盟国家为了保障自身的用气安全，从2014年开始不得不花高价从美国进口天然气。为了降低能源成本，德国与俄罗斯谋划建设从俄罗斯出发，穿过波罗的海，直接抵达德国的天然气管道项目——北溪2号。由德国先接收该管线的天然气，然后再分输给欧洲其他国家。

该管道一旦建成，俄罗斯就可以绕过乌克兰直接向以德国为首的欧盟国家每年输送550亿立方米的天然气，同时欧盟国家也很有可能会减少甚至完全放弃从美国进口天然气。北溪2号管道由欧盟国家与俄罗斯共同出资修建，有了北溪2号作为双方之间沟通的桥梁，欧盟国家与俄罗斯之间紧张的关系很有可能会得到缓和，美国封锁、围堵俄罗斯的计划也将面临破产。如果欧盟与俄罗斯就此展开更加紧密的合作，那将会对美国的霸权统治构成严重的威胁或挑战，美国在欧洲的地缘政治影响力必然大幅下降，石油美元的国际货币地位也很有可能朝不保夕。2019年12月，美国宣布制裁北溪2号管道项目，此举受到欧盟国家的强烈反对，美国外交陷入被动，其国际形象和公信力受到了不小的冲击。

（4）阿拉伯国家行使石油运输权助力了军事斗争。1948年，在第一次中东战争中，为阻止以色列建国，伊拉克切断了其所属基尔库克油田通往以色列港口城市海法的输油管线。为了维护自身生存发展根基和战争机器运转，以色列不得不转向从苏联、大西洋北岸、非洲地区、美洲地区进口石油。长距离的运输导致能源成本大幅上涨，对以色列造成了巨大的经济损失。虽然战后以色列在欧美国家的支持下经济获得了高速发展，但舍近求远的石油供给还是非常不利于国家战略的。以色列先于1979年谋求从埃及进口石油，并获得成功，后又于1980—1988年期间谋求重启海法输油管线，但却未奏效。

1956年，在第二次中东战争中，以色列军队入侵埃及。为维护在苏伊士运河上的利益，英、法军队也公然对埃及进行武装干涉。为抗击英、法、以军队，埃及将船只凿沉在塞得港苏伊士运河的河口，直接将沟通欧、亚、非三洲的交通咽喉要道堵塞，导致欧洲出现油荒。同时为支持埃及人民的斗争，一些阿拉伯国家也与英、法断交并对其实行石油禁运，英、法政府内外交困，最终宣布停火并从埃及撤军。随后以色列也从西奈半岛撤出，埃及获得斗争胜利。

（5）财富寡头行使石油运输权实现了财富更迭。实际上，最早的石油运输权之争可追溯到19世纪中后期美国铁路王者范德比尔特与石油大亨洛克菲勒之间的较量。当时，美国的运输主力是铁路，因而各方围绕铁路运输展开了激烈的竞争，这其中最有实力的当属范德比尔特。当范德比尔特垄断了美国40%的铁路之后，铁路运力已呈明显的过剩状态。在此时，油罐车恰好兴起，铁路开始承接煤油和原油运输业务。由于铁路呈垄断状态，导致油品运输费用非常高，高峰时曾占到油品总成本的50%以上，这抽走了石油行业的绝大部分利润。

一家规模小到微不足道的炼油厂厂长——洛克菲勒联合了其他厂家与铁路大亨范德比尔特展开谈判，要求其将油品运费降低1/3。三年后，洛克菲勒控制了全国90%的油品供应，客大欺店，洛克菲勒要求范德比尔特进一步降低铁路运费。面对洛克菲勒的降价要求，范德比尔特不以为然，而是与铁路同行斯科特建立了“卡特尔”垄断联盟，不但不降低油品运费，却反将运输价格提高了50%，飙升的运费使得洛克菲勒工厂的效益急剧下滑。为打破运输僵局，洛克菲勒另辟蹊径，利用约三年的时间，修建了横跨美国几个州的长距离输油管线，一举改变了煤油运输被铁路“卡脖子”的窘况。到1873年，洛克菲勒已经取代范德比尔特，成了美国的新任首富。丢失了油品运输这一重要市场，美国的铁路公司开始大面积倒闭，全国数万铁路工人失业，一场悲惨的经济危机开始上演。当时的美国人万万没想到，富豪们对石油运输权的争夺最终诱发了一场国家经济的大萧条。

（6）叙利亚行使石油运输权获得了大量援助。叙利亚这个国土面积并不大的国家几乎直接或间接地涉及了中东所有的冲突。在叙利亚可以看到中东地区的各种纷争：

逊尼派与什叶派之争、阿拉伯人与以色列人之争、波斯人与以色列人之争、波斯人与阿拉伯人之争等，可以说，中东地区各方势力在叙利亚都有代表、盟友或仇敌。叙利亚可谓牵一发而动全身，足以影响中东地区各国的局势，包括波斯湾周边的各大产油国。美国很想让小阿萨德政府垮台，中情局长期坐镇土耳其南部，协助其盟友发展叙利亚反抗势力，并为其提供大量武器和物资援助，以削弱什叶派联盟，降低伊朗对沙特阿拉伯的威胁程度。然而对叙利亚政府而言，一件值得庆幸的事是，俄罗斯看中了其塔尔图海军基地的使用权和天然气运输切断权，因而倾力为其保驾护航，使之免于步阿富汗、伊拉克和利比亚等国家的后尘。

俄罗斯之所以要袒护叙利亚，首先是因为俄罗斯联合油气公司与叙利亚石油部签下了9000万美元的合约，在叙利亚获得了一片约2200平方千米的海滨区域石油勘探开采权。但更重要的是，叙利亚位于中东和欧洲的中心地带，一边连接着盛产能源的中亚地区，一边连接着亟需能源的欧洲市场。只要小阿萨德政府不垮台，卡塔尔等国家的便宜天然气就无法经叙利亚运往欧洲市场，俄罗斯就能继续凭借能源供应权影响欧洲国家。叙利亚战争拖得越久，俄罗斯趁机建设的管道就越多，欧洲市场对俄罗斯能源的依赖程度就越大。另外，叙利亚的战争规模越大，波及土耳其境内的战火就烧得越旺，阿塞拜疆的天然气也难以通过贯穿土耳其的南方输气管线运往欧洲，俄罗斯的欧洲能源市场份额就会进一步扩大。受益于这个能源运输控制权，俄罗斯不断加深与叙利亚的合作，为其提供大量的坦克、雷达、无人战机、制导炸弹、电子战系统等，有效地加强了叙利亚政府军的战斗力。

1.3.4 石油技术权及对世界发展的影响

（1）什么是石油技术权。所谓石油技术权是指国家、组织或企业等主体因掌握先进的勘探开发、储存运输、炼油化工、经营管理等方面的技术而形成的权力。石油技术权是一种综合性权力和间接性权力。掌握了石油技术权，可以在他国从事勘探开发作业，分享他国的石油资源，可以对他国封锁先进石油技术，削弱他国的工业实力，可以在国内开辟新的运输通道，绕开传统的运输关卡，可以向他国输出石油技术，直接赚取经济收入或交换政治利益等。

当前石油技术权主要掌握在埃克森美孚公司、雪弗龙公司、英国石油公司、壳牌石油公司、道达尔公司等具有深厚石油技术底蕴的老牌大型跨国石油公司手中。部分发展中国家的国家石油公司，如沙特阿拉伯国家石油公司、俄罗斯天然气工业股份公司、中国石油天然气集团有限公司、中国石油化工集团有限公司、伊朗国家石油公司、委内瑞拉国家石油公司、巴西国家石油公司、马来西亚国家石油公司等，也享有一定的石油技术权，但与西方老牌石油公司相比，还不是很强大。

（2）老牌石油公司通过行使石油技术权分享了他国石油资源。很早之前，许多人就相信中东地区的土地下蕴藏丰富的油气资源。但中东各国由于没有先进的石油勘探开发技术，也就只好站在“金元宝”上过苦日子了。看准了沙特阿拉伯的产油潜力，掌握着先进石油技术的美国雪弗龙公司便与既缺资金又缺技术的沙特政府展开谈判，最终以首付5.5万英镑及之后每年续费5000英镑的低廉租金，取得了沙特阿拉伯这个全球最大的石油储藏地的“掘金入场券”。获得沙特阿拉伯土地租借权后，雪弗龙公司又联合埃克森美孚、德士古等公司入股，组建了阿拉伯–美国石油公司（也即阿美石油），在沙特阿拉伯形成了一支实力雄厚的石油开发队伍。

1940年，阿美石油还只是国际石油市场上的边缘角色，但在十几年后，阿美石油的产品已经用在了欧洲街道上往来的汽车里和朝鲜战场上轰鸣的战机中。1973年，第四次中东战争爆发后，由于美国支持以色列，沙特政府惩罚性地收回了阿美石油25%的股份，并又于1974年和1976年再次分别收回35%和40%的股份。从1933年雪弗龙在沙特阿拉伯设置子公司起，至1976年沙特政府实现石油资源国有化止，在长达40余年的时间里，美国的石油公司一直在通过行使石油技术权独占或分享着沙特阿拉伯的国家石油资源。虽然沙特政府已于1976年完全将阿美石油收归国有，但阿美石油的美国高级管理层却一直驻留在阿美石油中，维持着公司的管理和运转，直到12年后才离开，实现了公司管理技术层面的过渡和交接。

行使石油技术权的石油公司远不止阿美石油一家。实际上，早在20世纪初左右，几家老牌的石油公司就已经纷纷开始利用石油技术优势在全球各地以极其低廉的租金进行石油资源勘探开发。例如，1928年，埃克森公司、美孚公司、英国石油公司、壳牌石油公司、法国石油公司等组建伊拉克石油公司，取得了在卡塔尔、阿联酋的独家石油经营权；1934年，海湾石油公司与英国石油公司联手，取得了覆盖科威特全境的石油租借地，并组建了对半合营的科威特石油公司；1938年，壳牌石油公司和英国石油公司共同开发尼日利亚的石油资源，海湾石油公司和壳牌石油公司也开始在委内瑞拉开发石油资源；1954年，美、英两国策动政变推翻了伊朗的摩萨台政府，并由英国石油公司、壳牌石油公司和十余家美国的石油公司联合取代了伊朗的国有石油公司……诸如此类的凭借石油技术权攫取利益的案例还有很多，在此不再一一列举。

（3）西方国家通过行使石油技术权削弱了中东国家的工业实力。据统计，中东地区的石油探明储量约占世界总量的80%以上。依靠石油出口，很多中东国家飞速晋升全球最富裕国家的行列。然而有意思的是，我们时常听说中东某国每天出口原油几百万桶、几千万桶……但却很少看到这些国家（除沙特阿拉伯、伊朗等少数国家外）大规模出售成品油或其他石油化工产品。很多人不禁要问，中东国家直接将原油炼化并出售附加值更高的炼化产品不是更赚钱吗？答案是否定的。关于这个问题，我们一般可以从“资源诅咒”和“技术封锁”两个视角来观察和分析。

第一个视角是“资源诅咒”。资源诅咒是一个经济学理论，其内涵是：丰富的自然资源可能是国家经济发展的诅咒，而不是祝福。坐拥着丰富自然资源带来的超级财富，资源国家往往会失去创新和奋斗的动力，从而导致国内经济结构失调和恶化，最终陷入病态。因此，当今世界上大多数的自然资源丰富国家的经济往往会比那些资源相对贫乏的国家增长得更慢。中东地区有些国家的情况便是如此，依靠利润丰厚的石油出口，很多国民都过上了富裕的生活。据报道，中东有些国家的普通家庭都会标配奔驰或宝马汽车，很多员工每天只需要工作三个小时左右。在如此优厚的条件下，很多人是没有兴趣从事炼油化工这样的辛苦工作和危险工作的。

第二个视角是“技术封锁”。西方石油消费大国几十年来一直需要从中东地区大量进口石油。为了保持油源稳定，掌握最先进石油炼化技术的西方发达国家决不能容忍一个统一的、团结的、强大的、敌对的富油国家或组织出现的。为阻碍中东地区国家的工业发展，西方国家除采取政治暴动、经济制裁、军事打击等常见手段外，也会行使石油技术权来对中东国家进行技术封锁。例如西方发达国家对中东地区的炼化技术封锁就达到了其目的。炼油化工是一个国家工业体系的重要支柱之一，很多下游的基础工业或高精尖工业的发展都依赖于炼油化工产品的支撑。然而很多中东国家在经历了长期的炼化技术封锁后，都无法建立起独立自主的炼化工业，进而也就无法建立起健康完备的工业体系，导致这些国家靠出口石油挣来的大量美元一般只能用于购买西方军火（只有西方国家的盟友才可以）、购买西方奢侈品、投资西方房地产、投资西方国家的股市或金融市场等，成为促进西方发达国家经济发展的外来投资。

（4）我国大型石油公司通过行使石油技术权推动了国际化发展。我国发展石化技术走的是以自力更生为主、以引进消化为辅的自主高效道路。新中国成立后，我国十分重视石化工业发展，经过石油先辈的不懈努力和艰苦攻关，有效突破了国外的技术封锁。在炼油方面，自主开发了流化催化裂化、催化重整、延迟焦化、尿素脱蜡和炼油催化剂五个方面重大科技成果，被誉为炼油业的“五朵金花”；在化工方面，自主开发了裂解分离生产乙烯、丙烯、丁二烯等基本有机化工原料及合成材料技术，建设了多套工业生产装置。改革开放后，经过40多年的快速发展，我国已成为世界石化工业大国，石化技术总体上达到了世界先进水平。据报道，2014年，我国炼油能力达到7.5亿吨/年，约占全球总能力的15.6%，位居全球第二位；乙烯生产能力达2043万吨/年，约占全球乙烯总产能的13.1%，位居全球第二位；合成树脂、合成橡胶、合成纤维产能合计占世界总产能的35%，均位居世界第一位。

我国石化企业借助石油技术权获得了丰厚的利润。20世纪90年代，我国炼化技术就开始出口海外市场。步入21世纪以来，我国的一系列先进炼化技术陆续出口到许多国家和地区，甚至成功进入欧美发达国家市场。据统计，“十二五”期间，中国石化直属研究、设计单位的技术贸易收入达到了142亿美元。MIP、延迟焦化、DCC、大型乙烯裂解炉、SBS、聚丙烯预聚等技术分别出口古巴、泰国、马来西亚、意大利、美国等地。催化裂化催化剂批量出口埃克森美孚、瓦莱罗、壳牌和雪弗龙等著名国际石油公司的多家炼化企业，催化汽油吸附脱硫（S-Zorb）吸附剂、聚烯烃催化剂出口到美国和中东地区。我国炼化工程设计和施工单位从1990年开始进入国际市场，建立的业务平台覆盖了中东、中亚、亚太、非洲、南美等地区，2000年以来，在国际工程市场累计完成合同额超过100亿美元，取得了良好的国际声誉，形成了具有国际水平的工程项目管理和工程总承包能力，具备了在海外建设大型炼化项目的能力。

我国石化企业借助石油技术权扩大了国家影响力。现在我国已经掌握了现代炼油厂全流程技术。炼油催化剂自给率达到90%以上，乙烯、聚乙烯、聚丙烯等骨干技术基本实现国产化。自主开发的高档机油生产技术、丙烯腈技术达到世界先进水平。长城系列润滑油成功用于“天宫一号”“神舟”“嫦娥”等重大航天工程。能够设计和建设具有世界先进水平的千万吨级炼油工程、百万吨级乙烯工程、百万吨级芳烃工程。先进的炼化技术体系让我国石化企业具备了响应国家提出的“走出去”战略的实力。当前，我国石化企业已投资了沙特阿拉伯延布炼油厂、哈萨克斯坦PK炼油厂等11个海外炼化项目，合计炼油能力达7660万吨/年；在新加坡独资建设了8万吨/年润滑油（脂）项目，参与了印度尼西亚、阿联酋、荷兰油品和石化产品仓储项目；购买了俄罗斯西布尔公司10%股权，投资了俄罗斯4.25万吨/年丁腈橡胶项目。借助石油技术权的影响力，我国极大地扩展了国际资源获取能力，据统计，我国每年从“一带一路”沿线国家进口原油约1.68亿吨，占我国原油进口总量的55%，进口的成品油、聚乙烯、聚丙烯和合成橡胶等产品，分别占我国该类产品进口总量的50%以上。现在已有专家认为，中国的炼化技术成为了继高铁、核电之后的第三张“国家名片”。

1.3.5 石油货币权及对世界发展的影响

（1）什么是石油货币权。所谓石油货币权是指某国通过控制全球石油贸易结算的币种而使本国货币成为具有计价、结算、储备和锚定功能的国际货币，并享有国际货币带来的相关权益的权力。石油货币权是一项相对隐性而又非常重大的权力，因为货币既参与财富的创造，又影响财富的分配。在当今时代，谁掌握了石油货币权，谁就在某种程度上控制了世界的财富分配。

（2）石油货币权诞生的由来。作为一种价值尺度、价值交换媒介和价值储存手段，货币的历史与人类的文明史几乎同样悠久。从最初的牛羊、米粟、布帛等用于衡量商品价值尺度的一般等价物，到金、银、铜、铁等铸成一定形状的金属货币，再到具有国家法定支付功能的金银本位纸币和信用本位纸币，货币的形式伴随着社会生产力的增长和经济发展水平的提高而不断演化。

虽然货币的形式有所不同，但在各自的历史条件下都有力地促进了社会经济的发展。货币供应的数量合理，刺激了贸易的发生；货币流动的方向正确，带来了财富的增值；货币流动的速度恰当，保持了市场的繁荣。可以认为，是货币的使用带来了商品交易的繁荣，进而让社会分工更加精细，使社会生产力不断提高。

作为一种经济活动的度量衡，货币精确地计量着财富的产生、消耗和积累过程。在很长的一段历史时间内，人类社会生产力基本保持稳定，货币的增长速度与商品价值的增长速度总体持平，实物货币、金属货币和金银本位纸币都称职地履行了财富计量功能。

随着人类工业革命的深度进行，社会生产力飞速提高，商品价值总量迅猛增长，金银等稀缺资源的开采提炼速度已跟不上社会商品价值的增长速度，因而其在计量商品价值的能力上开始捉襟见肘。贵金属供应不足不断引发着通货紧缩，进而导致金融混乱甚至经济危机。在此背景下，脱离金银本位的现代信用货币体系应运而生。现代信用货币的纸币或电子货币可以低成本快速增发或回收，在策略运用合理时，可以有效地注入或释放经济发展的活力。

对于一个国家而言，信用货币是由国家法律规定的，强制流通的、不与任何贵金属对应或挂钩的、独立发挥货币职能的货币。在一个国家内部，政府有着很强的国内信用货币掌控力，仅靠行政命令即可强制推行本国信用货币。然而对于国际社会而言，想要形成国际信用货币却并非如此简单。传统的国际货币发行主要靠的是国家暴力机器的血腥镇压，在现代国际社会，这种方式显然是很难行得通的。自第一次工业革命以来，一种靠能源绑定的国际货币发行方式获得了成功，例如历史上的煤炭英镑和当前的石油美元。

在欧洲国家整体完成工业革命后，煤炭成为各国机器化大生产的主要动力来源。各国想要维持先进而强大的社会生产力，就必须自产或进口煤炭。看准了这个“死穴”，英国充分利用了其占据当时世界近2/3的煤炭总产量的优势，强制要求各国煤炭贸易必须使用英镑结算，这为英镑成为国际货币提供了强大的推动力。

英镑作为一种国际货币因产煤而生，也因失煤而亡。19世纪50年代后期，德国煤炭出口总额不断扩大，成了英国的有力竞争者。进入20世纪初，美国的产煤总量更为惊人，几乎相当于德国和英国的总和。由于对手的能源挑战，英镑的国际货币地位逐渐衰落，美元替代英镑的钟声已然敲响。更为雪上加霜的是，在19世纪末，一种煤炭的替代性资源——石油开始被各国大规模地使用，而美国则凭借其在墨西哥湾的石油产量和与沙特阿拉伯的石油美元结算协定肆意影响着世界其他国家，最终废除了金本位的布雷顿森货币体系，并成功开启了信用本位的石油美元时代，从此美元接替了英镑，成了新的国际货币。

（3）石油对货币信用的支撑能力。第二次世界大战后，美国有着约占全球总量的75%的黄金储备，因此美元发行采用了金本位的布雷顿森林体系，也就是美元发行量与黄金储备量是严格对应的。1971年，在“国际金融炒作”的重压下，时任美国总统尼克松下令关闭黄金兑换窗口，这标志着布雷顿森林体系被废除，美元与黄金彻底分手，成了一种根基飘摇的“信用货币”。在世人看来，脱离金本位的美元是不能保值的，没有了与黄金的挂钩，美元就是一张纸而已，想印多少就印多少。为维护人们对美元的信心，保住美元的国际货币地位，美国用保证沙特阿拉伯皇室长久地位的政治承诺交换到沙特阿拉伯推动美元结算石油的货币权力。这样一来，美元成了约等于石油的存在。任何国家想要发展经济就需要购买石油，想要购买石油就必须使用美元支付，想要使用美元支付就必须储备美元，最终，美元的国际信用被石油坚实地支撑起来。

欧元是欧盟中19个国家唯一使用的法定货币，也是全球第二大流通货币和第二大储备货币。自欧元诞生以来，欧元与美元之间似乎一直存在着竞争关系。尤其在谁能成为石油结算货币或者谁能占据更大的石油结算份额这个问题上，欧元和美元之间往往表现出明显的此消彼长的关系（表1–2）。

表1–2　欧元–美元相对走势与石油计价结算事件的关联

序　号	时　间	事　件	影　响
1	1999–01	欧元发行	美元走强，欧元相对处于熊市
2	2000–11	伊拉克宣布将以欧元结算石油贸易	欧元跌势中止，美元指数大跌
3	2002–04	欧佩克宣布将考虑欧元结算石油	美元指数连续大跌，欧元相对处于牛市
4	2003–06	美国将伊拉克石油销售转为美元结算	美元相对欧元走强
5	2003–10	俄罗斯和欧佩克宣称将考虑使用欧元结算石油贸易	欧元相对美元走强
6	2004–04	欧佩克没有就欧元结算石油贸易达成一致	欧元相对美元下跌
7	2004–06	支持欧元结算的伊朗宣布建立石油交易所	欧元相对美元上升
8	2006–03	伊朗石油交易所投用，并使用欧元结算石油贸易	欧元相对美元上升

欧元或其他国家货币能否取代美元，成为第一国际货币？在美元与石油绑定的大环境下，这恐怕不是短期内能实现的。诺贝尔经济学奖获得者蒙代尔曾指出，处于金融权力巅峰的国家为了避免自身垄断力量降低，总是拒绝国际货币体系改革。2018年，德国、法国、意大利等欧盟国家的黄金储备总量已超过美国，若在金本位制下，美元

作为硬通货的地位早已岌岌可危，但现实情况却因石油本位而截然相反，只要石油支撑美元，美元就有较强的信用，就可以长期保持国际货币地位。在无石油支撑的情况下，欧元要完败美元，或许只有等欧盟的经济体量远超美国时才能实现。

（4）石油货币权可带来的利益。石油货币权可以通过绑定石油贸易与结算货币来让一国的货币变为具有贸易结算、外汇储备和汇率锚定等功能的国际货币。国际货币可为货币发行国带来多种巨大的利益，主要包括：

第一，可以加强在国际金融体系中的话语权。拥有了国际货币发行权，可以提高本国的货币政策的独立性，可以提高本国的金融冲击抵御能力，可以影响货币储备国的金融经济，可以提高本国在国际金融体系中的话语权，也即本国将具有参与制定或修改国际事务处理规则的权力，这意味着巨大的政治利益和经济利益。

第二，可以为货币发行国带来不菲的经济收入。首先国际货币发行国可以向持币国收取巨额的铸币税，可以免费占有持币国的资源。据国际货币基金组织统计，在美国境外流通的美元每年获得的收益约占美国GDP的0.2%。另外，货币发行国的银行系统也可以通过国际货币的结算和支付服务获得大量的佣金收入。

第三，可以分享其他国家的经济发展成果。国际货币发行国可以不受限制地向持币国家举债，却不必对等地或负责任地偿还他们。国际货币发行国也可以通过货币贬值，减轻自身的外债负担和刺激本国的出口业务，从而改善其国际收支状况。例如美国在1985年3月至1986年3月期间，通过美元贬值减少了其约1/3的国家债务。

第四，可以便利本国的对外贸易和投资活动。当本国货币成为国际货币后，本国企业在对外经济贸易活动中所承受的汇率风险将大为降低，国际资本的流动也会因交易成本降低而更加的顺畅和便捷。因此，国际货币将给货币发行国企业的对外交往活动创造非常便利的条件，能够在某种程度上提高本国的实体经济和金融经济的运转效率。

第五，可以向持币国转嫁本国的经济危机。当出现贸易逆差时，国际货币发行国可以通过印钞来减轻乃至消除赤字，将通货膨胀转移到持币国家，从而维持自身的国民经济平衡。当出现金融危机时，国际货币发行国可以通过直接印钞来增加货币发行量，避免由信贷紧缩而导致的经济危机，并把部分经济损失分散和转移到其他持币国家。

第六，产油大国可以分享石油货币权的甜头。国际货币可以为发行国带来巨大的利益，但国际货币的信用离不开产油大国的石油绑定支撑。产油大国的任何关于更换石油结算货币的声明或行动都会尖锐地挑动国际货币发行国的痛感神经。为保住国际货币利益，货币发行国不得不以可观的政治、经济、军事利益来交换产油大国的石油绑定支撑。

（5）各方对石油货币权的争夺。石油货币权可带来的潜在利益是如此之大，以致各方都在为之展开激烈的争夺，斗争动机各式各样，但主要的是以下三条：有的希望将石油直接当作货币使用，用于交换紧缺物资；有的希望本国货币继续垄断石油绑定，进而保住国际货币地位；有的希望使用多种货币来结算石油和储备外汇，从而分散外汇贬值风险。

第一，产油大国常用石油直接行使货币功能。货币的主要功能就是价值衡量。对于种类繁多、内涵复杂的普通商品而言，一种具有普适性的价值衡量工具是必需的。但对于紧俏的、稀缺的、战略性的商品而言，即使绕过国际货币，石油也是可以完成交易的。有人认为，在满足某些特定条件的情况下，石油资源本身就可以作为一种被普遍接受的国际货币。据统计，在1984年，欧佩克国家石油产量中约1/4是通过石油易货的方式完成交易的。近几十年来，石油易货活动也是频频发生的，比较著名的案例包括：沙特阿拉伯用石油“购买”美国的波音747飞机，阿联酋用石油“购买”法国的幻影战斗机，伊朗用石油“购买”新西兰的羔羊，阿尔及利亚用石油“购买”日本的汽车，马来西亚用石油“购买”巴西的铁矿，伊朗用石油“购买”泰国的大米等。在外汇资金紧缺等情况下，石油常以“直接石油货币”的角色参与国际贸易，贸易形式除了“以油换货”外，还有“以油抵债”等。实际上，如果以“直接石油货币”的形式进行国际贸易，油价往往显著低于官方价格，对石油买家是更为有利的。面对此类隐性优惠的“直接石油货币”，几乎没有哪个石油消费大国可以保持无动于衷。

第二，美国全力维护石油美元的国际货币地位。众所周知，哪里有压迫，哪里就有反抗，哪里有霸权，哪里就有反霸权。对于货币霸权，同样也是如此。从2000年至今，在产油大国中至少有四个国家曾经挑战过石油美元的霸权地位，这其中有的已经被美国动用军事霸权推翻统治，有的正在遭受美国发动的经济制裁。第一个国家是伊拉克。很多学者认为，美国发动伊拉克战争的根本动机不是报老布什总统的世仇，不是消灭萨达姆的化学武器，也不是觊觎伊拉克的石油资源，而是要阻止伊拉克改用欧元结算石油贸易。因为推翻伊拉克萨达姆政权既可以维持石油与美元的挂钩绑定，也可以对其他蠢蠢欲动的中东国家发出恶狠狠的警告。第二个国家是利比亚。法国打伊拉克是基于保护其当时在利比亚的巨大利益。美国参与军事打击利比亚的表面理由，如卡扎菲收回美国在利比亚的军事基地、废除前国王与美国的军事协定、焚烧美驻利代办处、发动针对美国人的恐怖活动等，都是十几年乃至几十年前的历史往事，似乎唯有利比亚要改用欧元结算石油贸易这个隐藏的理由才足够充分。第三个国家是伊朗。除了伊核问题令美国骨鲠在喉外，2006年3月，伊朗又建立了以欧元作为贸易结算货币的石油交易所，这令冰至极点的伊美关系雪上加霜。近几十年来，美国几乎一直都在对伊朗进行经济制裁，当然偶尔也会进行一定程度的军事威胁。第四个国家是委内瑞拉。委内瑞拉是一个经常与美国“唱反调”的国家，在其前总统查韦斯的领导下，委内瑞拉直接绕过美元，与12个拉美国家建立了石油易货贸易机制，对美国的石油货币权造成了不小的冲击。据报道，美国历届政府都对委内瑞拉前总统查韦斯恨之入骨，曾多次指挥中情局谋划刺杀查韦斯。

第三，石油出口国希望分散外汇贬值风险。如果从风险防控的角度看，没有人愿意将所有鸡蛋都放在一个篮子里。同样，若一个国家只储备一种外汇货币，风险无疑也是很大的。对财政极度依赖石油出口的海湾国家而言，国家经济状况常受到美国的货币政策和美元走势的较大影响，这令执政者非常担忧。如果说海湾国家是没有经济主权的，也许会有很多学者点头赞同。较低的经济自主调控力使得海湾地区国家的通胀率长期居高不下，给经济发展和人民生活带来了很大的负面影响。另外，美国主导的全球支付体系SWIFT可以令石油出口国很难收到买家付款，美元的持续贬值也让石油出口国的财政收益和外汇储备不断受损，因此，很多石油出口国开始考虑使用其他货币结算石油贸易，以分散美元资产贬值风险。这其中最积极的当属伊朗和委内瑞拉。伊朗于2019年正式宣布将人民币和欧元列为主要外汇货币，并提议创建一种以石油、黄金等战略经济资源为锚定物的数字加密货币，作为对抗美元霸权的手段之一。委内瑞拉于2018年宣布将使用欧元和人民币结算石油，并发行了数字加密货币——石油币。2019年，委内瑞拉向印度采购商发出信号，若以石油币结算石油，委内瑞拉将以七折甚至更优惠的方式提供油源。当然，要论美元外汇储备量，中国无疑是最大的。中国采取的应对美元风险的措施很多，这其中很新颖的一种措施是货币互换协议。虽然推行货币互换协议阻力重重，但这种萌芽也许就是终结货币霸权的导火索。依靠强大制造业支撑起来的人民币的购买力能否战胜当前的石油货币权？让我们拭目以待！

1.3.6 石油战胜权及对世界发展的影响

（1）什么是石油战胜权。所谓石油战胜权是指因占有充足的石油资源，并通过使用石油产品获得动力速度优势、运输效率优势、燃料加注优势、灵活机动优势、战略方向优势等，从而加强自身的总体军事实力，在与贫油对手或燃煤对手的对抗中取得战争胜利的权力。

（2）石油赋予了海军更强的战斗力。1911年，时任英国海军大臣温斯顿·丘吉尔主动放下身段，与有宿怨的老对手海军上将费希尔勋爵修好，请其为自己分析关于战舰烧油的可行性。通过与费希尔将军深入交流，他清晰地总结出来了战舰燃油相较于燃煤的优势：

第一，石油同煤一样不易变质，可以存储在水下油罐中，这样可以减少由于遭受轰炸等而引起的火灾，降低战舰的动力能源损失。

第二，石油具有较高的热值，且烧油的内燃机比烧煤的蒸汽机动力效率更高，体积更小，可以减少78%的重量负载，增加战舰的机动灵活性，也可增加30%的武器装载空间，提高战舰火力的持续性。

第三，燃油可输出更高的功率，让战舰获得更高的速度，可以通过速度优势来占据对己方有利的战斗时间、战斗空间，并选择对自己有利的战斗方式。

第四，燃油具有良好的流动性，可以实现内燃机自动加注，减少战舰司炉人数或非战斗人数。在燃料快用尽时，燃油战舰不需要花费大量的人力去边缘角落把燃料搬运到锅炉旁并费力地填入炉内，这样在海战的关键时刻不会削弱舰队的战斗力。

第五，燃油的流动性对战舰的燃料补给也非常有利，燃油补给可以通过油泵自动输送，而不需要像烧煤那样花费战舰上近1/4的人力去把煤炭从补给舰搬运到战斗舰，良好的燃料补给性能够有效增加战舰的活动半径，提高战舰巡航的持续性。

在弄清了军舰烧油的优越性后，英国在1912年、1913年和1914年连续三年的海军建设计划中都决定大幅增加造船吨位，并且只造燃油战舰，同时也对之前建造的战列舰进行改装，将其全部改为燃油舰。这一举措的益处很快就在对德海战中显现出来。

第一次世界大战爆发后，驻守在中国青岛租界的德国海军中将马克西米连·冯·斯佩带领着大部分舰艇出海，与从印度赶来的巡洋舰组成了史上有名的“斯佩舰队”。斯佩舰队在返回德国本土的航程中，沿途不断偷袭英国海运船只，取得了累累战果，在智利海岸还击沉了两艘英国巡洋舰，风头可谓一时无两。

时任英国海军部长对此大为恼火，下令围捕消灭斯佩舰队，并派出了自己在之前任上推出的新式燃油战舰——战列巡洋舰。这种军舰具有巡洋舰的高速与战列舰的火力，是为对付德国装甲巡洋舰而量身定制的武器系统。1914年12月，英德舰队在马尔维纳斯群岛海域遭遇。经试探性进攻，斯佩发现英军舰队战斗力强悍，绝非自己的力量可以匹敌，于是便放弃作战计划，急令舰队向外海逃跑。由于当时英国舰队正在港内补给，所以直到德军舰队逃跑1小时后，英国军舰才正式出发开展追杀行动，而此时斯佩舰队已逃出15海里以外。

神奇的一幕发生了，2小时45分钟后，英国舰队追上了已奔逃多时的德国舰队，德军被迫投入海战。面对以燃油为动力的、速度与火力占绝对优势的英国战列巡洋舰，以燃煤为动力的、速度与火力均处于劣势的德军军舰打也打不赢，跑又跑不掉。最终，刚刚升起万丈星芒的德国海军中将斯佩带着两个儿子和几百名船员一起葬身大海。失去旗舰指挥的德军舰队乱作一团，被英军各舰联合绞杀，只有一艘轻型巡洋舰趁着夜幕降临，侥幸逃离了英军的视线。斯佩舰队是当时德国唯一一支避开了英国近海封锁、能在本土之外的海域展开军事行动的海上力量，位于德国本土的军舰则基本被英国围困于其海军基地内，难以出港活动，而在1916年的日德兰海战中，又几乎被英军消灭殆尽。因此，马尔维纳斯群岛海战的失利，让德国失去了进入世界贸易中心的可能，德意志第二帝国的全球海洋战略野心也就此沦为了空谈。

（3）石油赋予了陆军更强的机动力。常言道：“兵马未动，粮草先行。”这不但指出了后勤保障对夺取战争胜利的重要性，也同时指出了运输能力是战斗力的重要组成部分。在第一次世界大战前的几十年里，铁路占据着运输力量的主导地位，铁路通到哪里，军队的胜利几乎就能写到哪里。从铁路终点再往前，军队的行动便会受到人畜的耐力、负重和速度的限制。然而在内燃机车问世之后，这一切都被改变了。丘吉尔和费希尔在评价总结第一次世界大战战况时曾说，这是人类与机械之间进行的一场战争。

1914年9月，德国大军兵锋直指巴黎，其右翼距离巴黎最近处仅有125千米。法国首都沦陷已迫在眉睫，10万巴黎市民已开始紧急撤出城市。在几乎所有人都认为法国必败的背景下，法国的约瑟夫·加利埃尼将军却另有高见。虽然西部战线上的法军兵力处于劣势，法军无法使用铁路运送兵力，且徒步行军不可能及时抵达战场，但是加利埃尼将军看到了汽车运输的强大机动力，随即下令征用巴黎全市的出租车，组建了一支独特的运输车队。由此，浩浩汤汤的出租车队将大量的法军士兵源源不断地运往前线，终于让法军在站场上形成了兵力优势，在战斗爆发时给了德军有力的一击。为纪念这次意料之外的伟大胜利，巴黎市民将当时集结出租车的大街改名为“加利埃尼元帅大街”。这次出租车大运兵的行动向世人展示了燃油运输的机动性优势，对世界各国的军队建设理念产生了巨大影响。

第一次世界大战中，在法军反攻取得胜利后，德军精心策划的速胜战略宣告破产。为应对不利的战斗形势，德军转向挖沟筑壕，决心打一场阵地防御战。根据历史经验，这种阵地争夺仗将会是一场遥遥无期、血流成河、令人精疲力竭的艰苦战争。果不其然，在接下来的两年多时间里，德、法双方在战场上反复争夺，战壕内堆满了士兵尸体。虽然双方争夺激烈、死伤巨大，但战线却不过仅仅向前推进了10英里。然而，这一切都被一种由内燃机驱动的武装装甲车辆改变了。这种包裹着厚重装甲，携带着重型火力的新式战车——坦克，依仗着燃油提供的强大驱动力，在战场上翻沟越坎、横冲直撞、所向披靡。自1916年首次使用以后，坦克投入战斗的次数越来越多，战斗力越来越强悍，直接刷新了世人对现代战争的认知。在1918年8月的亚眠战役中，英军凭借456辆坦克大破德军防线，以至让德军指挥官认为那是德国陆军作战史上最黑暗的一天。回顾历史，坦克因内燃机而生，凭借着燃油提供的强大机动力，集攻击力和防御力于一身，彻底改变了地面战的战斗模式，使得以战壕防御为主的时代一去不复返。

（4）石油赋予了空军更强的控制力。实际上，不但是战舰和车辆烧油更有优势，就连飞机也都因为烧油而获得了强大的战场控制力。飞机飞行主要靠机翼上下表面的气流速度差来提供升力。要获得更大的升力，就需要更高的发动机功率输出；要提高升力的利用率，就需要发动机体积进一步减小。显然，内燃机在提高功率输出和减小机器体积方面比蒸汽机有更加显著的优势。回顾历史，内燃机的诞生催化了飞机的诞生，提高了飞机的作战效能，使得飞机的航程、航速、载弹量、机动性得到了大幅提高。

飞机的参与改变了人类战争的战斗维度、战斗烈度、战斗进度和战斗结果，对战争模式有着革命性的影响。19世纪90年代前，飞机虽然只是战争的辅助力量，但其对地面力量的杀伤力却是非常巨大的。失去制空权的一方，其战斗过程必然是危机四伏的，战斗结果往往是悲壮惨烈的。19世纪90年代后，飞机已成为战争的主角先锋，在海湾战争、科索沃战争、阿富汗战争中，西方国家几乎都是靠飞机先行进入敌区发动首波攻击和打掉敌方要害的，甚至于有的战争只靠空战就迫使对手屈服并取得最终胜利。

虽然当前飞机的战斗力已众所周知，但在飞机诞生之初，人们却并未意识到飞机的军事潜力。1903年，当莱特兄弟的飞机载着人类的飞天梦想首次升空时，很多人却并不看好它的军事用途。当时法国的福煦将军曾认为，飞行是一项不错的体育运动，但对军队来说毫无价值。在第一次世界大战爆发之初，飞机虽已投入战斗，但空战案例却寥寥无几。在第一次世界大战初期，全世界航空工业的从业人数少得可怜，1914年仅有1000余人，但随着空战重要性的凸显，参战各国都开始大力投入飞机制造力量和航空燃料储备。据统计，第一次世界大战期间，英国共计生产飞机约5.5万架，法国生产约6.8万架，德国生产约4.8万架，意大利生产约2万架。到第一次世界大战结束时，飞机的航速已超过120英里/小时（比第一次世界大战初期提高了近1倍），作战高度也达到了2.7万英尺。

在第二次世界大战期间，大规模机群战斗更是刷新了人们对战争的认知。日本偷袭珍珠港、美日中途岛海战、中国驼峰航线补给运输等，都凸显了燃油飞机对远方战场的强大影响力和控制力。反过来看，没有了燃油补给，空军的战场控制力将一切归零。1944年5月，盟军空军联队开始接连轰炸德国的油田、炼油厂、燃油合成工厂等重要目标，有效破坏了德国的燃油生产能力。虽然德国的飞机生产数量与日俱增，并且还新发明了更高性能的喷气式战斗机，但因为没有了燃油加注，德军的大量先进飞机无法升空作战，只能闲置于地面被动挨打。由于没有了空军的保护，德国的燃油合成工厂等目标又受到了盟军更加猛烈的轰炸，使得其空军燃油供应能力进一步降低，陷入了不可救药、无力回天的恶性循环。

（5）石油制约着国家的战略决策力。第二次世界大战中，德国的战争锋芒从攻打苏联开始逐步走向颓势，日本的军事力量从偷袭美国开始慢慢步入衰落。德国和日本究竟为什么在与他国交战的同时，还不惜唤醒和招惹苏联、美国这样战略纵深极广、军事科技发达、制造能力强大的战争巨人呢？虽然当时关于战争的原因众说纷纭、莫衷一是，但从战后的史料分析来看，这其实都是因能源而发起的行动，是因保障石油资源供应而不得不作出的战略抉择。

先看石油对德国战略决策的制约。第二次世界大战中，德国与苏联是签有互不侵犯条约的，那么德国又为什么要攻打苏联？攻打苏联时，又为什么要分兵攻打伏尔加格勒呢？这其中既有争夺地区霸权的原因，也有争夺石油资源的原因。实际上，第二次世界大战打的是现代化武器战争，诸如飞机、坦克、自行火炮、潜艇、卡车等战争利器，只有在石油的驱动下，才能发挥出强大的战力。这一点从非洲战场上的德军隆美尔与英军蒙哥马利之间的坦克大飙车中就能看出。在当时，谁的燃油储备丰富，谁就能在战场上取得优势，以至两者之间的坦克大战最后演变成了燃油供应大战。苏联其实一早就针对贫油的德国做起了小动作。1940年6月，在德国和英、法进行大决战时，苏联则趁机入侵罗马尼亚。如果不是德国出手，罗马尼亚很可能被苏联吞并。要知道，当时的罗马尼亚是德国重要的石油基地。在希特勒看来，罗马尼亚油田是决不能落到他人之手的，任何国家抢夺罗马尼亚油田的行为都是不可容忍的。所以当德国战胜英、法后，连烂摊子都没来得及收拾，就开始着手准备对苏联开战。出于对石油供应的考虑，希特勒仍将“闪电战”定为对苏战争的基本方针，力求在石油供给发生问题前，集中机械化部队发动最迅猛的攻击，在最短时间内取得决定性的胜利。

战斗伊始，德国分北、中、南三路进攻苏联。北路目标是占领彼得格勒，属于政治目标；中路目标是占领莫斯科，也属于政治目标；南路目标是占领高加索地区，控制石油和粮食，属于经济目标。1942年，苏联超过80%的石油生产和加工都集中在高加索地区，因此，德军南路集中力量猛烈攻击伏尔加格勒，引发了史上著名的斯大林格勒战役。在德军看来，控制了伏尔加格勒，就切断了高加索石油运往苏联内地的铁路运输通道和伏尔加河船运通道，中部战线和北部战线的苏联武器装备将由于缺少燃油供应而成为一堆废铁，伏尔加格勒的燃油储备和高加索地区的石油生产将收入已方囊中。虽然德军的进攻方案给苏联造成了不小的损失，但德军也由于兵力的分散，自始至终没有实现对苏联首都莫斯科的占领。德军的北路和中路将领曾向希特勒提议集中力量攻下莫斯科，从而尽快宣告苏联战败。但希特勒却很清楚，分兵南线争夺石油是不得已而为之的，因为一个没有燃油支撑的首都占领状态必然是不长久的和不制胜的。面对将领们的建议，希特勒发出了“我的将军对战争的经济问题一无所知”的感叹。

再看石油对日本战略决策的制约。第二次世界大战中，日本偷袭珍珠港实属无奈之举，在日本内部，各派势力之间的分歧也很大。在当时，由于中国广大军民的浴血抗争，日本侵华战争每天都在消耗着巨量的石油资源。抗战初期，日本的石油主要从美国进口和从东南亚掠夺。到1940年前后，美国迫于舆论压力完全停止了对日本的能源供应，使得日本陷入“油荒”，不得不多次推迟在中国战场的南进时间。

在这之前，日本曾觊觎过苏联的石油资源，并制定了北上计划。1939年，日本按计划向驻扎于诺门罕地区的苏蒙联军发动大规模的试探性进攻，双方动用数十万的精锐部队和先进的军事装备在杂草丛生、沙丘连绵的荒原上展开厮杀，经过4个多月的激烈交锋，日本最终战败。失去了北上夺油的希望后，日本不得不南下掠夺东南亚的石油资源。当时东南亚主要是英国、荷兰、美国等的殖民地，掠夺该地资源自然会挑战到美国及其盟友的利益。此外，要将从东南亚掠夺的石油运回日本国内，必然又会面临美国太平洋舰队的拦截威胁。由于深知和畏惧美国的战争潜力，日本迟迟未敢对美开战。但在“油荒”面前，日本最终铤而走险，炸掉了驻扎在美国珍珠港的太平洋舰队。为了保障本国的石油资源供应，日本不得不付出唤醒美国这个战争巨人的巨大代价。更不值得的是，据偷袭计划的策划者和执行者——山本五十六预计，偷袭珍珠港所换来的石油战略优势仅能维持一年左右。果不其然，在珍珠港事件爆发后，美国终于解开了那道“不参战”的民意枷锁，全力开动了国家战争机器，日本军国主义从此又面对上了一个更为恐怖的庞然大物，从而进一步加速了其覆灭进程。

1.4 运用石油战略运筹学保障国家石油安全

1.4.1 石油资源争夺战从未停息

现代人类生活已离不开石化产品，现代国家安全也绕不开石油权力，因而石油资源成为世界主要大国的重点争夺对象，以至于有学者说，在近百年来的全球资源争夺战中，石油虽是后来者，但对其争夺的激烈程度已然远远超过了白银和殖民地等其他资源。

在第一次世界大战中，“协约国”集团之所以取得胜利，其原因之一就是因为占有了一定数量的石油和煤炭的燃油化使用。法国福煦将军曾说：“我们有充足的石油，否则就会输掉这场战争。”英国寇松勋爵也曾说：“协约国是乘着石油的浪潮驰向胜利的。”

在第二次世界大战中，德国和日本都将石油视为生死攸关的战争资源，为了控制和占有石油资源，拓展自身的生存空间，两国都不断调整着战略方向和战争策略。德国出动大军闪击强大的苏联，日本分兵东南亚多线作战，其战略目标中都不乏掠夺对手石油以强大自身力量的因素。

在五次中东战争中，石油的影子或明或暗地游荡其中。在近二十年发生的海湾战争、攻打阿富汗、入侵伊拉克、推翻利比亚、搞乱叙利亚等的国际热点事件中，也离不开既得利益国家对石油资源和石油美元的布局的维护，甚至连俄罗斯攻打格鲁吉亚后的不利外交局面，也因其掌握着丰富的石油资源而改变。如果说帝国主义、资本主义和恐怖主义是当代战争的“源动力”，那么石油资源绝对可以称得上是当代战争的“催化剂”。近百年来，围绕石油资源而展开的明争暗斗从未停息，只是形式经常发生变化而已。

1.4.2　保障国家石油安全成为新命题

虽然国际石油争夺战日渐激烈化和复杂化，但同时我们也应敏感地注意到：越来越多的国家和地区相继发现、开采和出口石油资源，恶劣地质条件下的石油资源、蓄势已久的页岩油资源也逐步实现了大规模经济性开采；国际石油市场从未像今天这般繁荣，几大石油期货中心已陆续投入运营，各种期货、期权等金融衍生品工具已经相当成熟；石油消费大国充分认识到石油储备的重要作用，有关国家的石油储备能力大幅提升，石油储备管理制度也在不断完善；新型能源在不断得到开发和利用，人类的能源结构在不断优化调整，电动汽车在交通工具中所占的比例逐渐增大……

置身于这样一个危机与机遇并存的伟大时代，作为一个制造业大国和石油消费大国，我们该如何降低不利因素造成的重大影响，如何抓住有利因素提供的重要机遇，如何制定最有利的石油战略，这对于保障国家的战略安全，赢得中华民族的生存权和发展权，完成21世纪的民族复兴大业等重大使命是至关重要的。要全面而正确地解答这些问题，我们首先要了解保障石油安全的内涵、保障石油安全的意义、制定石油战略的目的和运筹石油战略的方法。

1.4.3　保障国家石油安全的内涵

作为“工业的血液”和“黑色的金子”，石油资源因其必需性、有限性和地域分布不均衡性，决定了其必然成为大国博弈的焦点所在，这自然也就引出了国家石油安全的概念。

广义来讲，国家石油安全是一个具有多重含义的复合概念，它包括了石油的出口安全、进口安全、生产安全、销售安全、使用安全、环境安全等多个层面的内涵和意义。

狭义来讲，国家石油安全主要是指石油净出口大国的石油销售安全和石油净进口大国的石油供应安全。作为一个石油净进口大国和消费大国，我们应重点关注的是石油供应安全。

在本书中，国家石油安全就是专指石油供应安全，也即指采取适当措施或必要手段来保障国家可及时、足量、经济地获得石油资源供给，以维持国防力量的正常运转和国民经济的持续发展，不断增强国家的综合国力和提高人民的生活水平。

1.4.4 保障国家石油安全的重要意义

本章第1.2节之所以要论述石化产品与人类生存的紧密关系，正是为了引出国家石油安全的意义。自变为石油净进口国以后，我国原油的对外依存度连年大幅增长，从1993年的6.7%，到2011年的55.2%，再到2016年的65.4%。到2018年，我国的原油进口总量已达4.6亿吨，石油对外依存度已超过了70%，在如此不利的背景下，讨论保障国家石油安全这个命题显得尤为必要和十分紧迫。

（1）建设国家物质文明需要保障国家石油安全。提起为什么要保障国家石油安全这个问题，很多学者都会从政治、经济、军事、金融等方面进行深度的专业性论述。其实通俗地讲，政治、经济、军事、金融等都是为了国民生存发展而服务的，保障国家石油安全其实就是要获取足量经济的石油供给，保障人民的吃、穿、住、用、行，保障国家的物质文明建设，不断增强我们的综合国力。

（2）构建世界命运共同体需要保障国家石油安全。在推进国内物质文明建设的同时，我们也必然会向世界输出文明，贡献中国方案和讲好中国故事。而在某些秉持“修昔底德陷阱”观念的霸权主义国家看来，这种文明输出行为就是在挑衅其霸权地位。因此，在建设“一带一路”和构建世界命运共同体的伟大进程中，我们必然面临着霸权主义国家的诸多挑战和无理威胁，这其中，干扰打击我国的石油进口将很有可能是其会采取的卑劣手段之一。

（3）开启新能源历史时代需要保障国家石油安全。有人说，任何伟大的帝国都是建立在控制最有效能源的基础之上的，曾经称霸全球的荷兰帝国是建立在风能基础上的；工业革命后，荷兰的地位很快被建立在煤炭能源和蒸汽机动力基础上的英国取代了；第一次世界大战后，英国的地位又被掌控丰富石油资源的美国所取代。步入当今时代，无论按照什么标准而言，石油工业都堪称世界上规模最大的行业，它也是唯一能牵涉到世界上每一个工业大国的一种国际性行业。如前文所述，虽然风能、水电、核能、地热等新型能源被经常提及和广泛研发，但在实际应用中，其连续性、经济性、便携性、能量密度等综合指标显然还难与石油相匹敌，这就意味着，人类历史的石油能源时代或许还将持续很长一段时间，“以石油论兴衰”仍将是大国博弈所要遵守的“法则”或“铁律”。在此背景下，只有保障国家石油供应安全，才能保障国家经济发展稳健，才能有资金、有人才、有技术去进一步开发新型能源，从而使人类早日步入新能源时代。

1.4.5 运筹国家石油战略的最终目的

本章第1.3节之所以要分析石油权力对世界发展的重大影响，就是为了引出运筹石油战略的目的。身处石油能源时代，作为一个背负伟大历史使命的石油消费大国，我们随时可能受到来自不同非友好主体的石油权力的威胁和勒索。因此，我们有必要正确认识国家石油安全的根本内涵，有必要及时制定和执行安全可靠、经济高效的国家石油战略。

众所周知，石油工业是流程工业的典型代表，国防、制造、服务、生活等各个层面的运转每天都在连续地消耗着大量的石化产品，这个稳定的连续性的消耗是建立在各大油田每天连续地产出原油、油轮管道每天连续地供应原油、炼化企业每天连续地加工原油、销售系统每天连续地配送石化产品的基础上的。不难想象，如果上述任何一个环节出现重大闪失，那我们的国家防卫、经济活动、人民生活等将会面临什么样的灾难和倒退。因此，竞争石油权力和防止被权力胁迫，确保我国石油工业的任何一个重要环节都不出现重大事故，就是运筹石油战略的目的所在。

运筹石油战略，争夺石油权力已成为世界很多国家的重大共识，例如：为防止被石油资源国断供，有的国家加大了对本土石油、海外石油和新型能源的开发力度，调整了煤炭能源的利用方式，大力研发能源节约技术；为防止被运输要道国家禁运石油，有的国家采用绕远修建管道、开挖新的运河、雇佣第三方油轮等多种应对措施；为防止被剥夺石油战胜权，有的国家建立了数量雄厚的石油战略储备；为争夺石油定价权，有的国家建立了石油期货市场来进行“价格发现”；为维护石油货币权，有的国家不惜捏造事实并动用军事力量非法打击石油产出国家；为分享他国的石油资源和限制石油产出国家发展强大，有的国家挥舞着石油技术权的“胡萝卜+大棒”四面出击。如果我们对比分析英国、美国、日本、印度等国家的石油战略，则不难发现，其措施主要包括谋求石油来源、扩展运输途径、增加战略储备、变革利用市场、调整能源结构、节约石油资源等。虽然战略措施各式各样、不一而足，但其根本目的无非是为了争夺石油权力和防止被石油权力控制、支配或胁迫。

1.4.6 运筹国家石油战略的有效方法

如上文所述，谈到石油战略，人们的第一反应一般是加强海外勘探开发力度，加大国家战略储备能力，开拓陆地石油运输通道等规划设计性措施。我们国家在这些方面也做了大量的工作，例如，自2000年后，我国政府就将目光投向了俄罗斯及东南亚地区的石油供应，现已完成俄罗斯至中国的安大输油管道建设，并大力推进途经缅甸和泰国的至中国大陆的陆上输油管道建设。然而当把各方面的石油问题综合在一起分析时，我们会发现，仍有大量的单靠规划设计所解决不了的石油战略运筹难题。要解决这些难题，我们需要将运筹学贯穿于石化工业链条之中，让其成为制定石油战略的根本遵循，也即要借助运筹学的理论或方法来更加安全和更加经济地勘探石油、开采石油、运输石油、炼化石油和配送石油产品等。

在石油勘探开发中，我们可以构建勘探开发投资优化模型，并用优化算法解出在产量构成、储采比、开采速率等限制条件下的最优化投资结构；在石油开采中，我们可以构建以稳油为目标的优化模型，并通过优化方法求解出在控水约束条件下的最优方案；在石油运输中，我们可以构建石油远洋运输优化模型和管网运输优化模型，并用优化方法调试出在船舶容量、港口水深、到货期限、管道承压等限制条件下的最优化运输方案；在石油炼化中，我们可以构建石油采购和加工优化模型，并用优化算法求解出在货源数量、石油性质、装置能力、储存容量等限制条件下的最优化方案；在产品销售中，我们可以为一次物流（炼厂油库到销售公司省市油库）选择最合适的运输通道，可以为二次物流（省市油库到加油站点）选择最合适的运输车型、拼装方案和配送路线等。

从开采/采购、炼化到销售，源远流长的油品供应链承载着有巨大潜在效益的价值链，要实现全链条、全方位、全角度的协同优化作业，必须将运筹学应用到各个环节之中，及时运筹石油战略，有效应对突发情况，推动企业安全运营、开源节流、降本增效和绿色发展。如此，既可以辅助国家竞争石油权力，又可以防止国家被石油权力所胁迫和绑架，这对保障国家石油安全有着不可或缺的重要意义。

1.5 本章小结

为助力国家推进“一带一路”建设、实现中华民族伟大复兴和构建世界命运共同体，我们有必要深刻认识石化产品对人类生存的重要意义，深刻认识石油权力对世界发展的重大影响，深刻认识运筹理论对国家石油安全的保障作用，深度掌握石油战略运筹的常用理论，灵活运用运筹理论解决石油战略运筹问题，高瞻远瞩石油运筹理论的未来发展方向，让石油战略运筹学不断发展壮大，为国家繁荣富强，为人民幸福安康作出新的贡献。

参考文献

[1] 林天海. 哪种能源最可能替代石油［J］. 石油知识，2018，34（2）：40-41.

[2] 朱静明. 中国石油经济现状及战略机制研究［J］. 技术与市场，2013，12（06）：272-273.

[3] 石油史话. 人类什么时候开始发现和使用石油［EB/OL］. https://www.cnpc.com.cn/syzs/sysh/20

1308/1e986b8f367b4e7c89d7760db77988f4.shtml，2013-08-14.
［4］何沙，秦扬．挑衅——中国近海争端背后的石油大图谋［M］．北京：石油工业出版社，2011，2-3.
［5］詹樟松．内燃机技术的发展过程和趋势［J］．内燃机，1999，10（05）：3-7.
［6］道客巴巴．化学工业发展史［DB/OL］．https://www.doc88.com/p-458271643780.html，2012-06-09.
［7］百度文库．石油化工发展史［DB/OL］．https://wenku.baidu.com/view/8a0a333e5901020207409ce0.html，2013-07-26.
［8］化威．主要资本主义国家1980—1987年的乙烯产量（万吨）［J］．乙烯工业，1989，01（01）：46-47.
［9］徐海丰，朱和．2014年世界乙烯行业发展现状与趋势［J］．国际石油经济，2015，23（04）：46-50+88+110-111.
［10］徐海丰．2018年世界乙烯行业发展状况与趋势［J］．国际石油经济，2019，27（01）：82-88.
［11］郭永峰．不识庐山真面目，只缘身在此山中——漫谈与百姓生活密不可分的石化产品［J］．石油知识，2017，33（1）：22-23.
［12］中国石油．石油化工的主要作用［DB/OL］．http://www.cnpc.com.cn/syzs/shysh/201911/99d66abaa6014888895c81a5a434402c.shtml，2019-08-20.
［13］中国石油．用途广泛的石油产品［DB/OL］．http://www.cnpc.com.cn/syzs/shysh/201911/2c7f9834e0a245d299546901b95097aa.shtml，2019-07-15.
［14］中国石油．漫谈与百姓生活密不可分的石化产品［DB/OL］．http://www.cnpc.com.cn/syzs/shysh/201808/db12b339e7ab466bb157944698b04aab.shtml，2018-09-11.
［15］中国石油．天然气的广泛应用［DB/OL］．http://www.cnpc.com.cn/syzs/shysh/201706/f8bbd6b2ba604624a001b6a2f03bd827.shtml，2017-05-25.
［16］中国石油．石油与生活［DB/OL］．http://www.cnpc.com.cn/syzs/shysh/201612/d8a70a237e014b55bd2a9a348abd23a1.shtml，2016-12-30.
［17］中国石油．石油“大家庭”的第一代产品［DB/OL］．http://www.cnpc.com.cn/syzs/shysh/201607/32b75dde108142fa976364fad81621eb.shtml，2016-07-11.
［18］中国石油．石油“大家庭”的第二代产品［DB/OL］．http://www.cnpc.com.cn/syzs/shysh/201608/031869020fc243a18bf432373048c424.shtml，2016-08-03.
［19］中国石油．因为化工生活更精彩［DB/OL］．http://www.cnpc.com.cn/syzs/shysh/201606/63d6b9915db04af88290960babb83366.shtml，2016-06-28.
［20］中国石油．PVC都去哪儿了［DB/OL］．http://www.cnpc.com.cn/syzs/shysh/201604/d44ee701cf0a4143b54857236bb8cafe.shtml，2016-04-27.

[21] 中国石油. 合成化学和人们的美好生活[DB/OL]. http://www.cnpc.com.cn/syzs/shysh/201603/6416240723f2495588bf8c0c7c9ec843.shtml，2016-03-24.

[22] 中国石油. 无处不在化工新材料[DB/OL]. http://www.cnpc.com.cn/syzs/shysh/201602/b38778cbf4b340f3956f09dc4b6b476f.shtml，2016-02-14.

[23] 中国石油. 割舍不下的"塑料"生活[DB/OL]. http://www.cnpc.com.cn/syzs/shysh/201503/23cdf2b7e63342e6b240ccaa4361e997.shtml，2015-03-23.

[24] 中国石油. 处处渗透于人们生活的石油化工产品——合成树脂[DB/OL]. http://www.cnpc.com.cn/syzs/shysh/201412/0ed42934ee50495db2a4bedd7384ef7a.shtml，2014-12-12.

[25] 中国石油. 石油的10大生活用途[DB/OL]. http://www.cnpc.com.cn/syzs/shysh/201409/c92a304bca4a442fb88b0e1781a85684.shtml，2014-09-28.

[26] 中国石油. 天然气与我们的衣食住行[DB/OL]. http://www.cnpc.com.cn/syzs/shysh/201409/f3e88430365b444abee80f6dfc3dd603.shtml，2014-09-25.

[27] 中国石油. 农膜是聚乙烯薄膜的大用户[DB/OL]. http://www.cnpc.com.cn/syzs/shysh/201706/42d57bf0451b4de59f502654e4915c9b.shtml，2017-06-21.

[28] 中国石油. 醋的主要成分——醋酸[DB/OL]. http://www.cnpc.com.cn/syzs/shysh/201706/406da13e62bb4c879adda43cde42ecfe.shtml，2017-06-19.

[29] 中国石油. 石油及天然气与"食"有关系吗[DB/OL]. http://www.cnpc.com.cn/syzs/shysh/201706/b56fdef10d1b46cb970a5793b0c7ea07.shtml，2017-05-31.

[30] 中国石油. 石油是如何走上餐桌的[DB/OL]. http://www.cnpc.com.cn/syzs/shysh/201607/2389a97e73b54a95b05d66650c23747b.shtml，2016-07-21.

[31] 中国石油. 石油化工是农业发展的"翅膀"[DB/OL]. http://www.cnpc.com.cn/syzs/shysh/201510/366e1c36b9094f4190afb8ccb470c59f.shtml，2015-10-15.

[32] 中国石油. 多姿多彩的改性纤维（差别化纤维）[DB/OL]. http://www.cnpc.com.cn/syzs/shysh/201911/2449f24dfc2546f088f9f175b0da7fd0.shtml，2019-09-12.

[33] 中国石油. 您知道这些合成纤维吗[DB/OL]. http://www.cnpc.com.cn/syzs/shysh/201911/45f30c2213e842eba6414400d9203857.shtml，2019-09-11.

[34] 中国石油. 多姿多彩、千变万化的差别化纤维[DB/OL]. http://www.cnpc.com.cn/syzs/shysh/201708/5f39c53ce68b4a8086baad329f83b735.shtml，2017-08-18.

[35] 中国石油. 弹性最好的合成纤维——氨纶[DB/OL]. http://www.cnpc.com.cn/syzs/shysh/201708/cb985c134d95452087117deb2c0c08c7.shtml，2017-08-17.

[36] 中国石油. 阻燃性能最好的合成纤维——氯纶[DB/OL]. http://www.cnpc.com.cn/syzs/shysh/201708/eabd69e3903941038c3f24d1c8f6b62a.shtml，2017-08-16.

[37] 中国石油. 最轻的合成纤维——丙纶[DB/OL]. http://www.cnpc.com.cn/syzs/shysh/201708/12f

a3cadb7d04b1f9d99c0e5756ff521.shtml，2017-08-15.
［38］中国石油．外形最类似棉花的合成纤维——维纶［DB/OL］．http://www.cnpc.com.cn/syzs/shysh/201708/7a0051bdedc147fba1620f3f5b84bab5.shtml，2017-08-14.
［39］中国石油．应用最广的合成纤维——涤纶（俗称的确良）［DB/OL］．http://www.cnpc.com.cn/syzs/shysh/201708/d434f2db0fc541fb846eb0d3a6ead210.shtml，2017-08-09.
［40］中国石油．最早实现工业化生产的化学纤维——黏胶纤维［DB/OL］．http://www.cnpc.com.cn/syzs/shysh/201708/83d199c9c3f94715990f142476cbdd1e.shtml，2017-08-07.
［41］中国石油．鞋底材料的主导产品丁苯热塑性弹性体［DB/OL］．http://www.cnpc.com.cn/syzs/shysh/201911/ebaa0a5b5a5c4315a1abc676a3216743.shtml，2019-09-20.
［42］中国石油．抖一抖衣物柔顺剂的"家底"［DB/OL］．http://www.cnpc.com.cn/syzs/shysh/201605/68312f0337014740ac4d5a42de22a3e0.shtml，2016-05-09.
［43］中国石油．塑料的浴火重生——时尚服饰［DB/OL］．http://www.cnpc.com.cn/syzs/shysh/201604/32c0e3b9335d4c318017a2762c8426d7.shtml，2016-04-07.
［44］中国石油．固色剂——把色彩牢牢留住［DB/OL］．http://www.cnpc.com.cn/syzs/shysh/201503/db4b0ffde03e4762b568bfd4872273c5.shtml，2015-03-09.
［45］中国石油．不饱和聚酯树脂可以做人造大理石和人造玛瑙［DB/OL］．http://www.cnpc.com.cn/syzs/shysh/201708/ca72442b5c414f649102ea186196564f.shtml，2017-07-25.
［46］中国石油．有机玻璃用处多［DB/OL］．http://www.cnpc.com.cn/syzs/shysh/201708/11b92b07ee4f4856b12b3277357f915a.shtml，2017-06-27.
［47］中国石油．制造塑料门窗用的是什么材料［DB/OL］．http://www.cnpc.com.cn/syzs/shysh/201708/3b07ee84962d4c5b988a7d845bbe4cb1.shtml，2017-06-22.
［48］中国石油．怎么能让房顶不漏水［DB/OL］．http://www.cnpc.com.cn/syzs/shysh/201704/829cfd7c644f42259f527e273e13263e.shtml，2017-03-31.
［49］中国石油．房顶防漏话沥青［DB/OL］．http://www.cnpc.com.cn/syzs/shysh/201611/3126155ea2c04a7c8bd284cf94d64245.shtml，2016-10-11.
［50］中国石油．合成胶乳——柔软亮丽的生活伴侣［DB/OL］．http://www.cnpc.com.cn/syzs/shysh/201911/e84640a6efae4167a6c85f9ea17d5180.shtml，2019-09-19.
［51］中国石油．独一无二的医用材料硅橡胶［DB/OL］．http://www.cnpc.com.cn/syzs/shysh/201911/29319b7a4fb6491e9ed2262f8dbdcf3a.shtml，2019-09-18.
［52］中国石油．合成橡胶的分类及用途［DB/OL］．http://www.cnpc.com.cn/syzs/shysh/201911/13123699f15e443eaeff2001c27bd2da.shtml，2019-09-16.
［53］中国石油．润滑脂的用途及主要性能指标［DB/OL］．http://www.cnpc.com.cn/syzs/shysh/201911/956c54459a24434ca751f4a6c12fb03e.shtml，2019-08-01.

[54] 中国石油. 工程塑料“飞入寻常百姓家”[DB/OL]. http://www.cnpc.com.cn/syzs/shysh/201808/fcdf27701f8c4d2e8b722f676629ccf0.shtml，2018-07-17.

[55] 中国石油. 在外科和骨科医疗中一显身手的硅橡胶[DB/OL]. http://www.cnpc.com.cn/syzs/shysh/201708/3be17244c2fc4e159fb393bb31d533dc.shtml，2017-09-11.

[56] 中国石油. 合成橡胶胶乳与我们的生活同在[DB/OL]. http://www.cnpc.com.cn/syzs/shysh/201708/eda12a5368cc4effb4878f78f92035c3.shtml，2017-09-06.

[57] 中国石油. “尿不湿”与吸水树脂[DB/OL]. http://www.cnpc.com.cn/syzs/shysh/201708/7749a4548d8b491e81b39738497e0b2a.shtml，2017-07-31.

[58] 中国石油. 什么叫功能高分子[DB/OL]. http://www.cnpc.com.cn/syzs/shysh/201708/f63e539e236d44bcbea21a7d3aa794da.shtml，2017-07-31.

[59] 中国石油. 尼龙也是一种用途广泛的工程塑料[DB/OL]. http://www.cnpc.com.cn/syzs/shysh/201708/b08cf8a01fd849ec80074343422c95d1.shtml，2017-07-27.

[60] 中国石油. 有机玻璃用处多[DB/OL]. http://www.cnpc.com.cn/syzs/shysh/201708/11b92b07ee4f4856b12b3277357f915a.shtml，2017-06-27.

[61] 中国石油. 塑料包装与绿色同行[DB/OL]. http://www.cnpc.com.cn/syzs/shysh/201506/b3710f5f24314c9aa0622fee999b665e.shtml，2015-06-12.

[62] 中国石油. 石油与医药[DB/OL]. http://www.cnpc.com.cn/syzs/shysh/201409/465e5c8738664d9c80dd1e2cddb07531.shtml，2014-09-25.

[63] 中国石油. 特别适用于制造各种内胎的丁基橡胶[DB/OL]. http://www.cnpc.com.cn/syzs/shysh/201911/9f36a5cacafc470687e5136e08095a14.shtml，2019-09-23.

[64] 中国石油. 合成橡胶的分类及用途[DB/OL]. http://www.cnpc.com.cn/syzs/shysh/201911/13123699f15e443eaeff2001c27bd2da.shtml，2019-09-16.

[65] 中国石油. 高温不软化，低温不开裂的改性沥青[DB/OL]. http://www.cnpc.com.cn/syzs/shysh/201911/6b8c9994f37b4a3f8334766eb24016ad.shtml，2019-08-20.

[66] 中国石油. 沥青与高速公路[DB/OL]. http://www.cnpc.com.cn/syzs/shysh/201911/3574c770b81141bf97fb75cc906ecd43.shtml，2019-08-20.

[67] 中国石油. 润滑脂的用途及主要性能指标[DB/OL]. http://www.cnpc.com.cn/syzs/shysh/201911/956c54459a24434ca751f4a6c12fb03e.shtml，2019-08-01.

[68] 中国石油. 轮胎是怎样制造出来的[DB/OL]. http://www.cnpc.com.cn/syzs/shysh/201708/0bb48e915bd143c2a854440a37caf00a.shtml，2017-08-31.

[69] 中国石油. 汽车工业离不开ABS 树脂[DB/OL]. http://www.cnpc.com.cn/syzs/shysh/201708/b84fc144eb0d4c6bae96e1d72d2e1d2b.shtml，2017-06-26.

[70] 中国石油. 合成纤维在汽车中的应用日渐增多[DB/OL]. http://www.cnpc.com.cn/syzs/

shysh/201604/d44948f94f3a4e96b3dc67252021ab37.shtml，2016-04-27.

［71］中国石油. 城市道路或将试穿“除雪”沥青［DB/OL］. http://www.cnpc.com.cn/syzs/shysh/201601/3de7bd7911c149acaf03dcf1bad0754e.shtml，2016-01-05.

［72］Philip Verleger. 历史上19次石油断供事件和即将到来的第20次冲击［DB/OL］. https://www.sohu.com/a/311448931_120054211，2016-05-08.

［73］温馨. 石油金融化：内涵、趋势与影响研究［M］. 成都：西南财经大学出版社，2016.

［74］刘文强. 世界原油百年沧桑变幻史（上）［EB/OL］. http://finance.ifeng.com/c/7fl5TVoAmpQ，2018-08-29.

［75］中国石油. 拆分标准石油背后的纷争［DB/OL］. http://center.cnpc.com.cn/bk/system/2017/10/23/001665650.shtml，2017-10-23.

［76］马林・卡祖沙著，林力敏译. 石油与美元［M］. 广州：广东经济出版社，2018.

［77］中国企业报. 12名院士力推，中国炼化或成第三张“国家名片”［DB/OL］. http://epaper.zqcn.com.cn/content/2016-04/26/ content_31333.html，2016-06-27.

［78］中国石化. 炼油化工：从中国制造到中国创造［DB/OL］. https://www.doc88.com/p-5475643562960.html，2016-08-03.

［79］丹尼尔・耶金著，艾平等译. 石油大博弈（上）［M］. 北京：中信出版社，2008.

［80］百度百科. 福克兰海战：斯佩舰队与德意志全球海洋挑战策略的丧钟［DB/OL］. https://baike.baidu.com/tashuo/browse/content?id=0973544b753a9326d67cdc2c&lemmaId=3250611&lemmaId=3250611&fr=qingtian.html，2018-09-23.

［81］戴德铮. 石油与第二次世界大战［J］. 武汉大学学报（社会科学版），1987，10（2）：79-85.

［82］河沙，秦扬. 国际政治经济与石油安全战略研究［M］. 北京：石油工业出版社，2011.

［83］史蒂夫・科尔著，杨蝉宇译. 石油即政治［M］. 上海：文汇出版社，2017.

第2章 石油战略运筹的常用理论

运筹学（Operational Research，简称O.R.）是20世纪30年代初发展起来的一门新兴学科。1955年，我国从“运筹帷幄之中，决胜千里之外”这句话中摘取“运筹”二字为该门学科命名，O.R.被正式译作了运筹学。关于运筹学的定义有很多。例如，据《大英百科全书》定义，运筹学是一门应用于管理有组织系统的科学。运筹学为掌管这类系统的人提供决策目标和数量分析的工具。再如，据《中国企业管理百科全书》定义，运筹学应用分析、试验、量化的方法，对经济管理系统中的人、财、物等有限资源进行统筹安排，为决策者提供有依据的最优方案，以实现最有效的管理。

不管定义的形式如何，可以肯定的是，运筹学与经济管理、工业工程、仓储物流、国防军事、计算机科学等行业、学科或领域的结合非常紧密。国际上一些知名的大型学术组织，如美国运筹与管理科学学会（INFORMS）、国际运筹学会联合会（IFORS）、欧洲运筹学会（EURO）、美国工业与应用数学联盟（SIAM）和美国计算机科学学会（ACM）等，都非常重视运筹学（尤其是数学规划技术）的研究和应用。

通过调研实际问题、分析问题属性、建立优化模型、模型寻优求解、结果评价修正等过程，可以得到实际问题在特定限制条件下的全局最优解、近似最优解、令人满意解等，从而为管理或执行人员提供科学的决策依据。历经长期的积淀和发展，运筹学现已经成为管理学的一门重要的专业基础课，在当前的石油战略决策中，它也是业务人员不可或缺的一个重要工具。运筹学现已开枝散叶，发展出很多有名的分支学科，包括规划论、图论、排队论、博弈论、决策论等。在石油战略运筹领域中，应用最广泛的、最有效的当属规划论一脉。在规划论中，最为常见的、讨论最热烈的又当属线性规划、非线性规划、整数及混合整数规划、动态规划、多目标及矛盾性目标规划、NP-Hard（Nondeterministic Polynomial-Hard）等问题。本章将重点讨论规划论问题及相应的求解方法。

2.1 线性规划问题与求解方法

2.1.1 线性规划问题的引出

例2.1-1：某工厂计划生产Ⅰ、Ⅱ两种产品，需要A、B、C、D四种不同的原料。已知生产每种产品所需要的各种原料数量、每种产品的单位利润、可供使用的原料总量等，如表2-1所示。现在问，该工厂应如何安排生产计划才能获得最大的利润（该企业应生产多少Ⅰ产品和多少Ⅱ产品）？

表2-1　生产计划制定支持数据表

产品/原料种类	A	B	C	D	产品利润/（千元/吨）
Ⅰ	2	1	4	0	2
Ⅱ	2	2	0	4	3
原料总量/吨	12	8	16	12	

要应用运筹学来解决实际问题，一般需要先将实际问题译成数学语言，形成数学优化模型，而后再根据问题的属性和规模等来选择合适的求解方法。设x_1、x_2分别表示Ⅰ、Ⅱ两种产品的计划生产量，则上述计划优化问题可以用数学语言表示为：

目标函数：

$$\max Z = 2x_1 + 3x_2 \tag{2-1}$$

限制条件：

$$\text{s.t.}\begin{cases} 2x_1 + 2x_2 \leqslant 12 \\ x_1 + 2x_2 \leqslant 8 \\ 4x_1 \leqslant 16 \\ 4x_2 \leqslant 12 \\ x_1, x_2 \geqslant 0 \end{cases} \tag{2-2}$$

上述数学优化模型是由一个目标函数和一组限制条件构成的。在实际问题中，自变量$\{x_i\}$往往会多于甚至远超两个/两维。但不管自变量有多少个/多少维，只要目标函数和限制条件中的自变量都是一次方的和连续取值的，则该问题就可以归为线性规划类问题。

一般认为，线性规划问题及其最经典的单纯形求解方法是美国数学家丹捷格于1947年首先提出的，其初衷是为了支撑美国空军的军事计划编制。据丹捷格讲，其对线性规划问题的研究受到了投入产出分析法的启发。投入产出分析法是美籍俄裔经济学家列昂惕夫于1932年提出的，该成果在经济学领域得到重要应用。1973年，列昂惕夫因这项研究成果而获得了诺贝尔经济学奖。

实际上，早在1832年，法国数学家傅里叶就提出了线性规划的想法，但并未引起注意；1911年，法国数学家瓦莱-普森再次提出线性规划，但仍未获得重视；1939年，苏联经济学家康托洛维奇在解决工业生产组织和计划问题时，又一次提出了类似线性规划的模型，并给出了名为“解乘数法”的求解方法，但其成果发表后，仍跟前两位线性规划问题的研究先驱一样石沉大海，被世人忽视了。

人们常说“是金子总会发光的”，线性规划问题和对应的单纯形解法也是如此。对于这样一个具有划时代意义的理论，随后越来越多的学者开始对其产生浓厚的兴趣，其中比较有代表性的一位是美国数学家冯·诺依曼。1947年，他提出了对偶理论，既开创了线性规划的新研究领域，又拓展了线性规划的应用范围。另外一位代表性人物是美国经济学家库普曼斯，他是线性规划经济分析法的创立者，曾经大力呼吁年轻的经济学家要关注线性规划理论。1951年，库普曼斯将线性规划创新性地应用到经济学领域并取得重要成果，这让他和苏联经济学家康托洛维奇一起获得了1975年度的诺贝尔经济学奖。除此之外，还有很多经济学家，如阿罗、萨谬尔逊、西蒙、多夫曼和胡尔威茨等，也都凭借线性规划在经济领域的创新应用而获得了诺贝尔奖。

2.1.2 线性规划问题的内涵

线性规划问题是一类比较常见的数学规划问题，其最普遍的应用为：在竞争性活动中如何以最佳的方式分配人力、物力、财力等有限资源，以得到最好的经济效果。线性规划问题的数学模型一般包括决策变量（待确定的资源数量）、约束方程（对资源的限制条件）和目标函数三个最主要的组成因素。

所谓线性，就是指模型的目标函数和约束方程都是决策变量的线性表达式；所谓规划，就是在限制条件所圈定的高维线性可行解空间（或称可行解域）中寻找最优解的过程。由于可行解空间是线性的，因而线性规划模型的最优解只能出现在解空间的有限顶点上，除非出现了“无解”或“无穷多解”等情况。

线性规划的一般表达式为：

$$\max（或\min）Z = c_1x_1 + c_2x_2 + \cdots + c_nx_n \tag{2-3}$$

$$\text{s.t.}\begin{cases} a_{11}x_1 + a_{12}x_2 + \cdots + a_{1n}x_n \geqslant (或=,\leqslant)b_1 \\ a_{21}x_1 + a_{22}x_2 + \cdots + a_{2n}x_n \geqslant (或=,\leqslant)b_2 \\ \vdots \\ a_{m1}x_1 + a_{m2}x_2 + \cdots + a_{mn}x_n \geqslant (或=,\leqslant)b_m \\ x_1, x_1, \cdots, x_n \geqslant (或\leqslant)0 \end{cases} \tag{2-4}$$

为便于问题讨论和求解，人们一般会将线性规划模型转化成标准型。将线性规划问题转为标准型的方法其实就是一些简单的线性变换操作。例如，改变正负号，在约束方程中添加剩余变量或松弛变量等。转化标准型后，线性规划问题的本质并不发生变化，也即标准型与原型在描述或反映实际问题上是完全等效的。

通过简单的线性变换操作，我们可以将一般的线性规划模型转化为如下的标准型：

$$\max Z = \sum_{i=1}^{n} c_i x_i \tag{2-5}$$

$$\text{s.t.}\begin{cases}\sum_{i=1}^{n} a_{ji}x_i = b_j & j = 1,2,\cdots,m \\ x_i \geqslant 0 & i = 1,2,\cdots,n\end{cases} \tag{2-6}$$

对于线性规划问题的标准型，也可以通过给变量添加“负号”等方法将其改为求最小值（min）问题，但与原模型相比却并没有本质的区别。因为转化前的最大化问题和转化后的最小化问题在描述或反映实际问题上是完全等效的。将线性规划问题转化为标准型后，就可调用非常通用和非常高效的单纯形法来进行问题求解了。

另外，线性规划问题一般都会存在一个对偶问题，原问题与对偶问题之间存在着一系列的对偶性质。利用这些对偶性质，有时是非常利于问题求解的，甚至是有助于深入了解问题的本质属性，如后文第2.3节将要介绍的用于求解大规模混合整数规划问题的Benders分解算法的总体框架，就是根据某些对偶性质来设计的。

回顾例2.1-1，原问题是“该工厂该生产并卖出多少Ⅰ产品和多少Ⅱ产品，才能获得最大利润。”现在换一个角度考虑问题，假如有家贸易公司要直接买走该工厂的原料A、B、C、D，那么对于该工厂而言，在保证直接卖出原料的利润不低于生产并卖出Ⅰ、Ⅱ产品的前提下，各种原料的售价最低可定为多少？这就是原问题的对偶问题，可用数学模型表示为：

目标函数：

$$\min F = 12y_1 + 8y_2 + 16y_3 + 12y_4 \tag{2-7}$$

限制条件：

$$\text{s.t.}\begin{cases}2y_1 + y_2 + 4y_3 \geqslant 2 \\ 2y_1 + 2y_2 + 4y_4 \geqslant 3 \\ y_1, y_2 \geqslant 0\end{cases} \tag{2-8}$$

如果将原问题写为：

$$\max Z = \boldsymbol{CX} \tag{2-9}$$

$$\text{s.t.}\begin{cases}\boldsymbol{AX} \leqslant \boldsymbol{b} \\ \boldsymbol{X} \geqslant 0\end{cases} \tag{2-10}$$

则对偶问题一般可写为：

$$\min F = \boldsymbol{Yb} \tag{2-11}$$

$$\text{s.t.}\begin{cases}\boldsymbol{YA} \geqslant \boldsymbol{C} \\ \boldsymbol{Y} \geqslant 0\end{cases} \tag{2-12}$$

观察从原问题到对偶问题的转化规律：原问题的求最大（max）变为对偶问题的求最小（min）；原问题的“≤”号变为对偶问题的“≥”号；原问题约束条件的$\boldsymbol{b}$，移到了对偶问题的目标函数中；原问题目标函数中的$\boldsymbol{C}$，移到了对偶问题的约束条件中。

对偶问题有一系列非常实用的基本性质，如：

（1）对称性。对偶问题的对偶是原问题。

（2）弱对偶性。对于原问题（求最大）的任一可行解$\boldsymbol{X}_i$和对偶问题（求最小）的任一可行解$\boldsymbol{Y}_j$，总有$\boldsymbol{CX}_i \leqslant \boldsymbol{Y}_j\boldsymbol{b}$。其证明过程是简单的，因为$\boldsymbol{b} \geqslant \boldsymbol{AX}_i$，所以$\boldsymbol{Y}_j\boldsymbol{b} \geqslant \boldsymbol{Y}_j\boldsymbol{AX}_i$；因为$\boldsymbol{Y}_j\boldsymbol{A} \geqslant \boldsymbol{C}$，所以$\boldsymbol{Y}_j\boldsymbol{AX}_i \geqslant \boldsymbol{CX}_i$；因此，最终有$\boldsymbol{Y}_j\boldsymbol{b} \geqslant \boldsymbol{CX}_i$。另外，对于式$\boldsymbol{Y}_j\boldsymbol{b} \geqslant \boldsymbol{CX}_i$，当其取等号时（$\boldsymbol{Y}_j\boldsymbol{b} = \boldsymbol{CX}_i$），$\boldsymbol{X}_i$和$\boldsymbol{Y}_j$分别是原问题和对偶问题的最优解。

（3）对偶性。若原问题有最优解，则对偶问题也有最优解。

（4）无界性。若原问题（对偶问题）有无界解，则其对偶问题（原问题）无解。

（5）互补松弛性。若$\overline{\boldsymbol{X}}$是原问题的可行解，$\overline{\boldsymbol{Y}}$是对偶问题的可行解，则$\overline{\boldsymbol{X}}$和$\overline{\boldsymbol{Y}}$是最优解的充分必要条件是$\overline{\boldsymbol{XY}} = \overline{\boldsymbol{X}}\,\overline{\boldsymbol{Y}} = 0$。

2.1.3 线性规划问题的求解

当前求解线性规划问题的最基本、最主要、最优效、最通用、最经典的算法是单纯形法，但该算法相对比较抽象，不易直接讲解。在介绍单纯形法之前，我们可以先用图解法求解例2.1-1问题，以便帮助我们更直观地理解线性规划问题求解的总体思路和注意事项，同时了解单纯形法的基本原理。

1. 图解法

1）图解法的解题思路

所谓图解法，就是将约束条件和目标函数用线和面等图形表示出来，从而可以更直观地描述和求解问题。对于含有两个变量的优化模型的求解思路和求解过程，可以在二维平面上清晰直观地表达出来。在二维平面中，所有代表限制条件的实直线将圈出一个可行解域，而代表目标函数的虚直线将在可行解域内按垂直于自身的方向（也即直线的法方向）正/反移动，当虚直线切割到可行解域的某个顶点时即可得到线性规划问题的最大值优解/最小值优解。

2）图解法的解题步骤

对于例2.1-1问题，可以用二维图形描述（图2-1）：

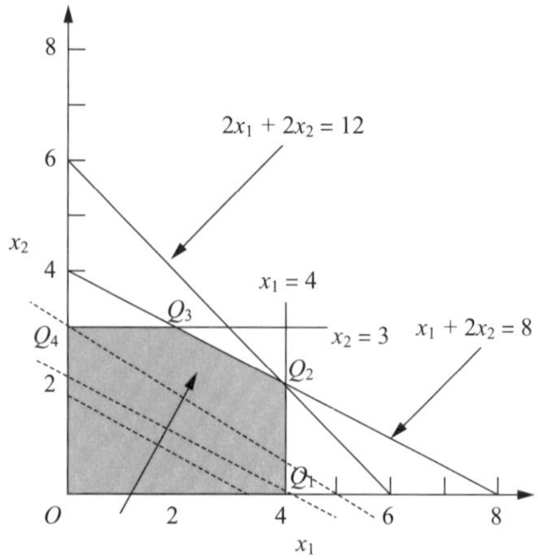

图2-1 线性规划问题的图形化表示

在图2-1中，阴影区域是由多个代表限制条件的实直线圈定的可行解域。其中，非负条件x_1、$x_2 \geqslant 0$约束条件圈定了例2.1-1问题的解只能在直角坐标系的第一象限内取值；$2x_1+2x_2\leqslant 12$约束条件把例2.1–1问题的可行解域圈定在了$2x_1+2x_2=12$这条直线的左下方区域；$x_1+2x_2\leqslant 8$约束条件把例2.1–1问题的可行解域圈定在了$x_1+2x_2=8$这条直线的左下方区域；$4x_1\leqslant 16$约束条件把例2.1–1问题的可行解域圈定在了$x_1=4$这条直线的左方区域；$4x_2\leqslant 12$约束条件把例2.1–1问题的可行解域圈定在了$x_2=3$这条直线的下方区域。五个约束条件所围成的阴影区域为图形$O-Q_1-Q_2-Q_3-Q_4$，这也正是例2.1–1问题的可行解域。

例2.1–1问题的可行解只能在$O-Q_1-Q_2-Q_3-Q_4$阴影区域内取值，超出该阴影区域范围，例2.1–1问题是无可行解的。阴影区域有五个顶点：O、Q_1、Q_2、Q_3、Q_4，这些顶点就是潜在的最优解点，也就是说，例2.1–1问题的最优解必然为O、Q_1、Q_2、Q_3、Q_4五个顶点之中的某一个。这个规律可以推广到含有多维变量的线性规划问题中。也就是说，不管线性规划问题的变量是多少维的，只要问题存在唯一最优解，则该最优解就只能出现在可行解域的某一顶点上。后文将要介绍的单纯形法就是基于这个规律而设计出来的。

例2.1–1问题坐标平面中的一组虚直线代表的是目标函数$Z=2x_1+3x_2$在可行解域内的寻优探索移动过程。在坐标平面上，目标函数可以表示为以Z为自变量，以–2/3为斜率的虚直线：

$$x_2=-(2/3)x_1+Z/3 \tag{2-13}$$

位于同一条虚直线上的点，具有相同的目标函数值（Z值相同），我们称之为“等值线”。当Z值由小变大时，虚直线$x_2=-(2/3)x_1+Z/3$沿其法线方向（见图2–1中的箭头方向）向右上方移动，当移动到Q_2点时，目标函数Z值在可行解域的边界上实现最大化。因此，$Q_2(4,2)$就是原问题的最优解，目标函数值为$Z=12$。反之，若目标函数要取最小值，则虚直线$x_2=-(2/3)x_1+Z/3$要沿其法线向左下方移动，当移动到O点时，目标函数Z值在可行解域的边界上实现最小化。因此，$O(0,0)$就是求最小问题的最优解，目标函数值Z为0。

3）图解法观察特殊解

例2.1–1问题中求解得到的最优解是唯一的，但对于很多的线性规划问题而言，求解结果还可能出现无穷多最优解（多重优解）、无可行解及无界解等其他情况。

（1）多重优解。

在例2.1–1问题中，如果产品Ⅰ和Ⅱ对应的利润由原来的2和3改为2和4，那么目标函数变为$Z=2x_1+4x_2$，以Z为参数的这族平行线就会与约束条件$x_1+2x_2\leqslant 8$的边界线平行。当目标函数Z值由小变大移动时，将与线段Q_2Q_3重合，此时线段Q_2Q_3上的任意一点都能使Z取得相同的最大值（图2–2）。也就是说，这个线性规划问题有无穷多最优解（多重优解）。

（2）无可行解。

如果在例2.1–1问题中多添加一个约束条件$-2x_1+x_2\geqslant 4$，则该条件形成的约束区域与原可行域没有交集（图2–3），即此问题的可行域为空集，此问题无可行解，自然也就不存在最优解。

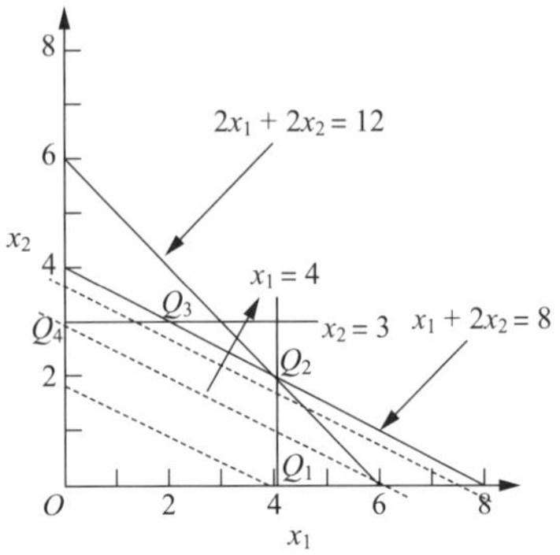

图2–2　线性规划问题的多重优解情况

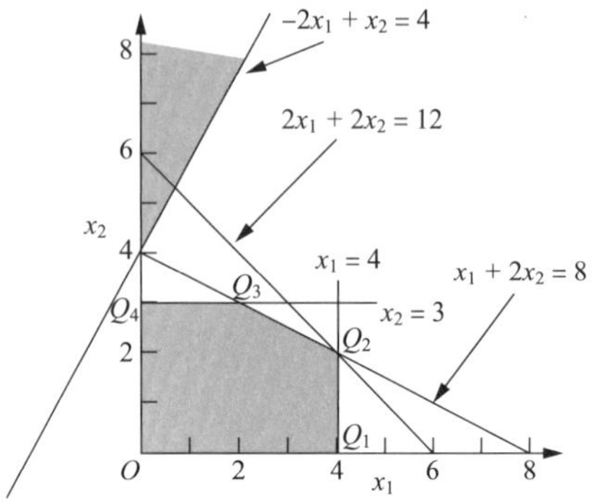

图2–3　线性规划问题的无可行解情况

值得注意的是，能够决定问题有解还是无解的是约束条件所圈定的空间是否为空集。也就是说，问题有解与否与目标函数无关，只要约束条件圈定的空间不是空集，任何目标函数都将是有解的。或者说，具有不同目标函数的两个线性规划问题，只要二者的约束条件所圈定的空间相同，则二者在有解还是无解这个判断结论上是等价的。

（3）无界解。

另外，对于下述线性规划问题：

$$\max Z=x_1+x_2 \tag{2–14}$$

$$\text{s.t.}\begin{cases}-2x_1+x_2\leqslant 4\\ x_1-x_2\leqslant 2\\ x_1,x_2\geqslant 0\end{cases} \tag{2–15}$$

用图解法所得求解结果如图2–4所示。从图2–4中可以看出，该问题的可行解域是无界的，目标函数值可以在可行解域内增大到无穷大。这种情况称为无界解。

一般情况下，当线性规划问题出现多重优解、无可行解或无界解等特殊情况时，大多是由于数学模型表述有错误，其原因往往是漏掉了必要的约束条件或是约束条件存在相互矛盾等，只要改正数学模型，这些特殊情况很多是可以消除的。

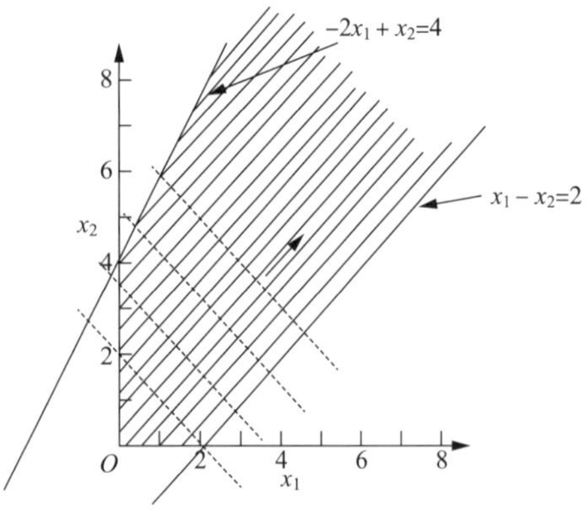

图2–4　线性规划问题的无界解情况

2. 单纯形法

图解法在求解只含有两个变量的线性规划问题时是非常直观形象的，但当所求解问题的变量逐渐增多时，画图就会变得极其复杂，这时就需要应用一个更为通用，并且可以程序化的求解方法来对线性规划问题进行求解。1947年，美国数学家丹捷格提出了求解线性规划问题的一般方法——单纯形法，很好地解决了这一问题。

1）单纯形法的解题思路

在正式介绍单纯形法的解题思路之前，我们需要先界定一些线性规划问题的基本概念，如基、基向量、基变量、非基变量、可行解、最优解、基本解、基本可行解、可行基、最优基、凸集、顶点等。

如前文所述，线性规划问题的标准型为：

$$\max Z = \sum_{i=1}^{n} c_i x_i \tag{2-16}$$

$$\text{s.t.}\begin{cases} \sum\limits_{i=1}^{n} a_{ji} x_i = b_j & j = 1,2,\cdots,m \\ x_i \geqslant 0 & i = 1,2,\cdots,n \end{cases} \tag{2-17}$$

（1）基：设$\boldsymbol{A}$是对应于约束方程组的$m \times n$（$m < n$）维系数矩阵，其秩为m。

$$\boldsymbol{A} = \begin{bmatrix} a_{11} & a_{12} & \cdots & a_{1m} & \cdots & a_{1n} \\ \vdots & \vdots & \vdots & \vdots & \vdots & \vdots \\ a_{m1} & a_{m2} & \cdots & a_{mm} & \cdots & a_{mn} \end{bmatrix} \tag{2-18}$$

再设$\boldsymbol{B}$是矩阵$\boldsymbol{A}$中$m \times m$阶非奇异子矩阵（$|\boldsymbol{B}| \neq 0$），则称$\boldsymbol{B}$是线性规划问题的一个基。

$$\boldsymbol{B} = \begin{bmatrix} a_{11} & a_{12} & \cdots & a_{1m} \\ \vdots & \vdots & \vdots & \vdots \\ a_{m1} & a_{m2} & \cdots & a_{mm} \end{bmatrix} \tag{2-19}$$

（2）基向量：若矩阵$\boldsymbol{B}$是由m个线性独立的列向量（$\boldsymbol{P}_1$，$\boldsymbol{P}_2$，…，$\boldsymbol{P}_m$）组成。称$\boldsymbol{P}_j$（$j = 1,2$，…，m）为基向量。也就是说，一个基是由一组基向量组成的：

$$\boldsymbol{B} = \begin{bmatrix} a_{11} & a_{12} & \cdots & a_{1m} \\ \vdots & \vdots & \vdots & \vdots \\ a_{m1} & a_{m2} & \cdots & a_{mm} \end{bmatrix} = (\boldsymbol{P}_1, \boldsymbol{P}_2, \cdots, \boldsymbol{P}_m) \tag{2-20}$$

（3）基变量与非基变量：与基向量$\boldsymbol{P}_j$相应的变量x_j（j=1，2，…，m）为基变量，不与任何基向量对应的变量称为非基变量。

（4）可行解：满足约束条件（2-17）的解$\boldsymbol{X} = (x_1, x_2, \cdots, x_n)^{\mathrm{T}}$，或者说是位于由约束条件所圈成的可行解空间内部的解，称为线性规划问题的可行解。

（5）最优解：能使目标函数达到或取得最优值的可行解称为最优解。

（6）基本解（基解）：对应于某一个给定的基，在约束方程组中令所有 $n-m$ 个非基变量的值等于0，则由此方程组可唯一地解得 m 个基变量的值，把这 m 个基变量的值与 $n-m$ 个非基变量的值（等于0）合在一起就得到约束方程组的一个完整解，则称这个解为对应于给定基的基本解。

（7）基本可行解（基可行解）：满足非负条件的基本解称为基本可行解（基可行解）。若最优解存在，则一定有一个基本可行解是最优解。

（8）可行基：与基本可行解对应的基称为可行基。

（9）最优基：与最优基本可行解对应的基称为最优基。

（10）凸集：所谓凸集是指，如果一个集合 $\boldsymbol{K}$ 内部任意两点 $\boldsymbol{X}_1$、$\boldsymbol{X}_2$ 之间的连线仍在这个集合内部，也即 $\alpha x_1+(1-\alpha)x_2\in\boldsymbol{K}$，$0\leqslant\alpha\leqslant1$，则该集合 $\boldsymbol{K}$ 为凸集。如图2-5中，（a）和（b）都是凸集；而（c）有凹陷，不是凸集；（d）有孔洞，也不是凸集。

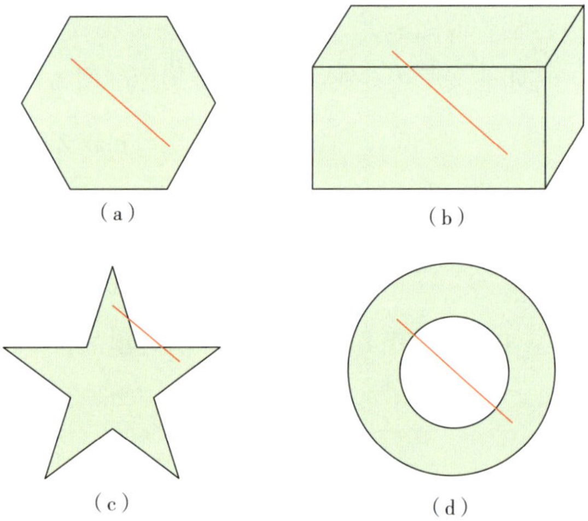

图2-5　凸集和非凸集示例

如果从几何上直观地理解，凸集的几何形状中应没有凹陷和孔洞，任意两点之间的连线仍然位于凸集内部。一个孤立的点、一段直线、凸多边形、凸多面体等都属于凸集。

（11）顶点：所谓顶点是指，如果凸集 $\boldsymbol{K}$ 中不存在任何两个不同的点 $\boldsymbol{X}_1$、$\boldsymbol{X}_2$，使 $\boldsymbol{X}$ 成为这两个点连线上的一个点，或者说，对于任何 $\boldsymbol{X}_1\in\boldsymbol{K}$、$\boldsymbol{X}_2\in\boldsymbol{K}$，不存在 $\boldsymbol{X}=\alpha\boldsymbol{X}_1+(1-\alpha)\boldsymbol{X}_2$，$0<\alpha<1$，则称 $\boldsymbol{X}$ 是凸集 $\boldsymbol{K}$ 的顶点。

在了解了上述概念后，我们还要介绍线性规划问题的三个基本定理，这三个基本定理也是单纯形法的根本原理和核心内容。

（1）定理1：线性规划问题的可行解域一定是一个凸集。

要证明可行解域 $\boldsymbol{D}$ 一定是一个凸集，则根据凸集的定义，只要证明 $\boldsymbol{D}$ 内任意不同两点 $\boldsymbol{X}_1$、$\boldsymbol{X}_2$ 的连线上的点也必定位于 $\boldsymbol{D}$ 内即可。因为 $\boldsymbol{X}_1$、$\boldsymbol{X}_2$ 是可行解，则有：

$$\boldsymbol{A}\boldsymbol{X}_1=\sum_{j=1}^{n}\boldsymbol{P}_j\boldsymbol{X}_{1j}=\boldsymbol{b} \tag{2-21}$$

$$\boldsymbol{A}\boldsymbol{X}_2=\sum_{j=1}^{n}\boldsymbol{P}_j\boldsymbol{X}_{2j}=\boldsymbol{b} \tag{2-22}$$

式中，$\boldsymbol{P}_j$ 是指约束条件系数矩阵 $\boldsymbol{A}$ 的第 j 个列向量。

对于$\boldsymbol{X}_1$、$\boldsymbol{X}_2$的连线上的任意一点可写为：

$$\boldsymbol{X}=\alpha\boldsymbol{X}_1+(1-\alpha)\boldsymbol{X}_2 \qquad 0<\alpha<1 \tag{2-23}$$

将式（2–23）左右两边同乘$\boldsymbol{A}$得：

$$\boldsymbol{A}\boldsymbol{X}_1=\boldsymbol{A}[\alpha\boldsymbol{X}_1+(1-\alpha)\boldsymbol{X}_2]=\alpha\boldsymbol{b}+(1-\alpha)\boldsymbol{b}=\boldsymbol{b} \tag{2-24}$$

也即$\boldsymbol{X}_1$、$\boldsymbol{X}_2$的连线上的任一点$\boldsymbol{X}$也是原线性规划问题的可行解，位于可行解域$\boldsymbol{D}$内，故而可行解域$\boldsymbol{D}$是凸集。

（2）定理2：线性规划问题的基本可行解与可行解域的顶点一一对应。

要证明“$\boldsymbol{X}$是可行解域的顶点$\Leftrightarrow$ $\boldsymbol{X}$是基可行解”这一定理，可通过反证法来实现，即证明“$\boldsymbol{X}$不是可行解域的顶点$\Leftrightarrow$ $\boldsymbol{X}$不是基可行解”。

①先证明“若$\boldsymbol{X}$是基可行解，则$\boldsymbol{X}$是可行解域的顶点。”该命题相当于“若$\boldsymbol{X}$不是基可行解，则$\boldsymbol{X}$一定不是可行解域的顶点。”

若$\boldsymbol{X}$是可行解，但不是基可行解，则其对应的约束条件系数矩阵列向量线性相关，也即存在一组不全为零的数$\boldsymbol{\beta}$，使得：

$$\beta_1\boldsymbol{P}_1+\beta_2\boldsymbol{P}_2+\cdots+\beta_m\boldsymbol{P}_m=0 \tag{2-25}$$

用一个$\mu>0$的数乘以式（2–25），再分别与$\sum_{j=1}^{m}\boldsymbol{P}_j\boldsymbol{X}_j=\boldsymbol{b}$相加和相减，可以得到：

$$(x_1+\mu\beta_1)\boldsymbol{P}_1+(x_2+\mu\beta_2)\boldsymbol{P}_2+\cdots+(x_m+\mu\beta_m)\boldsymbol{P}_m=\boldsymbol{b} \tag{2-26}$$

$$(x_1-\mu\beta_1)\boldsymbol{P}_1+(x_2-\mu\beta_2)\boldsymbol{P}_2+\cdots+(x_m-\mu\beta_m)\boldsymbol{P}_m=\boldsymbol{b} \tag{2-27}$$

如果令：

$$\boldsymbol{X}_1=[(x_1-\mu\beta_1),(x_2-\mu\beta_2),\cdots,(x_m-\mu\beta_m),0_{m+1},\cdots,0_n] \tag{2-28}$$

$$\boldsymbol{X}_2=[(x_1+\mu\beta_1),(x_2+\mu\beta_2),\cdots,(x_m+\mu\beta_m),0_{m+1},\cdots,0_n] \tag{2-29}$$

则很明显$\boldsymbol{X}_1$和$\boldsymbol{X}_2$是原线性规划问题的解，同时还会得到：

$$\boldsymbol{X}=0.5\boldsymbol{X}_1+0.5\boldsymbol{X}_2 \tag{2-30}$$

也就是说，在可行解域内的不同两点$\boldsymbol{X}_1$和$\boldsymbol{X}_2$的连线的中点仍在可行解域内，这与凸集顶点的定义相矛盾，因而$\boldsymbol{X}$一定不是可行解域的顶点。

②再证明“若$\boldsymbol{X}$是可行解域的顶点，则$\boldsymbol{X}$是基可行解。”该命题相当于“若$\boldsymbol{X}$不是可行解域的顶点，则$\boldsymbol{X}$一定不是基可行解。”

若$\boldsymbol{X}$在可行解域内，但不是可行解域的顶点，则在可行解域内必存在不同的两点$\boldsymbol{X}_1$、$\boldsymbol{X}_2$，使得：

$$\boldsymbol{X}=\alpha\boldsymbol{X}_1+(1-\alpha)\boldsymbol{X}_2 \qquad 0<\alpha<1 \tag{2-31}$$

由于$\boldsymbol{X}_1$、$\boldsymbol{X}_2$在可行解域内，应满足：

$$\sum_{j=1}^{m}\boldsymbol{P}_j x_{1j}=\boldsymbol{b} \tag{2-32}$$

$$\sum_{j=1}^{m}\boldsymbol{P}_j x_{2j}=\boldsymbol{b} \tag{2-33}$$

将式（2–32）和式（2–33）相减可得：

$$\sum_{j=1}^{m} \boldsymbol{P}_j(x_{1j} - x_{2j}) = 0 \qquad (2\text{–}34)$$

由于$\boldsymbol{X}_1 \neq \boldsymbol{X}_2$，所以$x_{1j}-x_{2j}$不全为零，故向量组$\boldsymbol{P}_1$，$\boldsymbol{P}_2$，…，$\boldsymbol{P}_m$线性相关。根据基的定义，一个线性相关的约束系数向量组不构成基，因而其对应的解$\boldsymbol{X}$也不是基可行解。

（3）定理3：线性规划问题如果有唯一最优解，则最优解一定在可行域的一个顶点上达到。

定理3是相对容易理解的，例2.1–1问题的图解法解题过程比较直观地说明了这一点。当然，定理3也是有严格的证明过程的，感兴趣的读者可以自行查阅相关文献，在此不再赘述。

基于前文的概念界定和定理介绍，我们现在可以着手思考单纯形法的解题思路了。若要用最简单的方式引出单纯形法的解题思路，那无非就是对以下四个基本问题的解答或处理。

问题一：为什么线性规划问题的最优解一定在顶点上？

问题二：怎么样得到线性规划问题的一个顶点？

问题三：得到一个顶点后，如何在每一步迭代计算中转换顶点，并使目标函数值得到优化？

问题四：迭代计算到什么程度可以停止？

基于对上述四个问题的思考，我们可以将单纯形法的解题思路归纳为：

（1）把线性规划问题的约束方程组转化为标准型，找出一个基本可行解作为迭代初始值。

（2）若基本可行解不存在，即各约束条件之间相互矛盾，则线性规划问题无解。

（3）若基本可行解存在，根据最优性条件和可行性条件，引入非基变量取代某一基变量，找出比当前基本可行解对应的目标函数值更优的另一基本可行解。

（4）返回步骤（3）继续迭代，直到对应的检验数满足最优性条件（这时目标函数值不能再得到改善）为止，也即得到了线性规划问题的最优解。

（5）若迭代过程中发现问题的目标函数值无界，则终止迭代。

单纯形法是在高斯消去法的基础上，发展为求解变量数多于方程数，并且使目标函数值逐步得到优化的方法。基本思路是从线性方程组中找出一个个的单纯形（基），根据每一个单纯形（基）可以求得一组可行解，然后判断该可行解究竟是使目标函数值增大了还是减小了，然后视情况决定下一步单纯形（基）的选择和构建，如此迭代，直到目标函数值达到最优值为止。

2）单纯形法的解题步骤

根据单纯形法的解题思路，求解例2.1–1问题的步骤如下：

（1）添加人工松弛变量，将例2.1–1问题转化为标准型。

$$\max Z = 2x_1 + 3x_2 + 0x_3 + 0x_4 + 0x_5 + 0x_6 \quad (2\text{–}35)$$

$$\begin{cases} 2x_1 + 2x_2 + x_3 = 12 \\ x_1 + 2x_2 + x_4 = 8 \\ 4x_1 + x_5 = 16 \\ 4x_2 + x_6 = 12 \\ x_j \geqslant 0, \quad j = 1, 2, \cdots, 6 \end{cases} \quad (2\text{–}36)$$

上述优化模型的约束系数构成的矩阵为：

$$\boldsymbol{A} = \begin{vmatrix} \boldsymbol{P}_1 & \boldsymbol{P}_2 & \boldsymbol{P}_3 & \boldsymbol{P}_4 & \boldsymbol{P}_5 & \boldsymbol{P}_6 \\ 2 & 2 & 1 & 0 & 0 & 0 \\ 1 & 2 & 0 & 1 & 0 & 0 \\ 4 & 0 & 0 & 0 & 1 & 0 \\ 0 & 4 & 0 & 0 & 0 & 1 \end{vmatrix} \quad (2\text{–}37)$$

（2）确定初始基本可行解$\boldsymbol{X}^{(0)}$。

上述矩阵是4×6阶矩阵，其中的列向量$\boldsymbol{P}_3$、$\boldsymbol{P}_4$、$\boldsymbol{P}_5$、$\boldsymbol{P}_6$显然是线性无关的，可以构成一组基，且这个基为单位矩阵，对应基变量x_3、x_4、x_5、x_6，对应非基变量x_1和x_2。根据前文所述，令非基变量x_1和x_2等于0，则可求得对应的基本解为$\boldsymbol{X}^{(0)}=(0, 0, 12, 8, 16, 12)^{\mathrm{T}}$，此时目标函数$\boldsymbol{Z}^{(0)}=0$。

（3）判断$\boldsymbol{X}^{(0)}$是否为最优解。

从目标函数的表达式（2–35）可以看到，非基变量x_1和x_2的系数为（2, 3），显然都为正数。这意味着如果非基变量的取值从0开始增大，则目标函数值也将跟着增大。既然目标函数值还有增大的空间，则对于求最大问题而言，$\boldsymbol{X}^{(0)}$显然不是最优解。

注意：在线性规划中，目标函数表达式中非基变量的系数称为检验数。对于求最大值的情况，如果检验数中有任何一个大于0，则该基本可行解不是最优解。此时，就需要进行换基操作，也即用一个基变量替换目标函数中的一个非基变量，如此，目标函数中被替换出去的非基变量就变为下一次迭代计算的基变量了。如此反复进行，直到目标函数中所有的非基变量的系数都变为负数，此时对应的解就是线性规划问题的最优解（因为标准型中的限制条件要求所有变量都大于或等于0，而目标函数中的非基变量的系数为负数，此时如果非基变量从0开始增加，必然导致目标函数值减小，所以非基变量系数为负数且非基变量取0时，就会得到问题的最优解）。

（4）换基，使目标函数值增加。

首先，确定要换入的非基变量：应选择具有最大正检验数的非基变量作为换入变量，因为这样可以使目标值增加得更快。本例中，x_2的系数为3，大于x_1在目标函数表达式中的系数2，因此，应选定x_2为换入变量。

其次，确定要换出的基变量：随着所选换入变量值的增加，原来的基变量的解值会发生变化，为保证所有变量解值非负，我们应选择解值最先变化为0的基变量作为换出变量。在上例中，原基变量可以由非基变量x_1和x_2表示为：

$$\begin{cases} x_3 = 12 - 2x_1 - 2x_2 \\ x_4 = 8 - x_1 - 2x_2 \\ x_5 = 16 - 4x_1 \\ x_6 = 12 - 4x_2 \end{cases} \tag{2-38}$$

令式（2-38）中的x_1取0，为保证所有变量为非负值，则有：

$$\begin{cases} x_3 = 12 - 2x_2 \geqslant 0 \Rightarrow x_2 \leqslant 6 \\ x_4 = 8 - 2x_2 \geqslant 0 \Rightarrow x_2 \leqslant 4 \\ x_5 = 16 \geqslant 0 \\ x_6 = 12 - 4x_2 \geqslant 0 \Rightarrow x_2 \leqslant 3 \end{cases} \tag{2-39}$$

上述解的交集为$x_2 \leqslant 3$。这意味着，为使目标值达到最大，当x_2取最大值3时，x_6的取值率先减小为0，故在新的基本可行解$\boldsymbol{X}^{(1)}$中，x_6成为非基变量，因此将x_6选定为换出变量。

对于更一般的情况，设x_k为换入变量，设a_{ik}'、b_i'为迭代过程中对应于a_{ik}、b_i的值，设$\theta = \min\limits_i \left\{ \frac{b_i'}{a_{ik}'} \middle| a_{ik}' > 0 \right\}$，则应选与$\theta$对应的基变量为换出变量。

（5）使用新的基变量和基矩阵求解$\boldsymbol{X}^{(1)}$。

将x_2替换x_6后形成的新的基矩阵为：

$$\boldsymbol{B} = (\boldsymbol{P}_3, \boldsymbol{P}_4, \boldsymbol{P}_5, \boldsymbol{P}_2) = \begin{vmatrix} 1 & 0 & 0 & 2 \\ 0 & 1 & 0 & 2 \\ 0 & 0 & 1 & 0 \\ 0 & 0 & 0 & 4 \end{vmatrix} \tag{2-40}$$

利用高斯消元法求得对应的基解为$\boldsymbol{X}^{(1)} = (0, 3, 6, 2, 16, 0)^{\mathrm{T}}$，目标值$Z^{(1)} = 9$。此时，目标函数的非基变量表达式为$Z = 9 + 2x_1 - 3/4x_6$，非基变量$x_1$前的系数仍然是正的，$\boldsymbol{X}^{(1)}$仍然不是最优解，因此下一步需要将$x_1$作为换入变量，进入下一轮迭代。

（6）选x_1为换入变量，根据θ规则，令$x_6 = 0$，确定出换出变量应为x_4。

$$\left.\begin{array}{ll} x_3 = 6 - 2x_1 \geqslant 0 & \theta_3 = 6/2 = 3 \\ x_4 = 2 - x_1 \geqslant 0 & \theta_4 = 2/1 = 2 \\ x_5 = 16 - 4x_1 \geqslant 0 & \theta_5 = 16/4 = 4 \\ x_2 = 3 \geqslant 0 & \theta_2 = \infty \end{array}\right\} \theta = \min\{\theta_i\} = \theta_4 \tag{2-41}$$

则根据约束方程得到新的基变量表达式为：

$$
\begin{cases}
x_3 = 2 + 2x_4 - \frac{1}{2}x_6 \\
x_1 = 2 - x_4 + \frac{1}{2}x_6 \\
x_5 = 8 + 4x_4 - 2x_6 \\
x_2 = 3 - \frac{1}{4}x_6
\end{cases} \tag{2-42}
$$

将式（2–42）代入目标函数得：

$$
Z = 13 - 2x_4 + \frac{1}{4}x_6 \tag{2-43}
$$

令非基变量$x_4 = x_6 = 0$，得到新的解$\boldsymbol{X}^{(2)} = (2, 3, 2, 0, 8, 0)^{\mathrm{T}}$，由于目标函数表达式（2–43）中$x_6$的系数仍为正数，所以$\boldsymbol{X}^{(2)}$也不是最优解。

（7）选x_6为换入变量，根据θ规则，令$x_4 = 0$，按照类似式（2–41）的方法确定出换出变量应为x_3。

则根据约束方程得到新的基变量表达式为：

$$
\begin{cases}
x_6 = 4 - 2x_3 + 4x_4 \\
x_1 = 4 - x_3 + x_4 \\
x_5 = 4x_3 - 4x_4 \\
x_2 = 2 + \frac{1}{2}x_3 - x_4
\end{cases} \tag{2-44}
$$

将式（2–44）代入目标函数得：

$$
Z = 14 - 1/2x_3 - x_4 \tag{2-45}
$$

令非基变量$x_3 = x_4 = 0$，得到新的解$\boldsymbol{X}^{(3)} = (4, 2, 0, 0, 0, 4)^{\mathrm{T}}$及$Z^{(3)} = 14$。此时，目标函数中的非基变量的系数都为负数，任何一个非基变量由0开始增大都会导致目标函数值减小，因而$\boldsymbol{X}^{(3)}$就是线性规划问题的最优解。

不难发现，上述求解过程的每一个基可行解，都对应着图解法绘出的可行解域的一个顶点：$O(\boldsymbol{X}^{(0)}) \to Q_4(\boldsymbol{X}^{(1)}) \to Q_3(\boldsymbol{X}^{(2)}) \to Q_4(\boldsymbol{X}^{(3)})$，具体请参考前文中图解法。

观察例2.1–1的求解过程，我们可以总结出单纯形法求解线性规划问题的详细步骤（求max问题）：

（1）将LP问题化为标准型（n个变量，m个约束方程）。

（2）从约束方程组的系数增广矩阵中选出m个不同的单位列向量构成初始基，确定$\boldsymbol{X}^{(0)}$。如果不能直接找到m个不同的单位列向量，可用“人工变量法”构造初始基。

（3）最优性检验。判别已得到的基本可行解$\boldsymbol{X}^{(k)}$是否是最优解。（若所有非基变量的检验数$\sigma_j \leqslant 0$，则$\boldsymbol{X}^{(k)}$是最优解，当然对于求min问题，判别准则应当是$\sigma_j \geqslant 0$；若存在一个检验数$\sigma_{j_0} > 0$，且相应的系数列向量的各元素$a_{ij_0} \leqslant 0$（$i = 1 \sim m$），则问题有无界最优解，即$Z \to +\infty$；若上述都不满足，则计算$\sigma_k = \max\{\sigma_j \mid \sigma_j > 0\}$，选$x_k$为换入变量，转下一步。）

（4）确定换出变量：设 $\theta=\min\limits_{i}\left\{\frac{b_i'}{a_{ik}'}\middle|a_{ik}'>0\right\}$，不妨设 $\theta=\frac{b_l'}{a_{lk}'}$，则可以确定 x_l 为换出变量。

（5）将 x_k 与 x_l 对换，将 x_k 的系数列向量化为单位列向量，形成一组新的系数矩阵和右端项。

（6）求解 $\boldsymbol{X}^{(k+1)}$，计算检验数，转第（3）步。

以上为单纯形法的详细求解步骤，人们还根据以上思路，设计了一种单纯形表来进行求解计算。单纯形表是用矩阵的形式实现上述计算步骤，较易实现计算机编程求解。由于其基本原理和主要步骤与前文一致，在此不再另做介绍。

3）单纯形法的改进演化

单纯形法是非常经典的线性规划问题求解算法。单纯形法问世之后，引起了众多学者的广泛兴趣，很多数学家又对其进行改进，从而演化出更多的、更高效的变种算法，这其中比较著名的有改进单纯形法、对偶单纯形法、下山单纯形法等。当然，也有与单纯形法完全不同的算法，如椭球算法和内点算法等。

（1）改进单纯形法。1953年，美国数学家丹捷格为了减小单纯形法每次迭代中积累起来的进位误差，提出了改进单纯形法。其基本步骤与普通单纯形法大致相同，主要区别是在每步迭代计算中不再以高斯消去法为基础，而是根据旧基阵的逆来直接计算新基阵的逆。这样做可以减少迭代计算中的累积误差（计算机实现高斯消去法时所固有的缺点），在提高计算精度的同时，也在一定程度上减少了计算机的内存消耗。

（2）对偶单纯形法。1954年，美国数学家莱姆基提出了对偶单纯形法。单纯形法是从原始问题的一个可行解通过迭代转到另一个可行解，直到检验数满足最优性条件为止。对偶单纯形法则是从满足对偶可行性条件出发，通过迭代逐步搜索原始问题的最优解。在迭代过程中始终保持基解的对偶可行性，而使不可行性逐步消失。所谓满足对偶可行性，即指检验数满足最优性条件。在保持对偶可行性的前提下，一旦基解成为可行解时，便也就是最优解。

3. 其他解法

（1）下山单纯形法。一般认为，美国数学家丹捷格提出的单纯形法是求解线性规划问题的主流算法。而有一种算法与此无关，但名称却很类似，它被称为下山单纯形法或单纯形加速法。下山单纯形法是用于求解多维变量无约束非线性规划问题的一种数值方法，属于更一般的搜索算法。下山单纯形法的单纯形是指 $\boldsymbol{N}$ 维空间中的具有 $\boldsymbol{N}+1$ 个顶点的凸包，如直线上的一条线段，平面中的一个三角形，三维空间中的一个四面体等，后文将有更详细的介绍。

（2）椭球算法。椭球算法于1979年被正式提出，其时间复杂度（关于时间复杂度的概念，请参考第2.6节）是多项式级的，可记为$O(n^6L^2)$，其中n是变量维数，L是输入长度。椭球算法在理论上是很有意义的，但其实际计算效果却并不理想，甚至远远不如指数级时间复杂度的单纯形法，因而它的出现就仿佛昙花一现，随即就陷入沉寂。单纯形法是最古老、被研究最透彻的优化算法，虽然在理论上不是多项式时间算法，但在实际应用中却非常有效，当前以单纯形法为内核的商业化软件也很成熟。

（3）内点算法。内点算法是一种用于求解非线性凸优化问题的算法，后于1984年被Narendra Karmarkar推广应用到线性规划问题中。内点算法的基本原理是将优化问题的目标函数和约束条件构造成一个惩罚函数，从而形成一个无约束优化问题，进而实现求解。如此，算法寻优过程的探索点就总会在可行解域的内部，这也就是“内点”的由来（反之则称为外点法，后文中将有进一步的介绍）。找到无约束优化问题的极值点，也就找到了原优化问题的最优解。

2.1.4 线性规划问题的小结

经过长期的理论探索和技术创新，当前线性规划问题的求解算法已经变得相当成熟了。各种的商用解题器，如Cplex、Gurobi、Xpress等，都提供了非常通用且高效的求解算法，可以轻松地求解含有几万个以上甚至更多变量的大规模线性规划问题。

在石油炼化工业中，线性规划的实际应用范围非常广泛。首先，在忽略一定条件的情况下，采购、分配、管输、库存及油品比例调和等问题都属于或近似属于线性规划问题；其次，线性规划中的对偶单纯形法是炼化企业进行灵敏度分析和考量影子价格等经济指标的重要分析手段；最后，线性规划还是支撑炼化工业中众多非线性规划问题高效求解的重要方法基础。例如，在非线性规划问题的求解中，有一种使用较多的方法是在局部的非线性空间内构造近似的线性规划问题，然后通过“线性规划+递归”的方式求解非线性规划问题，具体见后文2.2节中“线性递归法”。

2.2 非线性规划问题与求解方法

2.2.1 非线性规划问题的引出

例2.2-1：假如要设计一个立式圆柱形油罐，已知油罐的容积为V，且油罐各层圈板的厚度与底板和顶板的厚度相同。那么问，该如何确定油罐的高度与直径参数，可使油罐的总耗钢量最少？

要解这道题目，我们仍然需要先建立该实际问题的数学模型。假设油罐的底半径为x，高为y，则$V=\pi x^2 y$，如果近似把顶作为平板计算，则油罐的表面积为：

$$Z=2\pi x^2+2\pi xy \tag{2-46}$$

该问题的数学模型为：

$$\min Z=2\pi x^2+2\pi xy \tag{2-47}$$

$$\text{s.t.}\begin{cases}\pi x^2 y=V\\ x,y>0\end{cases} \tag{2-48}$$

例2.2-1中，目标函数不是线性的，而是关于决策变量的二次函数，如x^2和xy；约束条件也不是线性的，而是关于决策变量的三次函数，如x^2y。这就引出了一个简单但又典型的非线性规划问题。

非线性规划是运筹学的规划论的重要组成部分。20世纪50年代初，库哈（H.W.Kuhn）和托克（A.W.Tucker）提出了非线性规划的基本定理，为非线性规划奠定了理论基础。这一方法在工业生产、交通运输、经济管理和军事运筹等方面有着广泛的应用，特别是在最优设计方面，它提供了重要的数学基础和计算方法，有重要的实用价值。50年代末到60年代末出现了许多求解非线性规划问题的有效的算法。自20世纪80年代以来，随着计算机技术的快速发展，非线性规划方法取得了长足的进步，在信赖域法、稀疏拟牛顿法、并行计算、内点法和有限存储法等领域都取得了丰硕的成果。

2.2.2 非线性规划问题的内涵

（1）一般数学形式。对于非线性规划问题，其一般数学表达形式可以写为：

$$\min f(\boldsymbol{X}) \tag{2-49}$$

$$\text{s.t.}\begin{cases}g_i(\boldsymbol{X})\leqslant 0 & i=1\sim m\\ h_j(\boldsymbol{X})=0 & j=1\sim l\end{cases} \tag{2-50}$$

其中，$\boldsymbol{X}=(x_1,\ x_2,\ \cdots,\ x_n)^{\mathrm{T}}$是$n$维欧式空间中的向量，也是非线性规划问题的自变量；$f(\boldsymbol{X})$是以$\boldsymbol{X}$为自变量的函数，也是非线性规划问题的目标函数；$g_i(\boldsymbol{X})$是以$\boldsymbol{X}$为自变量的一组函数（共$m$个），也是非线性规划问题的一组不等式约束条件。$h_j(\boldsymbol{X})$是以$\boldsymbol{X}$为自变量的一组函数（共$l$个），也是非线性规划问题的一组等式约束条件。对于非线性规划问题，目标函数$f(\boldsymbol{X})$和约束条件函数组$g_i(\boldsymbol{X})$中应至少有一个表达式是非线性的。

（2）多局部最优陷阱。求解非线性规划最大的难点在于问题常有很多个极值点。在这些极值点中，绝大部分都是局部最优解，常会使寻优算法陷于其中，难以自拔，也就形成了所谓的局部最优陷阱。例如图2-6所示一维函数的A_1、A_2、A_3、A_4点和B_1、

B_2、B_3、B_4点都是极值点。在求最小值时，只有B_4点是全局最优解，其余B_1、B_2、B_3点都是局部最优解；在求最大值时，只有A_3点是全局最优解，其余A_1、A_2、A_4点都是局部最优解。对于多维非线性规划问题，还可能存在更多、更复杂的局部最优解陷阱情况。

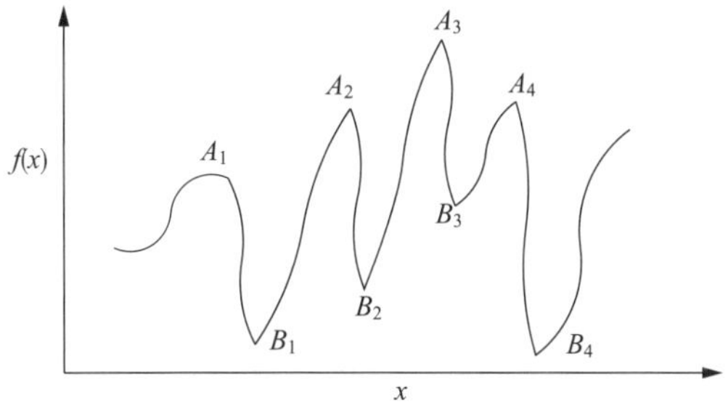

图2–6　多局部最优解陷阱示意图

（3）凸规划问题。如果非线性规划模型的目标函数$f(\boldsymbol{X})$是凸函数，不等式约束$g_i(\boldsymbol{X})$是凸函数，且等式约束$h_j(\boldsymbol{X})$是仿射的，则该非线性规划为凸规划。非线性规划一般有多个极值点，或者说是有多个局部最优解陷阱，一般寻优算法很难保证找到全局最优解。但凸规划问题却有唯一的极值点，也就是唯一全局最优解。对于一个非线性规划问题，一旦证明其是凸规划，就不用担心算法会陷入局部最优了。

（4）二次规划问题。如果非线性规划问题的目标函数$f(\boldsymbol{X})$是二次的，且约束条件$g_i(\boldsymbol{X})$和$h_j(\boldsymbol{X})$都是线性的，则该非线性规划是二次规划问题。如果该非线性规划同时又是凸规划问题，我们可以称之为凸二次规划。二次规划是一类特殊的非线性规划问题，在很多方面都有应用，例如经济学中的投资组合优化、人工智能中的支持向量机模型构建等，都最终可以归结成一个求解二次规划的问题。

（5）有/无约束优化问题。对于非线性规划问题的数学表达式，如果式（2–50）是存在的，则非线性规划是有约束优化问题。如果通过一定的处理方法将式（2–50）做了“等效式”消除，则非线性规划问题就变为无约束优化问题，如例2.2–1问题中，若将约束条件$\pi x^2 y = V$变换成$y = \dfrac{V}{\pi x^2}$，并将其代入目标函数中，则该问题就转换成了一个无约束的非线性规划问题。对于非线性规划问题而言，“无约束”是非常有利于选择模型求解算法的。

（6）高次元优化问题。如果在非线性规划模型所有的函数表达式中（包括目标函数$f(\boldsymbol{X})$和限制条件$g_i(\boldsymbol{X})$、$h_j(\boldsymbol{X})$等），各多项式的决策变量的次数最高只有二次，则该非线性规划模型可被称为二次元模型；若各多项式的决策变量的次数最高只有三次，则该非线性规划模型可被称为三次元模型；同理，还有四次元、五次元模型……在炼油化工生产计划优化模型中，二次元模型和三次元模型是较为常见的，四次元模型偶尔也会遇到。对于这些大规模的高次元优化模型，当前一般采用“线性规划+递归”的方法来进行求解。

2.2.3 非线性规划问题的求解

线性规划问题有单纯形法这一高效且通用的求解算法，但非线性规划问题却没有。当前已提出的非线性规划问题求解算法种类较多，但每种算法往往只适用于某一类型的问题。当求解一个具体的非线性规划问题时，一般需要根据问题的特点来选择合适的算法。

关于非线性规划问题的求解算法的分类是较为复杂的，一般的运筹学教材中都将其分为两大类，也即需要求解析解的间接寻优方法和不需要求解析解的直接寻优方法。当然，也有文献将其分为梯度法和非梯度法等。随着新算法的不断提出，这些传统的分类方式显然已经很难实现全面覆盖和精准区分了。

综合下文将要介绍的部分求解算法，本节将从以下五个层面来进行算法定性和细化区分：①是否需要求解析解；②是否需要在无约束条件下使用；③是否需要借助求导来寻找搜索方向；④是否需要借助泰勒函数逼近来指导求解；⑤是否需要借助线性规划+递归来进行求解。

1. 解析寻优法

解析寻优法简称解析法，是一种间接寻优法，它对指标①敏感，对指标②、③、④、⑤不敏感。这类算法需要求解析解，可以在有约束条件情况下使用，不需要借助求导来寻找搜索方向，不需要借助泰勒函数逼近来指导求解，不需要借助线性规划+递归来进行求解。

解析寻优法需要把一个非线性规划问题用数学方程式描述出来，然后根据目标函数取得极值时的必要条件，求出问题的解析解的一般数学表达式，进而根据具体情况来确定实际问题的最优解。

解析寻优法一般适用于目标函数形式相对简单和明确的非线性规划问题，而对于目标函数形式比较复杂，或甚至没有明确的数学表达式的非线性规划问题，解析寻优法这种间接寻优方法就无能为力了。在复杂的工业系统优化中，解析寻优方法很少有实际应用，下文中将主要讨论实际应用较多的各种直接寻优方法。

2. 对分搜索法

对分搜索法是一种一维无约束直接寻优方法，它对指标②敏感，对指标①、③、④、⑤不敏感。该算法不需要求解析解，需要在无约束条件下使用，不需要借助求导来寻找搜索方向，不需要借助泰勒函数逼近来指导求解，不需要借助线性规划+递归来进行求解。

之所以要讨论一维寻优方法，不但是因为一维最优化问题实际存在于石油工业之中，而且一维寻优方法也是某些多维无约束最优化算法的基础支撑，如坐标轮换法、步长加速法、最速下降法等，实质上是由一系列的一维搜索构成的或最终可归结到一个一维寻优问题，此时一维搜索的成功与否，对多维寻优算法的整体寻优效率的影响是非常大的。因此，有必要深入讨论一维搜索算法。

假如要求定义在区间$[a, b]$上的一维下单峰函数$f(x)$的最小值，同时假定允许的误差精度为δ，则对分搜索法的实现步骤如下：

（1）选取区间控制点。在区间$[a, b]$的中点$x_1=\frac{1}{2}(a+b)$两侧各$\delta/2$处取两个点，并计算其函数值$f(x_1)$、$f(x_2)$。

$$x_1=\frac{1}{2}(a+b-\delta),\ x_2=\frac{1}{2}(a+b+\delta) \tag{2-51}$$

（2）减小寻优区间。比较$f(x_1)$和$f(x_2)$的大小，若$f(x_1)\leqslant f(x_2)$，则删除区间$[x_2, b]$，并令$b=x_2$；若$f(x_1)>f(x_2)$，则删除区间$[a, x_1]$，并令$a=x_1$，如图2-7所示。

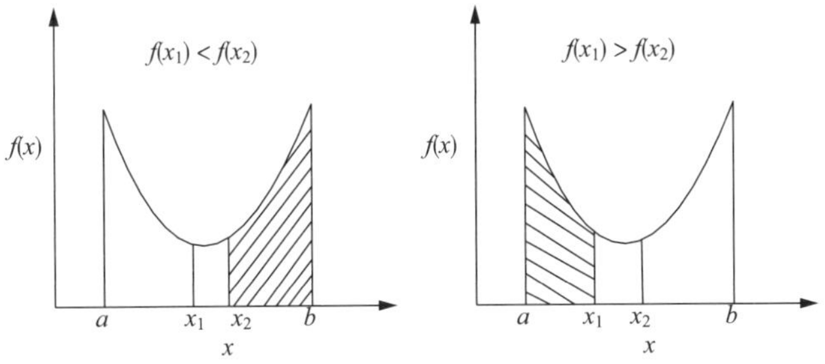

图2-7　减小寻优区间示意图

（3）判断是否终止。若$|a-b|<\delta$，则最优解为$x^*=\frac{1}{2}(a+b)$，最优值为$f(x^*)=\frac{1}{2}[f(x_1)+f(x_2)]$，算法终止，否则转步骤（1）。

使用对分搜索法时，每次迭代需要计算两个点的函数值，每次排除的区间约为当前区间的一半，总体搜索效率不高。

3. 黄金分割法

黄金分割法也是一种一维无约束直接寻优方法，它对指标②敏感，对指标①、③、④、⑤不敏感。该算法不需要求解析解，需要在无约束条件下使用，不需要借助求导来寻找搜索方向，不需要借助泰勒函数逼近来指导求解，不需要借助线性规划+递归来进行求解。

假如要求定义在区间$[a, b]$上的一维下单峰函数$f(x)$的最小值，同时假定允许的误差精度为δ，则黄金分割法的搜索步骤如下：

（1）选取区间控制点。在区间$[a, b]$中选择关于区间中心对称的两个点x_1和x_2（图2–8），并计算目标函数值$y_1 = f(x_1)$、$y_2 = f(x_2)$。其中：

$$x_1 = b - 0.618(b - a) \tag{2–52}$$

$$x_2 = a + 0.618(b - a) \tag{2–53}$$

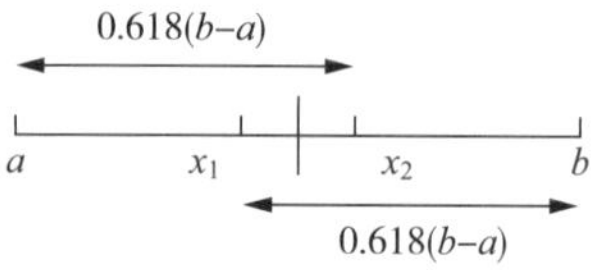

图2–8　黄金分割法取点示意图

（2）判断算法是否结束。如果$b - a \leqslant \delta$，问题的最优解为$x^* = x_1$（或x_2）、$y^* = y_1$（或y_2），寻优计算停止；否则，转步骤（3）。

（3）减小寻优区间。

①如果$y_1 < y_2$，则删除区间$[x_2, b]$，并令$b = x_2$、$x_2 = x_1$、$x_1 = a + b - x_2$、$y_2 = y_1$、$y_1 = f(x_1)$，转步骤（2）（图2–9）。

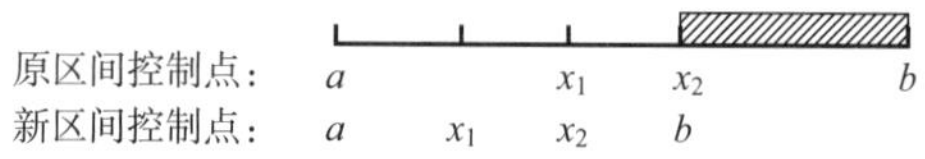

图2–9　寻优区间及控制点更新示意图

②如果$y_1 > y_2$，则删除区间$[a, x_1]$，并令$a = x_1$、$x_1 = x_2$、$x_2 = a + b - x_1$、$y_1 = y_2$、$y_2 = f(x_2)$，转步骤（2）（图2–10）。

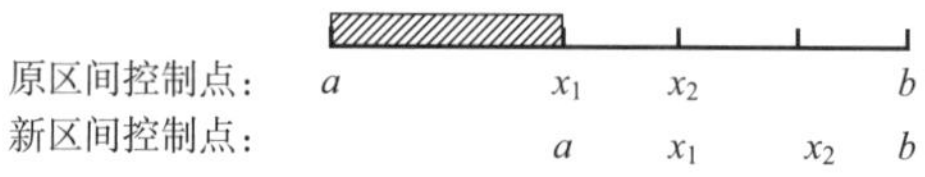

图2–10　寻优区间及控制点更新示意图

至此，黄金分割法的主要步骤已介绍完毕。但需要注意的是，图2–10中，令新区间控制点$x_1 = a + b - x_2$的正确性是容易验证的。在控制点a、b、x_1、x_2未更新前，据式（2–53），有$b = \dfrac{x_2 - a}{0.618} + a$，将其代入$x_1 = b - 0.618(b - a)$后可得：

$$x_1 = a + 0.618(b - x_2) \tag{2–54}$$

在控制点b和x_2依次得到更新后，形成了缩小版的新寻优区间$[a, b]$，相当于式（2–54）中x_1变为了新的x_2，原x_2变为了新的b。也就是说，此时新区间中的新控制点满足：

$$x_2 = a + 0.618(b - a) \tag{2–55}$$

将其代入$x_1 = a + b - \boldsymbol{x}_2$可得

$$x_1 = b - 0.618(b - a) \tag{2–56}$$

式（2–56）与步骤（1）中选择的初始控制点的数学表达式是一致的。因而可以作出推论，在算法迭代过程中，新形成的控制点x_1和x_2对新形成的寻优区间$[a, b]$的划分属性将保持不变。这个推论对图2–10中所示的情况也是成立的。

上述算法之所以被称为黄金分割法，是因为0.618这个神奇的数字。有人认为，这种比例在人体造型中具有美学价值，故叫黄金分割。人体中的许多比例，如上肢与下肢之比、肚脐以下部分与身高之比、膝关节以下部分与整条腿长之比等，均近似为0.618，如果这些比例偏离0.618太多，则人体是不美观、不匀称的。

黄金分割法的计算效率比对分搜索法更高。前文说过，对分搜索法每计算两次目标函数值，寻优区间将约被排除1/2，这就相当于每计算一次目标函数值，寻优区间将约被排除25%；从黄金分割法的实现步骤可知，其每计算一次目标函数值，寻优区间就会被排除约38.2%。很明显，黄金分割法的寻优效率要高于对分搜索法。

4. 分数搜索法

分数搜索法又称斐波那契（Fibonacci）法，也是一种一维无约束直接寻优方法。它对指标②敏感，对指标①、③、④、⑤不敏感。该算法不需要求解析解，需要在无约束条件下使用，不需要借助求导来寻找搜索方向，不需要借助泰勒函数逼近来指导求解，不需要借助线性规划+递归来进行求解。

分数搜索法的思路与黄金分割法相似。我们注意到，黄金分割法每次计算中排除的寻优区间为总寻优区间的0.382，余下的被保留的0.618倍的寻优区间中会剩下两个原控制点x_1、x_2，这其中一个原控制点将变为下步寻优区间的端点，而另一个原控制点会变成下步寻优区间的新控制点。为了进行下一步迭代计算，我们会构建另一个新控制点，形成新寻优区间内的两个新控制点，如此便形成了与初始计算相似的情形，即一个控制点距离新寻优区间左端为0.618倍的区间长度，另一个控制点距离新寻优区间右端为0.618倍的区间长度，这就使得算法每一步计算所面临的情况都与初始计算所面临的情况相似，也即算法处理过程具有了类推性和重复性，因而可以按类推规律进行一步又一步的迭代求解。那么，这个控制点选取的方式可否用另外一种形式呢？或者说是否还存在其他的取点方式也会让算法出现这种类推规律呢？答案是肯定的，分数搜索法就是其中的一种。

分数搜索法与黄金分割法相似，它们的寻优区间控制点选取思路相同，不同的地方只在于二者的寻优区间缩短率。黄金分割法每步计算的寻优区间缩短率为常数0.618，而分数搜索法每步计算的寻优区间缩短率为变数F_{n-1}/F_n。其中，F_n是指对原寻优区间的收缩倍数，例如$F_{20} = 10946$是指将原寻优区间收缩10946倍，或者说是收缩到原寻优区间的1/10946。若原寻优区间的长度为L，则经F_{20}作用后，缩短后的寻优区间长度为

$L/10946 = 0.00009136L$，总缩短率（各步缩短率的乘积）为 $1/F_{20} = 0.00009136$。如果这个总缩短率小于算法要求的误差精度 $1/\delta$，则计算可以终止，并输出最优解。

另外，$\{F_n\}$ 为Fibonacci数列，它满足如下规律：

$$\begin{cases} F_0 = F_1 = 1 \\ F_n = F_{n-1} + F_{n-2} \quad n = 0, 1, 2, \cdots \end{cases} \tag{2-57}$$

按式（2–57）的规律，展开Fibonacci数列的部分 F_n 取值和对应的寻优区间缩短率 F_{n-1}/F_n 如表2–2所示。

表2–2　Fibonacci数列的部分 F_n 取值和区间缩短率

n	F_n	F_{n-1}/F_n	n	F_n	F_{n-1}/F_n
0	1	–	11	144	0.6181
1	1	1	12	233	0.6180
2	2	0.5	13	377	0.6180
3	3	0.6667	14	610	0.6180
4	5	0.6	15	987	0.6180
5	8	0.625	16	1597	0.6180
6	13	0.6153	17	2584	0.6180
7	21	0.6191	18	4181	0.6180
8	34	0.6177	19	6765	0.6180
9	55	0.6182	20	10946	0.6180
10	89	0.6180	21	17711	0.6180

对于某一寻优问题，采用分数搜索法求解时可以根据预定的误差精度提前计算出 F_n。例如，通过预设误差精度计算得到要将某优化问题的寻优区间缩短到原来的1/88，则查表2–2得，当 $n = 10$、$F_{10} = 89$ 时满足要求。按式（2–57）所述规律，可以使各步寻优区间内的控制点出现类推规律，如图2–11所示。

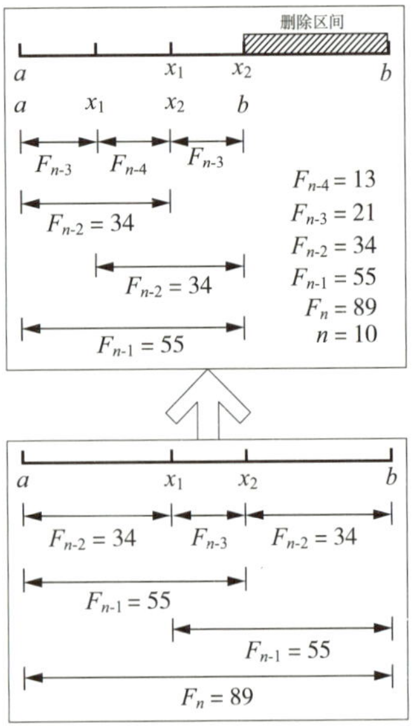

图2–11　分数法区间搜索示意图

图2–11中，箭头之下的方块内包含的是未经任何处理的原总寻优区间 $[a, b]$，由 $F_{10} = 89$ 将其划分成89份，其中子区间 $[a, x_1]$ 和 $[x_2, b]$ 对应 $F_{n-1} = F_8 = 34$，子区间 $[x_1, x_2]$ 对应 $F_{n-3} = F_7 = 21$，子区间 $[a, x_2]$ 和 $[x_1, b]$ 对应 $F_{n-1} = F_9 = F_8 + F_7 = 34 + 21 = 55$，原总寻优区间 $[a, b]$ 对应 $F_n = F_{10} = F_9 + F_8 = 55 + 34 = 89$。

图2–11中，箭头之上的方块内包含的是删除区间

$[x_2, b]$（对应于$F_{n-2}=34$）后的新总寻优区间，它对应于$F_{n-1}=55$。经此步的子区间删除操作后，寻优区间缩短率为$F_{n-1}/F_n=55/89=0.6180$。原寻优区间的端点a仍为新寻优区间的端点a，原寻优区间的控制点x_2变为新寻优区间的端点b，原寻优区间的控制点x_1变为新寻优区间的控制点x_2，为进行下一步计算，还需要在新寻优区间中新构建一个控制点x_1，它满足子区间$[a, x_1]$和子区间$[x_2, b]$对应$F_{n-3}=F_7=21$，子区间$[x_1, x_2]$对应$F_{n-4}=F_6=13$，如此便形成了与原问题相似的递推规律（即Fibonacci数列规律）。据此递推规律，可以进行下一步的迭代计算，从而一步一步地形成循环，直至将寻优区间缩短至满足精度要求时（$F_1=1$）为止。

分数搜索法的一般计算步骤如下：

（1）确定算法迭代次数。要确定算法的迭代次数也即要确定试点的个数n。假如要将原区间$[a, b]$缩短为原来的δ倍（也即限定算法的寻优精度或终止条件），则$F_n \geqslant 1/\delta$，查表2-2，由F_n确定n。

（2）计算初始控制点和对应的目标函数值。令$k=1$，在寻优区间$[a, b]$中选取两个试点x_1、x_2，如式（2-58）和式（2-59）所示，并计算试点的目标函数值$y_1=f(x_1)$、$y_2=f(x_2)$。

$$x_1 = a + \frac{F_{n-2}}{F_n}(b-a) = b - \frac{F_{n-1}}{F_n}(b-a) \tag{2-58}$$

$$x_2 = a + \frac{F_{n-1}}{F_n}(b-a) = a + b - x_1 \tag{2-59}$$

（3）删除无关区间（反复循环）。令$k=k+1$，若$k=n$，转步骤（4）；否则，按下述子步骤①、②进行计算。

①如果$y_1<y_2$，则删除区间$[x_2, b]$，并令$b=x_2$、$x_2=x_1$、$y_2=y_1$、$x_1=a+\dfrac{F_{n-k-1}}{F_{n-k+1}}(b-a)$、$y_1=f(x_1)$。

②如果$y_1>y_2$，则删除区间$[a, x_1]$，并令$a=x_1$、$x_1=x_2$、$y_1=y_2$、$x_2=a+\dfrac{F_{n-k}}{F_{n-k+1}}(b-a)$、$y_2=f(x_2)$。

（4）输出结果并结束计算。输出最优解$x^*=x_1$（或x_2），输出最优值$y^*=y_1$（或y_2），终止寻优计算。

不难发现，步骤（3）执行的是区间缩短操作，其区间缩短率是分数搜索法寻优效率的主要度量指标。从表2-2可知，当$n\to\infty$时，分数搜索法的寻优区间缩短率$F_{n-1}/F_n\to 0.618$。同时，当$n>7$时，分数搜索法的寻优区间缩短率就已接近0.618，这个缩短率与黄金分割法相似。在工业实际中，由于黄金分割法的计算步骤比分数搜索法简单得多，更便于编制计算机程序，因而应用较多。但分数搜索法也有一个优点，那就是对于给定的计算精度，可以预先推知并设定算法的总迭代次数，如此可以避免程序出现死循环，这在对安全性、可靠性和实时性要求较高的工业系统中是较为适用的。

5. 抛物线插值法

抛物线插值法也是一种一维无约束直接寻优方法。它对指标②敏感，对指标①、③、④、⑤不敏感。该算法不需要求解析解，需要在无约束条件下使用，不需要借助求导来寻找搜索方向，不需要借助泰勒函数逼近来指导求解，不需要借助线性规划+递归来进行求解。

抛物线插值法的计算过程可分为两个主要步骤：①使用外推法求最优解的存在区间；②使用抛物线插值法求最优解。也即，在使用步骤②求解最优解前，要先通过步骤①来确定最优解的存在区间。

1）外推法求最优解的存在区间

前文所讨论的对分搜索法、黄金分割法、分数搜索法等，都是基于已知最优解的存在区间这个前提假设的，但对于许多的实际问题，其最优解的存在区间在事前是并不知道的。这时我们可以采用外推法来提前确定最优解的存在区间，从而为寻优算法确定初始搜索范围。在确定初始搜索范围的过程中，一般会成倍地加大探索步长，以加速对最优解的存在区间的寻找速度。

应用外推法求最优解（求最小值问题）的存在区间的计算步骤如下：

（1）设从某点x_1出发，原始探索步长为$h_0>0$，令$x_2=x_1+h_0$，计算$f(x_1)$、$f(x_2)$，并令$k=2$。

（2）对于如图2-12所示的$f(x_1)\geqslant f(x_2)$的情况，转步骤（3），否则转步骤（4）。

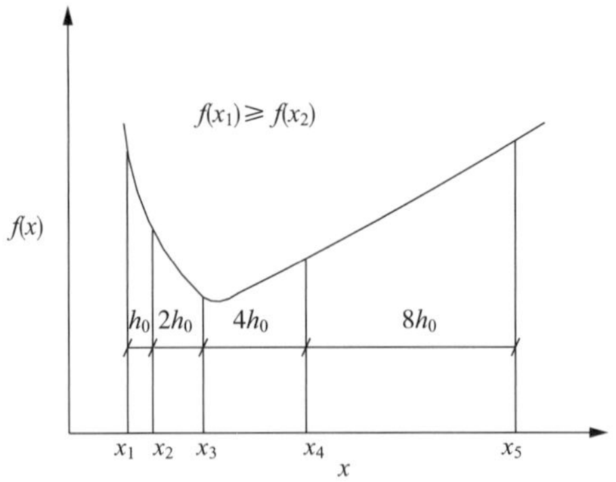

图2-12 外推法求最优解的存在区间情况一

（3）令$k=k+1$，$x_k=x_{k-1}+2^{k-2}h_0$，计算$f(x_k)$。若$f(x_k)>f(x_{k-1})$，转步骤（5），否则转步骤（3）（也即最优解仍不在当前已探索到的区间内，需要重复本步骤，继续加大k参数和扩展x_k参数，进一步扩大探索区间）。

该步骤的含义是：通过不断加倍探索步长，求$x_3 = x_2 + 2h_0$、$x_4 = x_3 + 4h_0$、$x_5 = x_4 + 8h_0$等点的函数值，直到函数值开始增加为止。此时，最优解（最小值）将会被包含在已圈定的寻优区间内部，或者说，所圈定的初始寻优区间内将包含最优解。

（4）对于如图2–13所示的$f(x_1) < f(x_2)$的情况，令$k = k+1$。若$k = 3$，$x_k = x_{k-2} - 2^{k-3}h_0$；若$k > 3$，$x_k = x_{k-1} - 2^{k-3}h_0$。计算$f(x_k)$，若$f(x_k) > f(x_{k-1})$，转步骤（5），否则转步骤（4）（也即最优解仍不在当前已探索到的区间内，需要重复本步骤，继续加大k参数和扩展x_k参数，进一步扩大探索区间）。

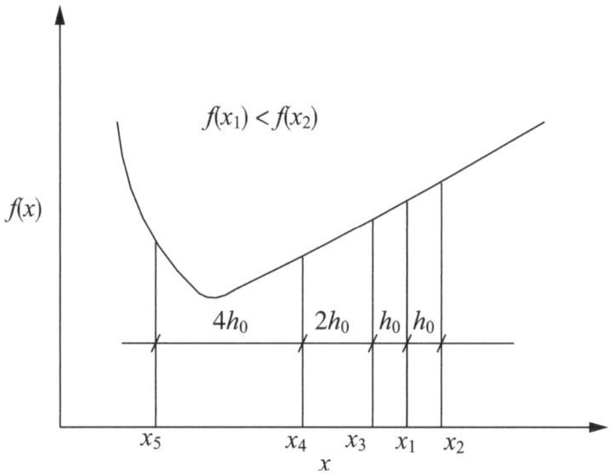

图2–13　外推法求最优解的存在区间情况二

该步骤的含义与步骤（3）相似：通过不断加倍探索步长，求$x_3 = x_1 - 2h_0$、$x_4 = x_3 - 2h_0$、$x_5 = x_4 - 4h_0$等点的函数值，直到函数值开始增加为止。此时，最优解（最小值）将会被包含在已圈定的寻优区间内部，或者说，所圈定的初始寻优区间内将包含最优解。

（5）令$x_{k+1} = (x_{k-1} + x_k)/2$，计算$f(x_{k+1})$。若$f(x_1) > f(x_2)$，则$d = 2^{k-3}h_0$；否则$d = 2^{k-4}h_0$。

令$f(x_b) = \min\{f(x_{k-2}), f(x_{k-1}), f(x_k), f(x_{k+1})\}$，再令$x_a = x_b - d$、$x_c = x_b + d$，则$[x_a, x_c]$为最优解的存在区间，其中$d$的取值为：当$f(x_1) > f(x_2)$时，$d = 2^{k-3}h_0$；否则$d = 2^{k-4}h_0$。

该步骤的含义是：取x_{k-1}和x_k的中点x_{k+1}，从而得到4个等间距的点x_{k-2}、x_{k-1}、x_{k+1}、x_k，这四个点的间距为d。比较这4个点的函数值，将其中最小者命名为x_b，则距离x_b点两侧各为d的范围就是最优解的存在区间。

2）抛物线插值法求极值点

在利用外推法确定好最优解的存在区间$[x_a, x_c]$后，设x_b为该区间内的一点，其函数值满足$f(x_a) > f(x_b)$、$f(x_c) > f(x_b)$。这里需要注意的是，关于x_a、x_c、x_b点的值，起初是通过前文所述的外推法来确定的，但在算法的后续搜索计算中，它们会随之发生变化。

现通过三点$(x_a, f(x_a))$、$(x_b, f(x_b))$、$(x_c, f(x_c))$插值，可作一条二次抛物线$P(x)$。

这里假设，所构建的二次抛物线函数$P(x)$在区间$[x_a, x_c]$的局部范围内是逼近函数$f(x)$的。

$$P(x) = a_0 + a_1x + a_2x^2 \tag{2-60}$$

将$(x_a, f(x_a))$、$(x_b, f(x_b))$、$(x_c, f(x_c))$三个点的坐标代入$P(x)$可得三个线性方程，通过联立求解可得未知参数a_1、a_2：

$$a_1 = \frac{(x_b^2 - x_c^2)f(x_a) + (x_c^2 - x_a^2)f(x_b) + (x_a^2 - x_b^2)f(x_c)}{(x_a - x_b)(x_b - x_c)(x_c - x_a)} \tag{2-61}$$

$$a_2 = \frac{(x_b - x_c)f(x_a) + (x_c - x_a)f(x_b) + (x_a - x_b)f(x_c)}{(x_a - x_b)(x_b - x_c)(x_c - x_a)} \tag{2-62}$$

由二次抛物线的数学性质可知，$P(x)$的极小值点的横坐标x_m为该抛物线的顶点的横坐标：

$$\begin{aligned} x_m &= \frac{a_1}{2a_2} \\ &= \frac{1}{2}\frac{(x_b^2 - x_c^2)f(x_a) + (x_c^2 - x_a^2)f(x_b) + (x_a^2 - x_b^2)f(x_c)}{(x_b - x_c)f(x_a) + (x_c - x_a)f(x_b) + (x_a - x_b)f(x_c)} \end{aligned} \tag{2-63}$$

在确定上述性质后，可总结抛物线插值法的迭代步骤如下：

（1）设最优解存在区间为$[x_a, x_c]$，在$[x_a, x_c]$中取一点x_b，计算$f(x_a)$、$f(x_b)$、$f(x_c)$（如果最优解的存在区间是由外推法求得的，则此步中可直接利用x_a、x_b、x_c、$f(x_a)$、$f(x_b)$、$f(x_c)$的值）。

（2）按式（2–63）计算抛物线函数$P(x)$的顶点横坐标x_m，而后据x_m计算函数值$f(x_m)$，并转步骤（3）。

如前文所述，x_m是二次抛物线函数$P(x)$的最优解（抛物线顶点横坐标），由于假设$P(x)$在局部区间$[x_a, x_c]$内逼近原目标函数$f(x)$，因此可以认为x_m同时也是$f(x)$的近似最优解。

需要注意的是，在下面的算法流程中，根据x_m相对x_b的大小、$f(x_m)$相对$f(x_b)$的大小，可分为五种情况，分别是：$|x_b - x_m| \leqslant \delta$、$x_m < x_b$且$f(x_m) > f(x_b)$、$x_m > x_b$且$f(x_m) > f(x_b)$、$x_m < x_b$且$f(x_m) < f(x_b)$、$x_m > x_b$且$f(x_m) < f(x_b)$。抛物线插值算法的后续步骤主要是根据对上述五种情况的分析处理而形成的。

（3）若$|x_b - x_m| \leqslant \delta$（$\delta$为给定的允许误差，$\delta > 0$），则令最优解$x^* = x_m$，计算停止；否则转步骤（4）。

（4）若$f(x_m) > f(x_b)$，转步骤（5）；否则转步骤（6）。

（5）若$x_m < x_b$，如图2–14所示，令$x_b = x_m$、$f(x_a) = f(x_m)$，即保留x_b、x_c不变，删掉区间$[x_a, x_m]$，转步骤（2）。

若$x_m > x_b$，如图2–15所示，令$x_c = x_m$、$f(x_c) = f(x_m)$，即保留x_a、x_b不变，删掉区间$[x_m, x_c]$，转步骤（2）。

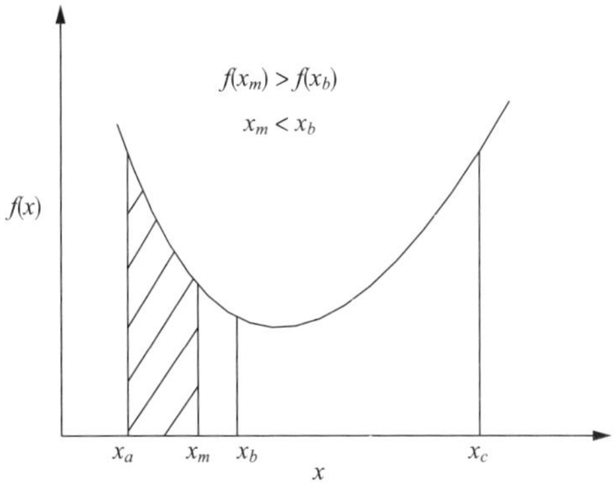

图2-14　抛物线插值法求最优解情况一处理方法

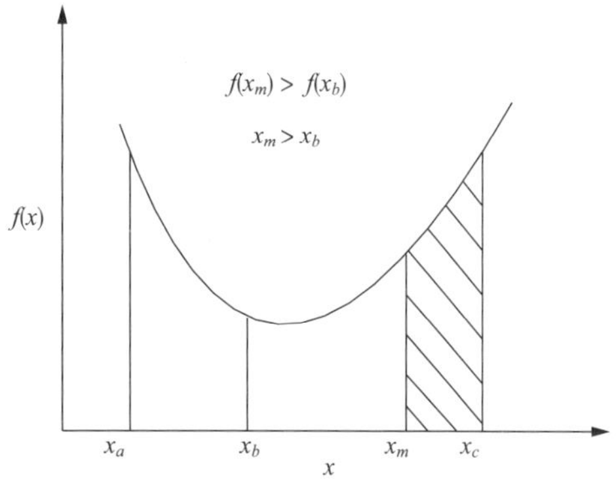

图2-15　抛物线插值法求最优解情况二处理方法

（6）若$x_m > x_b$，如图2-16所示，令$x_a = x_b$、$f(x_a) = f(x_b)$，$x_b = x_m$、$f(x_b) = f(x_m)$，即保留x_c不变，删掉区间$[x_a，x_b]$，转步骤（2）。

若$x_m < x_b$，如图2-17所示，令$x_c = x_b$、$f(x_c) = f(x_b)$，$x_b = x_m$、$f(x_b) = f(x_m)$，即保留x_a不变，删掉区间$[x_b，x_c]$，转步骤（2）。

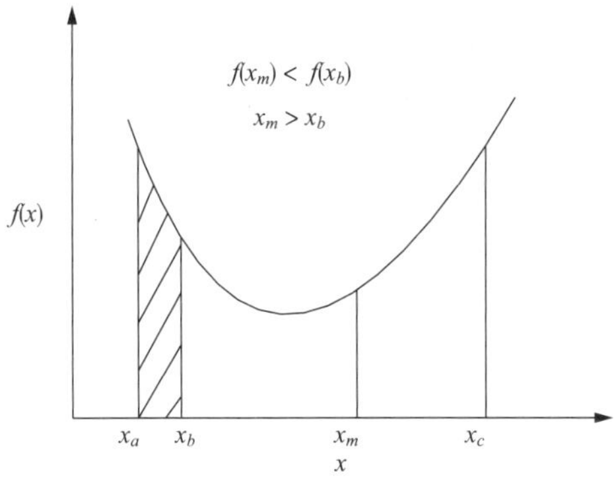

图2-16　抛物线插值法求最优解情况三处理方法

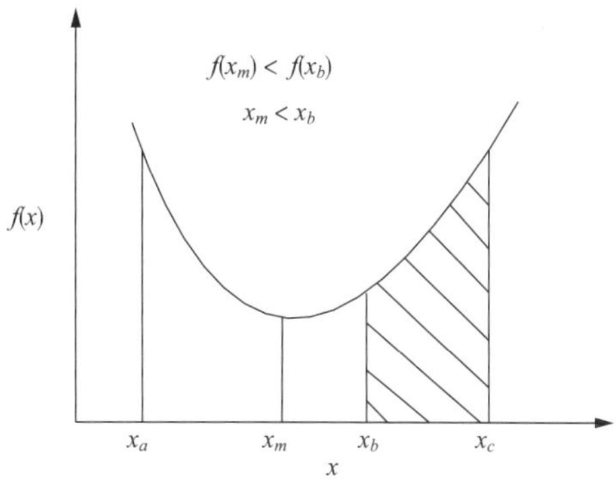

图2-17　抛物线插值法求最优解情况四处理方法

上面就是抛物线插值法的寻优搜索流程。应当注意，抛物线插值法是一种不稳定的搜索算法，它的收敛速度在很大程度上取决于目标函数的性质。当目标函数的形状比较接近二次抛物线时，这种方法的收敛速度可能要比黄金分割法或分数搜索法更快；但当目标函数偏离二次抛物线的程度较大时，该方法的收敛速度可能明显下降，甚至不收敛或收敛点与$f(x)$的最优值点相距很远。因此，在对目标函数的性质缺乏了解时，建议优先采用更加稳定可靠的黄金分割法或分数搜索法等寻优方法。

6. 坐标轮换法

坐标轮换法是一种多维无约束直接寻优方法，它对指标②敏感，对指标①、③、④、⑤不敏感。该算法不需要求解析解，需要在无约束条件下使用，不需要借助求导来寻找搜索方向，不需要借助泰勒函数逼近来指导求解，不需要借助线性规划+递归来进行求解。

坐标轮换法也叫变量轮换法，这是一种最古老的多维函数直接寻优方法，它的思路非常简单，即依次在各个坐标方向上进行一维寻优搜索，且每次搜索都以前一次搜索到的最好点作为起点。下面先以二元函数为例来分析讨论，从而给出n（$n>2$）元函数的一般算法。

设某二元函数$S=f(\boldsymbol{X})=f(x_1, x_2)$，其等高线如图2-18所示。设函数极值的存在区间为$a_1 \leqslant x_1 \leqslant b_1$、$a_2 \leqslant x_2 \leqslant b_2$，用$\overrightarrow{\boldsymbol{e}_1}=(1,0)^{\mathrm{T}}$、$\overrightarrow{\boldsymbol{e}_2}=(0,1)^{\mathrm{T}}$来分别表示$x_1$、$x_2$的坐标方向。

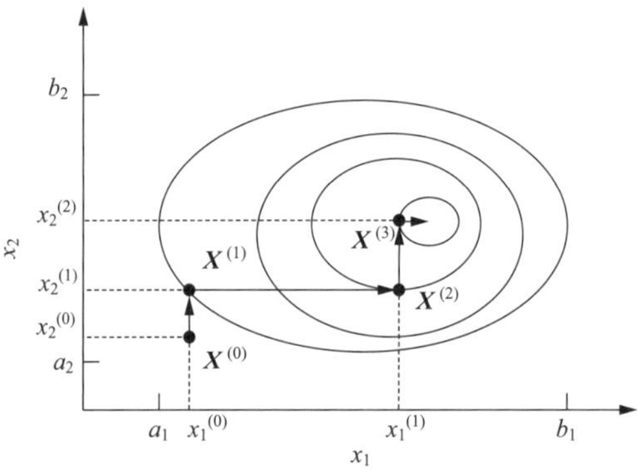

图2-18 坐标轮换法原理示意图

坐标轮换法的搜索过程如下：

（1）设从$\boldsymbol{X}^{(0)}=(x_1^{(0)}, x_2^{(0)})$出发，先固定$x_1=x_1^{(0)}$不变，求以$x_2$为单变量的目标函数的极值：

$$\min f(x_2)=\min f(x_2^{(0)}+\lambda_2)=\min f(\lambda_2) \quad (2-64)$$

式（2-64）是一维无约束最优化问题，可利用黄金分割法等一维搜索方法求以λ_2（探索步长）为单变量的目标函数的极值，从而可定出最佳步长因子λ_2^1，得：

$$\boldsymbol{X}^{(1)}=(x_1^{(0)}, x_2^{(0)}+\lambda_2^1) \qquad S^{(1)}=f(\boldsymbol{X}^{(1)}) \quad (2-65)$$

（2）固定$x_2=x_2^{(1)}=x_2^{(0)}+\lambda_2^1$不变，变动$x_1$，求以$x_1$为单变量的目标函数的极值：

$$\min f(x_1)=\min f(x_1^{(0)}+\lambda_1)=\min f(\lambda_1) \quad (2-66)$$

亦即求以λ_1为单变量的目标函数的极值，从而可定出最佳步长因子λ_1^1，得：

$$\boldsymbol{X}^{(2)}=(x_1^{(0)}+\lambda_1^1, x_2^{(0)}+\lambda_2^1) \qquad S^{(2)}=f(\boldsymbol{X}^{(2)}) \quad (2-67)$$

（3）因为$S^{(2)}$优于$S^{(1)}$，因此在进行了一轮坐标轮换后进一步搜索时，搜索区间已缩短为：$x_1^{(1)} \leqslant x_1 \leqslant b_1$、$x_2^{(1)} \leqslant x_2 \leqslant b_2$。在新的区间中重复上述步骤，则每次搜索后不仅可使目标函数值得到一定的改善，而且可以把搜索的区间进一步缩小，直到达到给定的误差精度为止。

对于n元函数，坐标轮换法的一般步骤为：

记n个坐标方向为：

$$\begin{cases} \overrightarrow{\boldsymbol{e}_1} = (1,0,0,\cdots,0)^{\mathrm{T}} \\ \overrightarrow{\boldsymbol{e}_2} = (0,1,0,\cdots,0)^{\mathrm{T}} \\ \quad\quad\cdots\cdots \\ \overrightarrow{\boldsymbol{e}_n} = (0,0,0,\cdots,1)^{\mathrm{T}} \end{cases} \tag{2-68}$$

则在第j个坐标方向$\overrightarrow{\boldsymbol{e}_j}$上搜索即为单变量极值问题：

$$\min_{\lambda} f(\boldsymbol{X}^{(j-1)} + \lambda\overrightarrow{\boldsymbol{e}_j}) \tag{2-69}$$

其中，$\boldsymbol{X}^{(j-1)}$为在$\overrightarrow{\boldsymbol{e}_{j-1}}$方向上搜索得到的最好点。所谓在$\overrightarrow{\boldsymbol{e}_j}$方向上搜索是指固定其他$n-1$个变量不变，只求以$x_j$为单变量的目标函数的极值。总结坐标轮换法的主要步骤如下：

①取$\boldsymbol{X}^{(0)} \in \boldsymbol{E}^n$,给定允许误差$\delta>0$，令$j=1$。

②作一维搜索，确定λ_j和$\boldsymbol{X}^{(j)}$：

$$\min_{\lambda} f(\boldsymbol{X}^{(j-1)} + \lambda\overrightarrow{\boldsymbol{e}_j}) = f(\boldsymbol{X}^{(j-1)} + \lambda_j\overrightarrow{\boldsymbol{e}_j}) \tag{2-70}$$

令$\boldsymbol{X}^{(j)}=\boldsymbol{X}^{(j-1)} + \lambda_j\overrightarrow{\boldsymbol{e}_j}$。

③若$j=n$（已完成一轮坐标轮换），转步骤④；若$j<n$，令$j=j+1$，转步骤②继续进行。

④若$\left\|\boldsymbol{X}^{(n)} - \boldsymbol{X}^{(0)}\right\| \leqslant \delta$，则令$\boldsymbol{X}^{*}=\boldsymbol{X}^{(n)}$作为最优解，算法结束。否则，令$\boldsymbol{X}^{(0)}=\boldsymbol{X}^{(n)}$、$j=1$，转步骤②重复进行。

在上述算法中，$\boldsymbol{X}^{(1)}$，$\boldsymbol{X}^{(2)}$，…，$\boldsymbol{X}^{(n)}$为进行一轮坐标轮换后得到的最好点集。

根据大量的应用经验，坐标轮换法的收敛速度是很慢的，只适用于变量个数较少，且目标函数中各维变量之间的交互作用较弱的情况。如果优化模型的目标函数中没有不同维度的决策变量的乘积项，即一个变量的变化与其他变量关系不大，则称无交互作用，这时坐标轮换法较为有效。如果目标函数中有不同维度决策变量的乘积项，则认为自变量间存在弱交互作用，这时坐标轮换法的搜索效率是较低的。

7. 步长加速法

步长加速法又称模矢搜索法，是由Hooke和Jeeves于1961年提出的。它是一种多维无约束直接寻优方法，对指标②敏感，对指标①、③、④、⑤不敏感。该算法不需要求解析解，需要在无约束条件下使用，不需要借助求导来寻找搜索方向，不需要借助泰勒函数逼近来指导求解，不需要借助线性规划+递归来进行求解。

步长加速法从一个初始点出发开始计算，在每轮（阶段）迭代中，主要包含两个不同操作，即方向探索和模矢移动。在迭代计算过程中，会根据情况逐渐缩短各决策变量的探索步长，直到各变量步长的绝对值总和小于预定误差精度为止。

对于求最小值问题，步长加速法的一般步骤如下：

（1）设定算法初值。令$k=0$，选择初始点$\boldsymbol{X}_k$，并求函数值$f(\boldsymbol{X}_k)$。记初始探索性移动起点为$\boldsymbol{R}_k$（参考点），记初始探索性移动终点为$\boldsymbol{B}_k$（基点）。注意，对于初始点有$\boldsymbol{X}_k=\boldsymbol{R}_k=\boldsymbol{B}_k$，$k=0$，也即$\boldsymbol{X}_0=\boldsymbol{R}_0=\boldsymbol{B}_0$。另外，为每个独立变量$x_i$设定一个探索移动步长$\Delta_i$，也即令：

$$\boldsymbol{\lambda}_i=(0,\ 0,\ \cdots,\ 0,\ \Delta_i,\ 0,\ \cdots,\ 0,\ 0)^{\mathrm{T}} \tag{2-71}$$

式（2-71）中，$\boldsymbol{\lambda}_i$指第i（$i=1,\ 2,\ \cdots,\ n$）个分量为Δ_i（$\Delta_i>0$），其余分量为0的步长矢量。

（2）进行方向探索，得到新的基点$\boldsymbol{B}_{k+1}$。按$i=0,\ 1,\ 2,\ \cdots,\ i,\ \cdots,\ n$的顺序，依次对各个分量$(x_1^k, x_2^k, \cdots, x_i^k, \cdots, x_n^k)$进行方向探索，分别得到（$\boldsymbol{R}_{k,1}$，$\boldsymbol{R}_{k,2}$，$\cdots$，$\boldsymbol{R}_{k,i}$，$\cdots$，$\boldsymbol{R}_{k,n}$）。

①对其第i个分量x_i^k探索的一般步骤如下：

对x_i^k分量增加或减少一个Δ_i（也即令$\boldsymbol{X}'_{ki}=\boldsymbol{R}_{k,i-1}+\boldsymbol{\lambda}_i$，$\boldsymbol{X}''_{ki}=\boldsymbol{R}_{k,i-1}-\boldsymbol{\lambda}_i$），并保持$\boldsymbol{X}_k$的其他分量不变，分别计算目标函数值$f(\boldsymbol{X}'_{ki})=f(x_1^k, x_2^k, \cdots, x_i^k+\Delta_i, \cdots, x_n^k)$和$f(\boldsymbol{X}''_{ki})=f(x_1^k, x_2^k, \cdots, x_i^k-\Delta_i, \cdots, x_n^k)$，则第$k$步迭代的$\boldsymbol{X}_k$的第$i$个分量$x_i^k$所对应的临时参考点$\boldsymbol{R}_{k,i}$可写为：

$$\boldsymbol{R}_{k,i}=\begin{cases}\boldsymbol{R}_{k,i-1}+\boldsymbol{\lambda}_i & f(\boldsymbol{R}_{k,i-1}+\boldsymbol{\lambda}_i)<f(\boldsymbol{R}_{k,i-1})\\ \boldsymbol{R}_{k,i-1}-\boldsymbol{\lambda}_i & f(\boldsymbol{R}_{k,i-1}-\boldsymbol{\lambda}_i)<f(\boldsymbol{R}_{k,i-1})<f(\boldsymbol{R}_{k,i-1}+\boldsymbol{\lambda}_i)\\ \boldsymbol{R}_{k,i-1} & f(\boldsymbol{R}_{k,i-1})<\min\left[f(\boldsymbol{R}_{k,i-1}+\boldsymbol{\lambda}_i), f(\boldsymbol{R}_{k,i-1}-\boldsymbol{\lambda}_i)\right]\end{cases} \tag{2-72}$$

式（2-72）的意思是，如果x_i^k分量增加一个Δ_i可令目标函数值减小，则令临时参考点$\boldsymbol{R}_{k,i}$等于增加Δ_i后的点$\boldsymbol{X}'_{ki}$；否则，如果x_i^k分量减少一个Δ_i可令目标函数值减小，则令临时参考点$\boldsymbol{R}_{k,i}$等于减少Δ_i后的点$\boldsymbol{X}''_{ki}$；如果上面两条都不成立，也即x_i^k分量不管是增加还是减小Δ_i，都不能使目标函数值减小，则令临时参考点$\boldsymbol{R}_{k,i}$保持不变。

②本步中，如果按$i=0, 1, 2, \cdots, i, \cdots, n$的顺序，依次对各个分量$(x_1^k, x_2^k, \cdots, x_i^k, \cdots, x_n^k)$进行方向探索后，所得临时参考点$\boldsymbol{R}_{k,n}=\boldsymbol{R}_k$，也即沿各分量的方向探索都未使目标函数值获得改善，则应将步长Δ_i缩小一半（即令$\Delta_i=\Delta_i/2$，$i=0,\ 1,\ 2,\ \cdots,\ n$），转步骤（4）。

经本步的局部方向探索后，最终获得的临时参考点$\boldsymbol{R}_{k,n}$可作为新的基点$\boldsymbol{B}_{k+1}$，记$\boldsymbol{B}_{k+1}=\boldsymbol{R}_{k,n}$，转步骤（3）。

（3）进行模矢移动，得到新的参考点$\boldsymbol{R}_{k+1}$。首先将老基点$\boldsymbol{B}_k$到新基点$\boldsymbol{B}_{k+1}$的方向作为模矢方向（对于老基点$\boldsymbol{B}_k$来说，这个模矢方向就是使目标函数值下降最快的方向），而后进行模矢方向移动，得到一个新的待定参考点$\boldsymbol{R}'_{k+1}=\boldsymbol{B}_k+2(\boldsymbol{B}_{k+1}-\boldsymbol{B}_k)=2\boldsymbol{B}_{k+1}-\boldsymbol{B}_k$（也即将$\boldsymbol{B}_k$到$\boldsymbol{B}_{k+1}$的距离沿模矢方向延伸一倍）。

①若$f(\boldsymbol{R}'_{k+1})\leqslant f(\boldsymbol{B}_{k+1})$，即沿模式延伸后目标函数值有改善，则令新参考点$\boldsymbol{R}_{k+1}=\boldsymbol{R}'_{k+1}$、

$k=k+1$，转步骤（2），进入下一步迭代计算。

②若 $f(\boldsymbol{R}'_{k+1})>f(\boldsymbol{B}_{k+1})$，即沿模式延伸后目标函数值无改善，则令新参考点 $\boldsymbol{R}_{k+1}=\boldsymbol{B}_{k+1}$，$k=k+1$，转步骤（2），进入下一步迭代计算。

（4）判断是否终止。如果有 $\Delta_i\leqslant\delta_i$，$i=1, 2, \cdots, n$（$\delta_i$ 为变量的第 i 维分量的要求误差精度），则算法终止，输出最优解和最优值；否则，转步骤（2）继续迭代计算。

以求二元函数 $S=f(\boldsymbol{X})=f(x_1, x_2)$ 的最小值为例，进一步解释步长加速法的具体步骤如下：

$$f(x_1,x_2)=5\sqrt{x_1^2+(x_2-2)^2}+4\sqrt{(x_1-2)^2+(5.6-x_2)^2}+3\sqrt{(5-x_1)^2+x_2^2}+12\sqrt{(3-x_1)^2+(4.8-x_2)^2}+17.25x_2 \tag{2-73}$$

（1）设定算法初值。对于上述案例，初始时令 $k=0$，选择初始点、初始参考点、初始基点为 $\boldsymbol{X}_0=\boldsymbol{B}_0=\boldsymbol{R}_0=(2.5, 2.5)$，设定初始探索步长为 $\boldsymbol{\lambda}_1=(0.1, 0)$、$\boldsymbol{\lambda}_2=(0, 0.1)$，计算初始值 $f(\boldsymbol{X}_0)=f(\boldsymbol{B}_0)=f(\boldsymbol{R}_0)=f(2.5, 2.5)=110.164$。

（2）求新的基点。

①先沿 x_1 轴做方向探测：

$$f(\boldsymbol{R}_0+\boldsymbol{\lambda}_1)=f(2.6, 2.5)=110.456>f(\boldsymbol{R}_0) \tag{2-74}$$

$$f(\boldsymbol{R}_0-\boldsymbol{\lambda}_1)=f(2.4, 2.5)=109.932<f(\boldsymbol{R}_0) \tag{2-75}$$

故令：

$$\boldsymbol{R}_{01}=\boldsymbol{R}_0-\boldsymbol{\lambda}_1=(2.4, 2.5) \tag{2-76}$$

$$f(\boldsymbol{R}_{01})=109.932 \tag{2-77}$$

②再沿 x_2 轴做方向探测：

$$f(\boldsymbol{R}_{01}+\boldsymbol{\lambda}_2)=f(2.4, 2.6)=110.450>f(\boldsymbol{R}_{01}) \tag{2-78}$$

$$f(\boldsymbol{R}_{01}-\boldsymbol{\lambda}_2)=f(2.4, 2.4)=109.400<f(\boldsymbol{R}_{01}) \tag{2-79}$$

故令：

$$\boldsymbol{R}_{02}=\boldsymbol{R}_{01}-\boldsymbol{\lambda}_2=(2.4, 2.4) \tag{2-80}$$

$$f(\boldsymbol{R}_{02})=109.400 \tag{2-81}$$

（3）确定模矢。令新的基点 $\boldsymbol{B}_1=\boldsymbol{R}_{02}=(2.4, 2.4)$，$f(\boldsymbol{B}_1)=109.400$，则将老基点 $\boldsymbol{B}_0$ 到新基点 $\boldsymbol{B}_1$ 的方向作为模矢方向 $\boldsymbol{R}_1$。

（4）模矢移动，得到新的参考点。按步骤（3）确定的模矢方向，进行模矢移动：

$$\boldsymbol{R}_1=2\boldsymbol{B}_1-\boldsymbol{B}_0=(4.8-2.5, 4.8-2.5)=(2.3, 2.3) \tag{2-82}$$

（5）第二轮求新的基点。由于 $f(\boldsymbol{R}_1)=f(2.3, 2.3)=108.713<f(\boldsymbol{B}_1)$，故应进行第二轮方向探测。

①先沿 x_1 轴做方向探测：

$$f(\boldsymbol{R}_1+\boldsymbol{\lambda}_1)=f(2.4, 2.3)=108.899>f(\boldsymbol{R}_1) \tag{2-83}$$

$$f(\boldsymbol{R}_1-\lambda_1)=f(2.2,\ 2.3)=108.581<f(\boldsymbol{R}_1) \tag{2-84}$$

故令：

$$\boldsymbol{R}_{11}=\boldsymbol{R}_1-\lambda_1=(2.2,\ 2.3) \tag{2-85}$$

$$f(\boldsymbol{R}_{11})=108.581 \tag{2-86}$$

②再沿x_2轴做方向探测：

$$f(\boldsymbol{R}_{11}+\lambda_2)=f(2.2,\ 2.4)=109.096>f(\boldsymbol{R}_{11}) \tag{2-87}$$

$$f(\boldsymbol{R}_{11}-\lambda_2)=f(2.2,\ 2.2)=108.100<f(\boldsymbol{R}_{11}) \tag{2-88}$$

故令：

$$\boldsymbol{R}_{12}=\boldsymbol{R}_{11}-\lambda_2=(2.2,\ 2.2) \tag{2-89}$$

$$f(\boldsymbol{R}_{12})=108.100 \tag{2-90}$$

（6）第二轮确定模矢。令新的基点$\boldsymbol{B}_2=\boldsymbol{R}_{12}=(2.2,\ 2.2)$，$f(\boldsymbol{B}_2)=108.100$，则将老基点$\boldsymbol{B}_1$到新基点$\boldsymbol{B}_2$的方向作为模矢方向$\boldsymbol{R}_2$。

（7）第二轮模矢移动，得到新的参考点。按步骤（6）确定的模矢方向，进行模矢移动：

$$\boldsymbol{R}_2=2\boldsymbol{B}_2-\boldsymbol{B}_1=(4.4-2.4,\ 4.4-2.4)=(2.0,\ 2.0) \tag{2-91}$$

（8）第三轮求新的基点。由于$f(\boldsymbol{R}_2)=f(2.0,2.0)=107.095<f(\boldsymbol{B}_2)$，故应进行第三次方向探测。

（9）如此进行下去，直到第8轮时：

$$\boldsymbol{R}_8=2\boldsymbol{B}_8-\boldsymbol{B}_7=(4.0-1.9,\ 1.6-0.8)=(2.1,\ 0.8) \tag{2-92}$$

$$f(\boldsymbol{R}_8)=f(2.1,\ 0.8)=104.767>f(\boldsymbol{R}_8)=104.759 \tag{2-93}$$

故应退回，令$\boldsymbol{R}_8=\boldsymbol{B}_8=(2.0,0.8)$，$f(\boldsymbol{R}_8)=104.759$。

（10）以$\boldsymbol{R}_8$为参考点，进行探测性移动：

①先沿x_1轴做方向探测：

$$f(\boldsymbol{R}_8+\lambda_1)=f(2.1,\ 0.8)=104.797>f(\boldsymbol{R}_8) \tag{2-94}$$

$$f(\boldsymbol{R}_8-\lambda_1)=f(1.9,\ 0.8)=104.791>f(\boldsymbol{R}_8) \tag{2-95}$$

故令：

$$\boldsymbol{R}_{81}=\boldsymbol{R}_8=(2.0,\ 0.8) \tag{2-96}$$

$$f(\boldsymbol{R}_{81})=104.759 \tag{2-97}$$

②再沿x_2轴做方向探测：

$$f(\boldsymbol{R}_{81}+\lambda_2)=f(2.0,\ 0.9)=104.779>f(\boldsymbol{R}_{81}) \tag{2-98}$$

$$f(\boldsymbol{R}_{81}-\lambda_2)=f(2.0,\ 0.7)=104.766>f(\boldsymbol{R}_{81}) \tag{2-99}$$

此时，无论向哪个方向探索，均不能使目标函数值减小，所以需要转步骤（11），缩小步长，并考虑算法是否终止。

（11）减小步长，并判断算法是否终止。

①如果各分量要求的误差精度为（$\delta_1=0.1$，$\delta_2=0.1$），则探索步长（$\Delta_1=0.1$，$\Delta_2=0.1$）恰好满足要求，算法终止，输出最优解为（2.0，0.8），最优值为104.759。

②如果各分量要求的误差精度为（$\delta_1=0.05$，$\delta_2=0.05$），则应令（$\Delta_1=0.1/2,\Delta_2=0.1/2$），也即（$\Delta_1=0.05$，$\Delta_2=0.05$），并从$\boldsymbol{R}_k=$（2.0，0.8）点开始，重复上述步骤。

相比于坐标轮换法，步长加速法是一种较为有效的多维函数优化搜索方法。该法的特点是将每轮迭代分成方向探测和模矢移动两个主要动作进行。方向探测的目的是寻求使函数下降（对求最小问题）的有利方向，并得到新的基点；模矢移动的目的是沿着有利的方向以加速的步伐（与方向探测中的探索步长不是一回事）寻求较好的点，也即得到新的参考点。该算法的每轮迭代中，方向探测和模矢移动基本是交替进行的。在迭代中，若发现无论向哪个方向移动，都不能使目标函数值更优化，则可以缩小步长，重新开始探索前进方向，直至探索步长的精度满足要求，算法终止。

8. 方向加速法

方向加速法又称共轭方向法，是该方法是由M.J.D. Powell于1964年提出的，所以又叫Powell法。它是一种多维无约束直接寻优方法，它对指标②敏感，对指标①、③、④、⑤不敏感。该算法不需要求解析解，需要在无约束条件下使用，不需要借助求导来寻找搜索方向，不需要借助泰勒函数逼近来指导求解，不需要借助线性规划+递归来进行求解。

与步长加速法类似的是，方向加速法也是分轮（阶段）进行的。步长加速法在每轮迭代中的主要操作有两个，分别是方向探测和模式移动。方向加速法与之类似，所不同的仅在于三点上：第一点是，在每轮迭代中，步长加速法对各个分量的探测采用的是定步长的方式（保持步长为常数，因而不需要对其进行优化搜索），而方向加速法则对各个分量的探测更接近坐标轮换法，采用的是变步长的方式（将步长作为变量，并需要对其进行优化搜索）；第二点是，在每轮迭代中，步长加速法是通过沿模矢方向将距离延长一倍的方式来获得下一轮计算的基点，而方向加速法的基点移动距离不取固定的倍数，而仍是通过一维优化搜索来确定一个最优移动步长；第三点是，在每轮迭代中，步长加速法对各分量的探测方向保持不变或按比例缩小，而方向加速法从第二轮迭代开始，其部分分量的探测方向可能会被换成上一轮迭代计算所获得的模矢方向，且这些模矢方向之间一般是共轭的，这就使得方向加速法在对二次函数（或可用二次函数近似的函数）寻优时常会走出如图2-19所示的高效寻优路径：

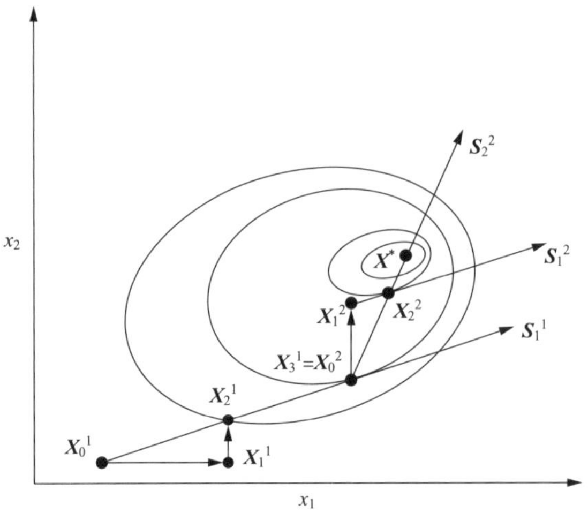

图2-19　方向加速法前进路径示意图

图2-19中，在第一轮迭代计算中，从初始点X_0^1出发，沿x_1分量方向搜索最优步长λ_1^1，得X_1^1点；再从X_1^1点出发，沿x_2分量方向搜索最优步长λ_2^1，得X_2^1点；再从X_2^1点出发，沿由X_0^1、X_2^1点所构成的模矢方向S_1^1搜索最优步长λ_3^1，得点X_3^1，如此便完成了第一轮的迭代计算。应当注意，X_3^1点也是第二轮计算的初始点X_0^2（图2-19中将其标记为$X_3^1=X_0^2$）。在第二轮迭代计算中，从X_0^2点出发，先沿x_2分量方向搜索最优步长λ_1^2得X_1^2点；再从X_1^2点出发，沿模矢方向S_1^2（S_1^2平行于S_1^1）搜索最优步长λ_2^2，得点X_2^2（也即在第二轮迭代中，对x_1分量的探索是沿S_1^2模矢方向的，或者说是将x_1方向替换为上一步的模矢方向S_1^1）；再从X_2^2点出发，沿由X_0^2、X_2^2点所构成的模矢方向S_2^2搜索最优步长λ_3^2，得点X_3^2，则X_3^2点也是第三轮计算的初始点X_0^3（如图2-19所示为二维函数寻优示意图，点X_0^3已超出上图的维度表示范围）……

如此循环往复，直至第n轮计算结束，则必得n元正定二次目标函数［式（2-100）］的最优解X^*，这是因为模矢方向S_1^n，S_2^n，…，S_k^n，…，S_n^n是一组关于矩阵A的共轭方向（原理参见后文的共轭梯度法）。

$$f(X)=\frac{1}{2}X^{\mathrm{T}}AX-B^{\mathrm{T}}X \qquad X\in R_n \tag{2-100}$$

对于图2-19所示的二元正定二次目标函数，X_3^2必为最优点X^*。这是因为，模矢S_2^2与S_1^1是关于目标函数矩阵A的共轭方向，所以模矢S_2^2必然通过最优点，而在通过最优点的方向上搜索最优步长，必然会落在最优点上。

当然，上述方向替换方法可能会导致模矢方向S_1^n，S_2^n，…，S_k^n，…，S_n^n出现线性相关的情况，从而会使搜索算法陷入目标函数的某个局部最优区间。为了避免出现上述不利情况，可以设计一套搜索方向替换规则，以增强方向加速法的全局寻优能力。这其中，Powell改进法比较有效，它的思想是，若某轮迭代得到的模矢方向能使目标函数值下降，则替换掉使目标函数值有最大下降的搜索方向。

将前文的搜索规律或寻优思路类推到n维函数中，并按Powell法控制各分量的搜索方向，则可设计方向加速法的主要步骤如下：

（1）给定算法初值。设初始点为$\boldsymbol{X}_0$，要求误差精度为$\delta>0$，维度标记$k=1$，n个线性无关的初始搜索方向为（一般取n个坐标方向）$\vec{\boldsymbol{e}}_1$，$\vec{\boldsymbol{e}}_2$，…，$\vec{\boldsymbol{e}}_k$，…，$\vec{\boldsymbol{e}}_n$，记第k维分量的探索方向为：

$$\boldsymbol{P}_k=\vec{\boldsymbol{e}}_k \tag{2-101}$$

（2）搜索最优步长。对第k维分量的步长值λ_k进行一维优化搜索，使关于λ_k的一维函数$f(\boldsymbol{X}_{k-1}+\lambda_k\boldsymbol{P}_k)=\min f(\boldsymbol{X}_{k-1}+\lambda_k\boldsymbol{P}_k)$，而后令$\boldsymbol{X}_k=\boldsymbol{X}_{k-1}+\lambda_k\boldsymbol{P}_k$。

（3）检查本轮计算中是否所有的分量都完成了步长优化搜索操作。若$k<n$，则仍有分量未做完步长优化搜索，令$k=k+1$，转步骤（2）；否则，转步骤（4）。

（4）判断算法是否结束。若在某轮计算中，有$\|\boldsymbol{X}_n-\boldsymbol{X}_0\|\leqslant\delta$，令最优解$\boldsymbol{X}^*=\boldsymbol{X}_n$，计算结束；否则，转步骤（5）。

（5）计算最大下降量。记$f_k=f(\boldsymbol{X}_k)$，令$\Delta=\max\{f_{k-1}-f_k\}$，$1\leqslant k\leqslant n$。如果$\Delta=f_{m-1}-f_m$，则说明目标函数在$\boldsymbol{P}_m$方向或第$m$维方向下降最大。

（6）判断模矢方向是否可取。拟取模矢为$2\boldsymbol{X}_n-\boldsymbol{X}_0$，令$\overline{f}=f(2\boldsymbol{X}_n-\boldsymbol{X}_0)$，若满足下列两条件之一，则放弃采用模矢方向，相关分量保持原搜索方向不变，并令$\boldsymbol{X}_0=\boldsymbol{X}_n$、$f_0=f(\boldsymbol{X}_n)$、$k=1$，转步骤（2）；否则，转步骤（7）。

条件一：

$$\overline{f}\geqslant f_0 \tag{2-102}$$

条件二：

$$(f_0-2f_n+\overline{f})(f_0-f_n-\Delta)^2\geqslant 0.5\Delta(f_0-\overline{f})^2 \tag{2-103}$$

（7）替换分量的搜索方向。引入新方向替换使目标函数下降最大的旧方向$\boldsymbol{P}_m$，也即

$$\boldsymbol{P}_k=\boldsymbol{P}_k,\ k=1\sim(m-1) \tag{2-104}$$

$$\boldsymbol{P}_k=\boldsymbol{P}_{k+1},\ k=m\sim(n-1) \tag{2-105}$$

$$\boldsymbol{P}_n=\frac{\boldsymbol{X}_n-\boldsymbol{X}_0}{\|\boldsymbol{X}_n-\boldsymbol{X}_0\|} \tag{2-106}$$

上述三个方向替换表达式的意义是：对于第$k=1$号到第$k=m-1$号分量，将其方向保持不变；对于第$k=m$号到第$k=n-1$号分量，将其方向替换为第$k+1$号分量的方向；对于$k=n$号分量，将其方向替换为$\frac{\boldsymbol{X}_n-\boldsymbol{X}_0}{\|\boldsymbol{X}_n-\boldsymbol{X}_0\|}$。上述操作最终的效果是：删除了使目标函数下降最大的旧$\boldsymbol{P}_m$方向，新引入了$\frac{\boldsymbol{X}_n-\boldsymbol{X}_0}{\|\boldsymbol{X}_n-\boldsymbol{X}_0\|}$方向，如图2-20所示：

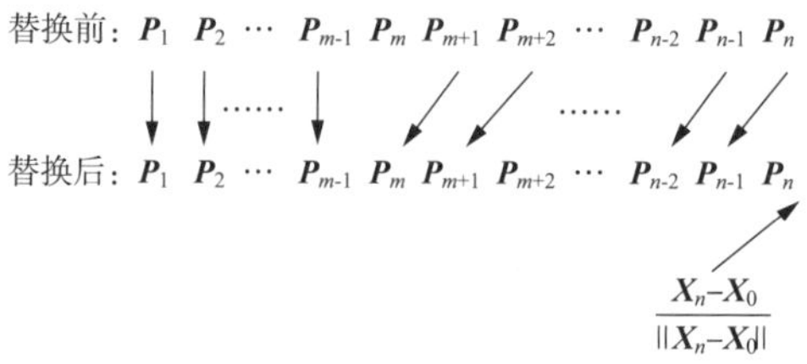

图2–20　方向替换示意图

（8）准备下一轮迭代所需的初值。沿$\boldsymbol{P}_n$方向做一维搜索，使关于步长λ_{n+1}的一维函数取得最小值，也即使$f(\boldsymbol{X}_n+\lambda_{n+1}\boldsymbol{P}_n)=\min f(\boldsymbol{X}_n+\lambda_{n+1}\boldsymbol{P}_n)$，从而通过黄金分割等一维搜索法确定$\lambda_{n+1}$，而后再令$\boldsymbol{X}_0=\boldsymbol{X}_n+\lambda_{n+1}\boldsymbol{P}_n$、$f_0=f(\boldsymbol{X}_0)$、$k=1$，转步骤（2）以开始新一轮的迭代计算。

以求目标函数$f(\boldsymbol{X})=x_1^2+x_2^2-x_1x_2-10x_1-4x_2+60$的最小值为例，方向加速法的计算过程如下：

（1）设定算法初值。取$\boldsymbol{X}_0=(0,0)$，令要求误差精度$\delta=0.001$，令维度标记$k=1$，令2个线性无关的初始搜索方向为$\boldsymbol{P}_1=(1,0)$和$\boldsymbol{P}_2=(0,1)$，计算$f_0=f(\boldsymbol{X}_0)=60$。

（2）第一轮迭代。

①从$\boldsymbol{X}_0$出发，沿x_1分量方向$\boldsymbol{P}_1=(1,0)$进行一维步长搜索。

$$\boldsymbol{X}_1=\boldsymbol{X}_0+\lambda_1\boldsymbol{P}_1=(0,0)+\lambda_1(1,0)=(\lambda_1,0) \tag{2-107}$$

$$f(\boldsymbol{X}_1)=60-10\lambda_1+\lambda_1^2 \tag{2-108}$$

应用黄金分割法等一维搜索法求解关于步长λ_1的目标函数$f(\boldsymbol{X}_1)$的最小值得：

$$\lambda_1=5 \tag{2-109}$$

$$\boldsymbol{X}_1=(5,0) \tag{2-110}$$

$$f_1=f(\boldsymbol{X}_1)=35 \tag{2-111}$$

②从$\boldsymbol{X}_1$出发，沿x_2分量方向$\boldsymbol{P}_2=(0,1)$进行一维步长搜索。

$$\boldsymbol{X}_2=\boldsymbol{X}_1+\lambda_2\boldsymbol{P}_2=(5,0)+\lambda_2(0,1)=(5,\lambda_2) \tag{2-112}$$

$$f(\boldsymbol{X}_2)=35-9\lambda_2+\lambda_2^2 \tag{2-113}$$

应用黄金分割法等一维搜索法求解关于步长λ_2的目标函数$f(\boldsymbol{X}_2)$的最小值得：

$$\lambda_2=4.5 \tag{2-114}$$

$$\boldsymbol{X}_2=(5,4.5) \tag{2-115}$$

$$f_2=f(\boldsymbol{X}_2)=14.75 \tag{2-116}$$

③由于$\|\boldsymbol{X}_2-\boldsymbol{X}_0\|=6.727>\delta$，不符合算法终止条件，迭代继续进行。

④替换搜索方向。

$$\overline{\boldsymbol{X}}=2\boldsymbol{X}_2-\boldsymbol{X}_0=(10,9)-(0,0)=(10,9) \tag{2-117}$$

$$\bar{f}=f(\overline{\boldsymbol{X}})=15<f_0=60 \tag{2-118}$$

$$\Delta = \max\{f_0 - f_1, f_1 - f_2\} = \max\{25, 20.25\} = 25 \quad (2-119)$$

$$m = 1 \quad (2-120)$$

$$\left(f_0 - 2f_2 + \overline{f}\right)(f_0 - f_2 - \Delta)^2 = 18658 \quad (2-121)$$

$$0.5\Delta\left(f_0 - \overline{f}\right)^2 = 25312.5 \quad (2-122)$$

$$\left(f_0 - 2f_2 + \overline{f}\right)(f_0 - f_2 - \Delta)^2 < 0.5\Delta\left(f_0 - \overline{f}\right)^2 \quad (2-123)$$

故应替换掉x_1方向。

$$\boldsymbol{P}_1 = \boldsymbol{P}_2 = (0, 1) \quad (2-124)$$

$$\boldsymbol{P}_2 = \frac{\boldsymbol{X}_2 - \boldsymbol{X}_0}{\|\boldsymbol{X}_2 - \boldsymbol{X}_0\|} = \frac{(5, 4.5) - (0, 0)}{\sqrt{5^2 + 4.5^2}} = (0.7433, 0.6690) \quad (2-125)$$

⑤准备下一轮迭代。沿$\boldsymbol{P}_2$方向进行本轮迭代的最后一次搜索。

$$\boldsymbol{X}_3 = \boldsymbol{X}_2 + \lambda_3\boldsymbol{P}_2 = (5, 4.5) + \lambda_3(0.7433, 0.6690) \quad (2-126)$$

$$f(\boldsymbol{X}_3) = 14.75 - 3.466\lambda_3 + 0.5213\lambda_3^2 \quad (2-127)$$

应用黄金分割法等一维搜索法求解关于步长λ_3的目标函数$f(\boldsymbol{X}_3)$的最小值得：

$$\lambda_3 = 3.324 \quad (2-128)$$

$$\boldsymbol{X}_3 = (7.47, 6.72) \quad (2-129)$$

$$f(\boldsymbol{X}_3) = 8.989 \quad (2-130)$$

此步得出的$\boldsymbol{X}_3 = (7.47, 6.72)$将作为第二轮迭代的初始点。

（3）第二轮迭代。

①从$\boldsymbol{X}_0 = \boldsymbol{X}_3 = (7.47, 6.72)$、$f_0 = 8.989$出发，沿$x_1$分量方向$\boldsymbol{P}_1 = (0, 1)$进行一维步长搜索。

$$\boldsymbol{X}_1 = \boldsymbol{X}_0 + \lambda_1\boldsymbol{P}_1 = (7.47, 6.72) + \lambda_1(0, 1) \quad (2-131)$$

$$\boldsymbol{X}_1 = (7.47, 6.724 + \lambda_1) \quad (2-132)$$

$$f(\boldsymbol{X}_1) = 9.174 - 1.978\lambda_1 + \lambda_1^2 \quad (2-133)$$

应用黄金分割法等一维搜索法求解关于步长λ_1的目标函数$f(\boldsymbol{X}_1)$的最小值得：

$$\lambda_1 = -0.989 \quad (2-134)$$

$$\boldsymbol{X}_1 = (7.47, 5.735) \quad (2-135)$$

$$f_1 = f(\boldsymbol{X}_1) = 8.196 \quad (2-136)$$

②从$\boldsymbol{X}_1$出发，沿x_2分量方向$\boldsymbol{P}_2 = (0.7433, 0.6690)$进行一维步长搜索。

$$\boldsymbol{X}_2 = \boldsymbol{X}_1 + \lambda_2\boldsymbol{P}_2 = (7.47, 0.7433\lambda_2, 5.735 + 0.699 + \lambda_2) \quad (2-137)$$

$$f(\boldsymbol{X}_2) = 8.21 - 0.596\lambda_2 + 0.503\lambda_2^2 \quad (2-138)$$

应用黄金分割法等一维搜索法求解关于步长λ_2的目标函数$f(\boldsymbol{X}_2)$的最小值得：

$$\lambda_2 = 0.5927 \quad (2-139)$$

$$X_2 = (7.91, 6.13) \tag{2-140}$$

$$f_2 = f(X_2) = 8.033 \tag{2-141}$$

③由于$\|X_2 - X_0\| = 0.593 > \delta$，不符合算法终止条件，迭代继续进行。

④替换搜索方向。

$$\overline{X} = 2X_2 - X_0 = (8.3512, 5.539) \tag{2-142}$$

$$\overline{f} = f(\overline{X}) = 8.4987 < f_0 = 8.989 \tag{2-143}$$

$$\Delta = \max\{f_0 - f_1, f_1 - f_2\} = \max\{0.793, 0.163\} = 0.793 \tag{2-144}$$

$$m = 1 \tag{2-145}$$

$$\left(f_0 - 2f_2 + \overline{f}\right)(f_0 - f_2 - \Delta)^2 = 0.03778 \tag{2-146}$$

$$0.5\Delta\left(f_0 - \overline{f}\right)^2 = 0.0952 \tag{2-147}$$

$$\left(f_0 - 2f_2 + \overline{f}\right)(f_0 - f_2 - \Delta)^2 < 0.5\Delta\left(f_0 - \overline{f}\right)^2 \tag{2-148}$$

故仍应替换掉x_1方向。

$$P_1 = P_2 = (0.7433, 0.6690) \tag{2-149}$$

$$P_2 = \frac{X_2 - X_0}{\|X_2 - X_0\|} = \frac{(7.91, 6.13) - (7.47, 6.72)}{\sqrt{(7.91 - 7.47)^2 + (6.13 - 6.72)^2}} = (0.597, 0.803) \tag{2-150}$$

⑤准备下一轮迭代。沿P_2方向进行本轮迭代的最后一次搜索：

$$X_3 = X_2 + \lambda_3 P_2 = (0.91, 0.597\lambda_3, 6.13 - 0.803\lambda_3) \tag{2-151}$$

$$f(X_3) = 8.039 - 0.459\lambda_3 + 1.421\lambda_3^2 \tag{2-152}$$

应用黄金分割法等一维搜索法求解关于步长λ_3的目标函数$f(X_3)$的最小值得：

$$\lambda_3 = 0.16156 \tag{2-153}$$

$$X_3 = (8.002, 6.002) \tag{2-154}$$

$$f(X_3) = 8.0 \tag{2-155}$$

此步得出的$X_3 = (8.002, 6.002)$将作为第三轮迭代的初始点。

（3）第三轮迭代。

在本轮迭代中有：

$$\|X_2 - X_0\| < \delta \tag{2-156}$$

符合算法终止条件，也即$X^* = (8.002, 6.002)$是最优解，其对应的最优值为$f(X^*) = 8.0$。

实际上，由于目标函数是二次正定函数，因而方向加速法经过两轮迭代后必然会得到最优解。方向加速法的这种沿共轭方向的路径搜索方式是较为高效的。一般认为，方向加速法具有二阶收敛性，对于n维正定二次函数，算法可在n轮迭代内收敛。对于其他的函数，若在其极小点附近区间可用二次函数近似，则使用方向加速法也会具有较好的收敛性。

9. 下山单纯形法

下山单纯形法又称单纯形加速法，是由Nelder和Mead于1964年提出的，所以有时也被称为Nelder-Mead算法。它是一种多维无约束直接寻优方法，它对指标②敏感，对指标①、③、④、⑤不敏感。该算法不需要求解析解，需要在无约束条件下使用，不需要借助求导来寻找搜索方向，不需要借助泰勒函数逼近来指导求解，不需要借助线性规划+递归来进行求解。

在讨论下山单纯形法之前，有必要再次详细论述什么是单纯形。在第2.1.3节中，讨论单纯形法的改进演化时已经提到了单纯形的概念。更通俗地说，所谓单纯形就是在一定空间中的最简单的图形，如在二维空间的单纯形是三角形，其他的四边形、五边形、六边形等可以分解为若干个三角形之和；又如在三维空间，单纯形即四面体，其他的五面体、六面体、七面体等可以分解为若干个四面体之和。对于更高维度的数学空间，也有相似的类推规律：n维空间的单纯形就是由$n+1$个顶点组成的图形。

分析前文讨论的步长加速法，其每步迭代内的两个主要任务是确定探索方向和探索步长。下山单纯形法的基本思路也是如此，所不同的是，它的探索方向是基于对单纯形顶点的函数值大小的比对来确定的。在构建好一个单纯形后，我们可先算出其各顶点的目标函数值，然后将它们进行比较，从它们之间的大小关系就可以判断目标函数变化的大致趋势，从而将其作为寻找搜索方向的参考。

对于求最小值问题，下山单纯形法的一般思路是：先在顶点中选择一个函数值最大的点，然后再计算出由其余顶点所构成图形的中心点，将函数值最大的顶点与中心点连线，则这个方向就是算法的探索方向。确定了探索方向后，再通过对方向线做反射延长或反射收缩来确定探索步长，从而获得新的出发点，并开始下一步迭代计算。

若要求一个n维函数$f(\boldsymbol{X})$的无约束最小值，则下山单纯形法的具体步骤如下：

在计算开始之前，先在n维数学空间中生成$n+1$个顶点：$\boldsymbol{X}_0$，$\boldsymbol{X}_1$，$\boldsymbol{X}_2$，…，$\boldsymbol{X}_n$，并令其满足构成一个初始单纯形的必要条件，也即这$n+1$个顶点应使n个向量：$\boldsymbol{X}_1-\boldsymbol{X}_0$，$\boldsymbol{X}_2-\boldsymbol{X}_0$，…，$\boldsymbol{X}_n-\boldsymbol{X}_0$线性无关。如果在二维空间中（$n=2$），则应取不在同一直线上的三个顶点，令其构成三角形；如果在三维空间中（$n=3$），则应取不在同一平面上的四个顶点，令其构成四面体……

（1）判断是否终止。计算构成单纯形的各顶点的目标函数值。$S_i=f(\boldsymbol{X}_i)$，$i=0, 1, 2, \cdots, n$，选出最优点$\boldsymbol{X}_L$、第一差点$\boldsymbol{X}_H$（或称之为最差点）、第二差点$\boldsymbol{X}_G$，也即

$$S_L=f(\boldsymbol{X}_L)=\min\{S_i\} \qquad i=0, 1, 2, \cdots, n \tag{2-157}$$

$$S_H=f(\boldsymbol{X}_H)=\max\{S_i\} \qquad i=0, 1, 2, \cdots, n \tag{2-158}$$

$$S_G=f(\boldsymbol{X}_G)=\max\{S_i\} \qquad i=0, 1, 2, \cdots, n, i\neq H \tag{2-159}$$

若$\|X_L - X_H\| < \delta$，则算法终止，输出最优解X_L和最优值S_L。

（2）寻找探索方向。求中点X_F及反射点X_R，以X_HX_F线段延长线为探索方向。

①对于二维情况，如图2-21所示。

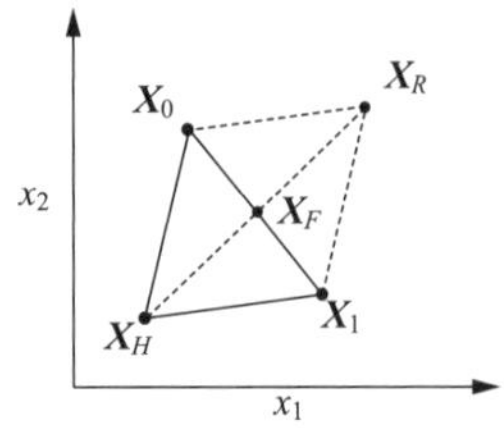

图2-21　二维情况反射点示意图

中点X_F为除最差点X_H外的两个顶点X_0、X_1构成的直线的中心，其坐标（X_{1F}, X_{2F}）为：

$$X_{1F} = \frac{1}{2}(X_{10} + X_{11}) \tag{2-160}$$

$$X_{2F} = \frac{1}{2}(X_{20} + X_{21}) \tag{2-161}$$

式（2-160）和式（2-161）的一般形式可记为：

$$X_{iF} = \frac{1}{2}(X_{i0} + X_{i1}) \qquad i = 1, 2 \tag{2-162}$$

反射点X_R为在X_H、X_F两点连线方向上并且满足X_FX_R线段长度等于X_HX_F线段长度的点：

$$X_{iF} = \frac{1}{2}(X_{iH} + X_{iR}) \qquad i = 1, 2 \tag{2-163}$$

联立式（2-162）和式（2-163）可得反射点X_R的坐标为：

$$X_{iR} = \frac{2(X_{i0} + X_{i1})}{2} - X_{iH} \tag{2-164}$$

式（2-164）的含义是，在二维空间中，反射点X_R的坐标为2/2保留点坐标之和—删除点坐标。

②对于三维及以上情况，如图2-22所示。

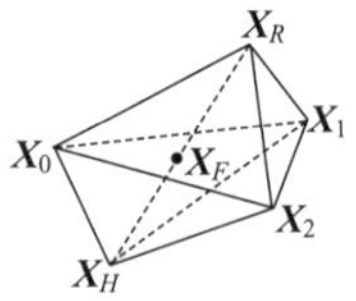

图2-22　三维情况反射点示意图

在三维空间中，若$\{X_0X_1X_2X_H\}$构成一个四面体，则第一差点X_H为将要删除的顶点，X_R为其反射点，其余点X_0、X_1、X_2为要保留的顶点。

由于X_F位于除X_H点外的其余所有顶点构成图形的质量中心，所以有：

$$X_{iF}=\frac{1}{3}(X_{i0}+X_{i1}+X_{i2})\qquad i=1,2,3 \tag{2-165}$$

由于X_F是X_HX_R线段的中点，故有：

$$X_{iF}=\frac{1}{2}(X_{iH}+X_{iR})\qquad i=1,2,3 \tag{2-166}$$

联立式（2–165）和式（2–166）可得：

$$X_{iF}=\frac{1}{2}(X_{iH}+X_{iR})=\frac{1}{3}\left(\sum_{j=0}^{3}X_{ij}-X_{iH}\right) \tag{2-167}$$

由此类推到n维情况：

$$X_{iF}=\frac{1}{2}(X_{iH}+X_{iR})=\frac{1}{n}\left(\sum_{j=0}^{n}X_{ij}-X_{iH}\right) \tag{2-168}$$

由此可以得到反射点X_R的坐标为：

$$X_{iR}=\frac{2}{n}\left(\sum_{j=0}^{n}X_{ij}-X_{iH}\right)-X_{iH}\qquad i=1,\ 2,\ \cdots,\ n \tag{2-169}$$

据式（2–169）可知，在n维空间中，反射点X_R的坐标为$2/n$保留点坐标之和—删除点坐标。

（3）压缩探索步长。若$S_R=f(X_R)\geqslant S_G$，则压缩探索步长，如图2–23所示。

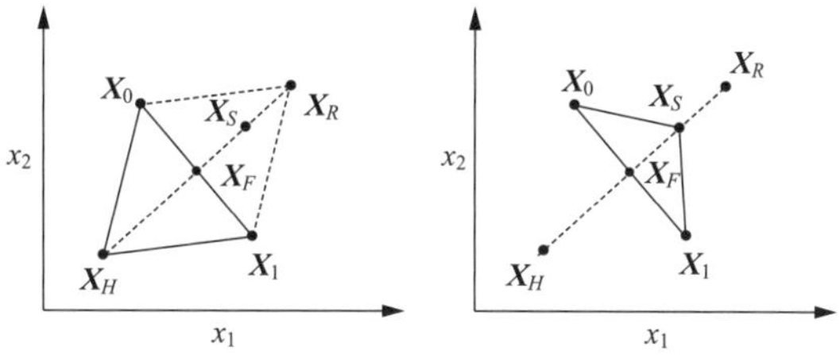

图2–23　压缩探索步长示意图

也即，反射点X_R的函数值比第二差点X_G差，说明反射点距离中点X_F可能过远，潜在最优值点可能位于反射点X_R和保留点（除X_H外）所构成的单纯形的内部。令

$$X_S=(1-\lambda_2)X_H+\lambda_2X_R\qquad 0<\lambda_2<1,\ \lambda_2\neq 0.5 \tag{2-170}$$

式中，λ_2为步长缩小系数，λ_2是一个常数，其取值越小，新的探索点X_S将离删除点X_H越近。其取值越接近0.5，下一步将要构建的新单纯形$\{X_0X_1X_S\}$的探索空间也越小，算法的搜索空间将偏于收敛。但应注意，一定要保证$\lambda_2\neq 0.5$，否则X_S点将落于直线X_0X_1上，导致单纯形空间降维，使算法失效。

计算$S_S=f(X_S)$，若$S_S\leqslant S_R$，则直接转步骤（5）；否则，令$S_S=S_R$、$X_S=X_R$，再转步骤（5）。

（4）放大探索步长。若$S_R=f(X_R)<S_G$，则加大探索步长，如图2–24所示。

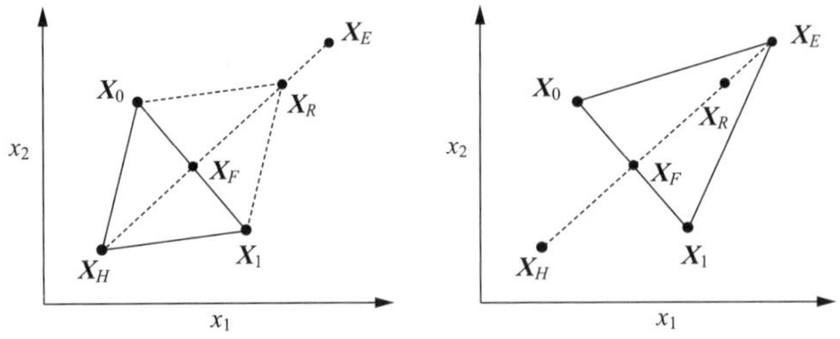

图2–24 加大探索步长示意图

也即，反射点X_R的函数值比第二差点X_G好，说明反射点距离中点X_F可能过近，潜在最优值点可能位于反射点X_R和保留点（除X_H外）所构成的单纯形的外部。令

$$X_E = (1-\lambda_1)X_H + \lambda_1 X_R \qquad \lambda_1 > 1 \tag{2–171}$$

式中，λ_1为步长放大系数，λ_1是一个常数，其取值越大，新的探索点X_E将距离中点X_F越远，下一步将要构建的新单纯形$\{X_0X_1X_E\}$的探索区间也越大，算法的搜索空间将偏于转移。

计算$S_E = f(X_E)$，若$S_E \leqslant S_R$，则令$S_S = S_E$、$X_S = X_E$，直接转步骤（5）；否则，令$S_S = S_R$、$X_S = X_R$，再转步骤（5）。

（5）构建新单纯形。若$S_S < S_H$，则删除顶点X_H，以X_S和原单纯形的其他剩余顶点构建新单纯形，转步骤（1），重新开始计算；否则，转步骤（6）。

（6）压缩单纯形。

如图2–25所示，以X_L为基准（假设$X_L = X_1$），对原单纯形各顶点的坐标进行收缩，使新构建的单纯形向X_L点缩放。令

$$X_i = \frac{1}{2}(X_i + X_L) \qquad i = 0, 1, 2, \cdots, n \tag{2–172}$$

以X_i，$i = 0$，1，2，…，n为顶点，构造新的缩小版单纯形，并转步骤（1），重新开始计算。

下山单纯形法的思路较为简明，容易通过编程实现，是工业优化中常用的有效算法之一。

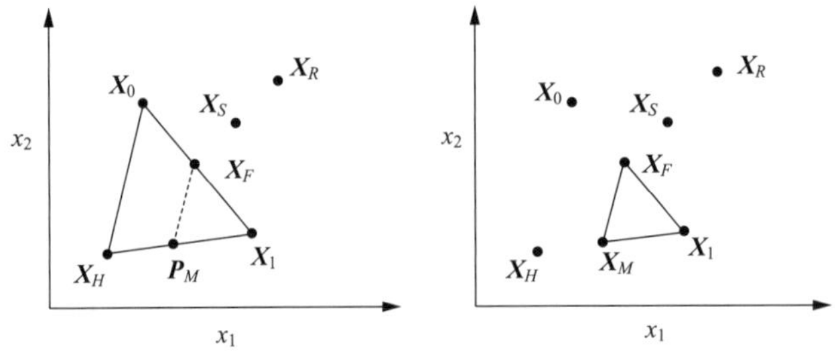

图2–25 压缩单纯形示意图

10．最速下降法

最速下降法是一种多维无约束直接寻优方法，它对指标②、③敏感，对指标①、④、⑤不敏感。该算法不需要求解析解，需要在无约束条件下使用，需要借助求导来寻找搜索方向，不需要借助泰勒函数逼近来指导求解，不需要借助线性规划+递归来进行求解。

在探讨最速下降法前，我们可以先回顾直接寻优法的一般思路。在前文讨论的寻优方法中，除解析寻优法外，其他基本都属于数值寻优方法。它们的共性特点是利用函数在某已知点附近局部区域范围内的性质来确定下一步计算的点，这样一步步搜索逼近，最后达到最优点，因而这种方法常被称为下降迭代算法（对于最小化问题）。

下降迭代算法的基本思想是：从某一初始点$\boldsymbol{X}^{(0)}$出发，按照一定规则（即算法）转换到某一个比$\boldsymbol{X}^{(0)}$更好的点$\boldsymbol{X}^{(1)}$（对最小化问题，要求$f(\boldsymbol{X}^{(1)})\leqslant f(\boldsymbol{X}^{(0)})$），再转换到$\boldsymbol{X}^{(2)}$，$\cdots\boldsymbol{X}^{(k)}$，$\cdots$，如此继续下去就产生了一个点列$\{\boldsymbol{X}^{(k)}\}$：$\boldsymbol{X}^{(0)}$，$\boldsymbol{X}^{(1)}$，$\cdots$，$\boldsymbol{X}^{(k)}$，$\cdots$。相应的目标函数值满足：

$$f\left(\boldsymbol{X}^{(0)}\right)\geqslant f\left(\boldsymbol{X}^{(1)}\right)\geqslant f\left(\boldsymbol{X}^{(2)}\right)\geqslant\cdots\geqslant f(X^{(k)})\geqslant\cdots \tag{2-173}$$

若该点列收敛于$f(\boldsymbol{X})$的最优点$\boldsymbol{X}^*$，即满足：

$$\lim_{k\to\infty}\left\|\boldsymbol{X}^{(k)}-\boldsymbol{X}^*\right\|=0 \tag{2-174}$$

则称算法是收敛的。对于某一下降迭代算法来说，我们希望其产生的点列$\{\boldsymbol{X}^{(k)}\}$中的某一点本身就是问题的精确最优点，或者该点列的极限点是问题的精确最优点。

下降迭代算法的迭代过程一般分为4步：

（1）选择初始点$\boldsymbol{X}^{(0)}$，令$k=0$。

（2）确定搜索方向。从迭代点$\boldsymbol{X}^{(k)}$出发，确定一个搜索方向$\boldsymbol{P}^{(k)}$，要求沿这个方向能找到使目标函数下降的点。

（3）确定前进步长。确定一个优化的步长λ_k，沿$\boldsymbol{P}^{(k)}$方向按步长λ_k前进一步，得到一个新的更优的点$\boldsymbol{X}^{(k+1)}$：

$$\boldsymbol{X}^{(k+1)}=\boldsymbol{X}^{(k)}+\lambda_k\boldsymbol{P}^{(k)}\qquad\lambda_k\geqslant0 \tag{2-175}$$

（4）检验$\boldsymbol{X}^{(k+1)}$是否满足计算终止准则，如满足则迭代结束，此时$\boldsymbol{X}^{(k+1)}$就是要求的最优点；否则，令$k=k+1$，转步骤（2）。

分析上述步骤可以发现，对于直接寻优方法而言，在一轮迭代计算中，主要包含两个操作，分别是确定搜索方向$\boldsymbol{P}^{(k)}$和确定探索步长λ_k。各种算法在确定搜索方向的操作上有明显差别，但在确定探索步长的操作上却是非常相似的。

探索步长一般是按“使目标函数值下降最大”的原则来选定的，也即求λ_k，使得：

$$f\left(\boldsymbol{X}^{(k)}+\lambda_k\boldsymbol{P}^{(k)}\right)=\min_{\lambda}f\left(\boldsymbol{X}^{(k)}+\lambda\boldsymbol{P}^{(k)}\right) \tag{2-176}$$

这就转化为一个求解一维函数$f\left(\boldsymbol{X}^{(k)}+\lambda\boldsymbol{P}^{(k)}\right)$的极小点$\lambda_k$的最优化问题（只有$\lambda_k$是待求变量，其他参数如$\boldsymbol{X}^{(k)}$、$\boldsymbol{P}^{(k)}$都视作常数），可以调用前文介绍的黄金分割法等一维直接寻优法来实现。

如前文所述，各种算法在确定搜索方向$\boldsymbol{P}^{(k)}$方面有明显差别，因此我们常将其作为区分各种算法的主要标志。前文介绍了一系列的直接寻优方法，但其确定搜索方向的过程都未涉及求导计算。实际上，通过求导计算来确定搜索方向的算法有很多，如最速下降法、牛顿法、拟牛顿法（含变尺度法）等，在某些情况下，这些基于求导计算来确定搜索方向的算法的收敛速率是非常之高的。

最速下降法就是一种典型的借助求导来确定搜索方向的寻优方法，其一般步骤如下：

（1）选取初始出发点。令$\boldsymbol{X}^{(0)}=(x_1, x_2, \cdots, x_n)$，给定允许误差$\delta>0$，令$k=0$。

（2）判断是否终止寻优计算。计算目标函数在$\boldsymbol{X}^{(k)}$处的梯度（偏导数）$\nabla f\left(\boldsymbol{X}^{(k)}\right)$。若梯度的范数$\left\|\nabla f\left(\boldsymbol{X}^{(k)}\right)\right\|<\delta$，则终止寻优计算，输出最优解$\boldsymbol{X}^*=\boldsymbol{X}^{(k)}$；否则，进入步骤（3）。

在数学分析中，我们知道能使$\nabla f(\boldsymbol{X}^*)$的点$\boldsymbol{X}^*$一般为函数的极值点（对于连续可微函数，极值点的偏导数等于零）。但在实际情况中，我们很难求得严格精确的解析解，而只能取用精度满足误差要求的数值解，也就是能使偏导数的范数接近于0的解，因此步骤（2）中使用$\left\|\nabla f\left(\boldsymbol{X}^{(k)}\right)\right\|<\delta$作为寻优计算的终止条件。

（3）选择寻优搜索方向。令搜索方向$P^{(k)}=-\nabla f\left(\boldsymbol{X}^{(k)}\right)$。

我们知道梯度的负方向是函数在局部范围内下降最快的方向，那么在$\boldsymbol{X}^{(k)}$点的局部范围内，目标函数下降最快的方向就可以写为$-\nabla f\left(\boldsymbol{X}^{(k)}\right)$，这也就是最速下降法的寻优搜索方向。确定了这个搜索方向，就可以进入步骤（4）中，去确定最优探索步长了。

（4）确定最优探索步长。利用前文介绍的黄金分割法等一维直接寻优法，求解最优探索步长λ_k，使得$f\left(\boldsymbol{X}^{(k)}+\lambda_k\boldsymbol{P}^{(k)}\right)=\min\limits_{\lambda} f\left(\boldsymbol{X}^{(k)}+\lambda_k\boldsymbol{P}^{(k)}\right), \lambda_k \geqslant 0$。

步骤（4）是算法中非常重要的一步。在第（3）步中，虽然确定了搜索方向，但沿该方向走多远可以使算法尽快收敛到最优解，却是在步骤（4）中给出答案的。在步骤（4）中，探索步长λ_k是一个一维待求解参数，围绕λ_k的求解，会构成一个关于λ_k的一维函数最优化问题，因而可以使用前文介绍的相关一维寻优算法来求解。

（5）前进到新的更优点。从$\boldsymbol{X}^{(k)}$点出发，前进到$\boldsymbol{X}^{(k+1)}$点，也即令$\boldsymbol{X}^{(k+1)}=\boldsymbol{X}^{(k)}+\lambda_k\boldsymbol{P}^{(k)}$，$k=k+1$，转步骤（2）。

我们可以通过下面的实例来进一步理解最速下降法的基本思路和关键步骤：从初始点$\boldsymbol{X}^{(0)}=(0, 0)^{\mathrm{T}}$出发，求$\min f(\boldsymbol{X})=2x_1^2+x_2^2+2x_1x_2+x_1-x_2$的最优解（最小值）。

首先，计算目标函数在$\boldsymbol{X}^{(0)}$附近邻域内的梯度：

$$\nabla f(\boldsymbol{X})=\begin{bmatrix}\dfrac{\partial f(\boldsymbol{X})}{\partial x_1}\\ \dfrac{\partial f(\boldsymbol{X})}{\partial x_2}\end{bmatrix}=\begin{bmatrix}4x_1+2x_2+1\\ 2x_1+2x_2-1\end{bmatrix} \tag{2-177}$$

将$\boldsymbol{X}^{(0)}=(0,0)^{\mathrm{T}}$代入式（2-177）得：

$$\nabla f(\boldsymbol{X}^{(0)})=\begin{bmatrix}1\\ -1\end{bmatrix} \tag{2-178}$$

因而在$\boldsymbol{X}^{(0)}$点的搜索方向可取（梯度的反方向）：

$$\boldsymbol{P}^{(0)}=-\nabla f(\boldsymbol{X}^{(0)})=\begin{bmatrix}-1\\ 1\end{bmatrix} \tag{2-179}$$

在计算出搜索方向后，可接着计算搜索步长。令待求的搜索步长为λ_0，则有：

$$\boldsymbol{X}^{(0)}+\lambda_0\boldsymbol{P}^{(0)}=\begin{bmatrix}0\\ 0\end{bmatrix}+\lambda_0\begin{bmatrix}-1\\ 1\end{bmatrix}=\begin{bmatrix}-\lambda_0\\ \lambda_0\end{bmatrix} \tag{2-180}$$

故有：

$$\min f\left(\boldsymbol{X}^{(k)}+\lambda_k\boldsymbol{P}^{(k)}\right)_{k=0}=\min_{\lambda_0}(\lambda_0^2-2\lambda_0) \tag{2-181}$$

至此，出现了一个关于探索步长λ_0的一维函数$\lambda_0^2-2\lambda_0$的最小值求解问题，通过使用间接解析法或直接寻优法（如黄金分割法等）解得$\lambda_0=1$。

在获得最优探索步长λ_0后，令新的更优点$\boldsymbol{X}^{(1)}=\boldsymbol{X}^{(0)}+\lambda_0\boldsymbol{P}^{(0)}=\begin{bmatrix}-1\\ 1\end{bmatrix}$，于是便可以进入第二次迭代计算了。如此进行下去，直至满足误差精度要求（梯度的范数趋于0）为止。

最速下降法的全局收敛速度并不快，虽然其在局部范围内按负梯度所指的最陡峭方向急速下降，但其每步计算的局部最速方向却并不是全局的最速方向。最速下降法的收敛速度至多是线性的，尤其在接近目标函数的极值点时，其收敛速度会明显下降。

然而最速下降法却不失为一种较好用的寻优方法：它的形式较为简单，易于编程实现；它对初值点的要求不高，算法稳定性非常好；它在远离极值点时收敛速度较快。因此，在实际中常将其与牛顿法等其他算法配合使用，以获得较好的稳定性和收敛速度。

11. 牛顿法

牛顿法是一种多维无约束直接寻优方法，它对指标②、③、④敏感，对指标①、⑤不敏感。该算法不需要求解析解，需要在无约束条件下使用，需要借助求导来寻找搜索方向，需要借助泰勒函数逼近来指导求解，不需要借助线性规划+递归来进行求解。

牛顿法与最速下降法的基本思路和主要步骤是较为相似的，所不同的地方只在于搜索方向的确定环节上。最速下降法在已知点$\boldsymbol{X}^{(k)}$附近的搜索方向用的是原目标函数的负梯度方向，而牛顿法则用的是对原目标函数的二阶泰勒逼近函数的负梯度。

假定无约束求最小问题的目标函数$f(\boldsymbol{X})$是二阶连续可微的，$\boldsymbol{X}^{(k)}$为极小点附近的某一点，则在这个点附近，$f(\boldsymbol{X})$的二阶泰勒逼近函数可写为：

$$f(\boldsymbol{X}) \approx F(\boldsymbol{X}) = f\left(\boldsymbol{X}^{(k)}\right) + \left[\nabla f\left(\boldsymbol{X}^{(k)}\right)\right]^{\mathrm{T}} \Delta \boldsymbol{X} + \frac{1}{2} \Delta \boldsymbol{X}^{\mathrm{T}} H\left(\boldsymbol{X}^{(k)}\right) \Delta \boldsymbol{X} \tag{2-182}$$

为得到原函数的极值，可令上述泰勒逼近函数的梯度等于0，也即令关于变量$\boldsymbol{X}$的导数等于0［变量$\boldsymbol{X}$隐藏于$\Delta\boldsymbol{X}$中，如式（2–184）所示］：

$$\nabla f(\boldsymbol{X}) \approx \nabla F(\boldsymbol{X}) = \nabla f\left(\boldsymbol{X}^{(k)}\right) + H\left(\boldsymbol{X}^{(k)}\right) \Delta \boldsymbol{X} = 0 \tag{2-183}$$

式（2–182）和式（2–183）中：

$$\Delta \boldsymbol{X} = \boldsymbol{X} - \boldsymbol{X}^{(k)} \tag{2-184}$$

结合式（2–183）和式（2–184）可得：

$$\boldsymbol{X} = \boldsymbol{X}^{(k)} - \left[\boldsymbol{H}\left(\boldsymbol{X}^{(k)}\right)\right]^{-1} \nabla f\left(\boldsymbol{X}^{(k)}\right) \tag{2-185}$$

在式（2–182）、式（2–184）和式（2–185）中，$\boldsymbol{H}(\boldsymbol{X}^{(k)})$为$f(\boldsymbol{X})$在$\boldsymbol{X}^{(k)}$点的海森矩阵，是关于$f(\boldsymbol{X})$的二阶偏导数构成的方阵，$[\boldsymbol{H}(\boldsymbol{X}^{(k)})]^{-1}$为海森矩阵的逆矩阵。海森矩阵的一般形式为：

$$\boldsymbol{H}(f) = \begin{bmatrix} \dfrac{\partial^2 f}{\partial x_1^2} & \dfrac{\partial^2 f}{\partial x_1 \partial x_2} & \cdots & \dfrac{\partial^2 f}{\partial x_1 \partial x_n} \\ \dfrac{\partial^2 f}{\partial x_2 \partial x_1} & \dfrac{\partial^2 f}{\partial x_2^2} & \cdots & \dfrac{\partial^2 f}{\partial x_2 \partial x_n} \\ \vdots & \vdots & \ddots & \vdots \\ \dfrac{\partial^2 f}{\partial x_n \partial x_1} & \dfrac{\partial^2 f}{\partial x_n \partial x_2} & \cdots & \dfrac{\partial^2 f}{\partial x_n^2} \end{bmatrix} \tag{2-186}$$

将$\boldsymbol{X}^{(k)}$点代入$\boldsymbol{H}(f)$就可得到$\boldsymbol{H}(\boldsymbol{X}^{(k)})$。另外，由于$\dfrac{\partial^2 f}{\partial x_i \partial x_j} = \dfrac{\partial^2 f}{\partial x_j \partial x_i}$，所以海森矩阵是对称矩阵。

如果我们将搜索方向$\boldsymbol{P}^{(k)}$定义为：

$$\boldsymbol{P}^{(k)} = -\left[\boldsymbol{H}\left(\boldsymbol{X}^{(k)}\right)\right]^{-1} \nabla f\left(\boldsymbol{X}^{(k)}\right) \tag{2-187}$$

再将探索步长定义为λ_k，则有：

$$\boldsymbol{X}^{(k+1)} = \boldsymbol{X}^{(k)} + \lambda_k \boldsymbol{P}^{(k)} \tag{2-188}$$

探索步长λ_k需要根据下面的求最小问题得出：

$$f\left(\boldsymbol{X}^{(k)} + \lambda_k \boldsymbol{P}^{(k)}\right) = \min_{\lambda} f\left(\boldsymbol{X}^{(k)} + \lambda \boldsymbol{P}^{(k)}\right) \tag{2-189}$$

式（2–187）~式（2–189）就是牛顿法每步迭代的计算原理。很明显，牛顿法与最速下降法类似，都将原最优化问题归结为一个求解最优探索步长λ_k的一维寻优问题。由于与最速下降法相似，因而在此不再赘述牛顿法的计算步骤。同时不难发现，牛顿法与最速下降法的不同之处仅在于，其所用的搜索方向为$\boldsymbol{P}^{(k)}=-\left[\boldsymbol{H}\left(\boldsymbol{X}^{(k)}\right)\right]^{-1}\nabla f\left(\boldsymbol{X}^{(k)}\right)$，它使得牛顿法具备了一系列的优缺点，可谓喜忧参半。

牛顿法的一个最大优点就是其具有二阶收敛速度，但同时也存在四个缺点：首先是不稳定，牛顿法不能保证每轮迭代后目标函数都会有所下降，尤其是海森矩阵非正定时，寻优搜索存在失败的可能；其次是对初值敏感，牛顿法对初始点的要求较为严格，一般需要选取接近目标函数极小值点的初值点才有效，而这在实际中是很难猜准的；再次是构造难，牛顿法每轮迭代中需要计算海森矩阵及其逆矩阵，其形式复杂，编程不易，参数较多，存储量大；最后是计算难，受海森矩阵性质等因素影响，牛顿法每轮迭代中的计算量非常大，甚至有可能计算不出搜索方向。基于上述优缺点，一般认为可以将其与最速下降法联合使用，在搜索初期，可用最速下降法快速而稳定地探索进入目标函数最小值附近的局部空间范围，而后再改用牛顿法加快在最小值附近空间内的收敛速度。

12. 拟牛顿法

拟牛顿法是一种多维无约束直接寻优方法，它对指标②、③、④敏感，对指标①、⑤不敏感。该算法不需要求解析解，需要在无约束条件下使用，需要借助求导来寻找搜索方向，需要借助泰勒函数逼近来指导求解，不需要借助线性规划+递归来进行求解。

提出拟牛顿法的主要目的是为了改进牛顿法计算量大的缺点。在实际问题中，目标函数$f(\boldsymbol{X})$的形式往往非常复杂。此时，计算目标函数的二阶导数的工作量是非常大的，尤其当$f(\boldsymbol{X})$的维数很高时，计算其二阶导数矩阵的逆阵更加困难。为了避免计算二阶导数矩阵$\boldsymbol{H}(\boldsymbol{X}^{(k)})$及其逆阵$[\boldsymbol{H}(\boldsymbol{X}^{(k)})]^{-1}$，我们可以设法构造另一个矩阵$\boldsymbol{A}(\boldsymbol{X}^{(k)})$，并用它来逼近$[\boldsymbol{H}(\boldsymbol{X}^{(k)})]^{-1}$，这一类方法被称为拟牛顿法。拟牛顿法被认为是求解多维无约束最优化问题的有效算法之一。

在拟牛顿法中，变尺度法是一种典型代表。它的构建思路来源于最速下降法和牛顿法。我们观察最速下降法和牛顿法的迭代公式：

$$\boldsymbol{X}^{(k+1)}=\boldsymbol{X}^{(k)}-\lambda_k\nabla f\left(\boldsymbol{X}^{(k)}\right) \tag{2-190}$$

$$\boldsymbol{X}^{(k+1)}=\boldsymbol{X}^{(k)}-\lambda_k\left[\boldsymbol{H}\left(\boldsymbol{X}^{(k)}\right)\right]^{-1}\nabla f\left(\boldsymbol{X}^{(k)}\right) \tag{2-191}$$

最速下降法每轮迭代只需要计算一阶偏导数矩阵$\nabla f\left(\boldsymbol{X}^{(k)}\right)$即可，计算量较小，而牛顿法每轮迭代不但需要计算一阶偏导数矩阵$\nabla f\left(\boldsymbol{X}^{(k)}\right)$，还需要计算二阶偏导数矩阵的逆阵$[\boldsymbol{H}(\boldsymbol{X}^{(k)})]^{-1}$，计算量较大。前文已经说过，最速下降法在最优点附件区间的收敛速度是较慢的，而牛顿法在最优点附近区间的收敛速度是较快的，那么能不能通过改进逆阵$[\boldsymbol{H}(\boldsymbol{X}^{(k)})]^{-1}$的计算，构建出一种既能在最优点附近区间保持较高的收敛速度，又能在每轮迭代计算中保持较小计算量的新算法呢？为实现这个目标，可以考虑构造一个新的迭代公式：

$$\boldsymbol{X}^{(k+1)} = \boldsymbol{X}^{(k)} - \lambda_k \boldsymbol{A}\left(\boldsymbol{X}^{(k)}\right)\nabla f\left(\boldsymbol{X}^{(k)}\right) \tag{2-192}$$

（1）在算法初始时，可令

$$\boldsymbol{A}(\boldsymbol{X}^{(k)}) = \boldsymbol{I} \tag{2-193}$$

也即取单位矩阵，此时，该迭代公式相当于最速下降法。

（2）在算法结束前，可令

$$\boldsymbol{A}(\boldsymbol{X}^{(k)}) \approx [\boldsymbol{H}(\boldsymbol{X}^{(k)})]^{-1} \tag{2-194}$$

也即算法最终将逼近牛顿法。

（3）算法中间阶段，可令

$$\boldsymbol{A}(\boldsymbol{X}^{(k+1)}) = \boldsymbol{A}(\boldsymbol{X}^{(k)}) + \Delta\boldsymbol{A}(\boldsymbol{X}^{(k)}) \tag{2-195}$$

也即通过前一轮迭代的已知矩阵$\boldsymbol{A}(\boldsymbol{X}^{(k)})$和待求解的校正矩阵$\Delta\boldsymbol{A}(\boldsymbol{X}^{(k)})$来计算新一轮迭代的$\boldsymbol{A}(\boldsymbol{X}^{(k+1)})$。通过如此处理，算法中间迭代过程就可以避免计算$[\boldsymbol{H}(\boldsymbol{X}^{(k)})]^{-1}$，从而加快算法的计算速度。

由于矩阵$\boldsymbol{A}(\boldsymbol{X}^{(k)})$在算法迭代中是不断发生变化的，因而它被称为变尺度矩阵，对应着该寻优算法也就被称为变尺度法。不难发现，构建变尺度法最核心的工作就是如何确定校正矩阵$\Delta\boldsymbol{A}(\boldsymbol{X}^{(k)})$。1959年，戴维敦（Davidon）首先提出一种方法，后来付莱丘（Fletcher）和鲍威尔（Powell）又改进了这一方法，简称DFP法，其校正矩阵$\Delta\boldsymbol{A}(\boldsymbol{X}^{(k)})$的推导过程如下：

参照前文牛顿法的推导过程，也即参考式（2–182）~式（2–185），令

$$\boldsymbol{G}(\boldsymbol{X}) = \nabla f(\boldsymbol{X}) \approx \nabla f\left(\boldsymbol{X}^{(k)}\right) + \boldsymbol{H}\left(\boldsymbol{X}^{(k)}\right)\Delta\boldsymbol{X} \tag{2-196}$$

在从第k轮到第$k+1$轮的迭代中有：

$$\boldsymbol{G}\left(\boldsymbol{X}^{(k+1)}\right) = \nabla f\left(\boldsymbol{X}^{(k)}\right) + \boldsymbol{H}\left(\boldsymbol{X}^{(k)}\right)\left(\boldsymbol{X}^{(k+1)} - \boldsymbol{X}^{(k)}\right) \tag{2-197}$$

若记$\Delta\boldsymbol{X}^{(k)} = \boldsymbol{X}^{(k+1)} - \boldsymbol{X}^{(k)}$，并记$\Delta\boldsymbol{G}\left(\boldsymbol{X}^{(k)}\right) = \boldsymbol{G}\left(\boldsymbol{X}^{(k+1)}\right) - \boldsymbol{G}\left(\boldsymbol{X}^{(k)}\right)$，同时因为$\boldsymbol{G}\left(\boldsymbol{X}^{(k)}\right) = \nabla f\left(\boldsymbol{X}^{(k)}\right)$，所以有：

$$\left[\boldsymbol{H}\left(\boldsymbol{X}^{(k)}\right)\right]^{-1}\Delta\boldsymbol{G}\left(\boldsymbol{X}^{(k)}\right) \approx \Delta\boldsymbol{X}^{(k)} \tag{2-198}$$

若记$\boldsymbol{A}(\boldsymbol{X}^{(k+1)}) = [\boldsymbol{H}(\boldsymbol{X}^{(k)})]^{-1}$，则与式$\boldsymbol{A}(\boldsymbol{X}^{(k+1)}) = \boldsymbol{A}(\boldsymbol{X}^{(k)}) + \Delta\boldsymbol{A}(\boldsymbol{X}^{(k)})$联立得：

$$\Delta\boldsymbol{A}\left(\boldsymbol{X}^{(k)}\right)\Delta\boldsymbol{G}\left(\boldsymbol{X}^{(k)}\right) = \Delta\boldsymbol{X}^{(k)} - A\left(\boldsymbol{X}^{(k)}\right)\Delta\boldsymbol{G}\left(\boldsymbol{X}^{(k)}\right) \tag{2-199}$$

满足式（2–199）的$\Delta\boldsymbol{A}(\boldsymbol{X}^{(k)})$有无穷多个。实际上，校正矩阵$\Delta\boldsymbol{A}(\boldsymbol{X}^{(k)})$的计算公式构成一簇算法，$\Delta\boldsymbol{A}(\boldsymbol{X}^{(k)})$取不同的计算公式，就形成不同的变尺度法，这其中DFP法的计算思路如下：

令

$$\Delta \boldsymbol{A}\left(\boldsymbol{X}^{(k)}\right)=a^{(k)}\boldsymbol{U}^{(k)}\left[\boldsymbol{U}^{(K)}\right]^{\mathrm{T}}+b^{(k)}\boldsymbol{V}^{(k)}\left[\boldsymbol{V}^{(k)}\right]^{\mathrm{T}} \tag{2-200}$$

式中，$a^{(k)}$、$b^{(k)}$为待定常数；$\boldsymbol{U}^{(K)}$、$\boldsymbol{V}^{(K)}$为待定n维向量。将式（2-200）与式（2-199）联立得：

$$a^{(k)}\boldsymbol{U}^{(k)}\left[\boldsymbol{U}^{(K)}\right]^{\mathrm{T}}\Delta \boldsymbol{G}\left(\boldsymbol{X}^{(k)}\right)+b^{(k)}\boldsymbol{V}^{(k)}\left[\boldsymbol{V}^{(K)}\right]^{\mathrm{T}}\Delta \boldsymbol{G}\left(\boldsymbol{X}^{(k)}\right)=\Delta \boldsymbol{X}^{(k)}-\boldsymbol{A}\left(\boldsymbol{X}^{(k)}\right)\Delta \boldsymbol{G}\left(\boldsymbol{X}^{(k)}\right) \tag{2-201}$$

满足式（2-201）的待定向量$\boldsymbol{U}^{(K)}$、$\boldsymbol{V}^{(k)}$有多种取法，若令

$$a^{(k)}\boldsymbol{U}^{(k)}\left[\boldsymbol{U}^{(K)}\right]^{\mathrm{T}}\Delta \boldsymbol{G}\left(\boldsymbol{X}^{(k)}\right)=\Delta \boldsymbol{X}^{(k)} \tag{2-202}$$

$$b^{(k)}\boldsymbol{V}^{(k)}\left[\boldsymbol{V}^{(K)}\right]^{\mathrm{T}}\Delta \boldsymbol{G}\left(\boldsymbol{X}^{(k)}\right)=-A\left(\boldsymbol{X}^{(k)}\right)\Delta \boldsymbol{G}\left(\boldsymbol{X}^{(k)}\right) \tag{2-203}$$

由于$\left[\boldsymbol{U}^{(K)}\right]^{\mathrm{T}}\Delta \boldsymbol{G}\left(\boldsymbol{X}^{(k)}\right)$和$\left[\boldsymbol{V}^{(K)}\right]^{\mathrm{T}}\Delta \boldsymbol{G}\left(\boldsymbol{X}^{(k)}\right)$都是数量，故可取：

$$\boldsymbol{U}^{(k)}=\Delta \boldsymbol{X}^{(k)} \tag{2-204}$$

$$\boldsymbol{V}^{(k)}=\boldsymbol{A}\left(\boldsymbol{X}^{(k)}\right)\Delta \boldsymbol{G}\left(\boldsymbol{X}^{(k)}\right) \tag{2-205}$$

如此可得：

$$a^{(k)}\left[\Delta \boldsymbol{X}^{(K)}\right]^{\mathrm{T}}\Delta \boldsymbol{G}\left(\boldsymbol{X}^{(k)}\right)=1 \tag{2-206}$$

$$b^{(k)}\left[\boldsymbol{A}\left(\boldsymbol{X}^{(K)}\right)\Delta \boldsymbol{G}\left(\boldsymbol{X}^{(k)}\right)\right]^{\mathrm{T}}\Delta \boldsymbol{G}\left(\boldsymbol{X}^{(k)}\right)=-1 \tag{2-207}$$

也即

$$a^{(k)}=\frac{1}{\left[\Delta \boldsymbol{X}^{(k)}\right]^{\mathrm{T}}\Delta \boldsymbol{G}\left(\boldsymbol{X}^{(k)}\right)} \tag{2-208}$$

$$b^{(k)}=\frac{-1}{\left[\boldsymbol{A}\left(\boldsymbol{X}^{(k)}\right)\Delta \boldsymbol{G}\left(\boldsymbol{X}^{(k)}\right)\right]^{\mathrm{T}}\Delta \boldsymbol{G}\left(\boldsymbol{X}^{(k)}\right)} \tag{2-209}$$

将式（2-204）、式（2-205）、式（2-208）和式（2-209）代入式（2-200）得：

$$\Delta \boldsymbol{A}\left(\boldsymbol{X}^{(k)}\right)=\frac{\Delta \boldsymbol{X}^{(k)}\left[\Delta \boldsymbol{X}^{(k)}\right]^{\mathrm{T}}}{\left[\Delta \boldsymbol{G}\left(\boldsymbol{X}^{(k)}\right)\right]^{\mathrm{T}}\Delta \boldsymbol{X}^{(k)}}-\frac{\boldsymbol{A}^{(k)}\Delta \boldsymbol{G}\left(\boldsymbol{X}^{(k)}\right)\left[\Delta \boldsymbol{G}\left(\boldsymbol{X}^{(k)}\right)\right]^{\mathrm{T}}\boldsymbol{A}\left(\boldsymbol{X}^{(k)}\right)}{\left[\Delta \boldsymbol{G}\left(\boldsymbol{X}^{(k)}\right)\right]^{\mathrm{T}}\boldsymbol{A}\left(\boldsymbol{X}^{(k)}\right)\Delta \boldsymbol{G}\left(\boldsymbol{X}^{(k)}\right)} \tag{2-210}$$

我们将$\boldsymbol{X}^{(k)}$简记为$\boldsymbol{X}^{k}$，将$\boldsymbol{A}(\boldsymbol{X}^{(k)})$简记为$\boldsymbol{A}^{k}$，将$\boldsymbol{A}(\boldsymbol{X}^{(k+1)})$简记为$\boldsymbol{A}^{(k+1)}$，将$\Delta\boldsymbol{G}(\boldsymbol{X}^{(k)})$简记为$\Delta\boldsymbol{G}^{k}$，则将式（2-110）代入式（2-195），可以得到逼近矩阵$\boldsymbol{A}(\boldsymbol{X}^{(k)})$或$\boldsymbol{A}^{k}$的迭代表达式为：

$$\boldsymbol{A}^{k+1}=\boldsymbol{A}^{k}+\frac{\Delta \boldsymbol{X}^{k}\left[\Delta \boldsymbol{X}^{k}\right]^{\mathrm{T}}}{\left[\Delta \boldsymbol{G}^{k}\right]^{\mathrm{T}}\Delta \boldsymbol{X}^{k}}-\frac{\boldsymbol{A}^{k}\Delta \boldsymbol{G}^{k}\left[\Delta \boldsymbol{G}^{k}\right]^{\mathrm{T}}\boldsymbol{A}^{k}}{\left[\Delta \boldsymbol{G}^{k}\right]^{\mathrm{T}}\boldsymbol{A}^{k}\Delta \boldsymbol{G}^{k}} \tag{2-211}$$

在得到逼近矩阵$\boldsymbol{A}^{k}$的迭代表达式后，我们可以设计变尺度法的计算步骤如下：

（1）给定初始点$\boldsymbol{X}^{0}$、梯度允许误差δ_1、$\boldsymbol{X}$允许误差δ_2。

（2）先检验目标函数值是否达到极小，也即先看梯度允许误差是否满足：

$$\left\|\nabla f\left(\boldsymbol{X}^{0}\right)\right\| \leqslant \delta_{1} \tag{2-212}$$

若式（2-112）成立，说明目标函数值已达到极小值，迭代停止，否则进入步骤（3）。

（3）令 $k=0$，$\boldsymbol{A}^{0}=\boldsymbol{I}$（初始时 $\boldsymbol{A}$ 取单位矩阵），$\boldsymbol{G}^{0}=\nabla f\left(\boldsymbol{X}^{0}\right)$。

（4）进行一维搜索，确定最优步长 λ_k：

$$f\left(\boldsymbol{X}^{(k)}+\lambda_{k} \boldsymbol{P}^{(k)}\right)=\min _{\lambda} f\left(\boldsymbol{X}^{(k)}+\lambda \boldsymbol{P}^{(k)}\right) \tag{2-213}$$

其中，$\boldsymbol{P}^{k}=-\boldsymbol{A}^{k} \nabla f\left(\boldsymbol{X}^{k}\right)$。

（5）求增量 $\Delta \boldsymbol{X}^{k}=-\lambda_{k} \boldsymbol{A}^{k} \boldsymbol{G}^{k}$，计算 $\boldsymbol{X}^{k+1}=\boldsymbol{X}^{k}+\Delta \boldsymbol{X}^{k}$。

（6）计算 $\boldsymbol{G}^{k+1}=\nabla f\left(\boldsymbol{X}^{k+1}\right)$，$\Delta \boldsymbol{G}^{k}=\boldsymbol{G}^{k+1}-\boldsymbol{G}^{k}$。

（7）若 $\left\|\boldsymbol{G}^{k+1}\right\| \leqslant \delta_{1}$ 或 $\dfrac{\left\|\Delta \boldsymbol{X}^{k}\right\|}{\left\|\boldsymbol{X}^{k}\right\|} \leqslant \delta_{2}$，则已得到极小值，停止计算并输出结果，否则进入步骤（8）。

（8）若 $k=n$，则令 $\boldsymbol{X}^{0}=\boldsymbol{X}^{k}$，转步骤（3）（即若迭代 n 次仍不收敛，则以 $\boldsymbol{X}^{n}$ 为 $\boldsymbol{X}^{0}$，以新的 $\boldsymbol{X}^{0}$ 为起点重新开始一轮新的迭代）；否则，进入步骤（9）。

（9）计算 $\boldsymbol{A}^{k+1}$。

$$\boldsymbol{A}^{k+1}=\boldsymbol{A}^{k}+\frac{\Delta \boldsymbol{X}^{k}\left[\Delta \boldsymbol{X}^{k}\right]^{\mathrm{T}}}{\left[\Delta \boldsymbol{G}^{k}\right]^{\mathrm{T}} \Delta \boldsymbol{X}^{k}}-\frac{\boldsymbol{A}^{k} \Delta \boldsymbol{G}^{k}\left[\Delta \boldsymbol{G}^{k}\right]^{\mathrm{T}} \boldsymbol{A}^{k}}{\left[\Delta \boldsymbol{G}^{k}\right]^{\mathrm{T}} \boldsymbol{A}^{k} \Delta \boldsymbol{G}^{k}} \tag{2-214}$$

（10）令 $k=k+1$，转步骤（4）。

13. 共轭梯度法

共轭梯度法是一种多维无约束直接寻优方法，它对指标②、③敏感，对指标①、④、⑤不敏感。该算法不需要求解析解，需要在无约束条件下使用，需要借助求导来寻找搜索方向，不需要借助泰勒函数逼近来指导求解，不需要借助线性规划来递归求解。

其实前文第 2.2.3 节所讨论的方向加速法就是一种被改进的共轭梯度法，它被认为是求解多维二次正定函数最优化问题的有效算法之一。为摸清其来龙去脉和弄清算法本质，我们可以从讨论更具基础性、理论性和一般性意义的共轭梯度法来着手。

我们注意到，前文所述的牛顿法每轮迭代都要求解一个形如令 $\boldsymbol{AX}=\boldsymbol{B}$ 的线性方程，其解为 $\boldsymbol{X}=\boldsymbol{A}^{-1}\boldsymbol{B}$。这样，牛顿法每轮迭代都需要求解逆矩阵 $\boldsymbol{A}^{-1}$，计算量无疑是很大的。变尺度法是通过用一个近似矩阵代替逆矩阵 $\boldsymbol{A}^{-1}$ 的，从而减少了一定的单轮迭代计算量，而共轭梯度法则是另外一种思路，观察如下形式的二次函数：

$$f(\boldsymbol{X})=\frac{1}{2} \boldsymbol{X}^{\mathrm{T}} \boldsymbol{A} \boldsymbol{X}-\boldsymbol{B}^{\mathrm{T}} \boldsymbol{X} \tag{2-215}$$

令函数（2–215）的导数等于零，则有：

$$\nabla f(\boldsymbol{X}) = \boldsymbol{AX} - \boldsymbol{B} = 0 \tag{2–216}$$

我们发现，能使函数式（2–215）的导数取零（或能使该函数取得最小值）的$\boldsymbol{X}$，恰好就是线性方程$\boldsymbol{AX} = \boldsymbol{B}$的解。又或者说，求得了上述函数的最优解，就相当于得到了方程$\boldsymbol{AX} = \boldsymbol{B}$的解。

实际上，共轭梯度法最初就是用来求解线性方程的，后来有人又把这种方法扩展到了非线性优化问题中，称为非线性共轭梯度法。在这里，我们先从线性共轭梯度法开始展开讨论。

既然已将求解方程问题转化为求解二次函数极值问题，那么，该如何求解该函数的极值呢？有一点是毫无疑问的，那就是所用的寻优算法的效率必须“极高”才可以，因为如果所用寻优算法效率不高，那还不如直接求逆矩阵$\boldsymbol{A}^{-1}$来得划算。

如果采用前文讨论过的最速下降法，那将是基本不可行的，因为它采用的是已知点的负梯度方向，这个方向在已知点附近的局部范围内是最陡峭的目标函数值下降方向，但却不是全局范围内的最快目标函数值下降方向，它可能会走出如图2–26所示的曲折的、迂回的、低效收敛路径（以二维函数为例）：

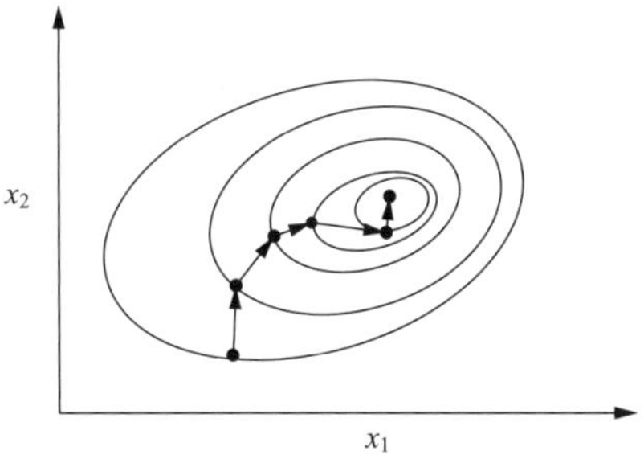

图2–26　最速下降法的收敛路径示意图

如果采用上述方法求解问题，其收敛速度有可能比直接求逆矩阵还要慢。因此，我们希望所采用的寻优算法能够走出如图2–27所示的直指问题最优解的高效收敛路径：

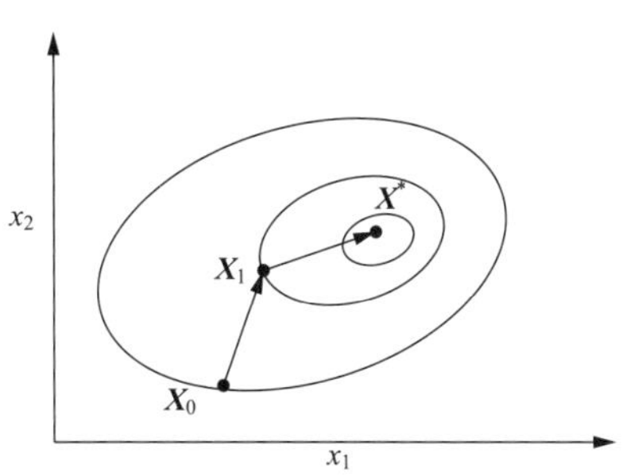

图2–27　理想的收敛路径示意图

对于如图2–27所示的二维函数，算法第一次的前进方向虽然仍是初始点$\boldsymbol{X}_0$的负梯度方向，但第二次的前进方向却是从已知点$\boldsymbol{X}_1$直接指向了最优点$\boldsymbol{X}^*$，这正是共轭梯度法将要走出的收敛路径。现在我们将其推广到n维问题，并用数学工具探究明白走出这种高效的收敛路径时所需要满足的一些条件。

对于一组向量（$\boldsymbol{P}_0, \boldsymbol{P}_1, \boldsymbol{P}_2, \cdots, \boldsymbol{P}_{n-1}$），如果其中任意两个都满足：

$$\boldsymbol{P}_i^{\mathrm{T}}\boldsymbol{A}\boldsymbol{P}_j = 0 \tag{2-217}$$

则称这组向量关于矩阵$\boldsymbol{A}$共轭，沿着这组共轭方向依次寻优，最终可在n轮（对于n维问题）迭代后寻找到目标函数的极值。当然，这里的矩阵$\boldsymbol{A}$并不是随意取值的，而是要求它必须为对称正定矩阵，否则共轭梯度法将失效。

明确了共轭向量的性质，那下面的问题就归结为：对于一个对称正定矩阵$\boldsymbol{A}$，如何寻找出其一组共轭向量了。因为找到了这一组共轭向量，也即找到了算法的寻优方向，剩下的就是沿各个方向求解最优步长了。如此看来，一轮迭代内的所有计算工作都将因共轭方向的明确而明朗。

看到如式（2–217）的形式，很多人一般会想到，矩阵$\boldsymbol{A}$的特征向量就是满足要求的一组共轭向量，但现实情况是，求解矩阵特征值的计算量并不比求逆矩阵少多少，因此，我们需要跳出思维围墙，找出一种更加简单的共轭方向构建方法。

首先，我们令

$$\boldsymbol{P}_0 = -\nabla f(\boldsymbol{X}_0) \tag{2-218}$$

而后，我们再令

$$\boldsymbol{P}_1 = -\nabla f(\boldsymbol{X}_1) + \beta_1\boldsymbol{P}_0 \tag{2-219}$$

也即要在向量$-\nabla f(\boldsymbol{X}_0)$和$-\nabla f(\boldsymbol{X}_1)$所构成的平面上生成与$\boldsymbol{P}_0$共轭的$\boldsymbol{P}_1$（关于矩阵$\boldsymbol{A}$）。

在这里，$\boldsymbol{P}_0$和$-\nabla f(\boldsymbol{X}_1)$一定是线性无关的，因为$\boldsymbol{X}_1$点是从$\boldsymbol{X}_0$点沿着$\boldsymbol{P}_0$方向求解最优步长得来的，如果$\boldsymbol{P}_0$和$-\nabla f(\boldsymbol{X}_1)$线性相关，则最优步长将沿着$\boldsymbol{P}_0$方向，超越$\boldsymbol{X}_1$点继续向前，或者说最优步长根本不会落在$\boldsymbol{X}_1$点，这就出现了悖论，所以$\boldsymbol{P}_0$和$-\nabla f(\boldsymbol{X}_1)$必定线性无关。

我们将式（2–219）代入式（2–217）=0，可得：

$$\beta_1 = \frac{\boldsymbol{P}_0^{\mathrm{T}}\boldsymbol{X}\nabla f(\boldsymbol{X}_1)}{\boldsymbol{P}_0^{\mathrm{T}}\boldsymbol{A}\boldsymbol{P}_0} \tag{2-220}$$

受式（2–220）启发，通过数学归纳法可得：

$$\boldsymbol{P}_k = -\nabla f(\boldsymbol{X}_k) + \beta_k\boldsymbol{P}_{k-1} \tag{2-221}$$

$$\beta_k = \frac{\boldsymbol{P}_{k-1}^{\mathrm{T}}\boldsymbol{A}\nabla f(\boldsymbol{X}_k)}{\boldsymbol{P}_{k-1}^{\mathrm{T}}\boldsymbol{A}\boldsymbol{P}_{k-1}} \tag{2-222}$$

也即在每轮迭代中，都可以利用上一轮迭代获得的已知参数，如$\boldsymbol{P}_{k-1}$、$\boldsymbol{X}_k$、$\nabla f(\boldsymbol{X}_k)$等，来计算本轮迭代的共轭方向。

有了搜索方向的计算式后，再明确最优步长α_k的计算式就可以形成一轮完整迭代的计算过程。

步长的表达式为$\boldsymbol{X}_{k+1}=\boldsymbol{X}_k+\alpha_k\boldsymbol{P}_k$，将其代入$f(\boldsymbol{X})=\frac{1}{2}\boldsymbol{X}^{\mathrm{T}}\boldsymbol{A}\boldsymbol{X}-\boldsymbol{B}^{\mathrm{T}}\boldsymbol{X}$，得：

$$f(\boldsymbol{X}_{k+1})=\frac{1}{2}(\boldsymbol{X}_k+\alpha_k\boldsymbol{P}_k)^{\mathrm{T}}\boldsymbol{A}(\boldsymbol{X}_k+\alpha_k\boldsymbol{P}_k)-\boldsymbol{B}^{\mathrm{T}}(\boldsymbol{X}_k+\alpha_k\boldsymbol{P}_k) \tag{2-223}$$

将式（2–223）展开得：

$$f(\boldsymbol{X}_{k+1})=\frac{1}{2}\left[\boldsymbol{X}_k^{\mathrm{T}}\boldsymbol{A}\boldsymbol{X}_k+\boldsymbol{X}_k^{\mathrm{T}}\boldsymbol{A}\alpha_k\boldsymbol{P}_k+(\alpha_k\boldsymbol{P}_k)^{\mathrm{T}}\boldsymbol{A}\boldsymbol{X}_k+(\alpha_k\boldsymbol{P}_k)^{\mathrm{T}}\boldsymbol{A}\alpha_k\boldsymbol{P}_k\right]-\boldsymbol{B}^{\mathrm{T}}(\boldsymbol{X}_k+\alpha_k\boldsymbol{P}_k) \tag{2-224}$$

为求得最优步长α_k，可令式（2–224）中关于α_k的导数等于零（将α_k作为数量变量，将$\boldsymbol{X}_k$、$\boldsymbol{P}_k$作为向量常量，则与α_k无关的项的导数为零），如此可得：

$$\alpha_k\boldsymbol{P}_k^{\mathrm{T}}\boldsymbol{A}\boldsymbol{P}_k+\frac{1}{2}\left[\boldsymbol{X}_k^{\mathrm{T}}\boldsymbol{A}\boldsymbol{P}_k+\boldsymbol{P}_k^{\mathrm{T}}\boldsymbol{A}\boldsymbol{X}_k\right]-\boldsymbol{B}^{\mathrm{T}}\boldsymbol{P}_k=0 \tag{2-225}$$

由于$\boldsymbol{A}$为对称矩阵，且$\boldsymbol{X}_k$和$\boldsymbol{P}_k$为向量，所以有$\boldsymbol{X}_k^{\mathrm{T}}\boldsymbol{A}\boldsymbol{P}_k=\boldsymbol{P}_k^{\mathrm{T}}\boldsymbol{A}\boldsymbol{X}_k$和$\left(\boldsymbol{X}_k^{\mathrm{T}}\boldsymbol{A}\right)^{\mathrm{T}}=\boldsymbol{A}\boldsymbol{X}_k$，将二者代入式（2–225）可得：

$$\alpha_k=-\frac{(\boldsymbol{A}\boldsymbol{X}_k-\boldsymbol{B})^{\mathrm{T}}\boldsymbol{P}_k}{\boldsymbol{P}_k^{\mathrm{T}}\boldsymbol{A}\boldsymbol{P}_k} \tag{2-226}$$

至此，共轭梯度法每一轮迭代内的方向表达式和步长表达式都已完全明确了。

若记$\boldsymbol{r}_k=\nabla f(\boldsymbol{X}_k)=\boldsymbol{A}\boldsymbol{X}_k-\boldsymbol{B}$，参见式（2–216），则可得到线性共轭梯度法的每一轮迭代内的计算流程如下：

$$\alpha_k=-\frac{\boldsymbol{r}_k^{\mathrm{T}}\boldsymbol{P}_k}{\boldsymbol{P}_k^{\mathrm{T}}\boldsymbol{A}\boldsymbol{P}_k} \tag{2-227}$$

$$\boldsymbol{X}_{k+1}=\boldsymbol{X}_k+\alpha_k\boldsymbol{P}_k \tag{2-228}$$

$$\boldsymbol{r}_{k+1}=\boldsymbol{A}\boldsymbol{X}_{k+1}-\boldsymbol{B} \tag{2-229}$$

$$\beta_{k+1}=-\frac{\boldsymbol{P}_k^{\mathrm{T}}\boldsymbol{A}\boldsymbol{r}_{k+1}}{\boldsymbol{P}_k^{\mathrm{T}}\boldsymbol{A}\boldsymbol{P}_k} \tag{2-230}$$

$$\boldsymbol{P}_{k+1}=-\boldsymbol{r}_{k+1}+\beta_{k+1}\boldsymbol{P}_k \tag{2-231}$$

也即当已知第k步的$\boldsymbol{X}_k$、β_k、$\boldsymbol{P}_k$和α_k后，就可以计算出第$k+1$步的对应参数，如此一轮一轮地迭代，直至满足算法终止条件$\|\boldsymbol{X}_{k+1}-\boldsymbol{X}_k\|<\delta$或$\alpha_k\boldsymbol{P}_k<\delta$为止。

在线性共轭梯度法提出约10年后，Fletcher和Reeves将其推广到非线性优化问题中，有人将其称之为非线性共轭梯度法。相较于线性共轭梯度法，非线性共轭梯度法每轮迭代中，仅改变了两个步骤：一是关于最优步长α_k的计算，在非线性共轭梯度法中，α_k不易直接通过计算式得出，而是改为用黄金分割法等直接搜索法求解（参见方向加速法等）；二是关于残差$\boldsymbol{r}_k$的计算，在非线性共轭梯度法中，$\boldsymbol{r}_k=\boldsymbol{A}\boldsymbol{X}_k-\boldsymbol{B}$已不再适用，而是改用更具普遍意义的梯度$\nabla f(\boldsymbol{X}_k)$来替代。而实际上，$\boldsymbol{r}_k$也只是$\nabla f(\boldsymbol{X}_k)$在标准二次函数下的一个特例罢了。

关于线性共轭梯度法和非线性共轭梯度法，还有很多其他的改进或变形，如Hesyenes-Stiefel法、Polak-Ribiere法、Dai-Yuan法等，甚至连前文第2.2.3节所述的Powell方向加速法也可以认为是对共轭梯度法的一种改进或变形。实际上，这些方法的本质只是采用了一定的替换方法，改进了方向β_k的计算公式或减少了部分矩阵计算的工作量而已，与线性或非线性标准共轭梯度法相比，这些改进方法的基本思想和方法路线是没有发生根本性变化的。

14．罚函数法

罚函数法是一种多维有约束直接寻优方法，一般需要与多维无约束直接寻优法配合使用来求解有约束非线性规划问题。因此，可以认为：它对指标①、②、③、④、⑤均不敏感，或者说，罚函数法是一种对数学规划问题的形式的转化方法，而与罚函数法配合使用的无约束直接寻优法才是指标①、②、③、④、⑤的主要区分对象。

前文讨论的都是无约束直接寻优方法，但在很多的实际非线性规划问题中，其变量的取值范围一般都有一定的限制，也就是说，非线性规划问题一般是有约束条件的寻优问题。对于有约束寻优问题，到目前为止可以说还没有一种普遍适用和十全十美的方法。因而在实际中，一般会视问题的具体情况而决定采用哪种具体的方法。

罚函数法是一种相对比较通用的有约束非线性规划问题求解方法。它的基本思想是将问题的约束条件转化为目标函数的一部分，并乘上一定的惩罚系数，从而将有约束优化问题转为无约束优化问题，并配合无约束直接寻优方法来实现问题求解。

如果目标函数的惩罚项（由约束条件转化成的那部分目标函数）的惩罚系数取得合适，那么一旦寻优算法的搜索点偏离最优解附近的区域，将会导致总目标函数的恶化。通过这样的惩罚，可以驱使算法向最优解附近的区域收敛，并最终找到最优解。

对于有约束的最优化问题，其约束条件一般可分为等式约束和不等式约束，对应的罚函数法也可分为等式约束下的罚函数法和不等式约束下的罚函数法。

1）等式约束条件下的罚函数法

设有等式约束的非线性规划问题为：

$$\min Z=f(\boldsymbol{X})=f(x_1,x_2,\cdots,x_n) \tag{2-232}$$

$$\text{s.t.}\ \ g_i(\boldsymbol{X})=g_i(x_1,x_1,\cdots,x_n)=0 \qquad i=1\sim m<n \tag{2-233}$$

对于上述问题，如果不考虑等式约束条件，将$f(\boldsymbol{X})$作为无约束问题求解的话，所得的点一般不是原问题的解，且常会相差很远。如果把对等式约束条件的违反程度当作一个新构建的目标函数的惩罚项来一并考虑的话，结果可能会好一些。例如，常用的一种方法是构造一个新的惩罚目标函数：

$$\boldsymbol{R}(\boldsymbol{X},\boldsymbol{P}) = f(\boldsymbol{X}) + \sum_{i=1}^{m} p_i [g_i(\boldsymbol{X})]^2 \quad (2-234)$$

式（2–234）中，目标函数R称为罚函数，它由两部分组成：第一项为原目标函数$f(\boldsymbol{X})$，第二项为与约束条件有关的项，称为目标函数的惩罚项，其中p_i为第i个等式约束而指定的常数，称为惩罚系数、惩罚因子或代价因子。通过上述转化，原有约束优化问题转为了无约束优化问题，并可以配合步长加速法等无约束直接寻优法来求解。

在原有约束优化问题中，当试算给出的解不能使某个等式约束条件满足$g_i(\boldsymbol{X})$等于零时，则$[g_i(\boldsymbol{X})]^2$为正值，若惩罚系数p_i取值较大，则新的目标函数R值就会变大，也即对不满足等式约束条件的解进行了惩罚（求最小值问题）；相反，当约束条件满足$g_i(\boldsymbol{X})$等于零时，$[g_i(\boldsymbol{X})]^2$的值为0，这时不管p_i取值多么大，$R(\boldsymbol{X},\boldsymbol{P})$均与$f(\boldsymbol{X})$为同一值。当然，在实际计算中，$[g_i(\boldsymbol{X})]^2$的值想要绝对取0是不现实的，一般只需要保证惩罚系数p_i的绝对值足够大（在极小值问题中，p_i为正数；在极大值问题中，p_i为负数），以使惩罚项的值（即$g_i(\boldsymbol{X})$的绝对值）足够小，小到能够满足一定的精度就可以了。值得注意的是，罚函数的形式不止一种，式（2–234）仅是其中比较常用的一种。

2）不等式约束条件下的罚函数法

如前文所述，等式约束条件下的罚函数法把有约束的问题化为一系列无约束的问题来求解，对于不等式约束条件，其基本思想也是如此，只是目标函数的惩罚项的形式有所不同。当罚函数的形式不同时，也会形成不同的算法，例如外点法和内点法，我们先讨论外点法。

设有不等式约束的非线性规划问题为：

$$\min Z = f(\boldsymbol{X}) = f(x_1, x_2, \cdots, x_n) \quad (2-235)$$

$$\text{s.t.}\ g_i(\boldsymbol{X}) = g_i(x_1, x_1, \cdots, x_n) \geqslant 0 \qquad i = 1 \sim m \quad (2-236)$$

在外点法中，需要新构建的罚函数的形式为：

$$R(\boldsymbol{X}, p_k) = f(\boldsymbol{X}) + p_k \sum_{i=1}^{m} \{\min[0, g_i(\boldsymbol{X})]\}^2 \quad (2-237)$$

其中，角标k标志迭代的轮数，随着迭代轮数的增长，惩罚系数p_k的取值要满足：

$$0 < p_1 < p_2 < \cdots < p_k < p_{k+1} < \cdots, \lim_{k\to\infty} p_k = +\infty \quad (2-238)$$

惩罚项中：

$$\min[0, g_i(\boldsymbol{X})] = \frac{g_i(\boldsymbol{X}) - |g_i(\boldsymbol{X})|}{2} = \begin{cases} g_i(\boldsymbol{X}) & g_i(\boldsymbol{X}) < 0 \\ 0 & g_i(\boldsymbol{X}) \geqslant 0 \end{cases} \quad (2-239)$$

若对罚函数R求无约束条件下的极值，其结果将随给定的惩罚系数p_k而异。我们可以把罚函数$R(\boldsymbol{X}, p_k)$的无约束最优解$\boldsymbol{X}^k = \boldsymbol{X}(p_k)$看作是以$p_k$为参数的一条轨迹，当满足：

$$0 < p_1 < p_2 < \cdots < p_k < p_{k+1} < \cdots, \lim_{k\to\infty} p_k = +\infty \quad (2-240)$$

时，点列$\{\boldsymbol{X}(p_k)\}$将沿着这条轨迹趋于原有约束问题的最优解$\boldsymbol{X}^*$（这里假设$\{\boldsymbol{X}(p_k)\}$是

收敛的点列）。由于这种方法是从可行解域的外部逐渐逼近优化问题的可行最优解的，故称为外点法。

外点法的具体迭代步骤如下：

（1）取$p_1>0$（例如取$p_1=1$），允许误差$\delta>0$，令$k=1$。

（2）求下列无约束问题的最优解$\boldsymbol{X}^k=\boldsymbol{X}(p_k)$：

$$R\left(\boldsymbol{X}^k, p_k\right)=\min_X R(\boldsymbol{X}, p_k) \tag{2-241}$$

其中：

$$R(\boldsymbol{X}, p_k)=f(\boldsymbol{X})+p_k\sum_{i=1}^{m}\{\min[0, g_i(\boldsymbol{X})]\}^2 \tag{2-242}$$

当上述最优化问题的目标函数的形式比较复杂时，可采用步长加速法等多维无约束直接寻优法求解。

（3）检验$\boldsymbol{X}^k$是否满足判别式$-g_i(\boldsymbol{X}^k)\leqslant\delta$，$i=1\sim m$。若满足，则得到条件极值问题的最优解$\boldsymbol{X}^*=\boldsymbol{X}^k$；若否，则增大$p_k$，可取$p_{k+1}=Ap_k$（例如取$A=4$），令$k=k+1$，并转步骤（2）继续进行。

回顾外点法的惩罚系数p_k的轨迹：$0<p_1<p_2<\cdots<p_k<p_{k+1}<\cdots,\lim\limits_{k\to\infty}p_k=+\infty$，之所以要如此设计，一个重要的考虑就是要使罚函数$R$中的原函数$f(\boldsymbol{X})$和惩罚项$p_k\sum_{i=1}^{m}\{\min[0, g_i(\boldsymbol{X})]\}^2$的绝对值大小相平衡。在搜索计算前期，由于所搜得的解不在甚至是远离原约束优化问题的可行解域，不被满足的约束条件数量较多，不被满足的程度也较高，惩罚基数（惩罚项中除惩罚系数之外的那一部分表达式）的绝对值必然较大，如果惩罚系数p_k一上来保持较大的取值，使得惩罚项远远大于原目标函数，则两个函数叠加后，可能导致惩罚项“淹没”或“掩盖”了原目标函数的解区间的起伏变化，或者说惩罚项函数的局部最优区间可能会淹没或掩盖原目标函数的局部最优区间，在这种情况下，算法将陷入惩罚项函数的某局部最优区间中，从而导致搜索失败。在搜索计算后期，由于所搜得的解已经接近原有约束优化问题的可行解域，不被满足的约束条件数量较少，不被满足的程度也较低，惩罚基数的绝对值必然较小，这时惩罚系数p_k若保持较小的取值，则会导致所搜得的解对约束条件不敏感，从而使搜索计算提前结束。严格追究起来，所获得的“最优解”的精度是不足的，或仍是不满足某些约束条件的。

前文所讨论的外点法，其特点是从优化问题的可行解域的外部逼近最优解。与之对应的，如果从问题的可行解域内部逼近最优解，则算法可以称为内点法。在内点法中，需要新构建的罚函数形式为：

$$R(\boldsymbol{X}, p_k)=f(\boldsymbol{X})+p_k\sum_{i=1}^{m}\frac{1}{g_i(\boldsymbol{X})} \tag{2-243}$$

其中，p_k的取值要满足：

$$p_1 > p_2 > \cdots > p_k > p_{k+1} > \cdots \text{，} \lim_{k\to\infty} p_k = 0 \quad (2\text{-}244)$$

若对罚函数R求无约束条件下的极值，其结果将随给定的惩罚系数p_k而异。我们可以把罚函数$R(\boldsymbol{X}, p_k)$的无约束最优解$\boldsymbol{X}_i = \boldsymbol{X}(p_k)$看作是以$p_k$为参数的一条轨迹，当取

$$p_1 > p_2 > \cdots > p_k > p_{k+1} > \cdots \text{，} \lim_{k\to\infty} p_k = 0 \quad (2\text{-}245)$$

时，点列$\{\boldsymbol{X}(p_k)\}$将沿着这条轨迹趋于原有约束问题的最优解$\boldsymbol{X}^*$（这里假设$\{\boldsymbol{X}(p_k)\}$是收敛的点列）。由于这种方法是从可行解域的内部逼近优化问题的最优解，故称为内点法。

内点法的具体迭代步骤如下：

（1）取$p_1 > 0$（例如取$p_1 = 1$），允许误差$\delta > 0$。

（2）求可行解域的初值点$\boldsymbol{X}^0$（对于复杂问题，可用计算机不断随机生成多个点，从中挑出满足约束的点作为初值点），令$k = 1$。

（3）以$\boldsymbol{X}^{k-1}$作为起点，求下列无约束优化问题的最优解：

$$R(\boldsymbol{X}_k, p_k) = \min_{X} R(\boldsymbol{X}, p_k) \quad (2\text{-}246)$$

其中：

$$R(\boldsymbol{X}, p_k) = f(\boldsymbol{X}) + p_k \sum_{i=1}^{m} \frac{1}{g_i(\boldsymbol{X})} \quad (2\text{-}247)$$

当上述最优化问题的目标函数的形式比较复杂时，可采用步长加速法等多维无约束直接寻优法求解。

（4）检验是否满足判别式$p_k \sum_{i=1}^{m} \frac{1}{g_i\left(\boldsymbol{X}^k\right)} \leqslant \delta$。

若满足判别式，则得到条件极值问题的最优解$\boldsymbol{X}^* = \boldsymbol{X}^k$；若否，则缩小$p_k$，可取$p_{k+1} = Ap_k$（例如取$A = 0.1$），令$k = k+1$，并转步骤（2）继续进行。

值得注意的是，内点法的罚函数构建方法不止一种，例如，也可以按如下形式构建：

$$R(\boldsymbol{X}, p_k) = f(\boldsymbol{X}) + p_k \sum_{i=1}^{m} \ln g_i(\boldsymbol{X}) \quad (2\text{-}248)$$

不同的罚函数形式有不同的性质，具体采用哪种罚函数形式，需要根据实际情况决定。例如，内点法的罚函数如果采用$1/g_i(\boldsymbol{X})$的形式，则当寻优算法的搜索点靠近约束条件的边际时，$g_i(\boldsymbol{X})$将趋近于零，而$1/g_i(\boldsymbol{X})$将急剧增长，从而导致总目标函数受到极大的惩罚或急剧恶化，如此可以驱使或逼迫算法尽快离开约束边界，转向远离约束边界的内部可行解域继续搜索。

与外点法相似，内点法的惩罚系数p_k的取值也是非常关键的，不但能显著影响算法的收敛速度，在某些情况下甚至能决定算法寻优的成败。一般认为p_1的取值可在

1—50的范围内，但多数情况下会取1，而惩罚系数序列的缩小系数，也即$p_{k+1}=Ap_k$中的A，常取0.1—0.5之间的数。当然，也有文献认为，A一般应取0.1，在某些情况下也可以取0.02等其他数值。

15. 拉格朗日乘子法

与罚函数法类似，拉格朗日乘子法也是一种多维有约束直接寻优方法，且需要与多维无约束直接寻优法配合使用来求解有约束非线性规划问题。因此，可以认为：它也对指标①、②、③、④、⑤均不敏感。或者说，拉格朗日乘子法也是一种对数学规划问题的形式转化方法，而与拉格朗日乘子法配合使用的无约束直接寻优法才是指标①、②、③、④、⑤的主要区分对象。

拉格朗日乘子法的基本思想是，通过引入m个拉格朗日乘子来将含有n个变量和m个约束条件的有约束优化问题转化为含有$n+m$个变量的无约束优化问题，而后采用步长加速法等无约束直接寻优方法来实现问题求解。例如下述非线性最优化问题：

$$\min Z=f(x_1, x_2, \cdots, x_n) \tag{2-249}$$

$$\text{s.t.}\ \ g_i(\boldsymbol{X})=g_i(x_1, x_1, \cdots, x_n)=0 \qquad i=1\sim m \tag{2-250}$$

因其共有m个限制条件，因而在引入m个拉格朗日乘子后，可得无约束非线性最优化问题：

$$\min L(\boldsymbol{X}, \boldsymbol{\lambda})=f(\boldsymbol{X})-\sum_{i=1}^{m}\lambda_i g_i(\boldsymbol{X}) \tag{2-251}$$

在式（2-251）中，$\boldsymbol{X}=(x_1, x_2, \cdots, x_n)$，$\boldsymbol{\lambda}=(\lambda_1, \lambda_2, \cdots, \lambda_n)$，其中$\boldsymbol{X}$向量的$n$个分量$x_1$，$x_2$，…，$x_n$和$\boldsymbol{\lambda}$向量的$m$个分量$\lambda_1$，$\lambda_2$，…，$\lambda_n$都将成为新构建的无约束非线性优化问题的待求变量。

为什么按上述变换就可以将一个含有n个变量和m个约束条件的有约束优化问题转化为一个含有$n+m$个变量的无约束优化问题呢，或者说转化前的有约束优化模型和转化后的无约束优化模型是否为等价的呢，这就成为拉格朗日乘子法的重点所在，我们可以先从等式约束下的拉格朗日乘子法来展开讨论。

1）等式约束条件下的拉格朗日乘子算法

以一个二维非线性规划问题为例，设其模型为：

$$\min Z=f(\boldsymbol{X})=x_1^2+x_2^2 \tag{2-252}$$

$$\text{s.t.}\ \ g_1(\boldsymbol{X})=0 \tag{2-253}$$

$$\text{s.t.}\ \ g_2(\boldsymbol{X})=0 \tag{2-254}$$

现将模型中的相关函数$f(\boldsymbol{X})$、$g_1(\boldsymbol{X})$和$g_2(\boldsymbol{X})$投影到二维平面上观察，如图2-28所示：

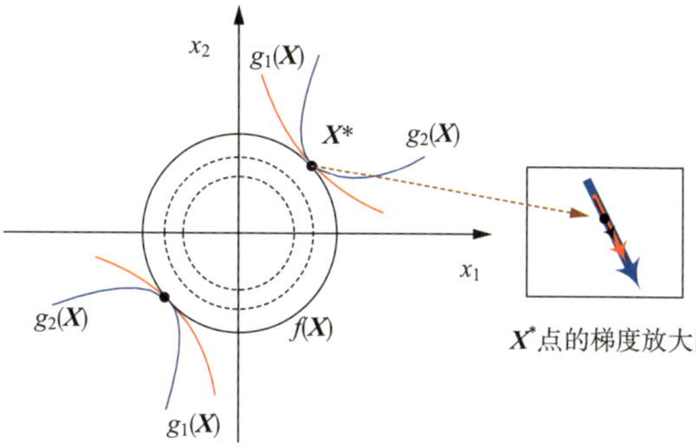

图2–28　函数二维投影示意图

图2–28中，黑色圆圈代表目标函数$f(\boldsymbol{X})$，系列黑色圆圈代表目标函数$f(\boldsymbol{X})$的等值线，红色曲线代表约束条件$g_1(\boldsymbol{X})$，蓝色曲线代表约束条件$g_2(\boldsymbol{X})$。如果$\boldsymbol{X}^*$是模型的最优解，则可以认为$f^*=f(\boldsymbol{X}^*)$、$g_1^*=g_1(\boldsymbol{X}^*)$和$g_2^*=g_2(\boldsymbol{X}^*)$必然相切于$\boldsymbol{X}^*$点。如果$\boldsymbol{X}^*$是相交点，那么$\boldsymbol{X}^*$点肯定不是最优解，因为沿着$g_1(\boldsymbol{X})$和$g_2(\boldsymbol{X})$前进或后退，必还会与$f(\boldsymbol{X})$的其他等值面相交，也就是说，目标函数$f(\boldsymbol{X})$的值还会变大或变小。所以作为最优点，$\boldsymbol{X}^*$必是相切点。

由于在相切点，各函数的梯度必然是平行的，或者说是线性相关（各向量平行时，其方向一致，长短不同，如图2–28右部的$\boldsymbol{X}^*$点的梯度放大图中的黑、红、蓝三个箭头所示）的，因而有：

$$\frac{\mathrm{d}f^*}{\mathrm{d}\boldsymbol{X}}=\lambda_1\frac{\mathrm{d}g_1^*}{\mathrm{d}\boldsymbol{X}}=\lambda_2\frac{\mathrm{d}g_2^*}{\mathrm{d}\boldsymbol{X}} \tag{2-255}$$

式（2–255）中，λ_1和λ_2被称为拉格朗日待定系数或拉格朗日乘子。如果将式（2–255）中的全导数展开为偏导数，并联立两个约束条件g_1^*和g_2^*，则可得：

$$\begin{cases}\dfrac{\partial f^*}{\partial x_1}=\lambda_1\dfrac{\partial g_1^*}{\partial x_1}\\ \dfrac{\partial f^*}{\partial x_2}=\lambda_1\dfrac{\partial g_1^*}{\partial x_2}\\ \dfrac{\partial f^*}{\partial x_1}=\lambda_2\dfrac{\partial g_2^*}{\partial x_1}\\ \dfrac{\partial f^*}{\partial x_2}=\lambda_2\dfrac{\partial g_2^*}{\partial x_2}\\ g_1(x_1^*,x_2^*)=0\\ g_2(x_1^*,x_2^*)=0\end{cases} \tag{2-256}$$

此时，如果我们新构造一个拉格朗日函数$L(x_1,x_2,\lambda_1,\lambda_2)$：

$$L(x_1,x_2,\lambda_1,\lambda_2)=f(x_1,x_2)-\lambda_1 g_1(x_1,x_2)-\lambda_2 g_2(x_1,x_2) \tag{2-257}$$

令其关于四个变量x_1, x_2, λ_1, λ_2的偏导数等于零，则拉格朗日函数会取得极值：

$$\frac{\partial L}{\partial x_1}=\frac{\partial L}{\partial x_2}=\frac{\partial L}{\partial \lambda_1}=\frac{\partial L}{\partial \lambda_2}=0 \tag{2-258}$$

观察式（2–258）不难发现，式（2–256）恰好为无约束拉格朗日函数$L(x_1, x_2, \lambda_1, \lambda_2)$取得极值时的解。也即，通过拉格朗日乘子法，我们将一个有约束非线性优化问题转化为一个无约束非线性优化问题。对于转化后得到的无约束非线性优化问题，可以采用步长加速法等多维无约束直接寻优法来实现求解。

2）不等式约束条件下的拉格朗日乘子算法

对于等式约束和不等式约束的非线性规划问题，拉格朗日乘子法的处理方式略有不同。类似于线性规划问题的标准型，对于不等式约束的非线性规划问题，在使用拉格朗日乘子法前，需要先引入松弛变量，将不等式约束转化为等式约束，然后再按照等式约束下的拉格朗日乘子法进行下一步处理。因此，等式约束下的拉格朗日乘子法是基础，而不等式约束下的拉格朗日乘子法只是在这个基础上的延伸。

需要指出的是，由于非线性规划中没有变量为非负的约束，即不要求$x_i \geqslant 0$，$i = 1, 2, \cdots, n$，那么为了保证等式成立，引入的松弛变量可以用平方的形式，以保证引入项为非负数。

对于约束条件$g_i(\boldsymbol{X}) \leqslant 0$,可引入松弛变量$x_{n+i}^2$，使之变为等式：

$$g_i(\boldsymbol{X}) + x_{n+i}^2 = 0 \quad (2\text{–}259)$$

对于约束条件$g_i(\boldsymbol{X}) \geqslant 0$,可引入松弛变量$x_{n+i}^2$，使之变为等式：

$$g_i(\boldsymbol{X}) - x_{n+i}^2 = 0 \quad (2\text{–}260)$$

按上述方法做好预处理后，可再采用等式约束条件下的拉格朗日乘子法来进行问题求解。

16. 线性递归法

线性递归法是一种多维无约束直接寻优方法，它对指标④、⑤敏感，对指标①、②、③不敏感。该算法不需要求解析解，不需要在无约束条件下使用，不需要借助求导来寻找搜索方向，需要借助泰勒函数逼近来指导求解，需要借助线性规划来递归求解。

所谓线性递归法，其实质就是用“线性规划+递归”的方式来求解一类具有线性的目标函数和非线性的约束条件的优化模型（如例2.2–2问题）。其基本思想是，在初始已知点（由上一轮递归计算给出的点，在当前轮递归中，可视为已知值）附近通过泰勒函数逼近等方法，将原模型的非线性约束条件转化为近似模型的线性约束条件，从而在已知点附近范围内构建出一个与原非线性规划问题相逼近或相近似的线性规划问题。通过求解该近似线性规划问题，收敛到新的已知点，然后在新已知点附近再次构建一个近似的线性规划问题，再求解并收敛到新的已知点……如此递归下去，直到获得精度满足要求的解为止。这里所说的精度要求，一般指两次递归所得的解之间的误差绝对值小于规定值。如图2–29所示。

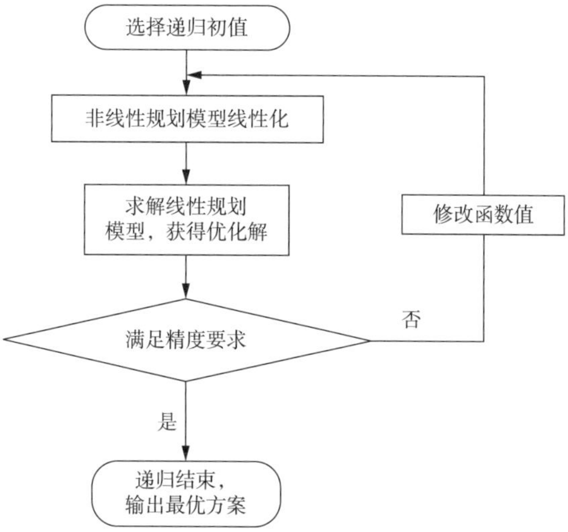

图2-29　线性递归法流程图

采用线性递归法有一个显著的优势，那就是线性规划问题有成熟高效的求解算法——单纯形法，因而会使原非线性问题受模型规模的限制减小。但与其他非线性规划方法一样，线性递归法并不能保证递归过程一定是收敛的，也不能保证一定能收敛到全局最优解。一个很明显的标志是，线性递归法的初始值选取有可能会影响递归过程的收敛性和求解结果。

线性递归法可以分为直接递归法、通用递归法、序贯递归法等。当线性递归法因中间迭代计算值的跳跃幅度过大而导致算法不收敛时，又可以采用带有变步长约束的线性递归法。下文将对上述几种方法展开逐一讨论。

1）直接递归法

（1）先看直接递归法的线性逼近模型构建方法。如果非线性规划模型的约束方程中存在如下形式的非线性项：

$$f(x)=g(x)\cdot x \tag{2-261}$$

其中，$g(x)$ 为关于待求变量x的函数。

对于含有上述非线性项的约束方程，线性递归法的思路是先假设变量x的一个初值x_0（最好在可行域内），将x_0值代入$g(x)$中，则原来的非线性项$g(x)\cdot x$变成线性项（也即将$g(x_0)$视为常系数）：

$$g(x_0)\cdot x \tag{2-262}$$

此时，原非线性规划模型已经“线性化”了，可以用单纯形法等进行求解。

（2）再看直接递归法的求解过程。由于近似线性规划模型在人为设定的$x=x_0$条件下构建的，因而求解该近似线性规划模型所得的解不一定是原非线性规划问题的最优解。如果x的新解值是x_1，那么一般会有$x_1\neq x_0$（如果二者相等，则说明所假设的x_0与求解得到的x_1一致，可以认为递归过程已收敛）。

如果$x_1 \neq x_0$，那么可将x_1代入$g(x)$，使非线性项再次线性化：

$$g(x_1) \cdot x \tag{2-263}$$

再用单纯形法进行求解得x_2……依次递归下去，直到两次递归求解所得结果的误差精度符合规定范围为止：

$$|x_i - x_{i-1}| \leqslant \delta \tag{2-264}$$

此时，认为非线性规划问题经i次递归后收敛，x_i为递归收敛解。

我们可以举例说明直接递归法的求解过程。对于例2.2-2所示的数学规划问题［见式（2-265）和式（2-265R）］，其中限制条件（2-265R）中存在非线性约束方程。

$$\min Z = x + 5y \tag{2-265}$$

$$\text{s.t.}\begin{cases} 2.5x + y \leqslant 5 \\ x + (x+1)y \geqslant 3 \\ y \leqslant 4 \\ x, y \geqslant 0 \end{cases} \tag{2-265R}$$

图2-30给出了例2.2-2问题的可行解域，用图解法可知，该规划问题的最优解为直线$2.5x + y = 5$与曲线$x + (x+1)y = 3$的交点。将直线方程代入曲线方程可得：

$$2.5x^2 - 3.5x - 2 = 0 \tag{2-266}$$

求解式（2-266）得到该规划问题的最优解x、y和最优值Z为：

$$\begin{cases} x = 1.83578 \\ y = 0.41055 \\ Z = 3.88853 \end{cases} \tag{2-267}$$

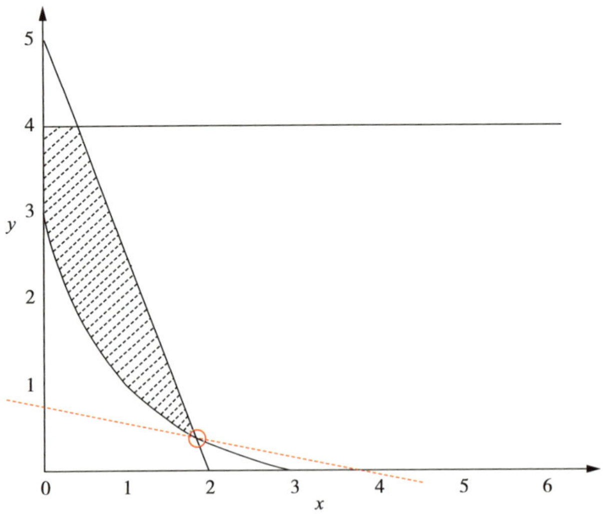

图2-30　例2.2-2规划问题的可行解域

在前文2.1节中曾论述，像例2.2–2这样的只有两个变量的简单问题可以用图解法求解，对于更加复杂的问题，图解法就无能为力了。而直接应用线性规划相关算法也不能求解例2.2–2规划问题，因为该规划问题的限制条件（2–265R）是非线性约束。因此，我们可以应用直接递归法来求解上述规划问题。

根据线性递归方法的思路，应设法将非线性规划问题化为线性规划问题，而后就容易求解了。直接递归法的线性化方式较为简单，对于例2.2–2模型中存在的$(x+1)y$形式的非线性项，我们可以将其中一部分变量先固定，例如令$x=0$，则非线性项就变为线性项$(0+1)y=y$。这样，非线性规划模型就变为一个线性规划模型，可以应用线性规划的相关成熟算法进行求解，并得到一个结果。但$x=0$是人为给定的前提假设值，因而$x=0$所对应的线性规划模型与原非线性规划模型并不严格等价。如果求解线性规划模型所得结果与人工给定值一致，说明给定值给得正确，线性规划模型的解就是原非线性规划模型的解。否则，将线性规划模型的解作为原非线性规划模型的新的给定值，构建出新的线性规划模型并重新计算，这样反复递归，一直到给定值和解值相一致为止。

用直接递归法求解例2.2–2的过程如下（为了节约篇幅，在讨论递归过程时，我们将线性约束方程和目标函数省略，只列出线性化的非线性约束方程和相应线性化模型的求解结果）：

第1步递归结果：$x_0=0$

$$y+x\geqslant 3 \tag{2–265R$_0$}$$

$$\begin{cases} x=1.333333 \\ y=1.666667 \\ Z=9.666666 \end{cases}$$

第2步递归结果：$x_1=1.333333$

$$2.333333y+x\geqslant 3 \tag{2–265R$_1$}$$

$$\begin{cases} x=1.793103 \\ y=0.517241 \\ Z=4.379311 \end{cases}$$

$$\Delta x=0.45977$$

$$\Delta Z=-5.287355$$

第3步递归结果：$x_2=1.793103$

$$2.793103y+x\geqslant 3 \tag{2–265R$_2$}$$

$$\begin{cases} x=1.832853 \\ y=0.417868 \\ Z=3.922191 \end{cases}$$

$$\Delta x = 0.03975$$

$$\Delta Z = -0.45712$$

第4步递归结果：$x_3 = 1.832853$

$$2.832853y + x \geqslant 3 \tag{2-265R$_3$}$$

$$\begin{cases} x = 1.835584 \\ y = 0.411040 \\ Z = 3.890784 \end{cases}$$

$$\Delta x = 0.002731$$

$$\Delta Z = -0.031407$$

第5步递归结果：$x_4 = 1.835584$

$$2.835584y + x \geqslant 3 \tag{2-265R$_4$}$$

$$\begin{cases} x = 1.835786 \\ y = 0.410579 \\ Z = 3.888664 \end{cases}$$

$$\Delta x = 0.000184$$

$$\Delta Z = -0.00212$$

第6步递归结果：$x_5 = 1.835786$

$$2.835786y + x \geqslant 3 \tag{2-265R$_5$}$$

$$\begin{cases} x = 1.835781 \\ y = 0.410548 \\ Z = 3.888521 \end{cases}$$

$$\Delta x = 0.000013$$

$$\Delta Z = -0.000143$$

第7步递归结果：$x_6 = 1.835781$

$$2.835781y + x \geqslant 3 \tag{2-265R$_6$}$$

$$\begin{cases} x = 1.835782 \\ y = 0.410546 \\ Z = 3.888511 \end{cases}$$

$$\Delta x = 0.000001$$

$$\Delta Z = -0.00001$$

第8步递归结果：$x_7 = 1.835782$

$$2.835782y + x \geqslant 3 \tag{2-265R$_7$}$$

$$\begin{cases} x = 1.835782 \\ y = 0.410546 \\ Z = 3.888511 \end{cases}$$

$$\Delta x = 0$$

$$\Delta Z = 0$$

此时，连续两次递归求解的$\Delta x = 0$，也即递归过程收敛，递归所得解为$x = 1.835782$和$y = 0.410546$。

（3）最后看直接递归法的收敛性。由于递归过程是基于某个假设的初值开始进行递归计算的，因而递归过程可能会收敛到唯一的全局最优解，也可能会收敛到某个局部最优解，也可能会出现不可行解或无界解现象。当然，还有一种可能，那就是递归过程根本不收敛。

在上述递归过程中，各步变量的取值和误差（初值为$x = 0$）变化见表2-3。

表2-3　变量取值和递归误差表

i	0	1	2	3	4	5	6	7
x_i	0	1.3333	1.7931	1.8329	1.8356	1.83577	1.835781	1.835782
$x_i - x_{i-1}$		1.3333	0.4598	0.0398	0.0027	0.00018	0.000013	0.000001

从表2-3的数据变化可以看出，如果变量精度$\delta = 0.01$，递归4次就满足精度要求。递归收敛过程如图2-31所示。

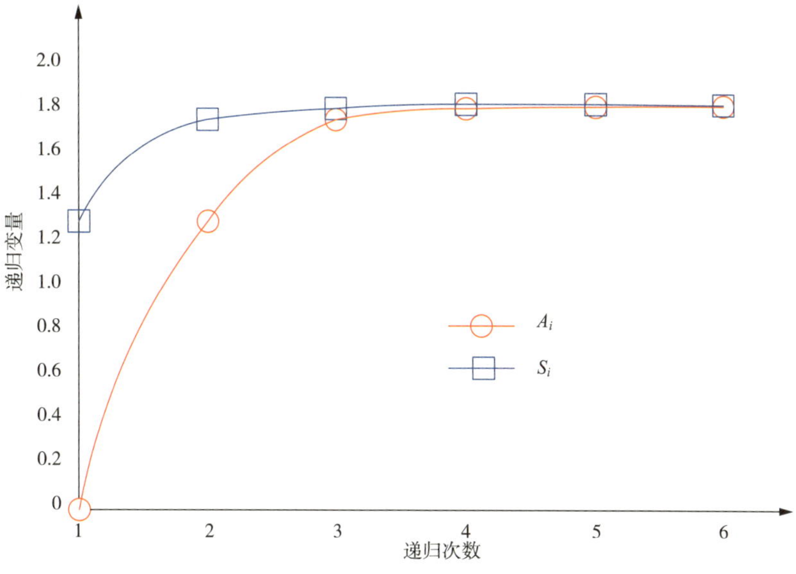

图2-31　递归收敛过程示意图

图2-31中，A_i为第i次递归计算的设定值；S_i为第i次递归计算的解结果。记$R_i = A_i - S_i$为第i次递归计算的误差，当$|R_i| < \delta$时，认为所得解的精度满足要求，可以结束递归计算。

如设定变量的误差精度$\delta = 0.001$，则$R_5 = A_5 - S_5 = 0.000184 < 0.001$，即$|R_5| < \delta$，经5次递归计算后就可得到规划问题的解。

直接递归法虽然简单易行，但稳定性较差。如果将例2.2-2的目标函数修改为例2.2-3的形式［见式（2-265R_x）］，则直接递归法可能求解失败。

$$\min Z = x + y$$
$$\text{s.t.}\begin{cases} 2.5x + y \leqslant 5 \\ x + (x+1)y \geqslant 3 \\ y \leqslant 4 \\ x, y \geqslant 0 \end{cases} \tag{2-265R_x}$$

用图解法（见图2-32）很容易得到上述问题的最优解为：

$$\begin{cases} x = 1 \\ y = 1 \\ Z = 2 \end{cases} \tag{2-268}$$

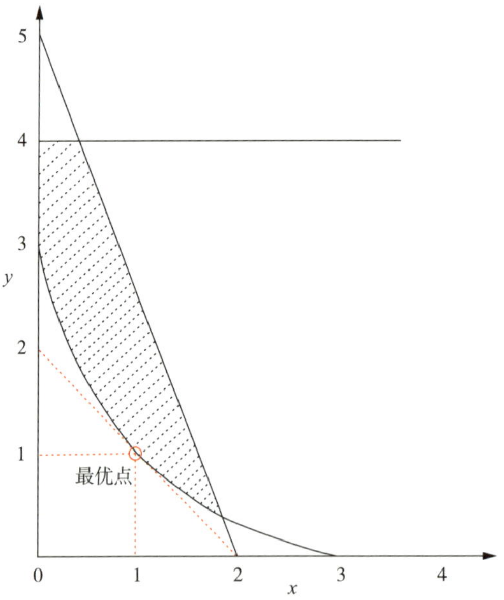

图2-32　例2.2-3规划问题的可行解域

继续应用直接递归法求解例2.2-3问题。设初值为$x_0 = 1$，则有：

第1步递归结果：$x_0 = 1$

$$2y + x \geqslant 3 \tag{2-269R_0}$$

解为：

$$\begin{cases} x = 0 \\ y = 1.5 \\ Z = 1.5 \end{cases}$$

$$\Delta x = -1$$

第2步递归结果：$x_1 = 0$

$$y + x \geqslant 3 \tag{2-269R$_1$}$$

解为：

$$\begin{cases} x = 0 \\ y = 3 \\ Z = 3 \end{cases}$$

$$\Delta x = 0$$

因为$\Delta x = 0$，所以上述解即为直接递归法的收敛解。

从图解法中已经得到了本例的最优解和最优值为：

$$\begin{cases} x = 1 \\ y = 1 \\ Z = 2 \end{cases} \tag{2-270}$$

因此，上述递归收敛解只是案例问题的局部最优解，而非全局最优解。从例2.2-3问题的递归结果可以看出，应用直接递归法求解非线性规划问题，即使递归过程收敛并得到收敛解，也不能保证其收敛解为原非线性规划问题的全局最优解。另外，应用直接递归法求解非线性规划问题，还会出现“解振荡”等不收敛的情况。鉴于此，我们有必要讨论另一种方法——通用递归法。

2）通用递归法

（1）先看通用递归法的线性逼近模型构建方法。通用递归法用初始点的一阶泰勒展开式来近似非线性函数，把非线性规划问题化为线性规划问题来求解。假设非线性规划模型中的非线性项有如下形式：

$$f(x) = x \cdot g(x) \tag{2-271}$$

只要函数$g(x)$一阶可求导，便可得到$f(x)$的导数：

$$f'(x) = g(x) + x \cdot g'(x) \tag{2-272}$$

而$f(x)$在$x = x_0$处的一阶泰勒展开式为：

$$f(x) = f(x_0) + (x - x_0) \cdot f'(x_0) \tag{2-273}$$

联立式（2-272）和式（2-273）得：

$$f(x) = x_0 \cdot g(x_0) + (x - x_0) \cdot [g(x_0) + x_0 \cdot g'(x_0)] \tag{2-274}$$

整理式（2–274）得：

$$f(x)=x\cdot[g(x_0)+x_0\cdot g'(x_0)]-x_0^2\cdot g'(x_0) \tag{2–275}$$

显然，式（2–275）为式（2–271）的一阶泰勒近似，只要将$g(x_0)+x_0\cdot g'(x_0)$作为$f(x)$所在约束中变量x的系数，并将$x_0^2\cdot g'(x_0)$加到上述约束的右端项中，就完成了非线性约束的线性化。因为$g(x)$可以是任何一阶可求导的非线性函数，所以上述方法称为通用递归法。

（2）再看通用递归法的求解过程。

应用通用递归法求解例2.2–4问题的主要过程如下：

$$\max Z=x+y$$

$$\begin{cases} y-x\leqslant 1 \\ y-x^3+6x^2-12x\geqslant -7 \\ x,y\geqslant 0 \end{cases} \tag{2–276R}$$

限制条件（2–276R）中的非线性约束方程可写为如下形式：

$$y+(-x^2+6x-12)x\geqslant -7 \tag{2–277}$$

对照通用递归法的要求，进行下述对应和转化：

$$f(x)=x\cdot g(x) \tag{2–278}$$

$$g(x)=-x^2+6x-12 \tag{2–279}$$

$$g'(x)=-2x+6 \tag{2–280}$$

第1步递归：取$x_0=3.5$，可以得到：

$$g(x_0)=-3.25,g'(x_0)=-1 \tag{2–281}$$

于是有：

$$\begin{aligned} f(x)=x\cdot g(x)&=x\cdot[g(x_0)+x_0\cdot g'(x_0)]-x_0^2\cdot g'(x_0) \\ &=-6.75x+12.25 \end{aligned} \tag{2–278A}$$

此时，式（2–276R）可写为（只列出原非线性约束方程）：

$$y-6.75x\geqslant -19.25 \tag{2–276R$_0$}$$

求解对应的线性规划问题得到：

$$\begin{cases} x=3.5217 \\ y=4.5217 \\ Z=8.0434 \end{cases}$$

第2步递归：取$x_1=3.5217$，代入$g(x)$、$g'(x)$，得到新的$f(x)$：

$$g(x_1)=-3.2722,\ g'(x_1)=-1.0435$$

$$f(x)=-6.9471x+12.9417$$

限制条件（2–276R）的约束方程变为：

$$y-6.9471x \geqslant -19.9417 \qquad (2\text{–}276R_1)$$

继续求解线性规划问题得：

$$\begin{cases} x=3.5214 \\ y=4.5214 \\ Z=8.0428 \end{cases}$$

第3步递归：取$x_2=3.5214$，得到：

$$g(x_1)=-3.2719,\ g'(x_1)=-1.0428$$

$$f(x)=-6.9438x+12.9303$$

限制条件（2–276R）的约束方程变为：

$$y-6.9438x \geqslant -12.9303 \qquad (2\text{–}276R_2)$$

继续求解线性规划问题得：

$$\begin{cases} x=3.5214 \\ y=4.5214 \\ Z=8.0428 \end{cases} \qquad (2\text{–}282)$$

此时，连续两步递归的$\Delta x=x_3-x_2=3.5214-3.5214=0$，因此递归过程已收敛，递归所得解为$x=3.5214$和$x=4.5214$。

（3）最后看通用递归法的收敛性。一般而言，通用递归法的收敛性要比直接递归法更强一些，但其收敛性质与递归初值的选取有一定关系，例如：当取$x_0=10$时，其递归计算结果如表2–4所示，需要经过8次递归计算才最终收敛。

表2–4　取x_0 = 10时的递归计算结果表

递归次数	0	1	2	3	4	5	6	7	8
x优解值	10	7.3717	5.6464	4.5449	3.8972	3.5982	3.5255	3.5214	3.5214

当取x_0=0时，通用递归法的计算过程如表2–5所示，显然递归过程是不收敛的。

表2–5　取x_0 = 0时的递归计算结果表

递归次数	0	1	2	3
x优解值	0	0.7273	1.4499	无界解

通用递归法递归过程不收敛的原因和不收敛的解决方案可参见后文“带有变步长约束的递归法”一节所述。

既然通用递归法的实现过程用到了泰勒函数逼近，那么可以想到的一点是，即使

$f(x)$ 不具有 $x \cdot g(x)$ 的特殊形式，我们是否也依然可以通过泰勒函数来构造出 $f(x)$ 在某初值点处的一次逼近函数呢，这就引出了序贯递归法的基本思想。

3）序贯递归法

实际上，通用递归法只是序贯递归法的一种特殊形式。从本质上讲，序贯递归法就是一种一阶泰勒函数逼近递归法（一阶泰勒函数是线性的，二阶及以上的泰勒函数是非线性的）。它与前文介绍的通用递归法的区别是，不必先将非线性项写成变量和一个函数的乘积的形式，而是直接用非线性项在初值点附近的一阶泰勒展开式作为非线性项的线性近似，而其他的计算步骤则与通用递归法基本相同。

下面仍以例2.2–4为例，讨论序贯递归法的求解过程。

在用序贯递归法求解例2.2–4问题时，其非线性约束方程可直接写为：

$$y + f(x) \geqslant -7 \tag{2–283}$$

其中：

$$f(x) = -x^3 + 6x^2 - 12x \tag{2–284}$$

非线性项 $f(x)$ 在 x_0 处的一阶泰勒展开式为：

$$f(x) = f(x_0) + f'(x_0)(x - x_0) \tag{2–285}$$

将式（2–284）代入式（2–285），并整理得到：

$$y + f'(x_0)\,x \geqslant -f(x_0) + x_0 f'(x_0) - 7 \tag{2–286}$$

其中：

$$f'(x) = -3x^2 + 12x - 12 \tag{2–287}$$

取初值 $x_0 = 3.5$，得到 $f'(x_0) = -6.75$，$f(x_0) = -11.375$，将其代入式（2–286）中，得到非线性约束条件在 $x_0 = 3.5$ 处的一阶线性近似约束方程为：

$$y - 6.75x \geqslant -19.25 \tag{2–288}$$

这个约束条件与通用递归法中求得的约束条件（2–276R_0）是完全一致的，后续求解结果也与通用非线性递归方法相同，此处不再赘述。

应用通用递归法和序贯递归法分别求解例2.2–4问题，得到的最优解和最优值都为：

$$\begin{cases} x = 3.5214 \\ y = 4.5214 \\ Z = 8.0428 \end{cases} \tag{2–289}$$

可以用图解法证明，上述解确为例2.2–4问题的全局最优解。具体证明过程如下所述。

将例2.2–4中的非线性约束条件 $y - x^3 + 6x^2 - 12x \geqslant -7$ 化简整理成下述形式：

$$y - (x - 2)^3 \geqslant 1 \tag{2–290}$$

如此，可更加方便地绘制出例2.2–4问题的可行解域，如图2–33所示。

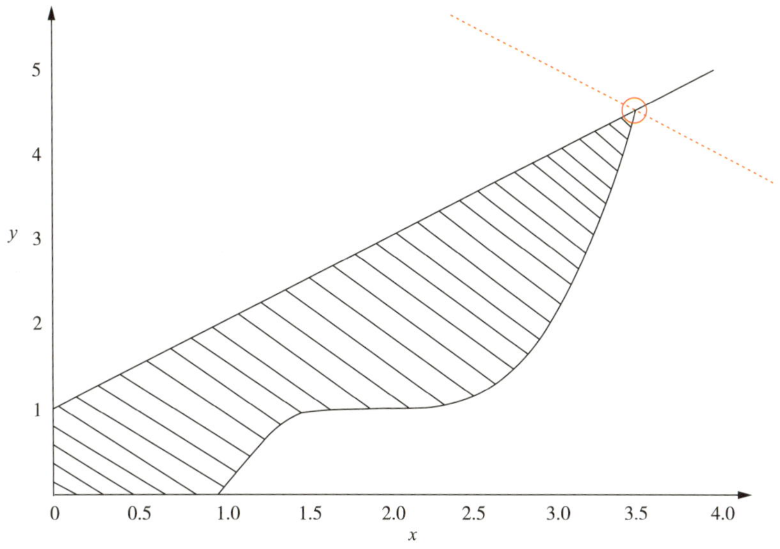

图2–33　例2.2–4规划问题的可行解域

从图2–33中可知，例2.2–4的全局最优解为直线$y=x+1$和曲线$y=(x-2)^3+1$的交点。

将$y=x+1$代入曲线方程$y=(x-2)^3+1$中得到：

$$x^3-6x^2+11x-8=0 \tag{2-291}$$

对于式（2–291），可用牛顿迭代法等求解三次方程，得到x=3.52138，亦即例2.2–4问题的全局最优解和最优值为：

$$\begin{cases} x=3.52138 \\ y=4.52138 \\ Z=8.04276 \end{cases} \tag{2-292}$$

也即证明了应用通用递归法和序贯递归法求出的最优解确是例2.2–4问题的全局最优解。

4）带有变步长约束的递归法

前文提到，通用递归法的收敛过程并非是绝对稳定的。同样，序贯递归法也有类似的缺点，因为二者在本质上都要对约束条件中的非线性项进行一阶泰勒函数逼近处理，转化为某已知点近似的线性项。从序贯递归法的构建过程中更容易分析出收敛不稳定的原因，那就是求解近似线性规划模型所得的解偏离递归初值太远。

从数学性质上看，泰勒逼近函数只有在递归初值附近的极小的邻域范围内才有意义，超出这个邻域，基于上一步递归初值而构建的线性规划模型是不能逼近原非线性规划问题的。因此，为保证递归过程的稳定性，可以采取限制“解步长”的方法，将新一轮递归解限制在上一轮递归解（初值）的附近范围内，从而避免将递归过程引向不可行解或无界解。具体是指，在新构建的近似线性规划模型中增加限制步长的约束条件，也即令近似线性规划模型的解的所有分量相对于上一轮递归初值的增长应小于预设值：

$$\delta_i^{(k)} - \left|x_i - x_i^{(k)}\right| \geqslant 0 \qquad i = 1, 2, \cdots, n \tag{2-293}$$

在所构建的近似线性规划模型中增加了上述约束条件后，即可求得新一轮递归的近似解$\boldsymbol{X}^{(k+1)}$。如果$\boldsymbol{X}^{(k+1)}$是可行解，则以$\boldsymbol{X}^{(k+1)}$点为递归初值，继续构建新一轮的近似线性规划模型，并且可沿用以前的步长限制δ_i；如果$\boldsymbol{X}^{(k+1)}$是不可行解，那就需要缩小δ_i的值，重新求解线性规划。如此继续下去，一直到递归收敛为止。在工程中，一般称这种方法为“移动限制”（Move Limit），简称MAP方法。

以求解下述非线性规划问题为例（例2.2-5），讨论带变步长约束的递归过程。

$$\min Z = -2x - y \tag{2-294}$$

$$\begin{cases} g_1(x,y) = 25 - x^2 - y^2 \geqslant 0 \\ g_2(x,y) = 7 - x^2 + y^2 \geqslant 0 \\ 0 \leqslant x \leqslant 5, 0 \leqslant y \leqslant 10 \end{cases} \tag{2-295}$$

设初始点为：

$$x_0 = 1，\ y_0 = 2 \tag{2-296}$$

约束方程在（x_0，y_0）的一次泰勒近似为：

$$g_1(x, y) \approx 30 - 2x - 4y \tag{2-297}$$

$$g_2(x, y) \approx 4 - 2x + 4y \tag{2-298}$$

求解上述近似线性规划问题，得最优解和最优值为：

$$\begin{cases} x_1 = 5 \\ y_1 = 5 \\ Z = -15 \end{cases} \tag{2-299}$$

容易发现，此解并不满足非线性约束条件g_1（x，y）$\geqslant 0$，因此，此解不是可行解，故可尝试取步长：

$$\delta_1^{(0)} = 2，\ \delta_2^{(0)} = 2 \tag{2-300}$$

如此，得到带有步长约束的近似线性规划问题如下：

$$\min Z = -2x - y \tag{2-301}$$

$$\begin{cases} -2x - 4y \geqslant -30 \\ -2x + 4y \geqslant -4 \\ 0 \leqslant x \leqslant 3 \\ 0 \leqslant y \leqslant 4 \end{cases} \tag{2-302}$$

求解上述近似线性规划问题，得到最优解和最优值为：

$$\begin{cases} x_1 = 3 \\ y_1 = 4 \\ Z = -10 \end{cases} \tag{2-303}$$

可以验证此解满足原问题的非线性条件：

$$g_1(x_1, y_1) = 0 \geqslant 0 \tag{2-304}$$

$$g_2(x_1, y_1) = 14 \geqslant 0 \tag{2-305}$$

也即新解（x_1, y_1）=（3，4）是原非线性规划问题的可行解。在此点附近构建新的线性近似，得到如下近似线性规划问题：

$$\min Z = -2x - y \tag{2-306}$$

$$\begin{cases} -6x - 8y \geqslant -50 \\ -6x + 8y \geqslant 0 \\ 0 \leqslant x \leqslant 5 \\ 0 \leqslant y \leqslant 10 \end{cases} \tag{2-307}$$

求解上述近似线性规划问题，得到最优解和最优值为：

$$\begin{cases} x_2 = 4.6667 \\ y_2 = 3.125 \\ Z = -11.45833 \end{cases} \tag{2-308}$$

容易验证，此解不满足原问题的非线性约束条件$g_1(x, y) \geqslant 0$和$g_2(x, y) \geqslant 0$，也即此解是不可行解，必须在近似的线性规划问题上添加步长约束后再次求解。观察从（x_1, y_1）=（3，4）到（x_2, y_2）=（4.6667，3.125）的变化，x取值增加，而y取值减小，因此，可令新的近似问题的x_1的步长为正，y_1的步长为负。在递归过程中，步长的绝对值一般也应逐渐缩小，例如可取步长：

$$\delta_1^{(1)} = 1,\ \delta_2^{(1)} = 1 \tag{2-309}$$

带步长约束的新的近似线性规划问题为：

$$\min Z = -2x - y \tag{2-310}$$

$$\begin{cases} -6x - 8y \geqslant -50 \\ -6x + 8y \geqslant 0 \\ 0 \leqslant x \leqslant 4 \\ 0 \leqslant y \leqslant 3 \end{cases} \tag{2-311}$$

求解上述近似线性规划问题，得到最优解和最优值为：

$$\begin{cases} x_2 = 4 \\ y_2 = 3 \\ Z = -11 \end{cases} \tag{2-312}$$

将新近似解代入原非线性约束得：

$$\begin{cases} g_1(x_2,y_2)=0 \\ g_2(x_2,y_2)=0 \end{cases} \quad (2\text{–}313)$$

满足约束条件且达到非线性约束条件的边界。经验证，此近似线性规划问题的最优解（x_2, y_2）=（4，3）即原非线性规划问题的精确最优解。同样，取初始点为（x_0, y_0）=（1，2），用带有变步长约束的递归法求解该问题也可以得到上述结果，此处不再赘述。

从求解例2.2–5问题的过程中可见，用MAP方法时必须考虑变量变化步长δ_i的选取。如果δ_i取得过小，算法可能收敛得很慢；如果δ_i取得过大，就可能得到不可行解或无界解，此时又需要减小δ_i，在当前的给定点处重新求解一遍新的近似线性规划问题，这样无疑会增加额外的计算时间。因此，在应用MAP方法时，一定要注意选取较好的初值点，如此可加快收敛速度，并且对δ_i的取值要求也会降低。

当然，有时为方便建立优化模型和编写求解程序，我们也可以采用以下的“解步长”递归限制方式：

$$\begin{cases} x^{k+1} \leqslant (1+\delta_x)\,x^k \\ x^{k+1} \geqslant (1-\delta_x)\,x^k \\ y^{k+1} \leqslant (1+\delta_y)\,y^k \\ y^{k+1} \geqslant (1-\delta_y)\,y^k \end{cases} \quad (2\text{–}314)$$

式（2–314）的意义是，要求在第$k+1$轮的递归计算中，其解的某个分量x^{k+1}的上浮动不得超出第k轮递归初值x^k的（$1+\delta_x$）倍，下浮动不得超出第k轮递归初值x^k的（$1-\delta_x$）倍。

17. 解区间数值划分法

严格来讲，所谓的解区间数值划分法并不是一种优化算法，而是一种对简单非线性规划模型的分解法。对于目标函数呈简单非线性形式且限制条件呈标准线性化形式的非线性规划模型，其在可行解域空间中可能存在多个局部峰值。此时，我们可以将其从各局部峰值点处断开，形成与原非线性规划模型相等价的多个子非线性凸规划模型集合。这样，每个子凸规划问题都只有一个自身的全局最优解，这些子凸规划问题的全局最优解也同时是原非线性规划问题的局部最优解。比较各局部最优解，其最优者就是原非线性规划问题的全局最优解。如此操作，可以避免直接求解原问题所导致的局部最优陷阱现象。

使用解区间数值划分法的一般步骤是：①选择一个待求变量，将其他待求变量视为常数，观察其是否为非线性表达式；②如果是非线性表达式，则在待求变量的可行解域内（对于可行解域不明确的，可适当放宽）进行数值化绘图，弄清其是否存在多个局部峰值点；③如果存在多个局部峰值点，则对目标函数求导，准确计算出该待求变量的各局部峰值点；④在该待求变量的各局部峰值点处划分模型，也即添加限制条件，将原模型分解为多个子模型，使每个子模型都变为只有一个峰值的凸规划问题；⑤对其他待求变量进行上述操作。

例如，原非线性规划问题有两个待求变量x_1和x_2的目标函数表达式呈非线性，其原问题的可行解域分别是$0 \leqslant x_1 \leqslant 4$和$0 \leqslant x_2 \leqslant 6$。且在可行解域内，$x_1$有两个局部峰值点2和3，$x_2$有两个局部峰值点4和5，则可将原规划问题分解为9个子凸规划问题。

其中，第一个子凸规划问题需要在原非线性规划模型的基础上添加约束方程：

$$\begin{cases} 0 \leqslant x_1 \leqslant 2 \\ 0 \leqslant x_2 \leqslant 4 \end{cases} \tag{2-315}$$

第二个子凸规划问题需要在原非线性规划模型的基础上添加约束方程：

$$\begin{cases} 0 \leqslant x_1 \leqslant 2 \\ 4 \leqslant x_2 \leqslant 5 \end{cases} \tag{2-316}$$

第三个子凸规划问题需要在原非线性规划模型的基础上添加约束方程：

$$\begin{cases} 0 \leqslant x_1 \leqslant 2 \\ 5 \leqslant x_2 \leqslant 6 \end{cases} \tag{2-317}$$

第四个子凸规划问题需要在原非线性规划模型的基础上添加约束方程：

$$\begin{cases} 2 \leqslant x_1 \leqslant 3 \\ 0 \leqslant x_2 \leqslant 4 \end{cases} \tag{2-318}$$

第五个子凸规划问题需要在原非线性规划模型的基础上添加约束方程：

$$\begin{cases} 2 \leqslant x_1 \leqslant 3 \\ 4 \leqslant x_2 \leqslant 5 \end{cases} \tag{2-319}$$

第六个子凸规划问题需要在原非线性规划模型的基础上添加约束方程：

$$\begin{cases} 2 \leqslant x_1 \leqslant 3 \\ 5 \leqslant x_2 \leqslant 6 \end{cases} \tag{2-320}$$

第七个子凸规划问题需要在原非线性规划模型的基础上添加约束方程：

$$\begin{cases} 3 \leqslant x_1 \leqslant 4 \\ 0 \leqslant x_2 \leqslant 4 \end{cases} \tag{2-321}$$

第八个子凸规划问题需要在原非线性规划模型的基础上添加约束方程：

$$\begin{cases} 3 \leqslant x_1 \leqslant 4 \\ 4 \leqslant x_2 \leqslant 5 \end{cases} \tag{2-322}$$

第九个子凸规划问题需要在原非线性规划模型的基础上添加约束方程：

$$\begin{cases} 3 \leqslant x_1 \leqslant 4 \\ 5 \leqslant x_2 \leqslant 6 \end{cases} \tag{2-323}$$

上述方法的使用范围是较为有限的。对于具有简单非线性数学表达形式的目标函数，如$x_1^2 + x_2^2 + x_3$，是可用的，但对于具有复杂非线性数学表达形式的目标函数，如$x_1^2 + x_1x_2 + x_2^2 + x_3$，因存在变量交互作用$x_1x_2$，上述方法的效果并不好，甚至不可用。

2.2.4　非线性规划问题的小结

本节介绍了求解非线性规划问题的一些常见算法。这个算法体系看似丰富多彩，但真实的情况却是，我们对非线性规划问题的求解能力和求解效果远未达到令人满意的程度。在实际应用中，由于非线性规划问题的多样性和复杂性，往往会导致形成新的求解算法或对已有算法不断改进完善。

除前文介绍的常见非线性规划问题求解算法外，近年来还出现了一些比较前沿的算法，包括逐步二次规划方法、交替方向乘子法、子空间方法、全局优化方法等。但严格来讲，这些新的算法并非真的“全新”，它们大多是针对某类特定问题和基于已有算法的基本思想改进而来的。

近年来，非线性规划求解算法的发展呈现出以下几个特点：①人们越来越倾向于有效利用二阶曲率信息来提高大规模优化问题的收敛速度；②人们越来越倾向于应用自适应技术和非单调策略来进行算法设计；③人们越来越倾向于应用启发式算法和随机策略混合传统算法来求解大规模复杂优化问题的全局最优解；④人们越来越倾向于设计能够在合理时间内求得一个不必十分精确、但却能够令人满意的解的优化算法；⑤人们越来越倾向于根据具体实际问题的特点来展开针对性的理论和算法研究。

在石油战略运筹实践中，存在很多的非线性规划问题。例如，在炼化企业生产计划优化编制中，所有带物性汇流的调和问题都有可能导致形成非线性规划问题，很多涉及添加剂、加工成本的问题也可能导致形成非线性规划问题。甚至可以说，完整的炼化生产计划优化问题基本上都是非线性规划问题，利用非线性规划理论及有效的求解算法会为炼化生产带来巨大的经济效益。

由于炼化企业生产计划优化模型的特殊的形式及庞大的规模，因而一般推荐使用线性递归法来求解问题。线性递归法用于求解一般的非线性规划问题时，每次迭代都要将所有的非线性函数项线性化，因而比较适合于求解变量和约束比较多，但只有少数约束包含非线性项的规划问题，而炼油化工生产计划优化数学模型恰好就具有这个特点。对于线性递归法，虽然我们不能在理论上保证其收敛性，但在长期的实际应用中却证明它通常是收敛的。

还应指出的是，对于前文没有列举的目标函数中带有非线性项的优化模型，线性递归法通常也是适用的，具体做法也是将非线性函数项在某给定点处线性化，形成与原非线性规划模型相近似的线性规划模型，而后进行递归计算，直至最终结果收敛为止。当然，除非目标函数具有简单的非线性形式，否则我们仍然不能保证线性递归法一定能搜索到非线性规划问题的全局最优解。

2.3 混合整数规划问题与求解方法

2.3.1 混合整数规划问题的引出

例2.3-1：现要用一辆货车运输A、B两种货物，运输一件A货物的利润为40元，运输一件B货物的利润为90元，每件A货物重9吨，每件B货物重7吨，货车允许载重不超过56吨，每件A货物体积7立方米，每件B货物体积20立方米，货车总装货体积不允许超过70立方米，问货车每次运多少件A货物和多少件B货物，可获得最大单趟运输利润。对于上述实际问题，其数学模型可写为：

$$\max Z = 40x_1 + 90x_2 \quad ① \tag{2-324}$$

$$\begin{cases} 9x_1 + 7x_2 \leqslant 56 & ② \\ 7x_1 + 20x_2 \leqslant 70 & ③ \\ x_1, x_2 \geqslant 0 & ④ \\ x_1, x_2 \text{为整数} & ⑤ \end{cases} \tag{2-325}$$

上述最优化问题一个显著的特点在于条件⑤的形式，它要求变量x_1、x_2必须取整数（假如货物A和货物B都是不可拆卸装车的），因此，该类问题被称为整数规划问题。整数规划是一大类问题的统称：若只要求部分变量必须取整数，其余部分变量可连续取值，例如x_1必须取整数，x_2可连续取值，则问题可被称为混合整数规划问题；如果数学模型的目标函数或限制条件都是线性的，则问题可被称为混合整数线性规划问题；如果数学模型的目标函数或限制条件中出现非线性变量，则问题又可被称为混合整数非线性规划问题；如果要求变量的取值范围只限于0或者1，例如“开关变量”，则问题又可称为0-1规划问题。

2.3.2 混合整数规划问题的内涵

严格来说，混合整数规划就是将部分变量限制为整数的最优化问题。自Land和Doig等人提出分支定界法以来，混合整数规划技术得到了很大的发展。在实际中，混合整数规划问题是会经常遇到的，例如，所求解的问题中，某些变量是生产机器的台数、完成工作的人数、装载货物的车/船数等，在这些情况下，使用分数或小数的解是不符合实际要求的，只有取整数才可以。

那么是否有必要将混合整数规划作为一类特殊的运筹学问题加以研究呢？答案是肯定的，因为用于求解线性规划或非线性规划的一般方法对混合整数规划是力不从心的，甚至是完全无效的。如图2-34所示，混合整数规划问题的可行解域与线性规划问题或非线性规划问题是明显不同的，后两者的可行解域是可以连续取值的，而前者的可行解域却是离散的点集，或者说只能取部分整数值的组合，这就使得线性规划和非线性规划的求解算法难以胜任混合整数规划问题的求解。

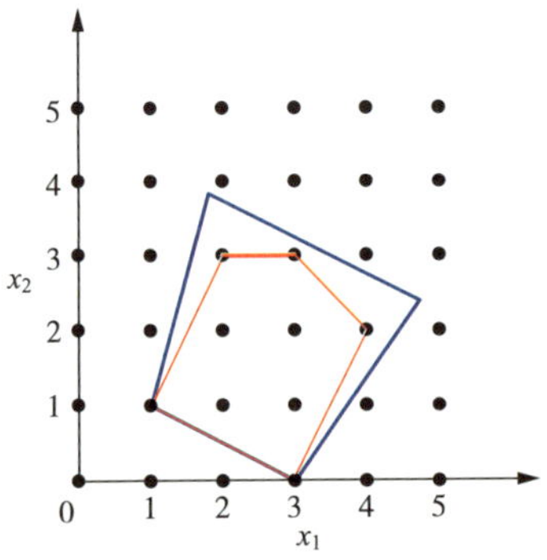

图2-34　整数规划问题的可行域示意图

如图2-34所示是一个二维函数的最优化问题。图中每一条蓝线代表一个不等式限制条件，各条蓝线所圈成的区域是一般线性或非线性规划问题的可行解域。但由于这里的x_1、x_2自变量被约束成了整数变量，因此可行解域变成了红线所圈定的区域内的9个离散的黑点。将其推广到n维空间中，红线所圈成的多面体将是整数规划所有可行解的凸包围，当然，这个凸包围是未知的，需要复杂的求解才能得出。

初见如图2-34所示的混合整数规划问题，人们一般会想，将普通方法求得的分数或小数解进行"舍入化整"，应该就能获得问题的最优解了吧？答案是否定的，因为化整后的解不一定是可行解，或者虽然是可行解，但却不一定是最优解。

也许还有人会问，如果整数变量的可行域是有界的，穷举变量的所有可行的整数组合，然后再比较它们的目标函数值优劣，是否就能定出最优解呢？答案是"不一定"。对于小规模的混合整数规划问题，由于其变量数很少，可行的整数组合解数也很少，此时这种方法是可行的。而对于稍大规模的问题，比如有20个整数变量，每个整数变量有10种取值可能性，那么使用穷举法，就需要计算10^{20}种整数组合方案，即使用每秒钟计算亿次的高性能计算机，也需要几千年的时间。很明显，求解大规模的整数规划问题，穷举法是不可取的。

混合整数规划问题常具有NP-Hard（详见第2.6节）属性，鉴于这种属性问题的求解难度和复杂性，混合整数规划一般不被看作是线性规划或非线性规划问题的一个特例或子支，而常被视作运筹学规划论中的一个独立的重要方向，并加以深入研究和讨论。

2.3.3 混合整数规划问题的求解

求解混合整数规划问题常用的算法一般包括分支定界法、割平面法、Benders分解法、隐枚举法等。这其中，分支定界法和割平面法比较通用，而Benders分解法和隐枚举法则相对比较专用，例如Benders分解法要求问题模型具有Benders分解的基本形式，而隐枚举法则多用于求解0–1规划问题等。

上述这些混合整数规划算法有一个共同点，那就是基本都属于排除法，或称解空间缩剪法，它们通过一定的手段，如分支定界法和Benders分解法的上下界夹逼、割平面法的非整数区间切割方程、隐枚举法的上界和正系数限定等，使得其仅检查问题的可行整数解中的一部分，就能排他地定出问题的全局最优整数解或全局最优混合整数解。我们可以先从分支定界法展开讨论。

1. 分支定界法

分支定界法（Branch-and-Bound）是20世纪60年代初由Land、Doig和Dakin等人提出的一种高效方法，可用于求解纯整数规划或者混合整数规划问题。目前大部分的混合整数规划商业软件，如Cplex等，都是基于分支定界法的框架设计的。

1）分支定界法的基本思路

设有求最大值的整数规划问题A和与之相应的线性规划问题B，从求解问题B开始，若其最优解不符合问题A的整数条件，那么问题B的目标函数最优值$B*$必是问题A的目标函数最优值Z^*的上界，也即$Z^* \leqslant B^*$。我们将这个上界记作$\overline{Z}$。而问题A的任意一个可行解的目标函数值A_*都将是Z^*的一个下界，也即$Z^* \geqslant A_*$，我们将这个下界记作$\underline{Z}$。分支定界法就是采用将问题B的可行解域分成子区域（称为分支）的方法，逐步减小$\overline{Z}$和增大$\underline{Z}$，最终将求解问题A的最优值夹逼到Z^*的。对于例2.3-1问题，分支定界法的主要步骤如下：

$$\max Z = 40x_1 + 90x_2 \quad ① \tag{2-326}$$

$$\begin{cases} 9x_1 + 7x_2 \leqslant 56 & ② \\ 7x_1 + 20x_2 \leqslant 70 & ③ \\ x_1, x_2 \geqslant 0 & ④ \\ x_1, x_2 \text{为整数} & ⑤ \end{cases} \tag{2-327}$$

先不考虑条件⑤，求解问题A所对应的线性规划问题B，也即由式①~式④构成的优化模型，得最优解：

$$\begin{cases} x_1 = 4.81 \\ x_2 = 1.82 \\ Z_0 = 356 \end{cases}$$

该解不符合整数条件⑤，但$Z_0 = 356$可作为问题A的最优目标函数值Z^*的上界，记作$Z_0 = \overline{Z}$。而$x_1 = 0$，$x_2 = 0$时，显然是问题A的一个整数可行解，其相应的目标函数值$Z = 0$可作为Z^*的一个下界$\underline{Z}$，也即确定了Z^*的取值范围为：$0 \leqslant Z^* \leqslant 356$。

分支定界法是通过对非整数解的变量进行分支来实现的，如基于问题B的非整数解$x_1 = 4.81$，对原问题增加两个约束条件：

$$\begin{cases} x_1 \leqslant 4 \\ x_1 \geqslant 5 \end{cases} \tag{2-328}$$

可将原问题分解为两个子问题B_1和B_2（即两支），并给每支子问题增加了一个约束条件。在不考虑整数条件的情况下求解问题B_1和B_2，称此为第一次迭代，得到最优解如表2-6所示。

表2-6　分支子问题B_1和B_2的解情况

问题B_1	问题B_2
$Z_1 = 349$ $x_1 = 4.00$ $x_2 = 2.10$	$Z_1 = 341$ $x_1 = 5.00$ $x_2 = 1.57$

显然仍未得到全部变量都是整数的解，因$Z_1 > Z_2$，故可更新上界$\overline{Z}$为349，那么问题A的最优目标函数值的范围可重新圈定为$0 \leqslant Z^* \leqslant 349$。

继续对问题B_1和B_2进行分支，因$Z_1 > Z_2$，故优先将B_1分解成两个新分支。增加限制条件$x_2 \leqslant 2$的，称为问题B_3；增加限制条件$x_2 \geqslant 3$的，称为问题B_4；进行第二次迭代计算，得到分支子问题B_3和B_4的解如表2-7所示。

表2-7　分支子问题B_3和B_4的解情况

问题B_3	问题B_4
$Z_3 = 340$ $x_1 = 4.00$ $x_2 = 2.00$	$Z_4 = 327$ $x_1 = 1.42$ $x_2 = 3.00$

可见问题B_3的解已都是整数，且目标函数值为$Z_3 = 340$，问题A的最优解Z^*一定大

于或等于Z_3，因此，可更新下界$\underline{Z}=340$，而它大于$Z_4=327$，所以已无须再分解B_4（因为B_4区域内的最优整数问题的目标值一定小于Z_4，当然更小于$\underline{Z}=340$，故此区域内不会存在最优解）。而问题B_2的$Z_2=341$，所以Z^*可能在$340 \leqslant Z^* \leqslant 341$之间有整数解。对问题$B_2$继续分解，增加条件$x_2 \leqslant 1$形成问题$B_5$；增加条件$x_2 \geqslant 2$成问题$B_6$；进行第三次迭代，得到$B_5$和$B_6$的解如表2-8所示。

表2-8 分支问题B_5和B_6的解情况

问题B_5	问题B_6
$Z_5=308$ $x_1=5.44$ $x_2=1.00$	无可行解

可见B_5的解为非整数解，且$Z_5=308<Z_3$，而问题B_6无可行解。于是可以得到：

$$Z_3=\underline{Z}=Z^*=340 \qquad (2-329)$$

问题B_3的整数解$x_1=4.00$，$x_2=2.00$为问题A的最优整数解。

2）分支定界法的基本步骤

如果将要求解的整数规划问题称为问题A，将与它相应的线性/非线性规划问题称为问题B，那么从上述解题过程中可总结出分支定界法求解混合整数规划（求最大值）问题的一般步骤为：

（1）定初始上界。

求解问题B，可能出现以下几种情况之一：

①问题B没有可行解，则对应的问题A也必然没有可行解，算法停止。

②问题B有最优解，且符合问题A的整数条件，则问题B的最优解即为问题A的最优解，算法停止。

③问题B有最优解，但不符合A的整数条件，则记问题B的目标函数最优值为问题A的目标函数最优值的上界$\overline{Z}$（初始上界记为$\overline{Z}_0$），并建立分支问题集合$\overline{B}$，设其不为空集。

（2）定初始下界。

①用观察法或穷举法等找出问题A的任意一个整数可行解，如可取$x_j=0$，$j=1, 2, \cdots, n$，试探，求得可行解的目标函数值，并记作问题A的目标函数最优值的下界$\underline{Z}_0$。

②对于多维变量的大规模问题，试探整数可行解工作量可能较大，这时也可令$\underline{Z}_0=-\infty$。

③结合步骤（1）的第③条，得到问题A的目标函数最优值Z^*的取值范围为：

$$\underline{Z} \leqslant Z^* \leqslant \overline{Z} \qquad (2-330)$$

（3）分支。

对于已求解的问题B_k（初始时，$B_k = B$），在最优解中任选一个不符合整数条件的变量x_j，其值为b_j，以$[b_j]$表示小于b_j的最大整数，构造两个约束条件：

$$x_j \leqslant [b_j] \tag{2-331}$$

$$x_j \geqslant [b_j] + 1 \tag{2-332}$$

将上述两个约束条件分别加入问题B_k，形成问题B_k的两个分支问题B_1和B_2，并将其录入分支问题集合$\overline{B}$中。

（4）定界。

①求解各分支问题，并标记求解结果（求解结果包括“有连续解”、“有整数解”和“无解”三种情况）。

②比较各“有连续解”和“有整数解”的分支问题的目标函数最优值，将其最大者作为问题A的新的上界$\overline{Z}$。

③比较各“有整数解”的分支问题的目标函数最优值，找出目标函数值最大者作为问题A的新的下界$\underline{Z}$。

正常情况下，经此步骤，问题A的新上界$\overline{Z}$常会减小，而新下界$\underline{Z}$则常会增大，二者在可行解域空间上会逐渐靠近，从而更新对问题A目标函数最优值的夹逼定界。

（5）剪支。

所谓剪支是指，该分支问题不会存在问题A的最优解，因此要从分支问题集合$\overline{B}$中剪掉这一支，以后不再对该支进行进一步的深度分支考察了。

①对于“无解”的分支，剪除，从问题集合$\overline{B}$中删除该支。

②对于“有整数解”的分支问题，剪除（因为在“有整数解”的分支问题中，目标函数最优值的最大者或已作为问题A的新下界而被记录下来，或因小于问题A的原下界而被忽略掉，无论出现上述两种情况中的哪一种，都不需要再对其进一步分支求解了），从问题集合$\overline{B}$中删除该支。

③对于“有连续解”的分支问题，若其目标函数最优值小于问题A的下界$\underline{Z}$，剪除（因为该分支问题的目标函数最优值不能超越$\underline{Z}$，因此在该分支问题中即使存在整数可行解，那也是不可能比问题A的已有整数解更优的），从问题集合$\overline{B}$中删除该支。

（6）判断算法是否终止。

①检查各“有整数解”分支问题的目标函数最优值，若其等于问题A的上界$\overline{Z}$，则输出$\overline{Z}$及对应的整数最优解，算法终止。

②检查分支问题集合$\overline{B}$，若$\overline{B}$已是空集，则输出问题A的下界$\overline{Z}$及其对应的整数最优解，算法终止。

③若仍有分支问题的目标函数最优值大于$\underline{Z}$，但不符合整数条件，则从中选择一个赋予B_k（通常是选目标函数最优值最大者，因为其包含最优整数解的概率更大），并从分支问题集合$\overline{B}$中删除该分支，转步骤（3）继续算法迭代。

以上即为用分支定界法求解纯整数规划问题的一般步骤。当然，该方法也可以用于求解部分变量可连续取值的混合整数规划问题，对于问题中无取整要求的变量，不需要花费精力对其进行分支、夹逼、定整处理，而只需要将关注点放在其他的有取整要求的变量上即可。以下要讨论的割平面法等其他方法也是如此，在此不再赘述。另外，还有一点非常值得注意，那就是分支定界法的下界取值对算法的整体收敛速度极为重要，若初始时或计算刚开始不久就找到了一个好的下界值，则无疑会加强对寻优空间的剪支强度，进而加快算法的整体收敛速度。但如果计算过程中一直未找到一个很好的下界，则分支定界法的效率将大打折扣。

2. 割平面法

割平面法是由Gomory于1958年提出的，也可用于求解混合整数规划问题。该方法自被提出以后，引起了人们广泛的关注，至今仍在被不断地被改进。与分支定界法相似的是，割平面法也是将整数线性规划问题化为一系列的普通线性规划问题来求解。

割平面解法的思路是：首先不考虑x_i是整数这一条件，仍然先解其对应的线性规划问题，若得到非整数的最优解，则增加能割去非整数解的线性约束条件（若用几何术语，则称其为割平面），使得原可行域被切割掉一部分，切割掉的部分只包含非整数解（即没有切割掉任何整数可行解），它的一个有整数坐标的极点恰好是问题的最优解。这个方法是R.E.Gomory提出来的，所以又称为Gomory的割平面法，举例讨论该方法如下。

例2.3–2，求解如下整数规划问题：

$$\max Z = x_1 + x_2 \quad ①$$

$$\begin{cases} -x_1 + x_2 \leqslant 1 & ② \\ 3x_1 + x_2 \leqslant 4 & ③ \\ x_1, x_2 \geqslant 0 & ④ \\ x_1, x_2 \text{为整数} & ⑤ \end{cases} \tag{2–333}$$

如不考虑约束条件⑤，则容易求得相应的线性规划的最优解：

$$x_1 = \frac{3}{4}，\ x_2 = \frac{7}{4}，\ \max Z = \frac{5}{2} \tag{2–334}$$

它对应着图2–35（a）中的解域R的点A，该点不符合整数条件。现设想，如能找到像CD那样的直线去切割解域R，如图2–35（b）所示，去掉三角形区域ACD，那么具有整数坐标的C点（1，1）就是解域R'的一个极点。如果在解域R'上求最优，那么得到的最优解就会恰好落在C点上，如此就得到了原问题的整数最优解。因此，解法的关键就落在了怎样构造一个类似CD这样的“割平面”上，尽管它可能不是唯一的，也可能不是一步就能求到的。

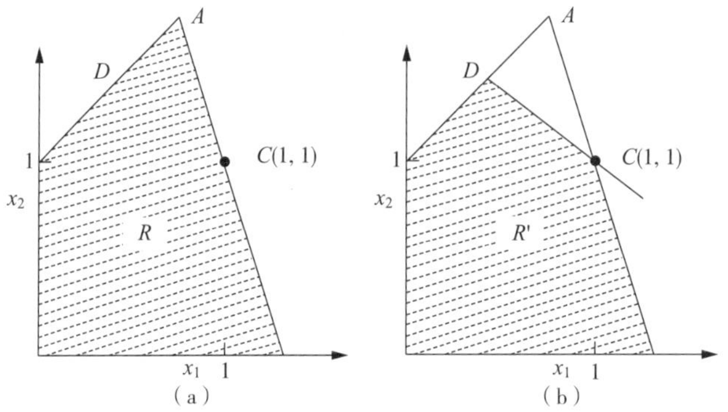

图2-35 割平面构造示意图

对于例2.3-2问题，在原问题的前两个不等式中添加非负松弛变量x_3、x_4,使两式变成等式约束：

$$\begin{cases} -x_1 + x_2 + x_3 = 1 & ⑥ \\ 3x_1 + x_2 + x_3 + x_4 = 4 & ⑦ \end{cases} \tag{2-335}$$

不考虑条件⑤，用单纯形法求解线性优化模型得到非整数的最优解为：

$$x_1 = \frac{3}{4}，\ x_2 = \frac{7}{4}，\ x_3 = x_4 = 0，\ \max Z = \frac{5}{2} \tag{2-336}$$

式（2-336）仍不满足整数最优解条件。在单纯形法求解计算的最后一步中，有如下的关系式（假设最优解所对应的基变量为$x_1 = 3/4$，$x_2 = 7/4$，所对应的非基变量为$x_3 = x_4 = 0$）：

$$x_1 - \frac{1}{4}x_3 + \frac{1}{4}x_4 = \frac{3}{4} \tag{2-337}$$

$$x_2 + \frac{3}{4}x_3 + \frac{1}{4}x_4 = \frac{7}{4} \tag{2-338}$$

将系数和常数项都分解成整数和非负真分数两部分之和：

$$(1+0)\,x_1 + \left(-1 + \frac{3}{4}\right)x_3 + \frac{1}{4}x_4 = 0 + \frac{3}{4} \tag{2-339}$$

$$x_2 + \frac{3}{4}x_3 + \frac{1}{4}x_4 = 1 + \frac{3}{4} \tag{2-340}$$

然后将整数部分与分数部分分开，分别移到等式的左、右两边，得到：

$$x_1 - x_3 = \frac{3}{4} - \left(\frac{3}{4}x_3 + \frac{1}{4}x_4\right) \tag{2-341}$$

$$x_2 - 1 = \frac{3}{4} - \left(\frac{3}{4}x_3 + \frac{1}{4}x_4\right) \tag{2-342}$$

由于标准化的线性规划模型要求变量必须大于或等于零，也即x_1、x_2、x_3、x_4必然都大于或等于零，因此必然有：

$$\frac{3}{4}-\left(\frac{3}{4}x_3+\frac{1}{4}x_4\right)\leqslant\frac{3}{4} \tag{2-343}$$

再根据约束条件⑤，x_1、x_2必须取整数，并同时要求松弛变量x_3、x_4也为整数，因而式（2–341）和式（2–342）左端的x_1-x_3和x_2-1必然为整数，这就决定了上述两式的右端也必然为整数，而与上述不等式右端的上限值3/4相隔最近的整数是0，因此，我们可以进一步减小$\frac{3}{4}-\left(\frac{3}{4}x_3+\frac{1}{4}x_4\right)$的上限值，即有：

$$\frac{3}{4}-\left(\frac{3}{4}x_3+\frac{1}{4}x_4\right)\leqslant 0 \tag{2-344}$$

或将式（2–344）记为：

$$-3x_3-x_4\leqslant -3 \tag{2-345}$$

这就得到一个切割方程（或称切割约束），将它作为一个约束条件加入例2.3–2中，则可得到整数解和对应的目标函数值：

$$x_1=1,\ x_2=1,\ \max Z=2 \tag{2-346}$$

总结上述过程，我们可以把求一个切割方程的步骤归纳为：

（1）令x_i是对应线性规划问题的最优解中的一个为分数值的基变量，它满足：

$$x_i+\sum_k a_{ik}x_k=b_i \tag{2-347}$$

其中，$i\in Q$（Q指构成基变量的角标集合）；$k\in K$（K指构成非基变量的角标集合）。

（2）将b_i和a_{ik}都分解成整数部分N与非负真分数f之和，即

$$b_i=N_i+f_i \qquad 0<f_i<1 \tag{2-348}$$

$$a_{ik}=N_{ik}+f_{ik} \qquad 0\leqslant f_{ik}<1 \tag{2-349}$$

其中，N表示不超过b的最大整数。例如：

若$b=2.35$，则$N=2$，$f=0.35$；若$b=-0.45$，则$N=-1$，$f=0.55$。

代入式（2–347）得：

$$x_i+\sum_{k=1}N_{ik}x_k-N_i=f_i-\sum_{k=1}f_{ik}x_k \tag{2-350}$$

（3）现在提出变量（包括松弛变量）为整数的条件（当然还有非负的条件），此时式（2–350）等式的左边必然是整数，对应着等式右边也必须是整数。在等式右边，f_{ik}为非负真分数，x_k为非负整数，所以必有$\sum_{k=1}f_{ik}x_k\geqslant 0$，因此有$f_i-\sum_{k=1}f_{ik}x_k\leqslant f_i$。考虑到$f_i<1$和$f_i-\sum_{k=1}f_{ik}x_k$必须取整数，所以有：

$$f_i-\sum_{k=1}f_{ik}x_k\leqslant 0 \tag{2-351}$$

式（2–351）就是一个切割方程。

由式（2-347）、式（2-350）和式（2-351）可知：

①切割方程式（2-351）真正进行了解域切割，至少把非整数最优解这一点切割掉了。

②切割方程没有切割掉整数解，这是因为对应线性规划问题的任意整数可行解都满足式（2-351）。

按以上方法逐步进行解域切割，直到所得到的最优解满足整数条件为止。割平面法也可认为是求整数凸包的过程，但它不一定需要详尽地解出完整的凸包，而只需要满足所求出的凸包恰好包含最优整数解即可，如图2-36所示。

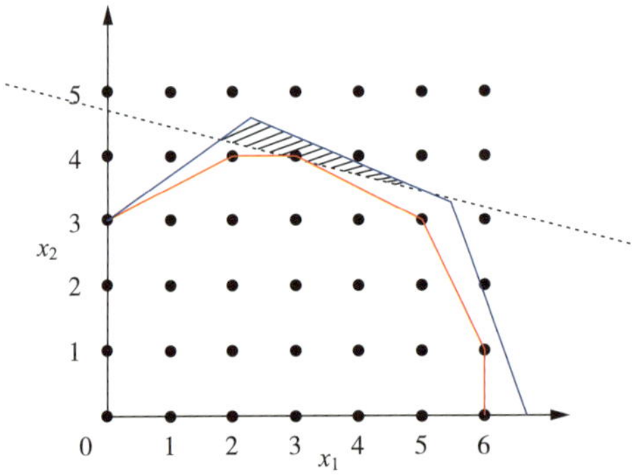

图2-36　整数凸包示意图

图2-36中，蓝线所围成的区域为线性规划问题的可行解域，红线所围成的区域内的整数解为对应整数规划问题的可行解域，黑色的虚线为新增加的切割约束条件，阴影区域表示某轮计算中被切割掉的非整数可行解域。其中，红线所围成的区域构成了一个整数凸包。

3. Benders分解法

Benders分解算法是J.F.Benders于1962年提出的，主要用于求解混合整数线性规划问题。后来，A.M.Geoffrion又提出了广义Benders分解算法，可用于求解混合整数非线性规划问题（对混合整数凸非线性规划问题较为有效）。

Benders分解算法的基本思想是将具有复杂变量的混合整数规划问题分解为一个整数规划主问题和一个线性规划子问题，并通过主问题、子问题的交互迭代来进行最优值界限夹逼，最终实现对原问题的定界和求解。具体是指，它用割平面法构建出与原问题相等价的一个主问题（整数规划）和一个子问题（线性规划）。先构造并求解子问题，用子问题的解来限定原问题的上界；再构造并求解主问题，用主问题的解来限定原问题的下界。在各轮迭代计算中，上界不断降低，下界不断升高，当下界等于上界或二者的差值满足精度要求时，即可获得原问题的最优值及对应的最优解。

例如，对于具有如下形式的混合整数线性规划问题：

$$\min \boldsymbol{cX}+\boldsymbol{fY} \tag{2-352}$$

$$\text{s.t.}\begin{cases}\boldsymbol{AX}+\boldsymbol{BY}\geqslant \boldsymbol{b}\\ \boldsymbol{Y}\in \boldsymbol{I}^{+}\text{（正整数）}\\ \boldsymbol{X}\in \boldsymbol{R}^{+}\text{（正实数）}\end{cases} \tag{2-353}$$

在上述问题中，$\boldsymbol{c}$、$\boldsymbol{f}$、$\boldsymbol{A}$、$\boldsymbol{B}$、$\boldsymbol{b}$为系数，$\boldsymbol{X}$、$\boldsymbol{Y}$为变量，变量$\boldsymbol{X}$与变量$\boldsymbol{Y}$是相对独立的，或者说是可分离的。Benders将其分解为具有以下形式的一个主问题（关于$\boldsymbol{Y}$的整数规划）和一个子问题及其对偶问题（关于$\boldsymbol{X}$的线性规划）。

（1）Benders主问题：

$$\min \boldsymbol{fY}+\boldsymbol{q} \tag{2-354}$$

$$\text{s.t.}\begin{cases}(\boldsymbol{b}-\boldsymbol{BY})_i\leqslant 0 \qquad i=1,2,\cdots,s\\ \boldsymbol{u}^j(\boldsymbol{b}-\boldsymbol{BY})\leqslant \boldsymbol{q} \qquad j=1,2,\cdots,k\\ \boldsymbol{Y}\in \boldsymbol{I}^{+},\boldsymbol{q}\quad\text{无约束}\end{cases} \tag{2-355}$$

（2）Benders子问题：

$$\min \boldsymbol{cX} \tag{2-356}$$

$$\text{s.t.}\begin{cases}\boldsymbol{AX}\geqslant \boldsymbol{b}-\boldsymbol{BY}\\ \boldsymbol{X}\geqslant 0\end{cases} \tag{2-357}$$

（3）子问题的对偶问题（下文将简称为对偶子问题）：

$$\max \boldsymbol{u}(\boldsymbol{b}-\boldsymbol{BY}) \tag{2-358}$$

$$\text{s.t.}\begin{cases}\boldsymbol{uA}\leqslant \boldsymbol{c}\\ \boldsymbol{u}\geqslant 0\end{cases} \tag{2-359}$$

在每轮迭代计算中，先给定一个可行的$\boldsymbol{Y}$值，并求解对偶子问题，获得原问题目标函数值的上界；然后根据对偶子问题的解情况向主问题中添加一个相应的约束，并求解主问题，获得原问题目标函数值的下界。通过不断降低上界和升高下界，实现对原问题最优值和对应最优解的夹逼定位，从而最终获得原问题的最优解。

为什么子问题给出的是原问题（求最小）目标函数值的上界，而主问题给出的是下界呢？这个问题可以用通俗的方式来解释。在求解子问题时，若给定的$\boldsymbol{Y}$恰好是原问题最优解的一部分，则子问题会相应得出原问题最优解的$\boldsymbol{X}$部分，组合$\boldsymbol{X}$和$\boldsymbol{Y}$会形成原问题的最优解，这个最优解将使原问题取得最小值。若给定的$\boldsymbol{Y}$不是原问题最优解的一部分，则子问题得出的$\boldsymbol{X}$部分也不是原问题的最优解的一部分，组合$\boldsymbol{X}$和$\boldsymbol{Y}$不会形成原问题的最优解，这个非最优解对应的原问题的目标函数值必然大于其“最小值”，因此，求解子问题后获得的解对应的原问题的目标函数值总是大于或等于其“最小值”的，也即求解子问题会得到原问题目标函数值的上界。

既然每轮迭代中求解子问题所得到的解通常是非最优解，那么基于该解而向主问题中添加的割平面约束方程也就是不紧的、不完全的，或者说所构建的主问题是相对松弛的。在相对松弛的条件下，主问题的解域要广于正常情况（我们可以举一个不严谨的例子，如对于某单变量优化问题，其正常解域为[2，3]，而松弛解域则有可能为[1，4]）。因此，处于松弛条件下的主问题常会得出比原问题目标函数最小值更小的解，也即求解主问题会得到原问题目标函数值的下界。而随着迭代过程的进行，从子问题中得到了一系列的解，利用这些解不断地构造新的约束方程，并将其添加到主问题的约束条件集中，就可以逐步收紧松弛主问题的可行解空间，最终逼近原问题的解空间，从而获得最优解。

那么Benders分解算法的主问题、子问题和对偶子问题的形式是怎么得来的呢?

（1）先看Benders子问题的构建。假如在某轮迭代中，给定一个可行的$\boldsymbol{Y}\in\boldsymbol{I}^{+}$（也即将$\boldsymbol{Y}$视作一个给定的已知常向量），则原问题可以写为：

$$\min \boldsymbol{cX}+\boldsymbol{fY} \tag{2-360}$$

$$\text{s.t.}\begin{cases}\boldsymbol{AX}\geqslant\boldsymbol{b}-\boldsymbol{BY}\\ \boldsymbol{X}\geqslant 0\end{cases} \tag{2-361}$$

上述问题与下述问题的最优解相同，最优值相差$\boldsymbol{fY}$：

$$\min \boldsymbol{cX} \tag{2-362}$$

$$\text{s.t.}\begin{cases}\boldsymbol{AX}\geqslant\boldsymbol{b}-\boldsymbol{BY}\\ \boldsymbol{X}\geqslant 0\end{cases} \tag{2-363}$$

根据线性规划的基本性质（参见第2.1节），上述问题的对偶问题为：

$$\max \boldsymbol{u}(\boldsymbol{b}-\boldsymbol{BY}) \tag{2-364}$$

$$\text{s.t.}\begin{cases}\boldsymbol{uA}\leqslant\boldsymbol{c}\\ \boldsymbol{u}\geqslant 0\end{cases} \tag{2-365}$$

也即得到了Benders分解算法的子问题及对偶子问题。

（2）再看Benders主问题的构建。由于主问题是用于计算$\boldsymbol{Y}$的，且所算得的$\boldsymbol{Y}$值对下一轮迭代的子问题或对偶子问题的求解有重大影响。因此，在考虑主问题之前，应先讨论子问题可能面临的各种不利情况，以便向主问题中加入相应的约束条件，使得主问题给出的$\boldsymbol{Y}$值能够有利于下一轮迭代的对偶子问题的求解。

第一种情况：对偶子问题无可行解。根据线性规划问题的对偶性质，对偶子问题无可行解，则原子问题无可行解或有无界解。同时，由于对偶子问题中的约束条件与$\boldsymbol{Y}$无关，也就是说不论$\boldsymbol{Y}$取何值，子问题都将无可行解或有无界解。因此，可以进一步推断：原问题必然也无可行解或有无界解，也即算法可以停止。

第二种情况：对偶子问题有无界可行解。根据线性规划问题的对偶性质，对偶子问题有无界可行解，则原子问题无可行解。也就是说，对于某些给定的$\boldsymbol{Y}$值，子问题是无可行解的。为了让主问题给出能使子问题有可行解的$\boldsymbol{Y}$值，就应向主问题中添加约束，这个约束应使下一轮迭代的对偶子问题不会出现无界可行解的情况。

我们令Benders子问题和对偶子问题的$\boldsymbol{c}=0$，就会得到一个不含自变量的“界值”：

$$\min \boldsymbol{0} \tag{2-366}$$

$$\text{s.t.}\begin{cases}\boldsymbol{AX} \geqslant \boldsymbol{b}-\boldsymbol{BY} \\ \boldsymbol{X} \geqslant 0\end{cases} \tag{2-367}$$

$$\max \boldsymbol{u}(\boldsymbol{b}-\boldsymbol{BY}) \tag{2-368}$$

$$\text{s.t.}\begin{cases}\boldsymbol{uA} \leqslant 0 \\ \boldsymbol{u} \geqslant 0\end{cases} \tag{2-369}$$

在上述对偶子问题（求max问题）中，如果有某个分量u^i对应的系数$(\boldsymbol{b}-\boldsymbol{BY})_i>0$［这里的$(\boldsymbol{b}-\boldsymbol{BY})_i$是指$\boldsymbol{b}-\boldsymbol{BY}$常向量的第$i$个分量，或$u^i$的系数］，同时在约束条件中其所对应的所有系数又都小于0，则上述max问题的目标函数值将会无界（因为当u^i趋向于无穷大时，由于在目标函数中其系数为正数，因而目标函数值也会趋向无穷大，同时由于在限制条件中其系数为负数，因而必有$\boldsymbol{uA}\leqslant 0$，也即该分量趋向无穷大时,必然满足限制条件），而与之对偶的原子问题（求min问题）将无解。以某二维规划模型为例，求max问题的无界情况如图2-37所示。

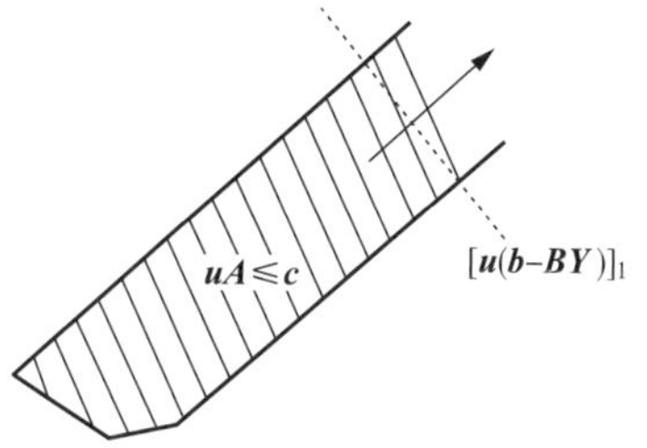

图2-37　无界情况示意图

出现上述无界情况的主要原因是求max问题的目标函数中的$\boldsymbol{Y}$值给定不合理（目标函数中的$\boldsymbol{b}$和$\boldsymbol{B}$都为已定值，只有$\boldsymbol{Y}$的取值会发生变化，因为$\boldsymbol{Y}$值是由前一轮迭代的主问题给出的），这个$\boldsymbol{Y}$值使得目标函数值$[\boldsymbol{u}(\boldsymbol{b}-\boldsymbol{BY})]_1$的增长方向指向了可行域$\boldsymbol{uA}\leqslant\boldsymbol{c}$的无界方向。

那么如何避免对偶子问题出现无界的情况呢？这就要求上一轮迭代的主问题给定子问题的$\boldsymbol{Y}$值应取值合理，或者说是应根据上上轮迭代的对偶子问题的解情况，向上一轮迭代的主问题中添加一定的约束条件，使得从上一轮迭代的主问题中解出的$\boldsymbol{Y}$值能使当前轮的对偶子问题有有界可行解。因此，为达到这个目的，则应立足于当前轮迭代，向下一轮迭代的主问题中添加一定的约束条件，使得下一轮迭代的对偶子问题不会出现无界情况。

实际上，根据线性规划问题的对偶性质，如果相互对偶的两个线性规划问题都有可行解，则求最大值问题的目标函数值必然小于或等于求最小值问题的目标函数值，因此有$\boldsymbol{u}(\boldsymbol{b}-\boldsymbol{BY})\leqslant 0$，也即0就成了该求max问题的最优目标函数值的上界。如果在主问题中加上了$\boldsymbol{b}-\boldsymbol{BY}\leqslant 0$这个约束条件，那么求解主问题所得到的$\boldsymbol{Y}$值，就可以保证下一轮迭代的对偶子问题不会出现无界可行解的现象，也即使得下一轮迭代的子问题是有可行解的。

仍以上述二维规划模型为例，如果向主问题中添加$\boldsymbol{b}-\boldsymbol{BY}\leqslant 0$约束条件后，得出的$\boldsymbol{Y}$值可使下一轮的对偶子问题的目标函数值$[\boldsymbol{u}(\boldsymbol{b}-\boldsymbol{BY})]_2$有如图2–38所示的增长方向，则可使下一轮迭代的对偶子问题有有界可行解，或可使下一轮迭代的子问题有可行解。

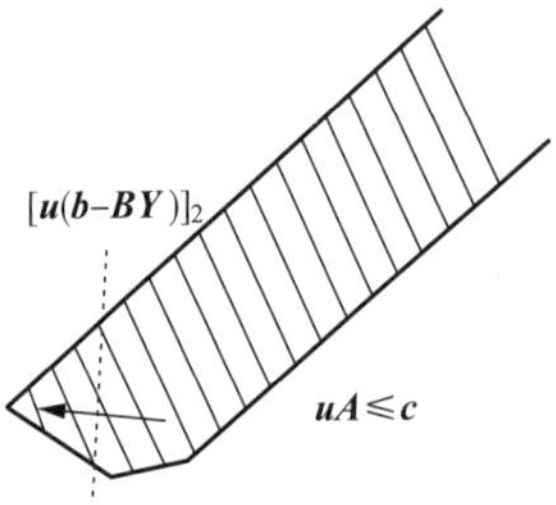

图2–38　添加约束条件使问题有唯一可行解

为不失一般性，我们再通过某个四维规划模型来解释对偶子问题出现无界可行解时的处理方法。假如在某轮迭代中，得到展开后的对偶子问题的形式如下：

$$\max\ 2u_1-3u_2+u_3-5u_4 \tag{2-370}$$

$$\text{s.t.}\begin{cases}-5u_1+3u_2-4u_3+2u_4\leqslant 1000\\-2u_1+2u_2-3u_3+4u_4\leqslant 2000\\-3u_1+4u_2-5u_3+3u_4\leqslant 1200\\-6u_1+7u_2-3u_3+8u_4\leqslant 1700\\u_1\sim u_4\geqslant 0\end{cases} \tag{2-371}$$

观察上述四维规划模型，u_1和u_3分量在目标函数中的系数都为正，而在约束条件（“≤”约束）中的系数都为负。因此，当u_1和u_3分量中的任一个取正无穷大值时，都将满足约束条件，并且目标函数值同时也会趋向正无穷大，这就使得对偶子问题出现无界可行解情况。对于某个既定的解空间$\boldsymbol{uA}\leqslant\boldsymbol{c}$，对偶子问题出现无界可行解的主要原因在于目标函数中u_1和u_3分量的系数为正，从而使得目标函数值增大的方向指向了解空间$\boldsymbol{uA}\leqslant\boldsymbol{c}$的无界方向。如果向主问题中添加$\boldsymbol{b}-\boldsymbol{BY}\leqslant 0$约束，则解出的$\boldsymbol{Y}$值可能会使下一轮迭代的对偶子问题中的$u_1$和$u_3$分量在目标函数中的系数为负数或零，也即$u_1$和$u_3$取值越大，对偶子问题的目标函数值越小（系数为负时）或不受影响（系数为零时），这样对偶子问题的目标函数值就有了一个“界限”，或者说，对偶子问题的目标函数值增大的方向指向了解空间$\boldsymbol{uA} \leqslant \boldsymbol{c}$的有界方向。

第三种情况：对偶子问题有有界可行解。根据线性规划问题的对偶性质，对偶子问题有有界可行解，则原子问题也有有界可行解。另外，如果相互对偶的两个线性规划问题都有可行解，则求最大值问题的目标函数值必然小于或等于求最小值问题的目标函数值。因此，根据式（2–362）~ 式（2–365），可以得到$\boldsymbol{u}(\boldsymbol{b}-\boldsymbol{BY}) \leqslant \boldsymbol{cX}$。如果令$\boldsymbol{q} \geqslant \boldsymbol{cX}$，则可将原问题写为如下的Benders主问题的形式：

$$\min \boldsymbol{fY}+\boldsymbol{q} \tag{2–372}$$

$$\text{s.t.}\begin{cases}(\boldsymbol{b}-\boldsymbol{BY})_i \leqslant 0 & i=1,2,\cdots,s \\ \boldsymbol{u}^j(\boldsymbol{b}-\boldsymbol{BY}) \leqslant \boldsymbol{q} & j=1,2,\cdots,k \\ \boldsymbol{Y} \in \boldsymbol{I}^+, \boldsymbol{q} \quad \text{无约束} \end{cases} \tag{2–373}$$

当随着一轮又一轮的迭代计算，不断向主问题中添加新的$\boldsymbol{b}-\boldsymbol{BY} \leqslant 0$和$\boldsymbol{u}^j(\boldsymbol{b}-\boldsymbol{BY}) \leqslant \boldsymbol{q}$约束方程后，主问题可以持续地给出对下一轮迭代的对偶子问题最有利的$\boldsymbol{Y}$值，从而使得Benders分解算法可以在主问题和子问题间不断地轮回计算，直至上界最终等于下界$UB = LB$（或上界、下界之差满足精度要求），获得原问题的最优值及对应的最优解为止（或者得出原问题无解、无界等结论时，也可以停止计算，并输出对应的结论）。

考虑到Benders分解算法的复杂性，为方便理解其基本思路，我们绘制算法的主要流程如图2–39所示。

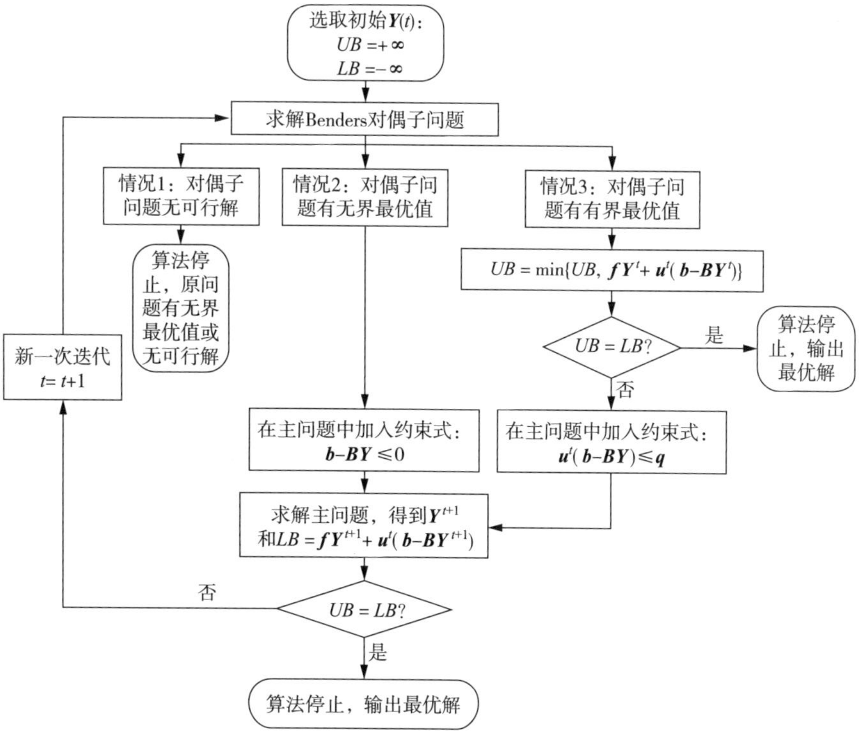

图2–39　线性问题的Benders分解算法流程图

如图2–39所示Benders算法的主要步骤为：

（1）设定原问题的目标函数值上界$UB=+\infty$，目标函数值下界$LB=-\infty$。

（2）给定第t轮迭代的$\boldsymbol{Y}^t$值（初始时需要人为给定$\boldsymbol{Y}^1$，第二轮以后可从第$t-1$轮迭代的主问题中求出$\boldsymbol{Y}^t$）。

（3）将$\boldsymbol{Y}^t$当作常量，求解第t轮迭代的对偶子问题。

①如果对偶子问题无可行解，则子问题和原问题都无可行解或有无界解，算法终止。

②如果对偶子问题有无界解，也即子问题无解，转步骤（4）。

③如果对偶子问题有有界可行解，也即子问题有有界可行解，获得$\boldsymbol{u}^t$，转步骤（5）。

（4）在主问题中添加约束方程$\boldsymbol{b}-\boldsymbol{BY}\leqslant 0$（加入主问题的约束条件中时，将$\boldsymbol{Y}$视为待求变量），转步骤（6）。

（5）更新上界$UB=\min\{UB, \boldsymbol{fY}^t+\boldsymbol{u}^t(\boldsymbol{b}-\boldsymbol{BY}^t)\}$。如果$UB=LB$（或$|UB-LB|<\delta$，$\delta$为要求的误差精度），算法终止，输出最优解和最优值；否则，在主问题中添加约束方程$\boldsymbol{u}^t(\boldsymbol{b}-\boldsymbol{BY}^t)\leqslant \boldsymbol{q}$（加入主问题的约束条件中时，应将$\boldsymbol{u}^t$视为常量，并将$\boldsymbol{Y}$视为待求变量），转步骤（6）。

（6）求解增加约束方程后的主问题，得到$\boldsymbol{Y}^{t+1}$，更新下界$LB=\boldsymbol{fY}^{t+1}+\boldsymbol{u}^i(\boldsymbol{b}-\boldsymbol{BY}^{t+1})$。如果$UB=LB$，算法终止，输出最优解和最优值；否则，令$t=t+1$和$\boldsymbol{Y}^t=\boldsymbol{Y}^{t+1}$，转步骤（2），开始新一轮迭代。

实际上，广义Benders分解法也是可以用于求解非线性整数规划问题的，例如优化模型的目标函数和约束条件满足凸规划特征时，仍可应用Benders分解法予以求解（可以结合拉格朗日乘子法）。

另外，前文介绍的割平面法和Benders分解法在一定程度上是隐含行生成法（Row Generation）的思想的。行生成法的基本思想是，线性规划（包括整数规划）的极值点一般在可行域的顶点，而这样的顶点可能只是其中几个约束条件就可形成的交点，因此形成极点（最优解）所需要的约束条件个数，往往远小于原问题的约束条件个数。所以，可以尝试在初始问题中只加几个约束条件（也即暂时不考虑其他的众多约束条件），然后求解该松弛问题，如果得到的松弛问题的最优解是原问题的可行解，那么该解就是原问题的最优解；如果不是，就继续添加更多的约束条件，直至松弛问题的最优解是原问题的可行解为止，如此便找到了原问题的最优解。对于含有大量多余约束条件的优化模型，行生成法可以有效地降低算法矩阵规模，减少算法中间处理超大矩阵的时间，最终增强寻优计算效率。

4. 隐枚举法

在整数规划中，有一类比较特殊但又非常多见的问题，它要求整数自变量只能取0

或1，故称其为0–1规划。0–1变量可以数量化的形式描述开与关、取与舍、有与无等生产操作或经营决策，因而常被通称为“开关变量”。0–1规划非常适用于解决诸如工厂建设选址、生产计划安排、装置开关抉择、人员工作指派、运输路线设计等实际问题，而隐枚举法就是解决0–1规划问题的一个较为有效的方法（当然，该类规划问题也可应用分支定界法等实现求解）。

在石油工业实际中，0–1规划问题有很多，例如：①设长距离输油管道沿线有m台离心泵串联工作，假设泵站参数、泵参数、管道参数、计划输量等都已知，问应由哪几台离心泵串联运行才能既满足管道水力要求又使泵机组的总功率最小；②有n项任务$\{A_1, A_2, A_3, \cdots, A_n\}$，要指派$n$个人$\{P_1, P_2, P_3, \cdots, P_n\}$分别去完成，已知每个人完成每项任务的效率，问应如何指派任务才能使总效率最高；③某市有东区、西区、南区三个地点可建加油站，其中东区A_1、A_2、A_3中最多建2座，西区A_4、A_5中至少建1座，南区A_6、A_7中至少建1座，已知建设A_1、A_2、A_3、A_4、A_5、A_6、A_7加油站的成本和利润，问应在各区建多少座加油站可使总利润最大。以上实际问题都可用0–1规划来描述，并通过隐枚举法实现求解。

隐枚举法是组合优化中一大类优化方法的总称，之所以被称为隐枚举法，主要是相对于直接暴力穷举法而言的。穷举法要求把规划问题可行解域内的每一组解都计算出来，并进行对比和选优；而隐枚举法则可用“启发性信息”，例如目标函数的上界、目标函数中的变量系数的大小、约束条件中变量系数的正负、拟试算的解所违反的约束条件数量和程度等，来判断当前的分支问题是否有最优解，从而决定是否继续对其进一步分支探索下去。隐枚举法在搜索最优解的过程中，常可根据“启发性信息”判断出某个子区间是不存在最优解的，从而及时退出该子区间，以减少无意义的搜索计算量，达到加速算法收敛速度的目的。一般而言，在枚举过程中可供利用的启发性信息越多，隐枚举法的效率也就越高。隐枚举法之所以比穷举法效率高，正是因为它有效利用了某些启发性信息的缘故。

为了形成更多有用的启发性信息，并设计通用性更强的隐枚举求解算法，需要先将0–1线性规划问题统一成标准形式。

$$\min Z = \sum_{j=1}^{n} c_j x_j \tag{2–374}$$

$$\text{s.t.}\begin{cases} g_i(\boldsymbol{X}) = \sum_{j=1}^{n} a_{ij}x_j - b_i \geqslant 0 & i = 1 \sim m \\ x_j = \{0, 1\} & j = 1 \sim n \\ c_j \geqslant 0 & j = 1 \sim n \end{cases} \tag{2–375}$$

对于非标准型的0–1规划问题可以通过下述规则转化为标准型：

（1）对于max Z型问题，可转化为$-\min(-Z)$问题。

（2）如果$c_j<0$，则令$y_j=1-x_j$，并代入原问题中。

（3）约束条件中存在“≤”形式，则在不等式两端都乘以 –1，得到“≥”形式。

（4）若只有一个等式约束条件$\sum_{j=1}^{n} a_{ij}x_j = b_i$，则将其转化为与之等价的两个不等式约束：$\sum_{j=1}^{n} a_{ij}x_j - b_i \geqslant 0$和$-\sum_{j=1}^{n} a_{ij}x_j + b_i \geqslant 0$。

按照上述规则，任何一个非标准型的0–1规划问题都可以转化为标准型。那么转化为标准型后可以为隐枚举法求解问题提供哪些启发性信息和便利条件呢？

第一，标准型启示了从哪儿出发开始搜索。因为标准型是求最小问题，其目标函数中所有自变量的系数都为正，所有自变量都只能取0或1。因此，目标函数的最小值不可能小于0，因而可以从{0，0，…，0}出发开始搜索，按照一定的规则逐步试探哪些自变量取1可以既使目标函数的值较小，还能满足所有的约束条件。

第二，标准型启示了应优先探索哪个变量对应的分支问题。对于隐枚举法某轮计算中的自由变量，可以分别令其取1（同时令其他自由变量取0），然后再计算各自取1后对应的“完全解”（临时构建出来的，拟试算或待检验的解，需要检验后才能判断其是否为可行解）的约束条件违反程度的总和，或称为“完全解”离可行解的距离。哪个自变量取1后对应的“完全解”的距离最小，哪个“完全解”对应的分支问题就最有可能存在最优解，因而就要优先令哪个自变量取1，或者说是就要优先探索该变量所对应的分支问题。

第三，标准型启示了哪些分支问题是可以直接删除的。也即不再继续枚举该分支问题下的其他可行解，以减少枚举计算量和加快算法的收敛速度。例如，要检查某变量取1时，其对应的分支问题是否可能存在最优解，则可以查看其系数是否大于“界差”，如果大于“界差”，则该分支问题肯定没有比已搜索到的优解更好的解，或者说该分支问题不存在最优解，可以不再考虑探索该分支问题的可行解域了。再如，要检查某分支问题是否可能存在可行解时，还可以向对约束条件最有利的情况进行松弛，也即将约束条件中系数为正的自变量取1，将约束条件中系数为负的自变量取0，观察其约束满足情况，如果连最有利的松弛都还不满足约束条件，则该分支问题一定无可行解，可直接予以删除，不在此支问题上浪费枚举计算量。

当然，标准型还有其他的隐含启发性信息，可以在隐枚举法的搜索过程中体现出来。以下述问题为例（例2.3–3），具体讨论隐枚举法的搜索过程：

$$\min Z = 5x_1 + 6x_2 + 7x_3 + 8x_4 + 9x_5 \tag{2–376}$$

$$\text{s.t.}\begin{cases} g_1(\boldsymbol{X}) = 3x_1 - 2x_2 + x_3 + x_4 - 2x_5 - 2 \geqslant 0 \\ g_2(\boldsymbol{X}) = x_1 + 3x_2 - x_3 - 2x_4 + x_5 \geqslant 0 \\ g_3(\boldsymbol{X}) = -x_1 - x_2 + 3x_3 + x_4 + x_5 - 1 \geqslant 0 \\ x_j = \{0,1\}, j = 1 \sim 5 \end{cases} \tag{2–377}$$

（1）定义算法初始参数并确定搜索出发点。定义非自由变量（已赋值的自变量）下标集合 $NoFree$，定义自由变量（待赋值的自变量）下标集合 $Free$，定义最优值上界 $\overline{Z}$，初始时令 $NoFree=\varphi$（空集），$Free=\{1, 2, 3, 4, 5\}$，$\overline{Z}=+\infty$，令 $NoFree=\varphi$ 对应的完全解 $\boldsymbol{X}=(0, 0, 0, 0, 0)^{\mathrm{T}}$，计算其对应的目标函数值 $Z=0$。

将完全解 $\boldsymbol{X}=(0, 0, 0, 0, 0)^{\mathrm{T}}$ 代入约束条件得：

$$\begin{cases} g_1(\boldsymbol{X})=-2<0 \\ g_2(\boldsymbol{X})=0 \\ g_3(\boldsymbol{X})=-1<0 \end{cases} \tag{2-378}$$

由于 $\boldsymbol{X}$ 不满足 $g_1(\boldsymbol{X})\geqslant 0$ 和 $g_3(\boldsymbol{X})\geqslant 0$，故 $\boldsymbol{X}$ 不是可行解。

（2）在某次变量试算中，先定义违反约束条件的下标集合为 VC。例如，完全解 $\boldsymbol{X}=(0, 0, 0, 0, 0)^{\mathrm{T}}$ 违反约束条件1和约束条件3，则 $VC=\{1, 3\}$；再定义一个自由变量下标集合 T，如果哪个自由变量在目标函数中的系数小于 $Bound=\overline{Z}-Z$，并且至少在 VC 中的一个约束条件中具有正系数，则应将该自由变量的下标加入集合 T 中。例如，完全解 $\boldsymbol{X}=(0, 0, 0, 0, 0)^{\mathrm{T}}$，自由变量下标为 $Free=\{1, 2, 3, 4, 5\}$，对应的目标函数值 $Z=0$ 对于 $Bound=\overline{Z}-Z=+\infty$ 的要求，$\{1, 2, 3, 4, 5\}$ 都满足，对于在由 $VC=\{1, 3\}$ 所对应的约束条件中有正系数的要求（即在 $g_1(\boldsymbol{X})$、$g_3(\boldsymbol{X})$ 中有正系数的要求），则只有下标为1，3，4，5所对应的变量满足要求（下标为2的变量 x_2 在约束条件1中的系数为 -2，在约束条件3中的系数为 -1，不满足正系数要求），因此 $T=\{1, 3, 4, 5\}$。

在 VC 所对应的每个约束条件中，令 T 中系数为正的变量等于1，其余变量等于0，则可以判断该问题是否可能存在可行解，如：

$$g_1(\boldsymbol{X})=3+1+1-2=3>0 \tag{2-379}$$

$$g_3(\boldsymbol{X})=3+1+1-1=4>0 \tag{2-380}$$

VC 所对应的各约束条件都得到了满足，说明该问题可能有可行解；若有任一约束条件不满足，则问题无可行解。

上述操作的意义是，既然有约束条件不满足，那就令其中的有利变量（在约束条件中的系数为正）取1，通过最大限度地松弛，看其是否可能存在满足所有约束条件的可行解，如果连上述最有利的松弛都无法满足所有约束条件，则问题必然是无解的。

（3）按离可行解距离最近的原则，从 T 中选择一个自由变量下标，临时作为非自由变量，加入 $NoFree$ 集合，并从 $Free$ 集合中去掉该下标，该下标所对应的变量也就成为非自由变量。

这里所说的距离 S 的表达式为：

$$S=\sum_{i=1}^{m}\min\{0, g_i(\boldsymbol{X})\} \tag{2-381}$$

式（2-381）中，m 为约束条件 $g_i(\boldsymbol{X})$ 的总数。式（2-381）的意义是：当所有的

$g_i(\boldsymbol{X}) \geqslant 0$，或者说不违反任何约束条件时，距离为0；当有$g_i(\boldsymbol{X}) < 0$时，距离将大于0，且违反的约束条件数越多，违反的程度越大，距离也就越大。离可行解的距离越大，被选择出来的非自由变量所对应的分支问题存在可行解的可能性也就越小。

挑选非自由变量的具体方法为：令*NoFree*集合对应的非自由变量取规定值，令被选择的那个自由变量等于1，令其他的自由变量等于0，计算被选择的那个自由变量所对应的完全解的距离：

①若选择$x_1 = 1$，其他自由变量等于0，则$g_1(\boldsymbol{X}) = 1$，$g_2(\boldsymbol{X}) = 1$，$g_3(\boldsymbol{X}) = -2$，对应的距离$S = 0 + 0 + 2 = 2$。

②若选择$x_3 = 1$，其他自由变量等于0，则距离$S = 1 + 1 + 0 = 2$。

③若选择$x_4 = 1$，其他自由变量等于0，则距离$S = 1 + 2 + 0 = 3$。

④若选择$x_5 = 1$，其他自由变量等于0，则距离$S = 4 + 0 + 0 = 4$。

不难看出，选x_1或x_3为新的非自由变量，其所对应的完全解离可行解的距离最小，也即能获得可行解的可行性最高。不妨先选x_1，则将其下标加入*NoFree*集合后得$NoFree = \{+1\}$，$Free = \{2, 3, 4, 5\}$。

（4）与$NoFree = \{+1\}$对应的完全解为$\boldsymbol{X} = (1, 0, 0, 0, 0)^{\mathrm{T}}$，计算其对应的目标函数值为$Z = 5$。检查该完全解的约束条件违反情况得：

$$\begin{cases} g_1(\boldsymbol{X}) = 1 > 0 \\ g_2(\boldsymbol{X}) = 1 > 0 \\ g_3(\boldsymbol{X}) = -2 < 0 \end{cases} \tag{2-382}$$

由于违反了约束条件$g_3(\boldsymbol{X})$，所以该完全解$\boldsymbol{X} = (1, 0, 0, 0, 0)^{\mathrm{T}}$不是可行解，无须更新$\overline{Z}$。

（5）先确定对应于$\boldsymbol{X} = (1, 0, 0, 0, 0)^{\mathrm{T}}$的$VC = \{3\}$，$T = \{3, 4, 5\}$，然后检查从当前$\boldsymbol{X}$出发是否有可能得到目标函数值小于$\overline{Z} = +\infty$的可行解。检查的方法同（2），令$T$中系数为正的自由变量等于1，其余自由变量等于0，得：

$$g_3(\boldsymbol{X}) = -1 + 3 + 1 + 1 - 1 = 3 > 0 \tag{2-383}$$

说明从$\boldsymbol{X} = (1, 0, 0, 0, 0)^{\mathrm{T}}$（或$NoFree = \{+1\}$）出发是有可能获得可行解的，有必要继续对该分支问题进行枚举搜索。

（6）仿照（3），判断应优先对$T = \{3, 4, 5\}$中的哪个自由变量进行分支探索：

①若选择$x_3 = 1$，其他自由变量等于0，则距离$S = 0 + 0 + 0 = 0$。

②若选择$x_4 = 1$，其他自由变量等于0，则距离$S = 0 + 1 + 1 = 2$。

③若选择$x_5 = 1$，其他自由变量等于0，则距离$S = 1 + 0 + 1 = 2$。

不难看出，应选x_3为新的非自由变量，因为其所对应的完全解离可行解的距离最小，也即能获得可行解的可行性最高，所以应接着从x_3继续分支探索。将其下标加入*NoFree*集合后得$NoFree = \{+1, +3\}$，$Free = \{2, 4, 5\}$。

（7）更新最优解记录和目标函数值上界。对应于$NoFree$ = {+1，+3}的完全解为$\boldsymbol{X}$=(1，0，1，0，0)^{T}，对应的目标函数值为$Z = 12$。根据（6）中的检验计算，$\boldsymbol{X}$=(1，0，1，0，0)^{T}离可行解的距离为0，也即$\boldsymbol{X}$=(1，0，1，0，0)^{T}不违反任何约束条件，就是可行解，因此，可更新最优解记录和目标函数值上界：

$$\overline{Z} = \min\{+\infty, 12\} = 12 \tag{2-384}$$

$$\boldsymbol{X}^* = \boldsymbol{X} = (1, 0, 1, 0, 0)^{\mathrm{T}} \tag{2-385}$$

（8）按“后进先出”原则，切换拟探索的分支问题。因为$\boldsymbol{X}$=(1，0，1，0，0)^{T}已是可行解，同时目标函数中所有自变量的系数都为正，所以如果x_2、x_4、x_5三个自由变量中的任何一个再取1，都会导致目标函数值增加，因此，在$NoFree$ = {+1，+3}对应的分支问题下，没有必要继续对x_2、x_4、x_5进行分支探索了，而应将最后进入$NoFree$集合的非自由变量x_3的值由1变为0，也即应转入以下分支问题来继续搜索：

$$NoFree = \{+1, -3\} \tag{2-386}$$

$$Free = \{2, 4, 5\} \tag{2-387}$$

$$\boldsymbol{X} = (1, 0, 0, 0, 0)^{\mathrm{T}} \tag{2-388}$$

（9）利用$Bound$满足情况判断当前分支问题是否值得继续探索。在前面的（4）、（6）和（7）中，已确定对应于$\boldsymbol{X}$=(1，0，0，0，0)^{T}的$Z = 5$、$VC = \{3\}$。据此，可以再次确定T。

先看自变量在约束条件中的正系数情况。很明显，自由变量x_2在$g_3(\boldsymbol{X})$中的系数为负，所以它不能进入T。

再看自变量在目标函数中的系数满足$Bound$情况。由于$Bound = \overline{Z} - Z = 12 - 5 = 7$，而$x_4$的系数为8，$x_5$的系数为9，因而$x_4$和$x_5$也不能进入$T$。

由于三个自由变量x_2、x_4、x_5都不能进入T，因而$T = \varphi$，也即$NoFree$ = {+1，−3}分支问题不可能存在比已有可行解更优的解，可以退出该分支问题，不再浪费搜索时间。

在这里，$Bound$的作用是很重要的。其意义在于，它可以根据目标函数中自由变量的系数大小来确定是否对该自由变量对应的分支问题进行探索。本步中，由于$\overline{Z} = 12$是已有可行解的目标函数值的上界，这其中$NoFree$ = {+1，−3}所对应的非自由变量就已经贡献了5，因而剩下的自由变量x_2、x_4、x_5的贡献值不能再超过7了，如果某一自由变量在目标函数中的系数大于7，则一旦令其等于1，则新构建的分支问题的目标函数值必然大于12（如果存在可行解），因而必然不能得到比已有可行解更优的解（求最小问题）。

（10）从当前分支问题后退，并构建新的分支问题。由于在第1号变量x_1取1值的情况下，对第3号自变量x_3取0和1值两种情况都已探索过，因此从$NoFree$ = {+1，−3}向后退，可直接退到第1号变量x_1，探索其取0值所对应的分支问题，也即探索$NoFree$ = {−1}对应的分支问题。

由于$NoFree=\{-1\}$对应的完全解$\boldsymbol{X}=(0, 0, 0, 0, 0)^{\mathrm{T}}$，将其代入约束条件得：

$$\begin{cases} g_1(\boldsymbol{X}) = -2 < 0 \\ g_2(\boldsymbol{X}) = 0 \\ g_3(\boldsymbol{X}) = -1 < 0 \end{cases} \tag{2-389}$$

按规则确定$VC=\{1, 3\}$，$T=\{3, 4, 5\}$。令$x_1=0$，T中约束系数为正的变量等于1，其余自由变量等于0，得松弛后的$g_1(\boldsymbol{X})=0$、$g_3(\boldsymbol{X})=4>0$，也即从$NoFree=\{-1\}$分支问题出发有可能得到目标函数值小于$\overline{Z}$的可行解，有必要进一步探索该分支问题。

（11）判断在$NoFree=\{-1\}$的情况下，应优先对哪个自由变量构建分支探索问题：

①若选择$x_3=1$，其他自由变量等于0，则距离$S=1+1+0=2$。

②若选择$x_4=1$，其他自由变量等于0，则距离$S=1+2+0=3$。

③若选择$x_5=1$，其他自由变量等于0，则距离$S=4+0+0=4$。

由于$x_3=1$时离可行解的距离最小，故应将x_3的下标加入集合，即$NoFree=\{-1, +3\}$，$Free=\{2, 4, 5\}$。

（12）判断$NoFree=\{-1, +3\}$对应的分支问题是否值得探索。将$NoFree=\{-1, +3\}$对应的完全解$\boldsymbol{X}=(0, 0, 1, 0, 0)^{\mathrm{T}}$代入目标函数得$Z=7$，同时可得$Bound=\overline{Z}-Z=12-7=5$，也即$NoFree=\{-1, +3\}$所对应的非自由变量已经消耗了7，剩下的自由变量在目标函数中的系数必须小于$Bound=5$，才有可能获得比当前已得可行解更优的解。显然$Free=\{2, 4, 5\}$所对应的自由变量在目标函数中的系数分别为6、8、9，都大于$Bound$，因此$T=\varphi$，也即从$NoFree=\{-1, +3\}$所对应的分支问题出发，不会得到比已获可行解更优的可行解，因而该分支问题不值得继续探索，可以从该分支问题后退。

（13）从当前分支问题后退，并构建新的分支问题。按后进先退原则，得到新分支问题$NoFree=\{-1, -3\}$，$Free=\{2, 4, 5\}$。$NoFree=\{-1, -3\}$对应的完全解为$\boldsymbol{X}=(0, 0, 0, 0, 0)^{\mathrm{T}}$，$Z=0$。

将$\boldsymbol{X}=(0, 0, 0, 0, 0)^{\mathrm{T}}$代入约束条件得：

$$\begin{cases} g_1(\boldsymbol{X}) = -2 < 0 \\ g_2(\boldsymbol{X}) = 0 \\ g_3(\boldsymbol{X}) = -1 < 0 \end{cases} \tag{2-390}$$

按规则确定$VC=\{1, 3\}$，$T=\{4, 5\}$。令非自由变量$x_1=x_3=0$，令T中约束系数为正的变量等于1，其余自由变量等于0，得松弛后的$g_1(\boldsymbol{X})=-1<0$、$g_3(\boldsymbol{X})=2>0$。由于松弛后仍违反约束条件$g_1(\boldsymbol{X})$，故从$NoFree=\{-1, -3\}$分支问题出发不可能得到目标函数值小于$\overline{Z}$的可行解，故应退出该分支问题。

由于$NoFree$集合中全为负数，也即算法已无路可退，此时可以断定该问题的最优解和最优值为：$\boldsymbol{X}^*=(1, 0, 1, 0, 0)^{\mathrm{T}}$，$Z^*=\overline{Z}=12$。原问题的变量组合有$2^5=32$

种，而隐枚举法只枚举了其中的4种便得到了最优解，因此隐枚举法比穷举法的效率要高得多。但隐枚举法也可能出现最不利的情况，例如直到枚举到最后一个解才是可行解，在这种情况下，隐枚举法在寻优过程中的最优解上界将一直不能得到有效的更新（压低），从而导致无法判断出哪些分支问题没必要一一枚举或及时剪除，算法效率将大打折扣。虽然这种极端情况在实际中并不多见，但在理论研究中却是应当注意的。

通过上述案例分析，可以总结出隐枚举法求解0–1规划问题的一般步骤如下：

（1）令 $NoFree=\varphi$（空集），$Free=\{1, 2, 3, \cdots, n\}$，$\overline{Z}=+\infty$。

（2）令 $NoFree$ 对应的非自由变量等于规定值（冠以“+”号的非自由变量等于1，冠以“–”号的自由变量等于0），令 $NoFree$ 对应的自由变量等于0，得到相应于 $NoFree$ 的完全解 X，并计算相应于完全解的目标函数值 Z。

（3）对相应于 $NoFree$ 的完全解，计算各约束条件 $g_i(\boldsymbol{X})$，$i=1\sim m$ 的违反情况。令被违反的约束条件的下标集合 $VC=\{i_{g_i(X)<0}\}$。

（4）如果 $VC=\varphi$，则 $\boldsymbol{X}$ 是可行解，转步骤（12）；否则，$\boldsymbol{X}$ 不是可行解，转步骤（5）。

（5）令 $Bound=\overline{Z}-Z$。

（6）构造同时满足以下两个条件的自由变量下标集合 T。

①在目标函数中的系数小于 $Bound=\overline{Z}-Z$；

②至少在 VC 所对应的一个约束条件中有正系数。

（7）若 $T=\varphi$，则转步骤（11）；否则，转步骤（8）。

（8）对 VC 所对应的每个约束条件进行松弛操作。令非自由变量等于规定值，令系数为正的自由变量等于1，其余自由变量等于0。

（9）检验松弛后的条件约束是否被满足。若仍有约束条件不被满足，则转步骤（11）；否则，转步骤（10）。

（10）分支问题可能存在最优解。按“可行性优先”原则从 T 中选出一个自由变量，把它从 $Free$ 集合中去掉，并添加到 $NoFree$ 集合的元素的最右边（注意新添加的元素前应冠以“+”号），具体过程如下：

①分别令 T 所对应的各自由变量的值等于1，令 $NoFree$ 所对应的变量等于规定值，令其余自由变量等于0，计算每个约束 $g_i(\boldsymbol{X})$，$i=1\sim m$ 的值。

②对于第①步中 $g_i(\boldsymbol{X})$ 结果为负数的，取其绝对值并进行加和计算，得到离可行解的距离总和 S。

③从 $Free$ 集合中消去 T 中 S 最小的自由变量，并把该自由变量的下标加到 $NoFree$ 集合的元素的最右边，转步骤（2）。

也即依次考察 T 中的各个自由变量，哪个自由变量对应的分支问题能获得可行解的可能性最大，就将哪个自由变量的下标选入非自由变量下标集合*NoFree*中去，并将其从自由变量下标集合*Free*中删除。

（11）若*NoFree* = φ，转步骤（21）；否则，从当前*NoFree*出发不可能得到目标函数值小于$\overline{Z}$的可行解，故应后退，转步骤（16）。

（12）令*NoFree*对应的非自由变量取规定值，并令*Free*对应的自由变量取0，共同组成一个完全解，计算其对应的目标函数值Z。转步骤（13）。

（13）若$Z < \overline{Z}$，转步骤（14）；否则，转步骤（15）。

（14）更新最优目标函数值上界，令$\overline{Z} = Z$，并记录当前*NoFree*对应的完全解$\boldsymbol{X}$，记为$\boldsymbol{X}^*$。转步骤（15）。

（15）后退。若*NoFree* = φ，则$\boldsymbol{X} = (0, 0, \cdots, 0)^{\mathrm{T}}$即为最优解，转步骤（20）；否则，转步骤（16）。

（16）若*NoFree*中排在最右边的那个元素带"–"号，则转步骤（18）；否则，转步骤（17）。

（17）将*NoFree*中排在最右边的那个元素的符号由"+"号变为"–"号，转步骤（2）。

（18）若*NoFree*中所有元素均带"–"号，则与当前$\overline{Z}$对应的完全解即为最优解，转步骤（20）；否则，转步骤（19）。

（19）在*NoFree*集合中，从右向左依次检查，直到找到第一个带"+"号的元素，将其"+"号变为"–"号，并去掉这个元素右边所有的带"–"号的元素（"后进先出"原则），将它们放到*Free*中，而后转步骤（2）。

（20）若得不到可行解，转第（21）步；否则与当前$\overline{Z}$对应的完全解即为最优解，输出结果，停止计算。

（21）该问题没有可行解，输出结论，停止计算。

考虑到用隐枚举法求解0–1规划问题的步骤较多且较零散，我们绘制了算法流程图，如图2–40所示，读者可以对照算法流程图来进一步理解和熟悉隐枚举算法的步骤及要点。

在图2–40中，有一点值得详细讨论的是隐枚举法的终止条件。一般认为，隐枚举算法在三种情况下可以终止搜索计算。第一情况是，*NoFree*为空集时对应的完全解是可行解，则此可行解也同时是最优解，可以直接输出。第二种情况是，*NoFree*为空集时对应的完全解在约束条件松弛后仍不完全满足，则可判断该问题无解，应终止计算。第三种情况是，*NoFree*中所有元素均带"–"号，则问题要么无解，要么与$\overline{Z}$对应的完全解即为最优解，可以输出结论并终止计算。

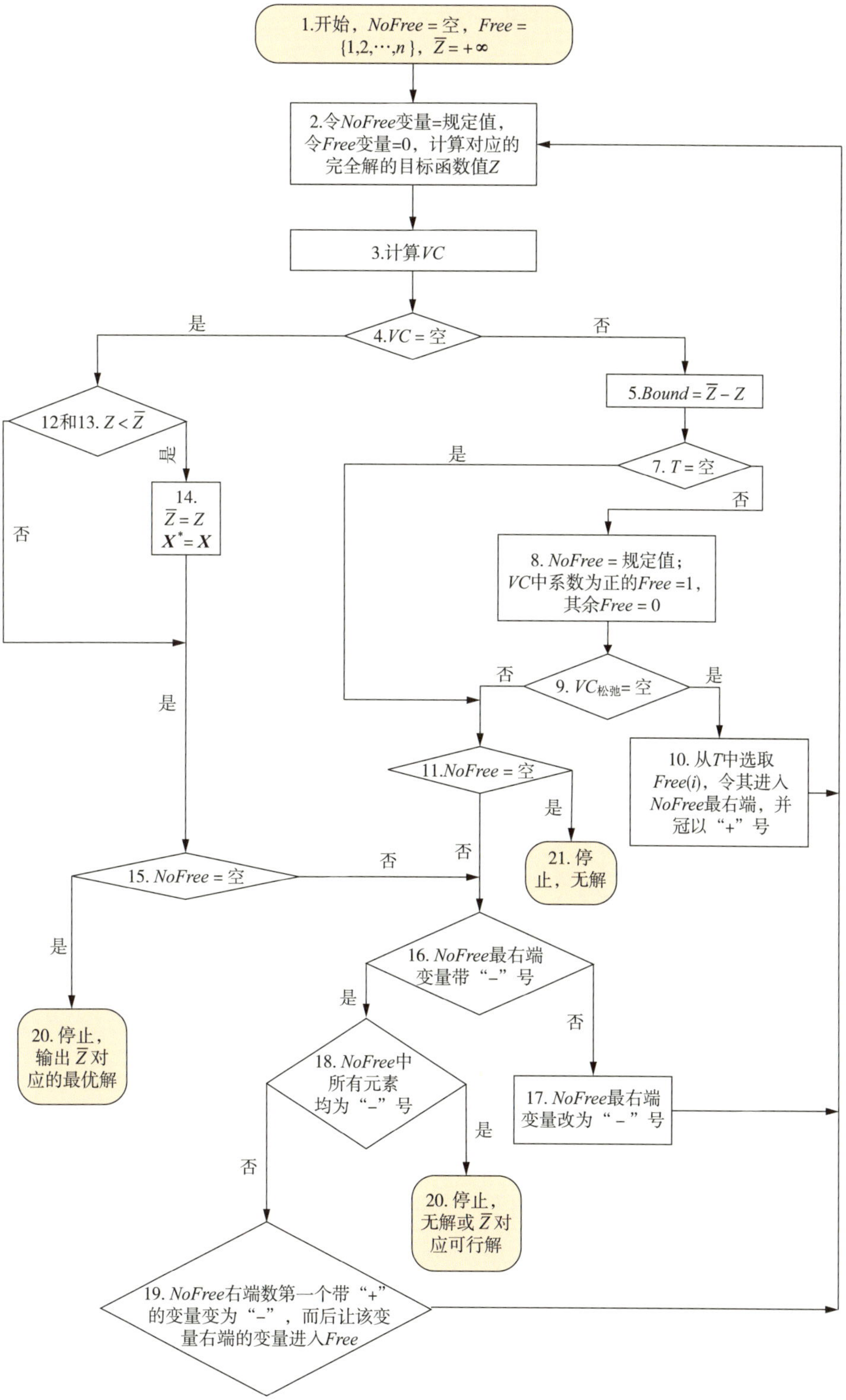

图2–40　针对0–1规划问题的隐枚举法流程图

2.3.4 混合整数规划问题的小结

混合整数规划问题在石油炼化行业中是较为常见的，如整船原油运输、整车成品油配送、炼化装置开关、加工方案选择等，都属于混合整数规划问题。近年来，随着混合整数规划理论和算法的进步，特别是成熟的混合整数规划软件的商业化应用和推广，使得混合整数规划技术在石油战略运筹中发挥的作用越来越重要，我们国家每月几千万吨油品的采购运输、炼化生产和市场配送的方案编制一般都需要借助混合整数规划技术及软件的支撑来实现。

2.4 动态规划问题与求解方法

2.4.1 动态规划问题的引出

例2.4-1：如图2-41所示，从A地到E地要铺设一条长输管道，中间必须经过三个中间站；第一站可以在B_1、B_2、B_3三个地点中任选一个，第二站可以在C_1、C_2、C_3三个地点中任选一个，第三站可以在D_1、D_2两个地点中任选一个；如果两点之间有连线，则表示这两站之间可以用管道相连，且连线上的数字表示该两点之间铺设管道所需的费用；如果某两点间没有连线，则表示该两点间不能铺设管道。

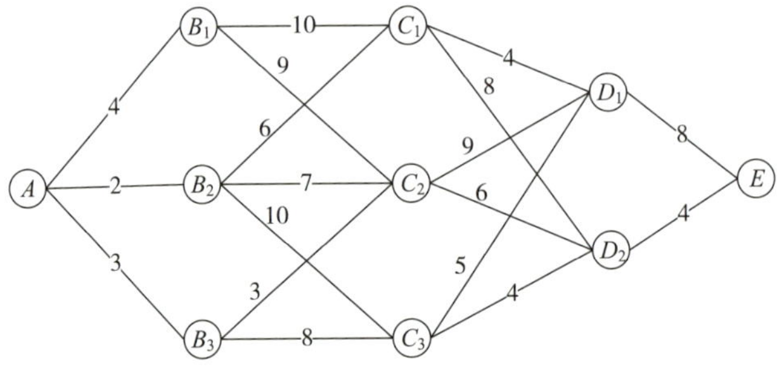

图2-41 管道铺设可选路线示意图

现要求选择一条从首站A点到末站E点的铺管线路，那么问B、C、D三个中间站应分别选择坐落在哪个具体地点，可以使得管线铺设的总费用最低。

上述问题就是一个动态规划问题，其最大的特点是，这个总问题可由多个阶段的子问题构成。

最早提出动态规划概念的是美国数学家R.E.Bellman。20世纪50年代，R.E.Bellman等人在研究多阶段决策过程（Multistep Decision Process）的优化问题时，提出了著名的最优化原理（Principle of Optimality），即把多阶段过程转化为一系列单阶段问题，利用各阶段之间的关系，逐个求解，从而创立了解决这类过程优化问题的新方法——动态规划。

最优化原理的内涵是，作为整个过程或总问题的“最优总策略”，它应当满足：相对前面决策所形成的状态而言，余下决策过程的子策略必然会形成“最优子策略”，这个“最优子策略”必然是构成“最优总策略”的一部分，即一个总问题的全局最优解依赖于其子问题的局部最优解，或者说，子问题的非局部最优解对总问题的全局最优求解没有影响。

在工业实践中，有很多问题都是可分阶段进行而达到最终目标的。在每个阶段中都优化选择进行的路线，才能找到最终问题的最优解决方案，这就是所谓的多阶段决策过程的最优化问题，即人们要按某一预定目标实现某个过程，该目标是可以用某种数量来衡量的，该过程可分成若干阶段进行，每个阶段都可以有许多不同的决策，以使过程按不同的方式进行。问题就是要确定各个阶段的决策，使整个过程的实现达到预定的最优目标，即寻找实现该过程的最优总策略。

2.4.2 动态规划问题的内涵

动态规划是运筹学的一个分支，是求解决策过程最优化的数学方法。在解决离散优化问题时，动态规划比其他的规划方法更为简单，也更为方便。

与线性规划问题不同，动态规划问题没有一个标准的数学模型，也不提供一种通用的求解算法。从某种意义上说，动态规划是一种解决问题的思路或理念，具体是指：把要求解的总优化问题分解成若干个阶段的子优化问题，按所划分阶段的逆向顺序找出从第i级子优化问题到第$i-1$级子优化问题的递推规律，利用该递推规律逐步地、动态地逆向求解各阶段的子优化问题，并最终递推到第1级的总优化问题，从而获得总优化问题的最优解。

这种溯源式的递推优化实际上依据的正是最优化原理。一般来讲，多阶段决策过程的最优决策具有这样的性质：不论初始状态和初始决策如何，从前面决策造成的某一状态开始，以后的所有决策总是构成一个最优策略。故可把整个过程分成若干个相互联系的子过程，每个子过程都是一个最优化问题，可应用递推方程连续地转移，以确定最优策略。对于逆推的求解过程，可由后向前反推逐个求解这些子过程，最后求解的子过程就是问题的全过程。

2.4.3 动态规划问题的求解

1. 动态规划问题的递推规律的寻找方法

对于例2.4-1问题，在寻找动态规划的递推规律之前，我们先定义几个变量。假设

$V_{X,Z}(X_i)$表示从X_i点出发时，X至Z的管道铺设费用；$optV_{X,Z}(X_i)$表示从X_i点出发时，X至Z的最优管道铺设费用；$d(X_i, Y_i)$表示X_i点至Y_i点的管道铺设费用。

很明显，我们的总优化问题是求解出$optV_{A,E}(A_1)$，其表达式如下：

$$optV_{A,E}(A_1) = \min\begin{cases} d(A_1, B_1) + optV_{B,E}(B_1) \\ d(A_1, B_2) + optV_{B,E}(B_2) \\ d(A_1, B_3) + optV_{B,E}(B_3) \end{cases} \tag{2-391}$$

从式2-391可以看出，求总优化问题$optV_{A,E}(A_1)$可以转化为求第2阶段优化问题$optV_{B,E}(B_1)$、$optV_{B,E}(B_2)$和$optV_{B,E}(B_3)$。也即从求A点至E点的最优管道铺设费用，转化为求从B_1、B_2和B_3点至E点的最优管道铺设费用。

第2阶段包括三个子优化问题，分别是$optV_{B,E}(B_1)$、$optV_{B,E}(B_2)$和$optV_{B,E}(B_3)$，需要分别求解。我们以$optV_{B,E}(B_2)$为例，继续寻找递推规律。由于B_2点与C_1、C_2和C_3点都相连，所以$optV_{B,E}(B_2)$的表达式可以写为如下形式：

$$optV_{B,E}(B_2) = \min\begin{cases} d(B_2, C_1) + optV_{C,E}(C_1) \\ d(B_2, C_2) + optV_{C,E}(C_2) \\ d(B_2, C_3) + optV_{C,E}(C_3) \end{cases} \tag{2-392}$$

从式（2-392）可见，第2阶段的三个子优化问题之一$optV_{B,E}(B_2)$，又转化为了求第3阶段的三个子优化问题$optV_{C,E}(C_1)$、$optV_{C,E}(C_2)$和$optV_{C,E}(C_3)$。

同理，对于第2阶段的子优化问题$optV_{B,E}(B_1)$，也可以转化为第3阶段的子优化问题$optV_{C,E}(C_1)$和$optV_{C,E}(C_2)$；对于第2阶段的子优化问题$optV_{B,E}(B_3)$，可以转化为第3阶段的子优化问题$optV_{C,E}(C_2)$和$optV_{C,E}(C_3)$。

以此类推，求总优化问题，最终必然递推到求倒数第2站（D站）到最终站（E站）的最优管道铺设费用，即$optV_{D,E}(D_1)$和$optV_{D,E}(D_2)$。很明显，求解$optV_{D,E}(D_1)$和$optV_{D,E}(D_2)$是极其简单的，因为我们从图上就能直接读出来：$optV_{D,E}(D_1) = 8$，而$optV_{D,E}(D_2) = 4$。

以上按照正序方向分析了动态规划的递推规律，而在实际求解动态规划问题时是按照逆序方向进行求解的。即按照$optV_{D,E}(D_i)$、$optV_{C,E}(C_i)$、$optV_{B,E}(B_i)$、$optV_{A,E}(A_1)$的顺序，最终得到的$optV_{A,E}(A_1)$就是总优化问题的最终解。

2. 动态规划法求解优化问题的具体步骤

例2.4-1动态规划问题可分为4个阶段，依次是$A \to E$，$B \to E$，$C \to E$，$D \to E$。根据“逆序”计算原则，应从最后一个阶段开始进行优化决策，具体步骤如下：

（1）在$D \to E$阶段，求D_1、D_2点至E点的最优管道铺设费用，也即求$optV_{D,E}(D_1)$和$optV_{D,E}(D_2)$。显然，这两个阶段最优值可以从图2-41中直接读出：

$$optV_{D,E}(D_1)=8 \tag{2-393}$$

$$optV_{D,E}(D_2)=4 \tag{2-394}$$

（2）在$C \to E$阶段，求C_1、C_2、C_3点至E点的最优管道铺设费用，也即求$optV_{C,E}(C_1)$、$optV_{C,E}(C_2)$和$optV_{C,E}(C_3)$：

$$optV_{C,E}(C_1)=\min\begin{cases} d(C_1,D_1)+optV_{D,E}(D_1) \\ d(C_1,D_2)+optV_{D,E}(D_2) \end{cases}=\min\begin{cases} 4+8 \\ 8+4 \end{cases}=12 \tag{2-395}$$

$$optV_{C,E}(C_2)=\min\begin{cases} d(C_2,D_1)+optV_{D,E}(D_1) \\ d(C_2,D_2)+optV_{D,E}(D_2) \end{cases}=\min\begin{cases} 9+8 \\ 6+4 \end{cases}=10 \tag{2-396}$$

$$optV_{C,E}(C_3)=\min\begin{cases} d(C_3,D_1)+optV_{D,E}(D_1) \\ d(C_3,D_2)+optV_{D,E}(D_2) \end{cases}=\min\begin{cases} 5+8 \\ 4+4 \end{cases}=8 \tag{2-397}$$

（3）在$B \to E$阶段，求B_1、B_2、B_3点至E点的最优管道铺设费用，也即求$optV_{B,E}(B_1)$、$optV_{B,E}(B_2)$和$optV_{B,E}(B_3)$：

$$optV_{B,E}(B_1)=\min\begin{cases} d(B_1,C_1)+optV_{C,E}(C_1) \\ d(B_1,C_2)+optV_{C,E}(C_2) \end{cases}=\min\begin{cases} 10+12 \\ 9+10 \end{cases}=19 \tag{2-398}$$

$$optV_{B,E}(B_2)=\min\begin{cases} d(B_2,C_1)+optV_{C,E}(C_1) \\ d(B_2,C_2)+optV_{C,E}(C_2) \\ d(B_2,C_3)+optV_{C,E}(C_3) \end{cases}=\min\begin{cases} 6+12 \\ 7+10 \\ 10+8 \end{cases}=17 \tag{2-399}$$

$$optV_{B,E}(B_3)=\min\begin{cases} d(B_3,C_2)+optV_{C,E}(C_2) \\ d(B_3,C_3)+optV_{C,E}(C_3) \end{cases}=\min\begin{cases} 3+10 \\ 8+8 \end{cases}=13 \tag{2-400}$$

（4）在$A \to E$阶段，求A_1点至E点的最优管道铺设费用，也即求$optV_{A,E}(A_1)$：

$$optV_{A,E}(A_1)=\min\begin{cases} d(A_1,B_1)+optV_{B,E}(B_1) \\ d(A_1,B_2)+optV_{B,E}(B_2) \\ d(A_1,B_3)+optV_{B,E}(B_3) \end{cases}=\min\begin{cases} 4+19 \\ 2+17 \\ 3+13 \end{cases}=16 \tag{2-401}$$

于是，最终求得从A点到E点的总管道铺设最优路线为$A \to B_3 \to C_2 \to D_2 \to E$，最小铺设费用为16个单位。

2.4.4 动态规划问题的小结

动态规划方法自问世以来，在经济管理、生产调度和最优控制等方面得到了广泛应用，如最短路线、库存管理、资源调度、设备更新、检修排序等问题，用动态规划方法求解比用其他方法求解更为简单方便。在石油炼化生产中，生产调度优化、物流配送优化、管网输送优化等问题也常应用动态规划方法予以解决。对于更为复杂的分阶段问题，也常用动态规划混合线性规划等算法进行求解。

2.5 多目标规划问题与求解方法

2.5.1 多目标规划问题的引出

例2.5-1：现要设计一个齿轮变速箱，设计要求包括四个：一是使各齿轮体积总和尽可能小，以减少材料消耗，降低制造成本，记为$\min f_1(\boldsymbol{X})$；二是使各传动轴间的中心距总和尽可能小，以减小箱体尺寸，紧凑箱体结构，记为$\min f_2(\boldsymbol{X})$；三是使齿轮的最大圆周速度尽可能低，以减小啮合震动，降低运转噪声，记为$\min f_3(\boldsymbol{X})$；四是使传动效率尽可能高，以降低机械损耗，节约驱动能量，记为$\min f_4(\boldsymbol{X})$。此外，变速箱设计时还需要遵守一些其他的限制条件，由于不影响对多目标规划问题的内涵分析，我们不再详述，只将其记为s.t. $g_i(\boldsymbol{X}) \leqslant b_i \quad i=1, 2, \cdots, m$。

若用数学语言描述，则上述问题可写为如下形式：

目标函数：

$$optF(X)=\begin{cases}\min f_1(\boldsymbol{X})\\ \min f_2(\boldsymbol{X})\\ \min f_3(\boldsymbol{X})\\ \min f_4(\boldsymbol{X})\end{cases} \quad \boldsymbol{X}=(x_1, x_2, \cdots, x_n)^{\mathrm{T}} \tag{2-402}$$

限制条件：

$$\text{s.t.} \quad g_i(\boldsymbol{X}) \leqslant b_i \quad i=1, 2, \cdots, m \tag{2-403}$$

在工业实践中，存在着大量的类似上述案例的优化问题。由于优化模型中含有多个待优化的目标函数，因此，这类问题也就被称为多目标规划问题。

对于多目标规划问题，很早就有学者提出了概念并展开了研究，其中有代表性的事件包括：1896年，法国经济学家V.帕雷托从政治经济学的角度考虑把本质上是不可比较的许多目标化成单个目标的最优化问题，首次涉及了多目标规划问题和多目标的概念；1947年，J.冯.诺伊曼和O.莫根施特恩从对策论的角度提出了有多个决策者在彼此有矛盾的情况下的多目标问题；1951年，T.C.库普曼斯从生产和分配的活动中提出多目标最优化问题，引入有效解的概念，并得到一些基本结果；同年，H.W.库恩和A.W.塔克尔从研究数学规划的角度提出向量极值问题，引入库恩-塔克尔有效解概念，并研究了它的必要和充分条件；1961年，美国数学家查尔斯和库柏正式提出多目标规划这个概念；1963年，L.A.扎德从控制论方面提出多指标最优化问题，也给出了一些基本结果；1968年，A.M.日夫里翁为了排除变态的有效解，引进了真有效解概念，并得到了有关的结果。

对多目标规划问题的研究从未间断，直到今天，我们在工业、农业、军事等各个领域时常遇到多目标规划问题。然而遗憾的是，虽然人们对多目标规划问题的研究越来越多，但对多目标规划问题最优解的求解和判别，至今仍没有一种令人完全满意的和被人普遍接受的标准，所以在理论上多目标规划仍有待后人进一步研究。

2.5.2 多目标规划问题的内涵

多目标规划是运筹学规划论的一个分支，其内涵可从问题的数学模型的形式上直接看出来——优化模型中存在多个目标函数。

在某些工业问题中，例如产品功能设计、生产计划编制、加工工艺选择等，一个方案的好坏往往不能用单个指标来衡量，而是要通过多个指标来综合比较。只有对多个指标进行综合考虑和折中优化，才能得到令人满意的解决方案。也就是说，在理想条件下的多目标规划问题中，优化模型的目标函数越多，方案设计的综合效果就越好。

2.5.3 多目标规划问题的求解

严格来说，多目标规划问题不存在标准型，也没有通用的标准求解算法。多目标规划的理想情况是要求各个分目标都达到最优，但这实际上是比较困难的，甚至是不现实的。尤其对于矛盾性多目标规划问题，往往需要各个分目标函数在最优解之间进行“协调和折中”，以得到令人满意的方案。

在非理想情况下，多目标规划问题的求解方法较多，主要包括主要目标法、加权组合法、目标规划法、分层序列法等。这些方法的主要思想是：在一定的简化条件、近似条件和松弛条件下，将理想的多目标规划问题近似转化为可替代的、可接受的、非理想的单目标优化问题，然后再根据问题的具体形式，选用线性规划、非线性规划、混合整数规划等方法予以求解。

1. 主要目标法

主要目标法的思想是将原优化模型的最主要的目标函数作为新优化模型的目标函数，而将原优化模型的次要目标函数改为新优化模型的约束条件，从而获得新的、可求解的、单目标的优化模型。将目标函数改为限制条件的方法较为简单，例如将次要目标函数限定在一个相对较优化的、可以接受的范围之中即可。

在例2.5–1中，若目标函数$\min f_1(\boldsymbol{X})$相较其他三个分目标函数$\min f_2(\boldsymbol{X})$、$\min f_3(\boldsymbol{X})$、$\min f_4(\boldsymbol{X})$更为重要，按主要目标法的思想，可将原多目标规划问题转化为新的单目标规划问题。新规划问题的数学模型如下。

目标函数：

$$opt\ F(\boldsymbol{X})=\min f_1(\boldsymbol{X}) \quad \boldsymbol{X}=(x_1, x_2, \cdots, x_n)^{\mathrm{T}} \tag{2-404}$$

限制条件：

$$\text{s.t.} \begin{cases} g_1(\boldsymbol{X}) \leqslant b_i & i=1,2,\cdots,m \\ f_j(\boldsymbol{X}) \leqslant c_j & j=2,3,4 \\ f_j(\boldsymbol{X}) \geqslant d_j & j=2,3,4 \end{cases} \tag{2-405}$$

在限制条件中，c、d是常数，是建模人员给原模型中的次要目标函数设定的上、下限值。这些限值是设计人员根据理论计算或自身经验等给定的较优的、可接受的参数值。建好新优化模型后，在这些c、d限值范围内，尽可能地优化主要目标函数$f_1(\boldsymbol{X})$，就有可能获得原多目标规划问题的令人满意解。

2. 加权组合法

加权组合法的思想是：通过引入加权因子ω，将各个分目标函数组合成一个“统一的单目标函数”，从而将原多目标规划问题变成新的单目标规划问题，然后根据新规划问题的属性，选择适用的方法予以求解。

对于例2.5-1问题，引入加权因子后，原多目标规划问题的数学模型可写为如下形式：

目标函数：

$$\min\ F(\boldsymbol{X}) = \sum_{i=1}^{n} \omega_i f_i(\boldsymbol{X}), \boldsymbol{X} = (x_1, x_2, \cdots, x_n)^{\mathrm{T}} \tag{2-406}$$

限制条件：

$$\text{s.t.}\ g_i(\boldsymbol{X}) \leqslant b_i \qquad i=1,2,\cdots,m \tag{2-407}$$

式（2-406）中，ω_i指第i个分目标函数的加权因子，其值大小取决于第i个分目标函数的重要程度。一般情况下，加权因子可以根据设计经验直接给出。当无经验可循时，也可以应用式（2-408）计算得出：

$$\omega_i = \frac{1}{f_i(\boldsymbol{X}_i^*)} \qquad i=1,2,\cdots,m \tag{2-408}$$

式中，$\boldsymbol{X}_i^*$指以第i个分目标函数为目标函数，以原多目标规划模型的限制条件为限制条件，构成的单目标优化问题的最优解；$f_i(\boldsymbol{X}_i^*)$是最优解$\boldsymbol{X}_i^*$所对应的最优值。也就是说，要获得四个加权因子分量，就要先求解四个单分目标优化问题的最优解。式（2-408）的意思是，对于求最小问题，哪个单分优化模型的最优值越大，则在单总优化模型中，其分目标函数所占的权重就应越小。

最后，加权因子在使用前，一般还需要进行无量纲化处理。关于无量纲化的方法，读者可自行查阅有关文献，在此不再赘述。

3. 目标规划法

目标规划法的思想是：将多目标规划问题的各个分目标函数拆开，分别独立地与原多目标规划问题的限制条件结合，构造出多个单目标规划问题；分别求解出各个新构造出的单目标规划问题的最优解和最优值，也即找到了多个理想点；利用实际点与各理想点的欧式距离函数构造出一个新的目标函数，并与原多目标规划问题的限制条件结合，构造出原多目标规划问题的近似等价模型；通过求解近似等价模型，得到原多目标规划问题的切合实际的相对最优解。

对于例2.5–1问题，原多目标规划问题可以拆解为4个单目标规划问题，按顺序分别是：

$$\begin{cases} \min f_1(\boldsymbol{X}) & \boldsymbol{X} = (x_1, x_2, \cdots, x_n)^{\mathrm{T}} \\ g_i(\boldsymbol{X}) \leqslant b_i & i = 1, 2, \cdots, m \end{cases} \tag{2–409}$$

$$\begin{cases} \min f_2(\boldsymbol{X}) & \boldsymbol{X} = (x_1, x_2, \cdots, x_n)^{\mathrm{T}} \\ g_i(\boldsymbol{X}) \leqslant b_i & i = 1, 2, \cdots, m \end{cases} \tag{2–410}$$

$$\begin{cases} \min f_3(\boldsymbol{X}) & \boldsymbol{X} = (x_1, x_2, \cdots, x_n)^{\mathrm{T}} \\ g_i(\boldsymbol{X}) \leqslant b_i & i = 1, 2, \cdots, m \end{cases} \tag{2–411}$$

$$\begin{cases} \min f_4(\boldsymbol{X}) & \boldsymbol{X} = (x_1, x_2, \cdots, x_n)^{\mathrm{T}} \\ g_i(\boldsymbol{X}) \leqslant b_i & i = 1, 2, \cdots, m \end{cases} \tag{2–412}$$

经求解，得到各单目标规划问题的最优解分别是$\boldsymbol{X}_1^*$、$\boldsymbol{X}_2^*$、$\boldsymbol{X}_3^*$、$\boldsymbol{X}_4^*$，对应的最优值分别是$f_1(\boldsymbol{X}_1^*)$、$f_2(\boldsymbol{X}_2^*)$、$f_3(\boldsymbol{X}_3^*)$、$f_4(\boldsymbol{X}_4^*)$。

此时，我们构造出新的目标函数和近似等价模型如下：

目标函数：

$$\min\ F(\boldsymbol{X}) = \sum_{i=1}^{4}\left[\frac{f_i(\boldsymbol{X}) - f_i(\boldsymbol{X}_i^*)}{f_i(\boldsymbol{X}_i^*)}\right]^2 \tag{2–413}$$

限制条件：

$$\text{s.t. } g_i(\boldsymbol{X}) \leqslant b_i \qquad i = 1,\ 2,\ \cdots,\ m \tag{2–414}$$

显然，上述模型就是原多目标规划问题的近似等价模型，求解该模型即可得出切合实际的相对最优解。当然，在实际问题中，如果四个目标函数的重要性不一致，则还可以结合加权组合法，在新构目标函数中引入加权因子，如此可令模型的最优解更加贴合实际要求。

4. 分层序列法

分层序列法的思想是：先将所有分目标函数按重要程度依次排序，先求出第一个最重要目标的最优解，然后在保证前一目标最优解的前提下依次求解下一目标的最优解，一直求到最后一个分目标为止。

分层序列法实际上是求解了一系列的单目标优化问题。在依次求解的过程中，应不断根据上一步单目标优化模型的求解情况来更新下一个单目标优化问题的限制条件，从而构建出一个满足上一步最优解限定的新单目标优化模型。当然，如果新的单目标优化模型出现无解情况，则可以在限制条件中加上一个允许偏差，也即给出一个宽容值或松弛范围。增加宽容值的分层序列法也被称为宽容分层序列法。

对于例2.5-1问题，假设$f_1(\boldsymbol{X})$最重要，$f_2(\boldsymbol{X})$其次，$f_3(\boldsymbol{X})$再其次，$f_4(\boldsymbol{X})$重要性最低，假设原多目标规划问题限制条件圈定的解域为$\boldsymbol{D}$，假设第二步、第三步、第四步优化模型的宽容值分别为$\boldsymbol{\varepsilon}_1$、$\boldsymbol{\varepsilon}_2$、$\boldsymbol{\varepsilon}_3$，则先对第一个目标函数$f_1(\boldsymbol{X})$构建第一步单目标优化模型如下：

$$\begin{cases}\min f_1(\boldsymbol{X}) \\ \boldsymbol{X}\in\boldsymbol{D}\end{cases}\tag{2-415}$$

求解第一步单目标优化模型，得最优值f_1^*和最优解域$\boldsymbol{D}_1$如下：

$$\begin{cases}\min f_1(\boldsymbol{X})=f_1^* \\ \boldsymbol{X}\in\boldsymbol{D}_1\end{cases}\tag{2-416}$$

构建第二步优化模型如下：

$$\begin{cases}\min f_2(\boldsymbol{X}) \\ \boldsymbol{X}\in\boldsymbol{D}_1+\boldsymbol{\varepsilon}_1\end{cases}\tag{2-417}$$

求解第二步单目标优化模型，得最优值f_2^*和最优解域$\boldsymbol{D}_2$如下：

$$\begin{cases}\min f_2(\boldsymbol{X})=f_2^* \\ \boldsymbol{X}\in\boldsymbol{D}_2\end{cases}\tag{2-418}$$

构建第三步优化模型如下：

$$\begin{cases}\min f_3(\boldsymbol{X}) \\ \boldsymbol{X}\in\boldsymbol{D}_2+\boldsymbol{\varepsilon}_2\end{cases}\tag{2-419}$$

求解第三步单目标优化模型，得最优值f_3^*和最优解域$\boldsymbol{D}_3$如下：

$$\begin{cases}\min f_3(\boldsymbol{X})=f_3^* \\ \boldsymbol{X}\in\boldsymbol{D}_3\end{cases}\tag{2-420}$$

构建第四步优化模型如下：

$$\begin{cases}\min f_4(\boldsymbol{X}) \\ \boldsymbol{X}\in\boldsymbol{D}_3+\boldsymbol{\varepsilon}_3\end{cases}\tag{2-421}$$

求解第四步单目标优化模型，得最优值f_4^*和最优解$\boldsymbol{D}_4$如下：

$$\begin{cases}\min f_4(\boldsymbol{X})=f_4^* \\ \boldsymbol{X}\in\boldsymbol{D}_4\end{cases}\tag{2-422}$$

经过上述多步的模型构建和模型求解，便完成了对原多目标规划问题的近似等效求解，可获得能够满足实际需求的近似最优解和近似最优值。

2.5.4 多目标规划问题的小结

本节我们介绍了四种相对简单、容易理解的多目标规划问题求解方法。当然，多目标规划问题的求解方法远不止这些，例如功效系数法、乘除法、极大极小值法等也有较多应用，感兴趣的读者可以自行查阅相关文献。

需要注意的是，如果目标函数之间存在矛盾冲突，比如在炼化生产中，我们一方面追求经济效益尽量高，另一方面需要产品质量尽量好，而这两个目标是相互矛盾的，此时我们还会用到模糊集理论的知识，通过隶属度函数将多目标问题转化为单目标问题进行求解。再如，原油管网排产调度中，我们一方面想要减少油种批次切换次数以保证管道运行平稳，另一方面又想要优化油种批次安排以降低管输能量损耗，那么这两个目标往往也是矛盾的，此时我们又可以用到反馈式排演图方法，通过人机结合快速给出满意方案（详见第3.2节的原油管网输送优化案例分析）。

总之，多目标规划问题求解方法仍未发展成熟，或许要找到一个既通用又高效的多目标规划求解方法仍是一个需要长期面对的理论难题。然而，在某一具体的实际应用中，我们还是可以在传统多目标规划算法的基本思想上汲取营养，具体问题具体分析、解放思想、大胆探索、严谨求证。也就是说，我们可以跳出理论囚笼和思想限制，面对重大的多目标规划难题时，不限手段、创新方法、灵活应对，以实际效果论方法效率。一个好的问题求解方法，即使没有多大的理论意义，但只要有经济意义，那也是值得尝试的。

2.6 NP-Hard问题与求解方法

2.6.1 NP-Hard问题的引出

例2.6-1：假设有北京、济南、上海、福州、广州、重庆、西安、兰州、郑州、武汉、长沙、贵阳、太原等n个城市，一名推销员需要从其中一个城市出发，沿途必须经过且只经过一次其他$n-1$个城市，最后还必须再返回出发地。假设在这n个城市中，任意两个城市之间都有飞机直达，且各条航线的航程都是已知的。现在问该推销员遍历所有城市的最短路径是哪条？最短路程是多少？

这个问题俗称“旅行商问题”（Traveling Salesman Problem，简称TSP），是一个典型的NP-Hard问题。

对于例2.6-1问题，可用数学模型表达如下：

$$\min Z=\sum_{i=1}^{n}\sum_{j=1}^{n}d_{ij}x_{ij}\quad i\neq j \quad ① \qquad (2\text{–}423)$$

$$\text{s.t.}\begin{cases}\sum\limits_{i=1}^{n}x_{ij}=1 \quad i\neq j & ②\\ \sum\limits_{j=1}^{n}x_{ij}=1 \quad i\neq j & ③\\ u_i-u_j+nx_{ij}\leqslant n-1 \quad i\neq j,\ i,j=2,3,4,\cdots,n & ④\\ x_{ij}\in\{0,1\} & ⑤\end{cases} \qquad (2\text{–}424)$$

式（2–424）中，d_{ij}指从城市i到城市j之间的航程；x_{ij}为0–1整数变量，当$x_{ij}=1$时，表示推销员将走从城市i到城市j的路线，当$x_{ij}=0$时，表示推销员不走从城市i到城市j的路线，或者说推销员将从除城市i外的其他某城市飞到城市j；约束$\sum\limits_{i=1}^{n}x_{ij}=1$表示允许且只允许从其中一个城市出发抵达$i$城市，形象地理解为必须一边进；约束$\sum\limits_{j=1}^{n}x_{ij}=1$表示从城市$i$出发，允许且只允许抵达其他一个城市，形象地理解为必须一边出；u_i指访问城市的顺序数；约束$u_i-u_j+nx_{ij}\leqslant n-1$表示不允许产生子回路，从而使所有城市形成一个连通块。

之所以要添加上述约束条件，主要是为了获得如下的“一边进、一边出”的“无子回路”的旅行方案（图2–42）。

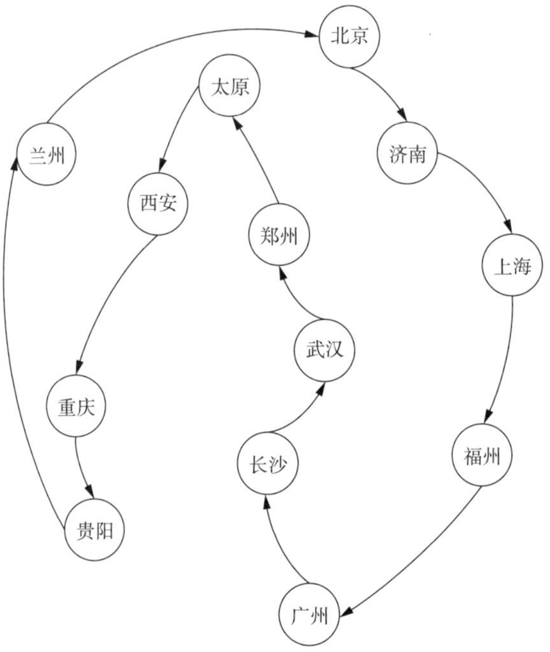

图2–42 “一边进、一边出”且无“子回路”的旅行方案示意图

如果不添加约束条件⑤，则可能形成如下的满足“一边进、一边出”的但有“子回路”的旅行方案（图2-43）。

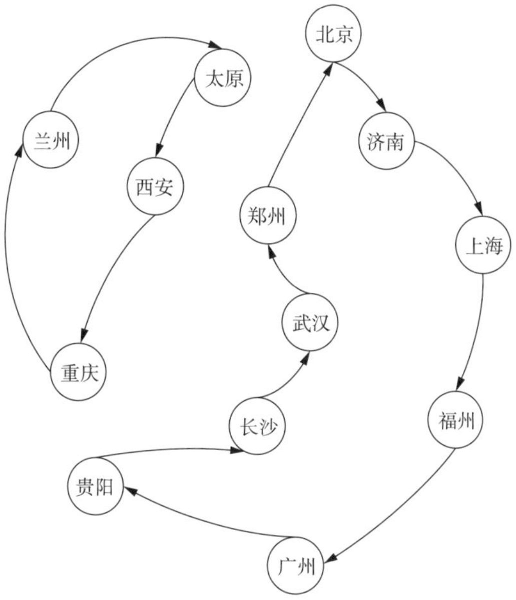

图2-43 “一边进、一边出”但有“子回路”的旅行方案示意图

那么，为什么添加约束条件$u_i - u_j + nx_{ij} \leqslant n - 1$就能限制子回路的产生呢？我们假设旅行商要从$i$号城市去$j$号城市，那么就有$x_{ij} = 1$，约束条件⑤就变为$u_j \geqslant u_i + 1$，也即是说，如果从$i$号城市出发去$j$号城市，$j$号城市的顺序数就必然大于$i$号城市，也即$u_j > u_i$。如果存在子回路，比如3号城市→5号城市→6号城市→3号城市，那么就会出现$u_3 > u_6 > u_5 > u_3$这样的递推错误。

2.6.2 NP-Hard问题的内涵

从数学模型上看，例2.6-1问题是一个整数组合规划问题，属于NP-Hard问题。这类问题的求解非常困难，因为它的时间复杂度是指数级的。该例中，如果仅有6个城市，则其路线方案总数是5!（!表示阶乘），也即1.2×10^2种；如果有11个城市，则路线方案总数是10!，也即3.6298×10^6种，如果有41个城市，则路线方案总数是40!，也即8.159×10^{47}种。对于41个城市的旅行商问题，如果采用穷举法求解，假设所用计算机计算速度是1亿次/秒，则算出最优路线需2.587×10^{32}年的时间。对于这样一个天文数字，如果我们即刻启动当前性能最强的超级计算机（当前量子计算机仍未成熟）进行穷举，或许后世万代子孙都等不到最终出结果的那一天。

上面我们提到了时间复杂度这个名词，那么什么是时间复杂度呢？所谓时间复杂度是指当问题的规模扩大（变量维度n增加）后，程序处理问题需要的时间增长有多快的程度。如果不管变量的维度n增加多少，程序处理问题所花的时间不变，那么这个问题就具有$O(1)$的时间复杂度，也即常数级复杂度；如果变量的维度n增长多少，程序处理所花的时间也跟着成比例地增长多少，那么这个问题就具有$O(n)$的时间复杂度，也即线性级复杂度；如果变量的维度n扩大2倍，程序处理所花时间增长为原来的4倍，那么这个问题就具有$O(n^2)$时间复杂度，也即平方级复杂度。同理，还有$O(n^a)$、$O(n^a+n^b)$等类型的时间复杂度，只要其变量的维度n为底数，任意常数a、b为指数，则问题的时间复杂度就是多项式级的。反之，若变量的维度n为指数，任意非零常数a、b为底数，如$O(a^n)$，则问题的时间复杂度就是指数级的。对于n为对数的形式，如$O(\ln(n))$，人们一般将其归为多项式级时间复杂度；对于n为阶乘的形式，如$O(n!)$，人们一般将其归为指数级时间复杂度。对于指数级时间复杂度问题，当问题的规模扩大时，其问题的解的总数将呈"爆炸式增长"，很快就能让性能强劲的超级计算机陷入"无能为力"的状态。

综上所述，所谓NP-Hard问题并不是指具有某种特殊数学形式的问题，而是指求解这些问题的时间复杂度是指数级的，或者说是NP-Hard级的。本章之所以要将NP-Hard问题拿出来与其他规划问题并列讨论，主要是为了引出这类特殊属性的优化问题和一类具有智能化特征的求解算法——自启发式算法，因为这类问题和相应的求解算法在石油战略运筹的实践案例分析求解中也会有所应用。

2.6.3 NP-Hard问题的求解

精确求解NP-Hard问题是非常困难的，目前寻找求解NP-Hard问题的多项式时间算法仍然是七大世界数学难题之一。对于具有指数级时间复杂度的NP-Hard问题，如果问题规模较小，我们可以采用图论、分支定界法、动态规划方法等来求解。但如果NP-Hard问题的规模较大，则一般不能在有限时间内实现精确求解，这时就需要用到一些非精确算法对问题进行求解，如贪婪算法、局部搜索算法、松弛算法等近似算法和禁忌搜索算法、模拟退火算法、遗传算法、差分进化算法、蚁群算法、粒子群算法、人工免疫算法等自启发式算法。其中，自启发式算法具有较强的全局寻优能力，曾经一度风靡学术界，成为解决大规模NP-Hard问题的首选方法。

在本节中，我们选择"差分进化"为自启发式算法的代表，进行简要介绍，因为使用这类算法的主要工作有两个：一是问题编码，也就是将实际问题转化为一系列的编码表示，以满足算法使用要求；二是算法设计，也即设计算法结构和配置算法参数，以提高算法的收敛精度和搜索速度。在问题编码方面，主要的自启发式算法都基本一致，在算法结构设计上，主要的自启发式算法也相差不大，因此，可以用差分进化算法作为一个代表，来讨论自启发式算法的应用。

差分进化算法（Differential Evolution Algorithm，简称DEA）是由Rainer Storn和Kenneth Price于1997年根据遗传算法的进化思想（达尔文的自然进化论：优胜劣汰、适者生存）提出来的，现已应用于很多领域的优化计算。差分进化算法的本质是一种基于实数编码的自启发式多目标优化算法,与遗传算法相似，它也是模拟生物的遗传和进化机制的一种并行随机优化搜索方法。所不同的是差分进化算法用实数来编码染色体，用父代差分向量来变异生成子代个体，并在父代和子代间进行基因交叉。据报道，差分进化算法相比于遗传算法具有很多优点，如在求解非凸、多峰、非线性函数优化问题时有较强的稳健性，擅长求解多维连续函数优化问题，全局寻优能力强，收敛速度快，易于编程实现等。

差分进化算法的计算流程如图2-44所示：

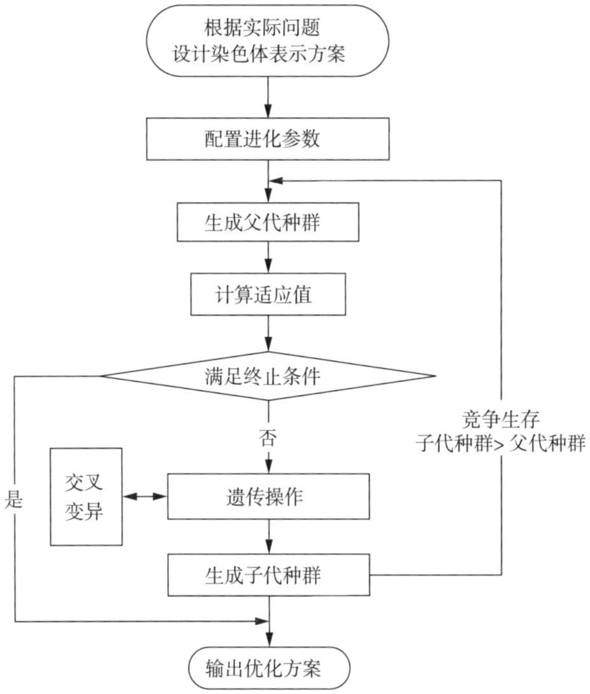

图2-44　差分进化算法计算流程图

如图2-44所示，差分进化算法是由种群初始化、进化循环和循环内部的三个主要操作（变异、交叉、选择）构成的。如果使用差分进化算法来求解例2.6-1问题，则其主要步骤如下：

（1）种群初始化。首先要确定种群数量。如果个体是由n维向量组成的，则种群数量M值一般设为$5n$~$10n$，最低不少于$4n$。对于例2.6-1问题，我们假设只有1、2、3、4四个城市（也即$n = 4$），那么可以随机生成包含16个4维个体的初始父代种群（也即种群数量取$4n$，或M=16），见表2-9。

表2-9　随机生成的初始父代种群表

个体1	95.72113	91.90198	95.1228	95.22480
个体2	99.37617	98.82386	98.32712	98.45775
个体3	90.14733	95.18516	96.15225	99.50385
个体4	98.86748	90.58296	90.08383	96.38297
个体5	90.30221	92.95242	90.10513	96.43366
个体6	98.65100	93.06802	97.82138	98.87979
个体7	93.80354	92.15013	94.91375	92.61033
个体8	98.14425	91.16696	95.63616	90.8977
个体9	96.40155	91.10598	90.74115	90.26955
个体10	95.79099	91.65841	92.26981	93.80457
个体11	90.88746	91.51549	91.37513	92.94405
个体12	91.59588	98.93107	92.65370	95.75164
个体13	90.41411	95.21869	92.20259	99.72052
个体14	97.26330	97.07642	97.53205	92.34549
个体15	94.63227	97.20165	98.77860	90.95429
个体16	97.66363	94.33853	92.28578	93.90938

对于具体问题，可以设定个体变量各维度的取值范围。表2-9中第i个个体的第j维值取值方法如下：

$$
\begin{aligned}
&\boldsymbol{X}_{i,j}(0)=\boldsymbol{L}_{j\_min}+rand(0,1)(\boldsymbol{L}_{j\_max}-\boldsymbol{L}_{j\_min})\\
&i=1,2,\cdots,\boldsymbol{M}\\
&j=1,2,\cdots,n
\end{aligned}
\tag{2-425}
$$

式中，$\boldsymbol{X}_{i,j}(0)$指初始父代种群中第i号个体的第j维变量；$\boldsymbol{L}_{j_min}$指个体第j维变量的取值范围下限，本例中取90；$\boldsymbol{L}_{j_max}$指个体第j维变量的取值范围上限，本例中取100；$rand(0,1)$指能够生成0~1范围内的随机数函数。

（2）进化循环。在计算程序中，一般会用for或while循环来控制进化循环迭代过程。由于自启发式算法的循环终止条件尚无严格的数学理论证明，因而当前一般采用进化代数来控制算法迭代次数，如1000代，也即当进化代数超过预设代数1000时，进化程序会终止计算，并输出种群中的当前最优方案及其所对应的最优值。

预设进化代数是较难的工作，若预设进化代数较小，进化不充分，则不能搜索到满意解；若预设进化代数较大，循环不停止，则又会耗费大量时间。因此，当进化代数无法准确预估时，就可以设定一个充分大的数值，然后在计算过程中，随时抽提当前算法已经搜索到的最优方案。如果当前方案能够满足需求，则可以随时终止程序。

（3）变异操作。假设进化循环进入第g次迭代，现在要通过变异操作来生成“变异子代种群”中的第i个个体$\boldsymbol{H}_i(g)$，则我们要先从第$g-1$代的父代种群$\boldsymbol{X}(g-1)$中随机选择3个各不相同的个体$\boldsymbol{X}_{p1}(g-1)$、$\boldsymbol{X}_{p2}(g-1)$、$\boldsymbol{X}_{p3}(g-1)$，即$\boldsymbol{X}_{p1}(g-1)\neq\boldsymbol{X}_{p2}(g-1)\neq\boldsymbol{X}_{p3}(g-1)$，然后通过下述变异操作式生成$\boldsymbol{H}_i(g)$：

$$\boldsymbol{H}_i(g)=\boldsymbol{X}_{p1}(g-1)+F\cdot[\boldsymbol{X}_{p2}(g-1)-\boldsymbol{X}_{p3}(g-1)] \tag{2-426}$$

式中，F是缩放因子，一般在[0，2]的范围内取值，通常情况下取0.5。特殊情况下，缩放因子也可以写成自适应的形式，在进化计算过程中可按计算要求随时灵活地调整其取值。

对于例2.6-1问题，假如我们现在要生成第1代“变异子代种群”中的第7个个体$\boldsymbol{H}_7(1)$，则按上述变异流程操作如下：

首先，随机生成三个整数，假设为4、2、6，则其对应的第0代父代种群的相应个体分别是（表2-10）：

表2-10　对应的第0代父代种群的相应个体

个体4	98.86748	90.58296	90.08383	96.38297
个体2	99.37617	98.82386	98.32712	98.45775
个体6	98.65100	93.06802	97.82138	98.87979

其次，我们用第0代父代种群的个体2的各列数据减去个体6的各列数据，得到（表2-11）：

表2-11　个体2的各列数据减去个体6的各列数据

0.72517	5.75584	0.50574	−0.42204

再次，我们将缩放因子F取为0.5，则F与上述各列数据相乘后得到（表2-12）：

表2-12　F与各列数据相乘后得到的数据

0.36258	2.87792	0.25287	−0.21102

最后，我们将上述各列数据与第0代父代种群的个体4相加，得到$\boldsymbol{H}_7(1)$（表2-13）：

表2-13　与个体4相加后的数据

99.23007	93.46088	90.3367	96.17195

以此类推，我们可以得到第1代“变异子代种群”中的其他15个个体，在此不再赘述。

（4）交叉操作。在得到第g代“变异子代种群”后，还需要通过交叉操作来生成第g代“交叉子代种群”$\boldsymbol{V}(g)$，交叉操作的具体方法如下：

$$\boldsymbol{V}_{i,j}(g)=\begin{cases}\boldsymbol{H}_{i,j}(g) & rand(0,1)\leqslant cr\\ \boldsymbol{X}_{i,j}(g-1) & rand(0,1)>cr\end{cases} \quad (2\text{–}427)$$

式中，cr为交叉概率，一般在[0, 1]之间取值，或设置合适的函数，在计算中自适应调整。

对前文$\boldsymbol{H}_7(1)$进行交叉操作，得到子1代第7号交叉个体如下（表2–14）：

表2–14　子1代第7号交叉个体

子1代第7号变异个体	99.23007	93.46088	90.3367	96.17195
父0代第7号个体	93.80354	92.15013	94.91375	92.61033
交叉随机数	0.15	0.03	0.7	0.48
预设交叉概率	0.6	0.6	0.6	0.6
子1代第7号交叉个体	99.23007	93.46088	94.91375	96.17195

表2–14中，只有城市3的交叉随机数大于预设交叉概率，即0.7＞0.6，此时$\boldsymbol{V}_{7,3}(1)=\boldsymbol{V}_{7,3}(0)=94.91375$。除此之外，都未发生交叉，也即$\boldsymbol{V}_{7,i}(1)=\boldsymbol{H}_{7,i}(1)$，$i=1, 2, 4$。

以此类推，我们还可以得到第1代“交叉子代种群”中的其他15个个体，在此不再赘述。

（5）选择操作。在得到“交叉子代种群”后，要按基因顺序将其与父代种群逐一比对对应个体的适应值大小。如果子代个体优于对应角标的父代个体，则用该子代个体替换对应角标的父代个体。如果子代个体差于对应角标的父代个体，则不替换。如此，父代种群就实现了更新或进化。也即选择操作的具体方法为：

$$\boldsymbol{X}_i(g)=\begin{cases}\boldsymbol{V}_i(g) & f[\boldsymbol{V}_i(g)]>f[\boldsymbol{X}_i(g-1)]\\ \boldsymbol{X}_i(g-1) & f[\boldsymbol{V}_i(g)]\leqslant f[\boldsymbol{X}_i(g-1)]\end{cases} \quad (2\text{–}428)$$

我们以“子1代第7号交叉个体与其对应的父0代第7号个体”的选择操作为例来进行选择操作演示。首先，我们要将实数编码染色体的各列基因按大小排序，将实数编码染色体转换为整数编码染色体（表2–15）：

表2–15　实数编码染色体转换为整数编码染色体

父0代第7号个体	93.80354	92.15013	94.91375	92.61033
父0代第7号个体	3	1	4	2
子1代第7号交叉个体	99.23007	93.46088	94.91375	96.17195
子1代第7号交叉个体	4	1	2	3

父0代第7号个体的方案可解读为从3号城市出发，依次经过1号、4号、2号城市，最终从2号城市返回3号城市；子1代第7号交叉个体的方案可解读为从4号城市出发，依次经过1号、2号、3号城市，最终从3号城市返回4号城市。因此，“父0代第7号个体”和“子1代第7号交叉个体”的适应值可分别写为：

$$f[\boldsymbol{X}_i(0)] = \frac{1}{d_{3,1} + d_{1,4} + d_{4,2} + d_{2,3}} \tag{2-429}$$

$$f[\boldsymbol{V}_i(1)] = \frac{1}{d_{4,1} + d_{1,2} + d_{2,3} + d_{3,4}} \tag{2-430}$$

现假设$f[\boldsymbol{V}_i(1)] > f[\boldsymbol{X}_i(0)]$，则“子1代第7号交叉个体”将替代“父0代第7号个体”，也即子代个体比父代对应个体更加优胜，因此选择子代个体进入父代种群，对父代种群相应个体进行替换。在对其他15个个体依次进行选择操作后，父代种群就得到了进化，种群整体将比原来更加优秀。

上述内容只讲了某一代进化计算中的变异、交叉、选择操作。实际上，在进化循环的控制下，种群进化计算是一代一代地不断进行的。在每一代的进化计算中，上述变异、交叉、选择操作都要按个体顺序依次进行。如此，通过不断生成更加优秀的子代个体，并用于替换父代种群中的相应个体，最终将有很大机会获得NP-Hard问题的全局最优解和最优值。

实际上，差分进化算法的变异、交叉、选择等操作的总体效果是使得算法在一定随机性的基础上实现寻优总方向的收敛。随机性使得算法有机会跳出局部最优的空间陷阱，而总方向收敛保证了算法的总体优化方向正确。随机性和总方向收敛也是其他类型的自启发式算法，如粒子群算法、蚂蚁算法、遗传算法、模拟退火算法、人工免疫算法等，所具备的共同特点，是自启发式算法区别于传统优化算法的最本质的特征。

2.6.4 NP-Hard问题的小结

在石油工业的实际运行中，有很多的优化问题都属于NP-Hard问题，例如原油油轮远洋拼装配送优化问题、加油站成品油拼车配送优化问题、化工品拼单运输优化问题、重质燃料油拼船加注优化问题等，这类问题都有很多的局部最优解空间陷阱，一般的寻优算法往往很容易深陷局部最优解空间之中，难以跳出来。

此时，应用自启发式算法往往能够获得较好的全局寻优效果，有时我们还可以考虑将自启发式算法与传统优化方法和人员灵活决策法相结合，以形成更好的大型工业实际问题解决方案。这类具有随机特点的优化类算法虽然收敛速度慢且不确定性大，但在实时性要求不高和结果仍需要人工评价核对的业务运筹中，自启发式算法还是有很大的应用价值的。

2.7 本章小结

在本章中，我们简单介绍了石油战略运筹中常见的问题和常用的方法。在下一章中，我们将挑选几个具有代表性的实际运筹案例进行分析和求解，以加深我们对石油战略运筹内涵的理解。

需要注意的是，这些石油战略运筹的实际案例往往是相当复杂的，其数学属性不是简单的一种或两种属性的叠加，而有可能是多种属性的有机组合，因而对石油战略运筹问题的求解方法也将是本章所讲各类算法的综合应用、深化应用、创新应用。

虽然石油战略运筹实际问题的求解比较困难，但身处人们生存的需求之下和石油权力的威胁之下，我们必须创新应用运筹理论，将其打造成为捍卫国家石油战略安全的“国之干城”和化被动为主动的“反杀绝技”。为此，我们应当继承革命先辈的伟大理想、必胜信心和顽强意志，大胆创新、理直气壮、平心静气地将运筹理论应用于国家和企业的石油战略管理之中，在应用实践中不断感悟和发展石油战略运筹理论，在理论探索中不断将其发展壮大。

参考文献

[1] 中国运筹学会数学规划分会.中国数学规划学科发展概述［J］. 运筹学学报，2014，18(1): 1-8.

[2] 曾梅清，田大钢.线性规划问题的算法综述［J］. 科学技术与工程，2010，10(1): 152-159.

[3] Dantzig G B.回顾线性规划的起源［J］. 运筹学杂志，1984，3(1): 71-78.

[4] 徐树荣，聂义勇. 线性规划椭球算法若干改进结果［J］. 数学研究与评论，1990，10(03): 399-406.

[5] 陈宝林. 最优化理论与算法［M］. 北京：清华大学出版社，2005.

[6] 何盛明. 财经大辞典［M］. 北京：中国财政经济出版社，1990.

[7] Wu T. Pattern Search Methods: Then and Now——中国运筹学会第七届学术交流论文集［C］. 青岛: Global-Link 出版社（中国香港），2004.

[8] Nelder J A, Mead R. A simplex method for function minimum［J］. Computer Journal, 1965, 7(4): 308-313.

[9] Fletcher, Powell M J D.A rapidly convergent descent method for minimization［J］. Computer Journal, 1963(6): 163-168.

[10] Fletcher, Reeves C M. Function minimization by conjugate gradients［J］. Computer Journal, 1964 (7): 149-154.

[11] 何银仁，陈先芽，张慧. 炼油化工生产经营计划优化 [M]. 北京：中国石化出版社，1999.
[12] 张明佳. 混合整数规划方法的工程应用研究 [D]. 武汉：华中科技大学，2005.
[13] Land A H, Doig A G. An Automatic Method for Solving Discrete Programming Problems [J]. Econometrica, 1960(28): 497–520.
[14] Dakin R J. A Tree Search Algorithm for Mixed Integer Programming Problems [J]. Computer Journal, 1965(8): 250–255.
[15] Gomory R E. Outline of an algorithm for integer solutions to linear programs [J]. Bull AMS, 1958 (64): 275–278.
[16] 易斌. 经典Benders分解算法解析 [J]. 湖南铁路科技职业技术学院学报，2010，8(02): 76–78.
[17] Geoffrion A M. Generalized Benders Decomposition [J]. Journal of Optimization Theory and Applications, 1972, 10 (4): 237–260.
[18] 严祖梁.多目标规划方法综述 [J].北京农业工程大学学报，1988，8(2): 108–116.
[19] STORN R, PRICE K. Differential Evolution–a Simple and Efficient Heuristic for Global Optimization over Continuous Spaces [J]. Journal of Global Optimization, 1997, 11(4): 341–359.
[20] 周辉仁，唐万生，王海龙.基于差分进化算法的多旅行商问题优化 [J]. 系统工程理论与实践，2010，30(8): 1471–1476.
[21] 蔡延光，宋康，张敏捷，等. 自适应多目标混合差分进化算法在联盟运输调度中的应用 [J]. 计算机应用，2010，30(11)，2887–2890.
[22] 段新涛，范晓艳，王婧娟，等. 基于差分进化的差值置换混叠图像盲分离 [J]. 视频应用与工程，2015，39(21): 95–98.
[23] 韩丽，孙望，罗朋，等. 差分进化算法在变压器故障诊断中应用 [J]. 电测与仪表，2015，52(16): 38–42.
[24] Niknam T, Doagou M H, Firouzi BB. A New Optimization Algorithm for Multi–objective Economic/Emission Dispatch [J]. Electrical Power and Energy Systems, 2013, 5(46): 283–293.

第3章 石油战略运筹的案例分析

如果从生产生活的角度来看石油战略运筹学，那么我们要解决的问题包括：人们每月要“吃”掉什么种类和多少数量的石油产品，“穿”掉什么种类和多少数量的石油产品，“住”掉什么种类和多少数量的石油产品，“用”掉什么种类和多少数量的石油产品，“行”掉什么种类和多少数量的石油产品等。

如果从石油权力的角度来看石油战略运筹学，那么我们要解决的问题包括：哪些石油生产国可以给我们提供什么种类的和多少数量的石油货源，期货市场上的哪些批次的原油是经过价格发现的和相对经济实惠的，我们是否有安全经济的通道和方案将拟购买的原油分批次运输回国并配送给相关炼化企业，我们是否能够通过石油技术输出来获得资源实惠，我们是否有卖方接受的原油交易货币和安全通畅的货币支付渠道，我们是否有充足的石油战略储备等。

所有这些事关国计民生和国家安全的石油战略问题在每个月的石油供应和生产计划中都不得不综合考虑和全局运筹，问题的规模之庞大、属性之复杂、限制之严苛，让我们不得不将运筹学创新应用于其中，为国家石油战略决策提供科学依据和技术手段。

本章将从原油采购－远洋运输、原油管网配输、原油加工计划、炼厂检修计划、重质燃料油调和、输油管道选线等环节或层面来讨论石油战略运筹学的部分实际应用案例，以期引起读者的兴趣、重视和参与，达到抛砖引玉和将石油战略运筹学发扬光大的目的，从而为保障国家的石油供应安全作出积极的贡献。当然，为保护商业机密甚至是国家机密，本章对所有的案例的分析数据都做了一定的处理，也即案例数据并非完全真实，在某些地方的数据关联甚至会存在一定程度的逻辑瑕疵。在此诚恳地建议读者将关注重点放在分析解决问题的理念、思路和方法上，而勿耗费过多的精力去审视和求证数据逻辑，以免额外耗费您的宝贵时间。

3.1 原油采购－远洋运输优化问题分析与求解

世界石油资源主要分布在中东、非洲、北美洲和俄罗斯等地区，而消费地则主要位于欧洲、东亚和北美洲等地区（虽然美国页岩油产量近年来增长较快，但美国炼化企业仍主要炼化中东原油）。由于石油的开采与消费在地理上分布严重不均衡，导致石油贸易和运输业务日益繁重。目前，石油运输方式主要分两种，陆地运输以管道为主，而海上运输则以油轮为主。其中油轮运输已有百年历史，具有运量大、运费低的优势，在海上跨地域运输中一直占据着主导地位。

据有关文献统计，我国近年来进口原油总量呈逐年攀升的趋势。以2014年为例，当年我国进口原油总量约3.1亿吨，这其中约90%是通过远洋船运回国的，年度油轮运费高达20多亿美元，这其中仅仅油轮的滞期费损失就接近1亿美元，而油轮的亏舱费损失和靠港费损失还有可能更大，却尚未统计在内。因此，原油远洋运输是存在较大的降本增效空间的，尤其在低油价的背景下，运输成本在原油贸易总成本中的占比更为突显，因而运输运筹问题更加值得重视。

3.1.1 原油采购–远洋运输优化问题简介

我国海上进口原油以中国石化为主，中国石化原油采购–远洋运输流程如图3–1所示。

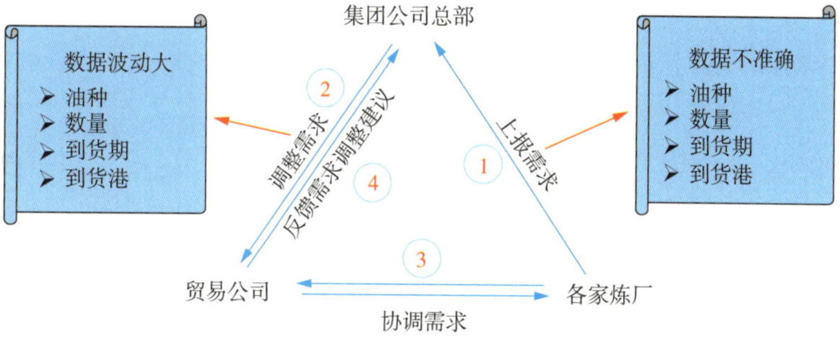

图3–1 中国石化原油采购–远洋运输流程示意图

原油采购–远洋运输方案编制过程按图3–1中步骤①、②、③、④依次执行。在步骤③中，贸易公司将密切跟踪市场资源，动态采购并制定远洋运输计划。其间若发现因需求不合理而影响运输计划的编制时，贸易公司须与炼厂反复磋商，协调变更需求。最终需求变更方案须通过步骤④获得总部许可。根据市场资源情况，步骤③与步骤④一般需要反复执行，直至获得完整的经济运输方案为止。

需要注意的是，如果按装期分，则国际市场上的原油采购方式主要有两大类。第一类是西非模式，在西非原油期货市场上，每个批次的油源都自带装期，如果采购某个批次油源，就需要买方的油轮按装期规定的时间抵达装港并装载该批次原油；第二类是中东模式，在中东原油期货市场上，可以默认各类原油是无限量供应的，买家购买某个批次的原油时，可以向卖家自由申报一个合适的装期，也即装期也将成为原油采购–远洋运输优化问题的变量之一。

根据炼厂需求情况和市场资源供应情况，原油采购–远洋运输过程以油轮为纽带，形成了装港拼装、远洋运输和卸港配送三层运输过程，如图3–2所示。

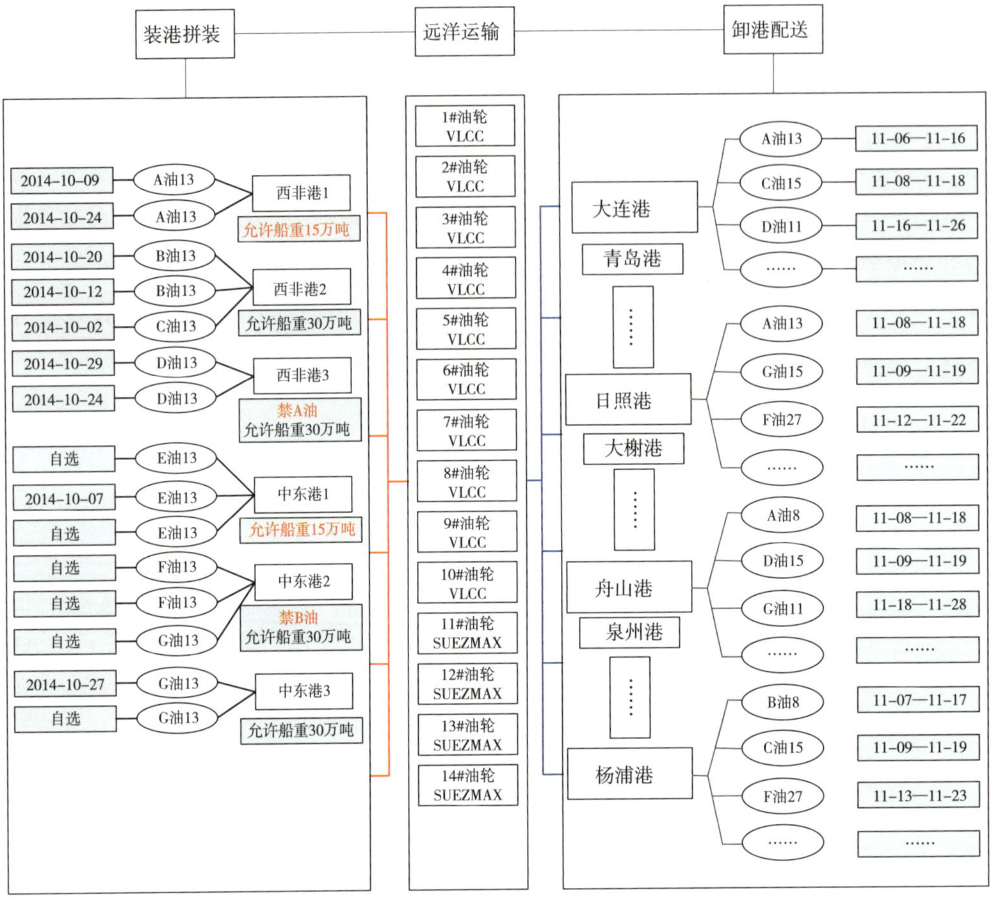

图3-2　中国石化原油远洋运输过程示意图

原油远洋运输一般按航次租船，租借的油轮从装港拼装、远洋运输到卸港配送全流程执行运输任务，不存在中途换船型或海上分卸的情况。同时认为，国际航运市场的油轮数量充足，各类船型可无限量租借，但常用的经济船型一般为VLCC（计费吨位为26万吨）和SUEZMAX（计费吨位为13万吨）两种，其他吨位更低的船型一般是不经济的（单位数量原油的运费费率较高），很少租用。

值得一提的是，这种“拼装-配送”运输模式已经普遍存在，且在很多行业中都有体现。我们知道，运输工具大型化是必然的发展趋势，因为大型运输工具的单位运输成本更加低廉；同时货物配送零散化也是当今的发展趋势，因为未来市场更加偏向于小批量个性化定制式高端服务。于是，在运输工具大型化和配送服务零散化之间形成了尖锐的矛盾，需要通过运筹调和才能促进释放经济效益。

3.1.2　原油采购-远洋运输优化问题属性分析

原油远洋运输优化问题的最终目标是将国际市场所采购的零散批次原油以最优的

船型组合、拼装航线组合和配送航线组合运回我国卸港（再通过管网转输至分布于全国各地的炼化企业，详见第3.2节），以满足生产需求。采购–运输优化模型以运费（包括油轮运输费、靠港费、滞期费）最低为目标函数，涉及的决策变量包括船型组合、拼装航线组合、配送航线组合、装油日期、油种替换、批次拆分、数量增减等不同维度，涉及的限制条件包括供需平衡、港口水深、环保法规、油品装期、到货期限等不同种类，问题具有以下属性：

（1）是大规模NP–Hard问题。原油采购–远洋运输优化是包含多种高维度变量的大规模NP–Hard问题。第一，进口原油数量较为巨大，月度进口约1500万吨；第二，进口原油批次非常繁多，各炼化企业每月提报的资源需求超过100多个批次，各批次数量不规整，常在2万吨至29万吨之间浮动；第三，进口原油种类特别繁杂，如轻质、中质、重质、高硫、低硫等，性质各有不同；第四，装卸港口地域分布广泛，需求货源来自中东、西非、美洲、远东、中亚–欧洲五大地域的几十个原油装港，原油接收港口数量多达十余个，分布于从大连至湛江的漫长沿海地区；第五，限制条件较为严格，例如进口原油到货期一般要限定在炼厂提报的到货期的前后10天范围内，等等。

（2）具有动态–模糊性。原油采购–远洋运输优化具有动态–模糊性，需要贸易公司各主管区域的业务人员根据市场资源动态变化情况和临近地域炼化企业（主要指炼厂的原油卸载港口临近）的需求动态变化情况，及时与各家炼厂协商调整，实时地反馈调整到货港、到货期、到货油种、到货数量等参数，并上报总部批准。由于资源的变化受到众多交易对手的动态干扰，需求的变化也需要炼厂计划团队通过PIMS等专业软件优化后确定，因而原油远洋运输优化问题的限制条件或可行解域是动态变化的和模糊不清的，单靠建立数学模型并采用优化算法单一求解方案是不能有效解决实际问题的。换句话说，原油采购–远洋运输优化模型的目标函数和限制条件本身也是需要不断被优化的，这就超出了现有优化方法的解决范畴。

（3）时效性要求较高。为适应原油期货市场及国际租船行情的快速变化，降低油轮拼装–配送的亏舱里程及提高油轮的总体到港均衡度，进行采购–运输优化操作时往往没有充足的时间去建立数学优化模型，而常会及时采用各类手段去灵活处理问题。或者说，原油采购–远洋运输优化问题的决策变量繁多，限制条件也非常不规整，若要理清各类决策变量并将限制条件写入数学优化模型将是非常困难且耗时的，也是难以满足业务的时效性要求的。

（4）业务全局关联性强。原油采购–远洋运输优化需要贸易公司各主管区域的业务人员协同配合来完成。我国采购的原油来自世界五大区域，各区域的业务人员须分别承担各自的原油采购–远洋运输优化业务。各区域业务人员月度采购–运输的原油分量如图3–3所示。

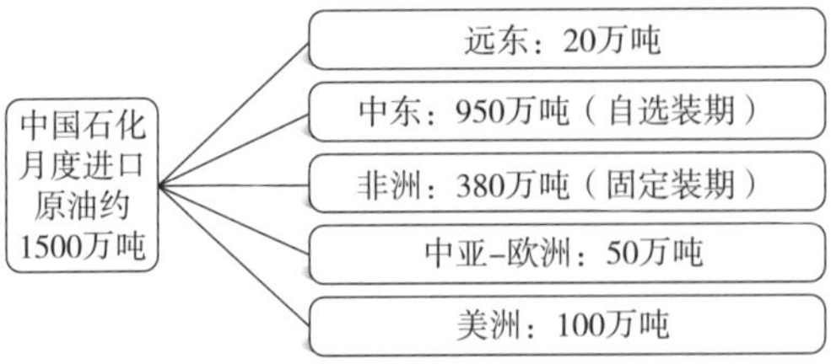

图3–3　中国石化进口原油地域分布情况

除来源广泛外，各区域的原油采购–远洋运输计划编制又是按时间进度交错进行的，如图3–4所示。

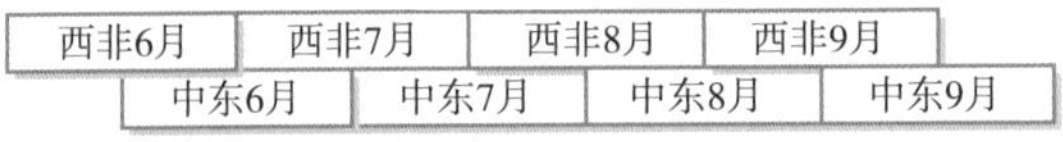

图3–4　不同区域原油采购–远洋运输计划编制时间交错图

由于各区域的运输计划是与全局紧密相关的（需要保证油轮到港均衡，降低卸港滞期费），因而采购–运输优化需要密切地协同配合。

总而言之，受原油远洋运输计划数据规模庞大和各种数据之间存在复杂联系的影响，加之各区域计划编制时间又是相互交错和动态进行的，采购–运输方案全局协同编制的难度是较大的。

3.1.3　原油采购–远洋运输优化问题的求解方法

1. 基于人机结合的模糊聚类图总控法

前文提到，我国原油采购–远洋运输优化问题是具有动态性、模糊性、全局性、实时性、不规则解域的大规模NP–Hard问题。如果原油运输计划仅有30个左右的批次，且市场油源是稳定和充足的，那么毫无疑问，利用传统混合整数规划方法或自启发式智能算法是可以实现问题优化求解的。然而，实际的月度运输计划却有100多个原油批次，在指数级“爆炸式”增长的规律面前，可行方案总数将是一个“天文数字”，已然超出混合整数规划方法和自启发式算法的可承受范围。同时，单靠数学建模求解的方法显然非常耗费时间，难及时应对复杂多变的原油期货市场。因此，在原油采购–远洋运输优化中，可以尝试混合使用模糊聚类图总控法和自启发式算法局部优化法来联合解决问题。

模糊聚类图总控法是一种基于“人机结合”模式的优化方法。它的思路是理清大量的、复杂的、相互纠缠的多维度变量数据间的相互关联，并用甘特图的形式予以全局性直观展示，给业务人员一个全局的视野和清晰的逻辑，从而启发业务人员的智慧，实时发现问题和提出解决方案。而对于聚类图仍难以打散的大量数据聚集/纠缠区域，则可按聚集情况将数据分成几个聚集区，快速建立若干个小的局部优化模型，并采用自启发式算法等予以优化求解，得到若干个局部运输优化方案，而后再通过模糊聚类图拼接上述若干局部运输优化方案，以控制形成总的全局优化方案。简而言之，原油采购–远洋运输优化的思路就是先用模糊聚类图总控法将大规模问题拆解成若干个相互关联的小规模问题，再建立相应的小型数学优化模型并用自启发式算法等求得局部优化方案，然后再用模糊聚类图总控法控制拼接各个局部优化方案，形成整体全局优化方案。

如此联用模糊聚类图总控法和自启发式优化算法，可以有效地适应我国原油采购–远洋运输优化问题的大规模NP–Hard特性、动态–模糊特性、业务实时性和全局关联性。下文中，我们先讨论用于整体方案优化控制的模糊聚类图总控法，再讨论用于局部方案优化求解的自启发式算法。

1）模糊聚类图总控法的提出

原油采购–远洋运输优化问题变量繁多，处理规则复杂，“可行解域”模糊且不规整，优化问题的目标函数和限制条件自身也需要被不断优化。因此，用数学优化模型来表述该问题是较为困难的，且数学优化模型中也基本不包含有利于问题求解或算法应用的相关启发性信息（例如线性、可导、可剪支等）。

鉴于此，我们可以先通过控制油轮的到港均衡度、油轮船型、靠港次数、亏舱航程（油轮在装港的拼装航程和在卸港的配送航程）四个主要参数来实现对原油采购–远洋运输问题的整体粗略优化。为控制这四个参数，我们提出了模糊聚类图总控法。在该方法中，需要重点关注四个要素，分别是需求类、资源类、需求类与资源类之间的关联、油轮类，如图3–5和图3–6所示。

需求类：可以满足所有运输约束条件，并能够以最经济的船型、最经济的装/卸航线、最少的装卸靠港次数运回中国原油接卸码头的油品批次集合。

资源类：根据其自带的装期和所处的地域，用单船运输时可以在同一天内抵达卸港的资源油品的集合。

需求类与资源类之间的关联：需求类和资源类之间以需求–资源相交线建立联系。需求–资源相交线的含义为：该资源可以满足哪些炼化企业的需求。当资源–需求相交时，若二者油种相同或相近，则可以重点关注其价格波动，在适当时刻执行采购。对于已采购的油品，要注意关注附近的需求–资源相交线。在执行下一批次资源采购时，应当注意拼装运输的经济性。

油轮类：对应着油品批次需求的约束条件限定，将所采购的资源拼装成大型油轮后即形成了油轮类。油轮类是船载各批次实际到港原油的组合，由虚线连接而成。

原油采购–远洋运输优化模糊聚类图总控法的实质是将需求、资源数据按时间、空间分布，而后根据资源–需求相交线、装/卸港口之间的航程、装/卸时间、油种、批次数量等聚类属性参数进行聚类，最终将零散的原油批次拼装成大型油轮，从而进行远洋运输和卸港配送。聚类的目标为：力争使同一油轮上的各批次油品的装港靠近，卸港靠近，允许相互拼装，装油滞期时间少，各原油批次的数量加和接近油轮的计费吨位，各油轮抵达卸港的时间分布较为均衡等。

2）模糊聚类图总控法的步骤

模糊聚类图总控法的最优方案求解步骤如下所述：

（1）将炼厂需求按时间–空间–油种–数量聚类。

（2）将市场资源按时间–空间–油种–数量聚类。

（3）根据需求–资源相交线建立供需聚类联系。

（4）根据供需联系，以油轮为运输聚类中心。

（5）根据聚类中心对各需求批次的类属性进行动态反馈调整（例如替换油种、更改船期、增减数量、拆分批次等）。

3）模糊聚类图总控法的优点

模糊聚类图总控法以油轮为聚类中心，利用港口、时间、图形、颜色、文字等手段将各种维度的业务数据压缩成二维平面图，以辅助各区域业务人员形成“全局视野”，促进相互之间的密切配合，协同制定全局优化的采购–运输方案。

在动态拼装油品的过程中，业务人员可利用模糊聚类图实时发现炼厂提报需求的不合理性及市场资源的局限性，在综合考虑市场资源的价格、装期、货量、港口水深、环保法规等影响因素的基础上，通过在炼厂可接受的范围内合理地追加、减少、替换、拆分、调整炼厂提报的原油批次的种类、数量、到货期、到货港等参数，可以有效地减轻“需求协烦琐”“采运业务脱节”“区域沟通不畅”等情况所造成的不利影响，实现每一油轮的船型优化、装期优化、靠港优化、航线优化，及全体油轮的抵港时间优化等，最终实现减少亏舱费用、滞期费用和靠港费用的总体目标。

4）模糊聚类图总控法的应用

以图3–5所示的中东油品需求–供给为例（中东原油市场资源充足，每个批次资源的购买数量和装船日期可自由提报），介绍模糊聚类图总控法的具体操作步骤。

步骤一，绘制聚类图，令横轴代表日期，纵轴代表港口。

步骤二，将炼化企业提报的需求按到货期和到货港要求绘于聚类图上，并标记需求的油种和数量。

步骤三，将市场资源按抵达中国各港口的时间绘于聚类图中洋浦港的下方。（中东区域市场资源装期自选，可以忽略该步骤。西非地区市场资源装期固定，市场资源聚类参见图3–6中紧贴横轴上方的文字标记。）

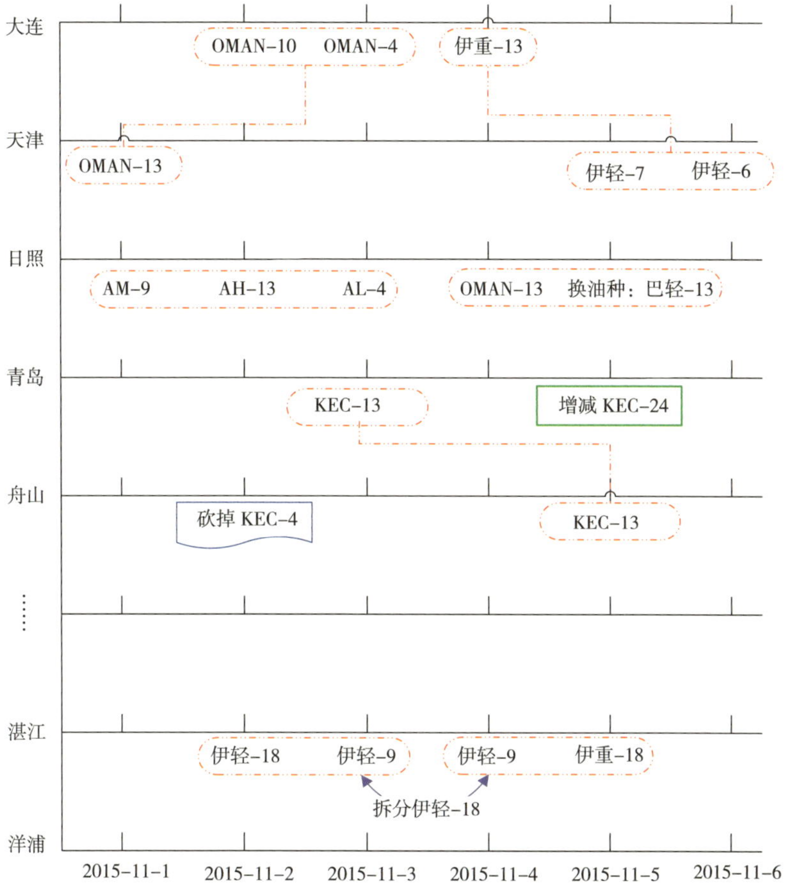

图3-5　模糊聚类图总控法操作示意图

步骤四，绘制需求-资源相交线，建立供需类联系。（中东地区装期自选，该步骤可忽略。西非地区资源装期固定，供需联系参见图3-6中的绿线。）

步骤五，拼船。按时间从早至晚，空间从北向南（或从南向北）的规则拼装油品。拼装方法如下文所述：

显然，大连港2015-11-2的OMAN-10（油种为OMAN、数量为10万吨，后文意义相同，不再赘述）需求批次、2015-11-3的OMAN-4需求批次、天津港2015-11-1的OMAN-13需求批次，装港允许拼装，总数量27万吨（近似26万吨），可聚类成一个VLCC油轮进行拼装和配送。该船油种相同，可在一港装载，卸港为大连和天津2个港口。评判该船拼装方案运输经济性指标：总靠港次数较少（3次）；装港亏舱航程较短（0），卸港亏舱航程较短（天津—大连）。

同理，日照港2015-11-1的AM-9需求批次、2015-11-2的AH-13需求批次、2015-11-3的AL-4需求批次，装港允许拼装，总数量26万吨，可聚类成一个VLCC油轮进行拼装和配送。油种可在同一港口装载（AM、AH、AL三个油种位于同一装港），卸港只有日照1个港口。评判该船拼装方案运输经济性指标：总靠港次数较少（2次）；装港亏舱航程较短（0），卸港亏舱航程较短（0）。

对于日照港2015-11-4的OMAN-13需求批次，无其他需求批次可以进行经济性拼装，2015-11-5的巴轻-13需求批次也无其他需求批次可以进行经济性拼装，因而可以建议所属炼厂将巴轻-13的油种改为OMAN等其他油种，从而与2015-11-4的OMAN-13需求批次拼装成VLCC船型进行运输。若协商无果，也可协商炼厂将2015-11-4的OMAN-13的油种改为巴轻油种进行VLCC拼装。若也协商无果，则可以考虑用2艘经济性较差的载重为13万吨的SUZMAX船型分别运输回国。

舟山港2015-11-2的KEC-4需求批次无其他批次可以进行经济性拼装，因而可建议所属炼厂视自身储备情况“砍掉”该不合理需求，待下月度追加提报量，避免使用经济性更差的小型油轮运输。

青岛港2015-11-5的KEC-24需求批次无其他油品可以进行经济拼装，因而可以建议所属炼厂将其增加至26万吨，用VLCC型油轮运输，从而实现一港装、一港卸的低靠港费目标，并达到充分利用VLCC型油轮的计费运量的目的。

若协商无果，也即舟山港2015-11-2的KEC-4需求批次与青岛港2015-11-5的KEC-24需求批次的采购-运输任务都不可变动，则可以考虑将二者拼装成1个VLCC船型进行运送，但二者的加和量高达28万吨，远大于26万吨，因此，超出VLCC载重极限的部分可以按比例核减数量，例如可将KEC-24调整为KEC-23.5。如此，两个需求批次的加和量为27.5万吨，满足VLCC型油轮的载重要求。

湛江港2015-11-2的伊轻-18、2015-11-3的伊轻-18、2015-11-5的伊重-18油品，都不满26万吨，可将2015-11-3的伊轻-18拆分为伊轻-9和伊轻-9，并分别与2015-11-2的伊轻-18和2015-11-5的伊重-18拼成2个VLCC型油轮进行运输。评判此两船的拼装方案的运输经济性指标：总靠港次数都较少（2次）；装港亏舱航程都较短（0），卸港亏舱航程也都较短（0）。

步骤六，综合评判总体拼装运输方案的经济性指标。若各油轮的船型较为经济，装/卸港航程较短，靠港次数较少，全体油轮抵达卸港的均衡度较好，则方案通过；否则返回步骤五，重新调整各油轮的拼装方案，并通过合理优化装期和调整卸港抵港顺序，以提高全体油轮的卸港到港均衡度。

与中东地区相比，西非地区的原油采购-运输作业的不同点在于其市场资源的批次数量和装船日期一般是固定的，因此编制优化方案的方法略有不同。西非地区原油采购-运输作业模糊聚类图总控法的操作界面如图3-6所示。

图3-6中，各图形、颜色、文字等信息意义如下：

（1）横坐标标识时间。

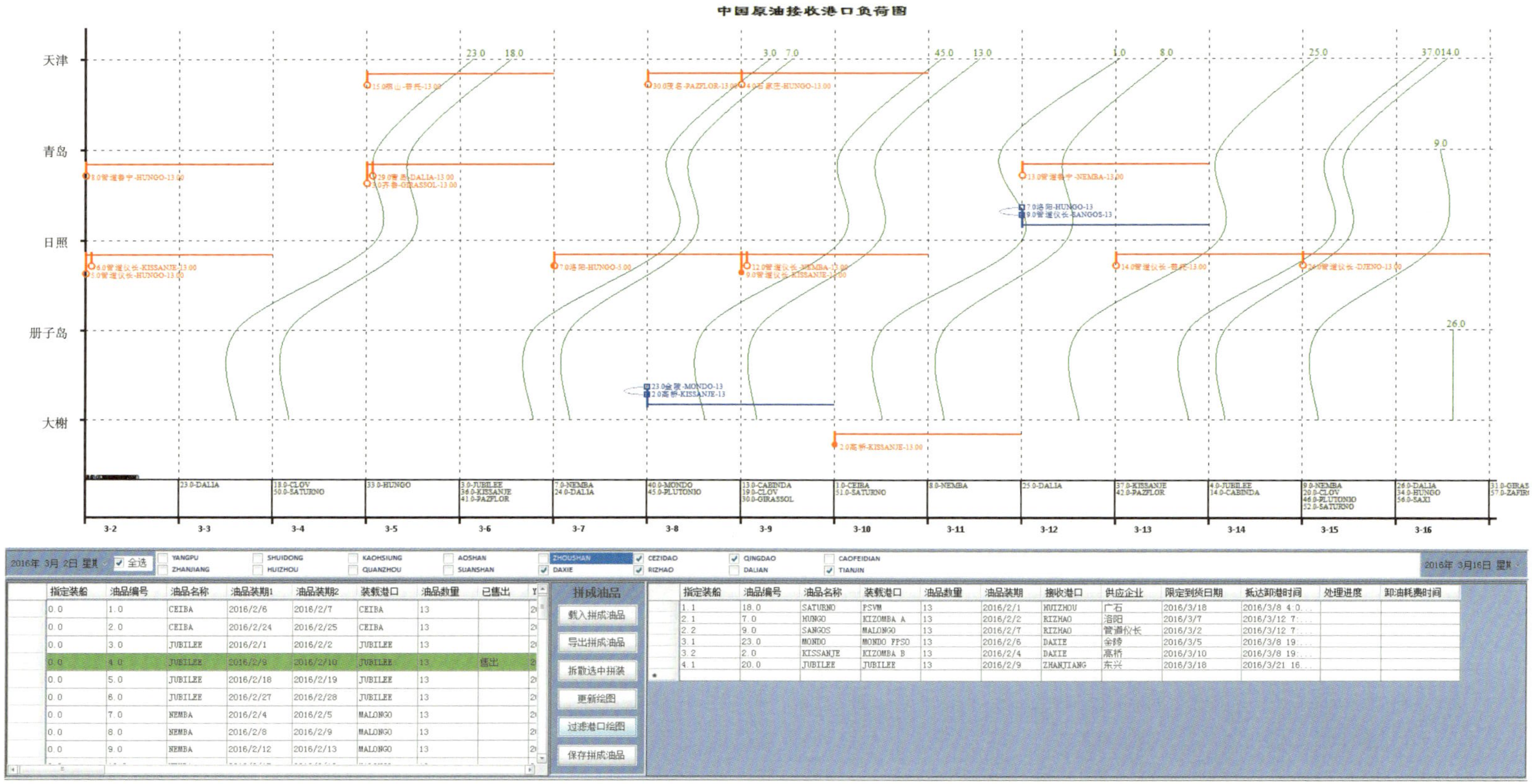

图3-6　西非地区原油采购－远洋运输模糊聚类图总控法界面图

（2）纵坐标标识卸港。

（3）横坐标之上第一格内存储着可在同一天内抵达中国各卸港的市场资源类。

（4）红线标识需求，红线起点为指定的到货期，红线长度为该批次油品卸船所需要的时间跨度，红线下方对应的文字标识需求的油种、数量信息。红线密集处的需求往往可以聚成需求类，但红线重叠严重则表明需求不合理，存在“积港”现象，容易产生油轮滞期费用损失。

（5）蓝线标识已采购的资源，蓝线起点为油轮计划抵港日期，蓝线长度为卸载相应批次油品所需要的时间跨度，蓝线上方的文字标识资源的种类、数量信息。

（6）各蓝线之间的连线标识相应批次资源用同一油轮拼装，成为一个油轮类。蓝线重叠严重则表明船期计划不合理，存在“积港”现象，容易产生油轮滞期费用损失。蓝线纵向距离较长表示卸港距离远，会导致较大的亏舱费用损失。

（7）绿线为资源–需求相交线，对于绿线所穿过或接近的需求，表示该需求可由绿线所对应的资源来供给，因此需要重点关注该资源的市场价格变化情况，并在适当时机抢购。

从图3–6的基本构成看，西非地区原油采购–运输方案优化的基本方式与中东地区基本一致，仍然是通过观察和调整油轮的总靠港次数、到港均衡度、装港亏舱航程、卸港亏舱航程、最终拼装船型等指标来指导优化采购–运输方案，在此不再赘述。

模糊聚类图总控法的可视性和启发性强，除可直接用于全局优化编制原油采购–运输方案外，还可与自启发式算法配合使用，指导业务人员优化拼接由启发式算法搜索到的局部优化方案，使业务人员在全局视野的控制下“插空排船”（方法同中东地区方案优化操作的步骤五、步骤六），通过适当调整各油轮的装期和配送顺序，有效减轻乃至完全避免各局部优化方案之间的油轮抵港时间冲突。

2. 基于差分进化的局部采购–运输方案优化法

在图3–6中，原油批次数据相对分散，数据逻辑较为清晰，业务人员可以用肉眼直接观察发现优化方案。但当出现数据聚集、数据扎堆、数据纠缠等复杂情况时，仅凭肉眼就很难直接看出最优方案了，此时就需要对数据聚集区建立小型的、静态的、局部的数学优化模型，并采用自启发式算法等进行求解，以获得局部优化方案，然后再通过模糊聚类图总控法来进一步实现全局优化。

1）建立局部运输方案优化模型

（1）目标函数。

原油远洋拼船运输方案优化的目标为：在满足运输需求的前提下，所有参与运输的油轮总费用最小。对于单船运输费用，计算方法为：基本费率 × 计费吨位 × WS × 航程。

其中，计费吨位及 WS 系数与船型相对应。船型选定后，若装油量小于或等于计费吨位，则仍然按计费吨位收费；若装油量大于计费吨位，则超出计费吨位部分另外收费。综上所述，优化模型的目标函数可以写为：

$$\min Y = \sum_{i=1}^{ns} r_i \max\{1, T_i/T_{si}\} T_{si} WS_i (L_i + c_i D_i) \quad (3\text{–}1)$$

式中，ns 指参与原油运输的油轮总数；r_i 指第 i 号油轮的基本费率；T_{si} 指第 i 号油轮的计费吨位；T_i 指第 i 号油轮的装油总吨位；WS_i 指第 i 号油轮的 WS 系数；L_i 指第 i 号油轮的总航行里程；D_i 指第 i 号油轮的滞期天数；c_i 指第 i 号油轮的滞期费与航程费之间的折算系数，c_iD_i 则指第 i 号油轮由于滞期所导致的附加航行里程。

（2）约束条件。

原油远洋拼船运输方案优化的约束因素主要包含以下几大类：

①供需平衡约束。任一种类油品的需求总量等于供应总量，任一油轮的装油量等于卸油量。

$$\sum_{i=1}^{nip} v_i^{ipt} = \sum_{j=1}^{nop} v_j^{opt} \quad (3\text{–}2)$$

式（3–2）表示 t 种类油品的供需平衡。ip 表示进口港；nip 指原油进口港总数；op 表示出口港；nop 指原油出口港总数；v_i^{ipt} 指第 i 进口港的 t 种类油品需求量；$\sum_{i=1}^{nip} v_i^{ipt}$ 指所有进口港的 t 种类油品的需求总量；v_j^{opt} 指第 j 出口港的 t 种类油品的采购量；$\sum_{j=1}^{nop} v_j^{opt}$ 指所有出口港的 t 种类油品的采购总量。

$$v_i^{sload} = v_i^{sunload} \quad (3\text{–}3)$$

式（3–3）表示第 i 号油轮的装卸平衡。v_i^{sload} 指第 i 号油轮的装油总量；$v_i^{sunload}$ 指第 i 号油轮的卸油总量。

②单船运量约束。每船的运输量都要小于该船所允许的最大运量。

$$\sum_{t=1}^{nit} v_{it}^{s} \leqslant v_i^{smax} \quad (3\text{–}4)$$

式（3–4）表示第 i 号油轮运输的所有种类的油品总量不超过该船所允许的最大载货量。nit 指第 i 号油轮所运输的油品种类总数；v_{it}^{s} 指第 i 号油轮用于运输 t 种类油品的容量；$\sum_{t=1}^{nit} v_{it}^{s}$ 指第 i 号油轮运输所有种类油品的总量；v_i^{smax} 指第 i 号油轮所允许的最大载货量。

③油品装期约束。在签订购买某个批次油品合同的同时，油品的装船港口及装船日期也随之确定（西非模式为直接固定装期，中东模式为自由提报后再确认装期）。油轮必须在装期之前赶至该港口进行油品拼装，否则属于严重违约。相反，若油轮过早地赶至该港口，则需要等待装期，产生滞期费用。

$$date_{ipArr} \leqslant date_{jpLoad} \quad (3\text{–}5)$$

式（3-5）表示第i号油轮应在p装港的第j批次供应油品的装期之前抵达。$date_{ipArr}$指第i号油轮抵达p装港的时间；$date_{jpLoad}$指p装港的第j批次供应油品的装期。

④港口水深约束。油轮出港时的总装油量应小于该港口的水深条件所允许的总船容。

$$\sum_{t=1}^{nit} v_{it}^{s} \leqslant v_p \tag{3-6}$$

式（3-6）表示第i号油轮装完油后出p装港时的总船容小于该港口水深所允许的最大船容。$\sum_{t=1}^{nit} v_{it}^{s}$指第$i$号油轮出$p$港时所装所有种类油品的总容量；$v_p$指$p$港口水深所允许通过的最大船容量。

⑤环保法规约束。由于某些批次的油品含硫量较高等原因，已装载部分该类油品的油轮（未满载）不准驶入受相关法规保护的港口进行油品拼装。

$$D(p_{ti} - p_{tj}) = \infty \tag{3-7}$$

式（3-7）表示供应ti种类油品的港口p_{ti}与供应tj种类油品的港口p_{tj}之间不通航或单向通航，也即已在港口装载部分ti种类油品的油轮不允许驶入p_{tj}港口进行油品拼装tj种类油品。但应注意：虽然$D(p_{ti} - p_{tj}) = \infty$，但是有可能$D(p_{ti} - p_{tj}) \neq \infty$。

2）求解局部运输方案优化模型

（1）主算法选择。不难看出，上述局部运输方案优化问题是受严格条件限制的复杂NP-Hard问题，建立数学模型其实只是用数学语言描述了一下实际问题，而对本例问题的算法选择和程序编写并无明显的指导意义。

对于上述NP-Hard问题，理论上是可以应用差分进化算法进行求解的，但由于问题中包含装/卸航程、装/卸时间、油种替换、船型选择、批次拆分、数量增减等多种维度的大规模组合变量的决策，其"解空间"范围十分广阔，常导致算法的寻优时间不可容忍。当前学者一般都采用改进算法的参数配置来提高寻优时效，但这种方法对本例问题的效果却较为有限。对此，我们可以尝试以差分进化算法为主体，以四染色体编码方案、基因组压缩-拆解、解空间关联缩剪等为支持子算法，配合差分进化主算法来进行问题求解。

（2）四染色体编码方案。我们注意到，虽然原油远洋运输局部方案优化问题的"解空间"范围非常广阔，严重降低算法的寻优时效，但同时各种维度变量又受到非常繁杂和严苛的条件限制，因而相对全体"解空间"（包括优质解、劣质解和不可行解）而言，"优质解空间"则显著缩小。如果采用一定的方法将算法的寻优范围限制在"优质解空间"内，则算法的寻优效率将会得到显著提升。

第一个可以利用的限制条件是供需平衡约束，据此可以设计一种四染色体编码方法，来缩减问题的"劣质解空间"。我们可以采用供应X/x、需求Y/y、船型Z/z、装期D/d等四个染色体，以相互匹配的方式来编码表达实际运输方案，并通过一定的“编/解码”规则来控制运输过程的供需平衡，如此就可以将差分进化主算法的搜索空间限制在能够满足供需平衡约束的小范围“解空间”内部了。

在四染色体编码子算法的支持下，差分进化主算法的实现步骤介绍如下（图3-7）：

①确定四染色体匹配编码规则，并指定染色体的基因意义和基因附加属性。具体为：对出口港的各供应油品批次分解并编号，形成供应染色体X，并标记染色体的各基因的数量、出口港、种类、装期等附加属性，见表3-1；对进口港各需求油品批次分解并编号，形成需求染色体Y，并标记染色体的各基因的数量、出口港、种类、卸货期上限、卸货期下限等附加属性；对可能参与运输的各型候选油轮编号，形成油轮染色体Z，并标记其计费吨位、最大载重、基本费率、滞期费率、WS及航行速度等信息；对油轮装期编号，形成装期染色体D。注意，供应染色体X与需求染色体Y是配对编码的双染色体（供应总量与需求总量保持相等），油轮装期的染色体长度与油轮染色体长度应保持相等。

表3-1　基因附加属性表

X	1	2	3	4	5	6	7
X_{Vol}/ 数量	20	10	13	9	14.5	19	18
X_{Port}/ 装港	1	2	3	4	5	6	7
X_{Type}/ 油种	1	2	3	4	5	6	7
X_{Date}/ 装期	10-1	自选	10-4	自选	自选	自选	自选
Y	1	2	3	4	5	6	7
Y_{Vol}/ 数量	20	10	13	9	14.5	19	18
Y_{Port}/ 卸港	1	2	3	4	5	6	7
Y_{Type}/ 油种	1	2	3	4	5	6	7
Y_{Date1}/ 最早抵港时间	11-12	11-8	11-14	11-12	11-16	11-11	11-20
Y_{Date2}/ 最晚抵港时间	11-22	11-18	11-24	11-22	11-26	11-21	11-30
Z	1	2	3	4	5		
Z_{Vol}/ 油轮额定载量	26	26	26	26	26		
D	1	2	3	4	5		

②配置种群数量、交叉概率等算法参数。

③随机生成浮点编码的初始父代种群X、Y、Z、D。

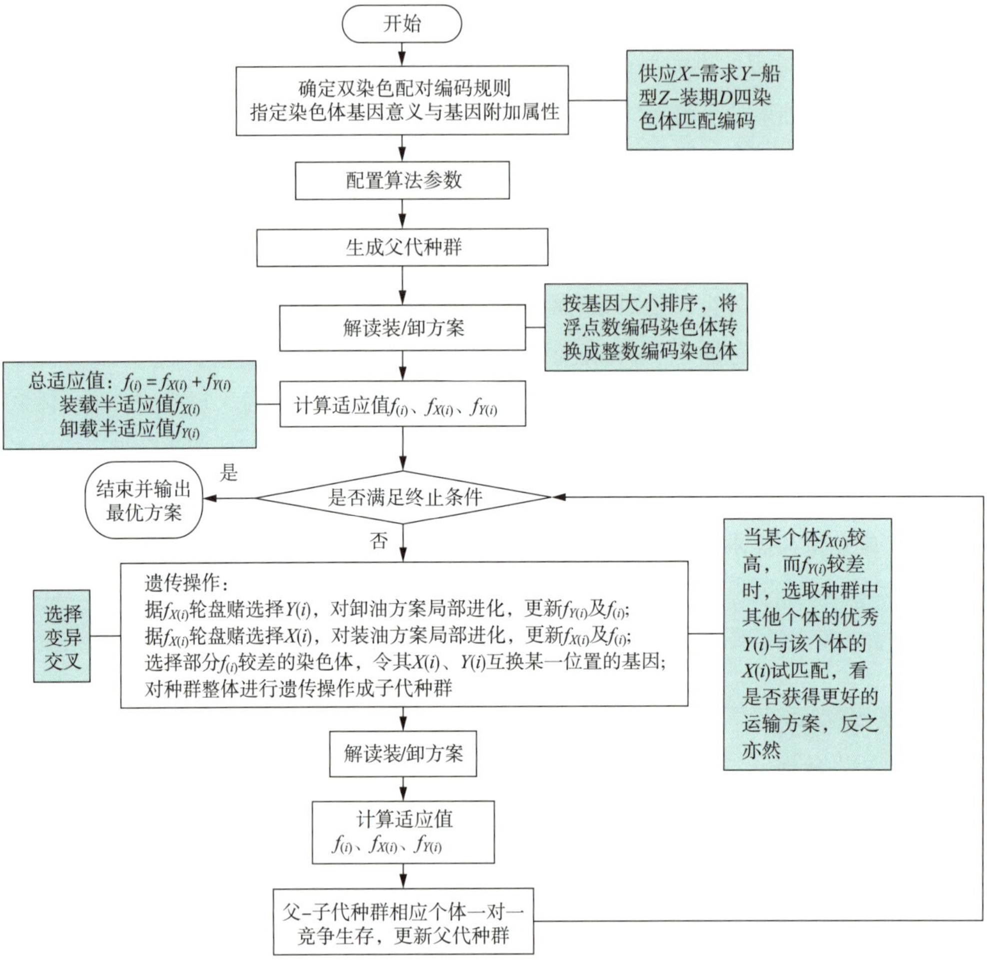

图3–7　改进差分进化算法在供需平衡优化问题中的实施流程

④将初始父代种群的X、Y染色体中的浮点基因按大小排序，得到整数编码的染色体，并解读出其所代表的运输方案。

⑤计算第i号个体总适应值$f_{(i)}$、装载方案半适应值$f_{X(i)}$和卸载方案半适应值$f_{Y(i)}$。

⑥判断是否满足终止条件。若是，停止计算并解码输出方案；若否，转步骤⑦。

⑦对父代种群进行遗传操作，生成子代种群。

⑧将子代种群中各浮点编码的染色体按基因大小排序，得到整数编码染色体，并解读出其所代表的运输方案。

⑨计算第i号个体总适应值$f_{(i)}$、装载方案半适应值$f_{X(i)}$和卸载方案半适应值$f_{Y(i)}$。

⑩按总适应值优劣，将子代种群与父代种群中的相应个体进行一对一竞争生存，

更新父代种群（如果子代种群中的第i号个体的总适应值$f_{(i)}$优于父代种群中的对应个体，则进行父代种群个体替换），并转步骤⑥继续执行。

四染色体编码方法有别于常用的“罚函数”方法，该方法不但可以避免出现无解假象，而且可以辅助缩减“劣质解空间”，从一开始就将主算法的寻优范围限制在供需平衡约束下的较小的“优质解空间”内，避免了对大批劣质染色体的生成和解释计算，加快了主算法的总体寻优速率。另外，主算法中对供应染色体X和需求染色体Y进行了局部进化，这样做的目的是回收优秀的染色体，防止因“优秀的供应对应的劣质的需求”或“优秀的需求对应的劣质的供应”，而丢失优秀个体，也即要尽早实现“优对优”的结合，以加速“优胜劣汰”过程。

差分进化算法一般不能直接处理实际问题，在用于求解问题之前，一般需要先将实际问题转换为算法空间的染色体和基因，这种转换操作被称为染色体编码。在算法寻优过程中或寻优结束后，要计算个体的“适应值”或输出最终优化方案时，又需要解读染色体基因，得到其所对应的实际方案，这种转换操作被称为染色体解码。

当前对实际问题进行编/解码操作时一般需要遵守三种规范：完备性，实际问题空间中的所有候选解都能作为算法空间中的染色体得以表现；健全性，算法空间中的染色体能对应所有问题空间中的候选解；非冗余性，染色体和候选解需要一一对应。

在这种编/解码规范下，问题最优解所对应的算法染色体是唯一的，也即“一条大路通罗马”。由于只有一种染色体编码对应最优解，因而算法寻到最优解的概率较低，寻优时间也较长。在原油远洋运输优化算法中采用了“条条大路通罗马”模式的新的编/解码原则，其要求是：编/解码过程不扩展解空间；编/解码过程不丢失最优解；鼓励最优解对应多个染色体。这种新的编/解码原则的本质是通过对染色体进行后处理，将其所表达的较差的运输方案映射为更优的运输方案，如图3-8所示。

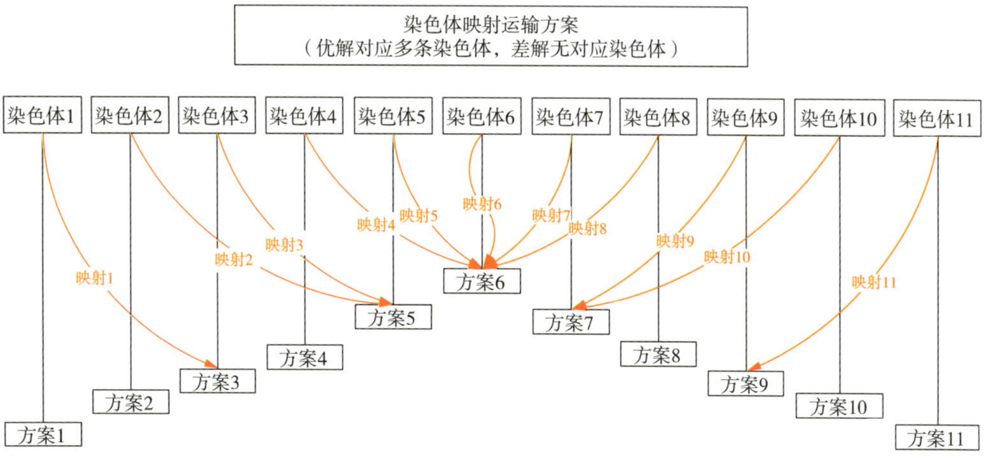

图3-8　染色体-运输优化方案“多对一”映射示意图

图3-8中，位置越靠上方的运输方案经济性越好，通过映射处理，其对应的染色体数量也就越多，在算法搜索过程中被命中的概率也就越高。在这种编/解码原则下，问题的解空间会显著缩小，但不会丢失最优解。通过染色体映射运输方案过程的优化处理，可将众多的差方案解释为优方案，从而提高对最优解的命中概率和搜索时效。

（3）基因组压缩-拆解。拼装过程往往需要对某一批次的油品进行拆分装船。传统的进化算法中有批次的油品都按允许精度（例如1万吨）分解。这种处理方式可以满足完备性、健全性和非冗余性等编码规范，但会导致编码过长，且极大地扩展了“不可行解”和“劣质解”空间，严重地削弱了算法对优化方案的搜索结果和搜索时效。

在保证不丢失最优解的情况下，通过将基因压缩成基因组的方法，可以有效缩剪不可行解和劣质解空间。基因组压缩-拆解要遵循的一条基本原则是：某一批次的油品最多只能拆分成两个批次；拆分过多会导致储运链条下游的油库中转储存和管道配输调度出现混乱；同时分多次装/卸也会导致航程费用和靠港费用大幅增长。

基因组压缩的主要方法是：以某批次的油品最小误差单位（例如1万吨或0.1万吨等）为基因，把整个批次所有基因压缩为一个基因组。同一基因组内的基因具有相同的性状，例如港口、类型、装期、到货期等。在新的编码规则下，染色体上的编码以基因组为基本单位，一个基因组所代表的基因总数可由油品数量属性来表示。

如前文中表3-1所示，*X*行中的1号基因组其实包含20个性状相同的装油基因，2号基因组包含10个性状相同装油基因，3号基因组包含13个性状相同的装油基因，4号基因组包含9个性状相同的装油基因，5号基因组包含14.5个性状相同的装油基因，6号基因组包含19个性状相同的装油基因，7号基因组包含18个性状相同的装油基因。

以此类推，*Y*行中的1号基因组包含20个性状相同的卸油基因，2号基因组包含10个性状相同的卸油基因，3号基因组包含13个性状相同的卸油基因，4号基因组包含9个性状相同的卸油基因，5号基因组包含14.5个性状相同的卸油基因，6号基因组包含19个性状相同的卸油基因，7号基因组包含18个性状相同的卸油基因。

基因组在编码压缩后，通过设定合理的解码规则，可以保证其被高自由度充分拆解，也即可以按最小允许误差精度拆分出任意合理的运输方案。例如，来船计费吨位为26万吨，抵达1号装港时已装载油品小于6万吨，则1号基因组可以分解为20万吨和0万吨；来船已装载油品7万吨，则1号基因组可以分解为19万吨和1万吨；来船已装载油品8万吨，则1号基因组可以分解为18万吨和2万吨……；来船已装载油品16万吨，则1号基因组可以分解为10万吨和10万吨……；来船已装载油品25万吨，则1号基因组可以分解为1万吨和19万吨。也即根据来船的剩余载重量，将1号油品拆分为两个批次，其前一批次可由当前来船装载，而后一批次则由下一来船装载。

但如果来船完全装载该整个油品批次后会略超/略欠额定载重或计费吨位，则可不拆分该批次油品，而是对该批次油品进行适当的减量处理，例如来船已装载油品8万吨时，则可以不拆分该20万吨的油品批次，而是将整个批次减量为19.6万吨左右（贸易公司与炼化企业协商确定，并报总部批准），如此来船的最终装载量为27.6万吨，这样也是满足要求的。再如来船已装载油品5.5万吨时，则也不需要拆分该20万吨的油品批次或后一批次的油品，而是将此20万吨的油品批次增量为20.5万吨左右，如此来船满载该油品批次后，来船总载重达26万吨，满足VLCC船型的经济载重吨位要求。

该过程所遵循的一般规则如图3-9所示。

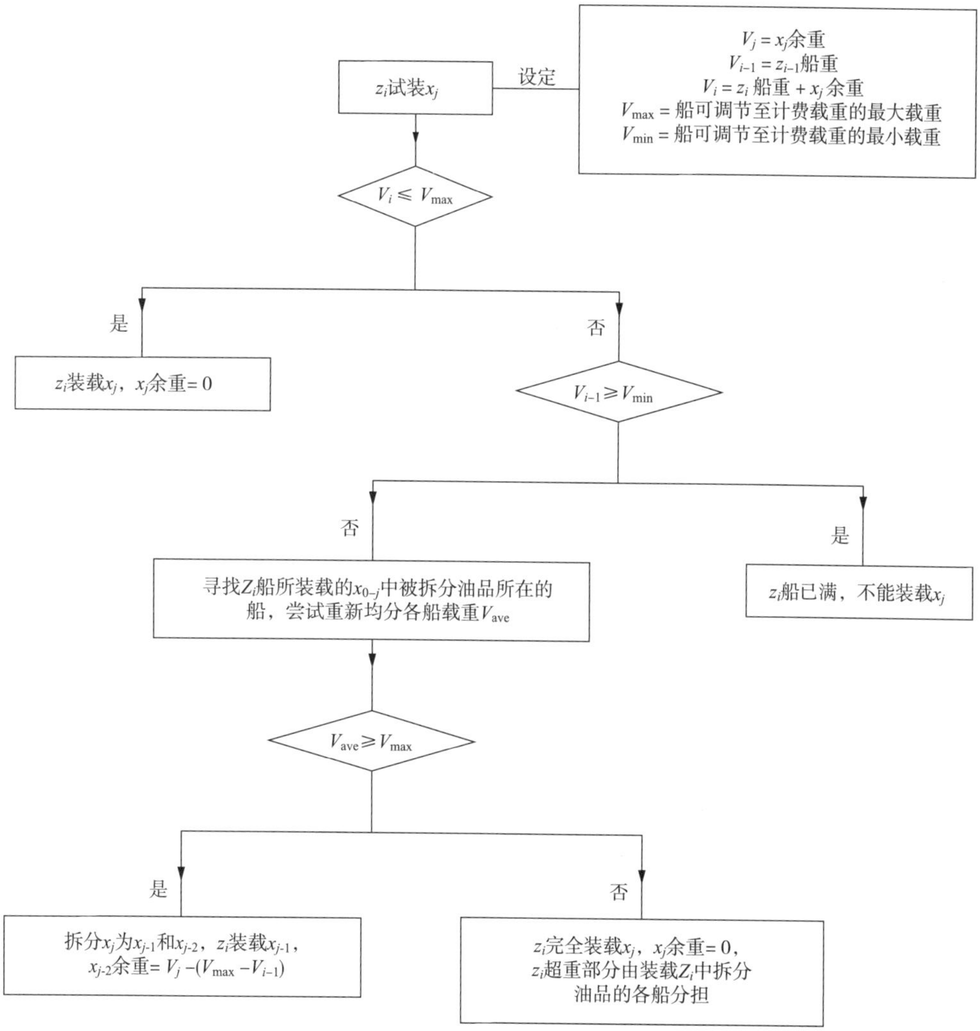

图3-9　基因组压缩－拆解操作流程图

基因组压缩与拆解方法的实质：将性状相同的基因压缩成一个基因组，有效地压缩染色体的编码长度，缩减不可行解空间和劣质解空间，从而提高主算法优化搜索过程的最优方案命中率。

（4）解空间关联缩剪。

①单维度内独立缩剪。在原油远洋运输优化中，有些维度的有效解空间非常规整，可以在优化计算之前直接通过设计编/解码规则来实现不可行解空间的缩剪。例如在满足油种替换约束及供需平衡约束过程中，可采用供应X—需求Y染色体匹配编码方式实现对航程维度内不可行解空间的缩剪。

假定存在原油运输问题：供应油品为1、2、3、4、5、6、7、8，需求油品为1、2、3、4、5、6、7，各批次供应/需求油品的货量、类型性状及船型信息如表3–2所示。

表3–2　基因附加属性表

X	1	2	3	4	5	6	7	8
X_{vol}	13	13	13	13	13	13	13	13
X_{type}	0	0	1	0	2	0	3	3
Y	1	2	3	4	5	6	7	
Y_{vol}	13	26	13	13	13	25	1	
Y_{type}	0	0	1	2	0	3	3	
Z	1	2	3	4	5	6		
Z_{vol}	26	26	26	26	13	13		

我们可以对供、需油品分别编码X、Y染色体，对船编码为Z染色体。以船为中介，先装载X，然后按所装载油品的数量和类型对Y的需求类型和数量进行比对解码或比对配送，如此编/解码可实现供需平衡约束和油种替换优化，不会出现“供非所需”的无效方案，有效降低无效计算量，节约算法搜索时间。

比对解码的目的是将船载油品按需求油种和需求数量精确配送给各家炼厂，从而生成完整和有效的油品配送方案，以计算染色体所代表的“拼装–运输–配送”完整远洋运输方案的适应值。在配送过程中，船载各批次油品可能被拆分，以满足不同需求批次的数量和油种供应要求。若被拆分的某批次油品在供应某一批次的需求数量后仍有剩余，则将继续配送给下一批次的需求油品，直至被完全卸载。

比对解码可有效地缩剪由众多复杂限制条件所排除在外的“不可行解空间”，从而有效地联通离散的有效解空间，将多种较差的运输方案映射为更加优秀的方案，可以有效避免过度依赖“罚函数”所导致的“无解假象”，最终提高主算法的搜索效率。

比对解码/配送的流程如图3–10所示。

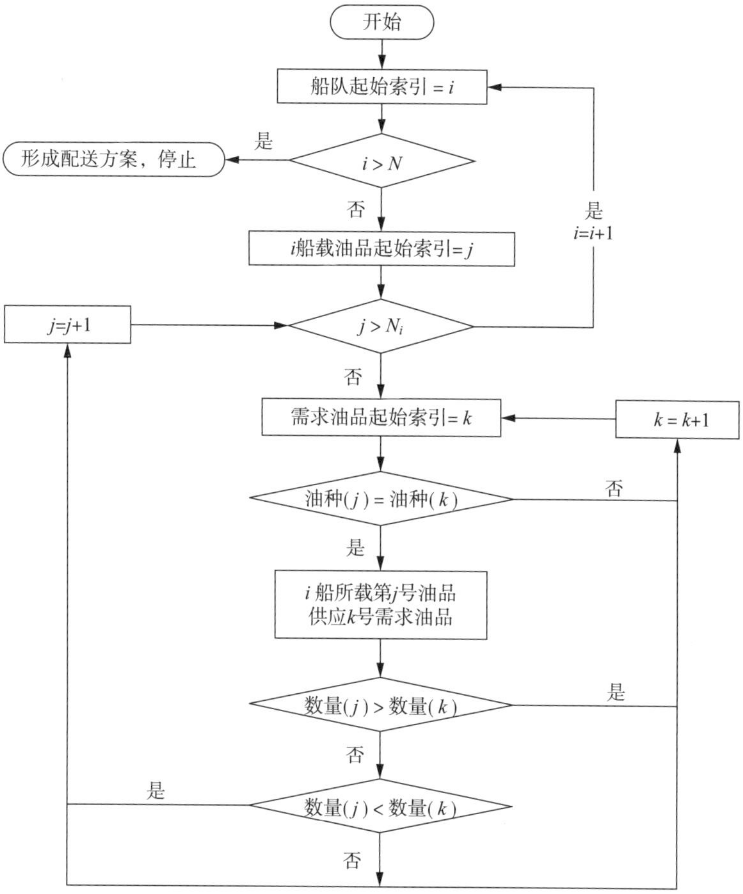

图3–10　比对解码/配送流程图

按从前至后的顺序卸载船队，对需求染色体Y进行油品配送。船舶卸载方法为：按从前至后的顺序比对Y染色体中需求原油的类型。若某批次需求油品的类型与当前油轮所载资源油品的类型相匹配，则该船为其卸载相应类型和数量的油品（若当前船载量大于当前需求量，则一次性卸载满足，船载剩余量继续去匹配下一需求；若当前船载量等于当前需求量，则一次性卸载满足；若当前船载量小于当前需求量，则将船载量完全卸下，剩余需求量由下一船来满足）。若需求油品与船载油品的类型不匹配，则继续比对Y染色体中下一批次的需求油品的类型。在当前油轮所装载的资源完全卸完后，再安排下一油轮的卸载，直至所有油轮的油品完全配送给所有需求的油品为止。

在比对配送阶段，若不对油品进行油种分类，而是进行随机配送，则可行的配送方案共计有$8! = 40320$种，其中大部分是油种配送错误的无效方案。若按表3–2将油品分类，在解码过程中对需求油品进行油种比对配送，则最终可生成可行配送方案会降低到$4! + 1! + 1! + 2! = 28$种，且每一种都是油种配送正确的有效方案。

②跨维度关联缩剪。与维度内的算前无效解空间缩剪不同，跨维度寻优时运输方

案的有效解空间在算前并不十分明确，而只能在寻优计算过程中通过不同维度的相互约束表现出来。因此，不可行解空间的缩剪也只能在寻优计算过程中，通过不同维度的相互约束来实现。例如，可通过航程维度的约束来缩剪时间维度的无效解空间，或是通过时间维度的约束来缩剪航程维度的无效解空间。

假定卸港1、卸港2与卸港3各有一个批次的油品需要卸载，每个批次油品的允许卸期跨度在10天以内，则总卸油方案多达1000（10^3）种。若经解码*X–Y–Z*染色体组合，读出该3个批次的油品被拼装成一船，行船路线为装港1→装港2→装港3→卸港1→卸港2→卸港3，则会形成航程与时间维度的关联，通过航程–时间维度的相互关联缩剪，可有效减少时间维度甚至是航程维度的不可行解空间，如图3–11所示。

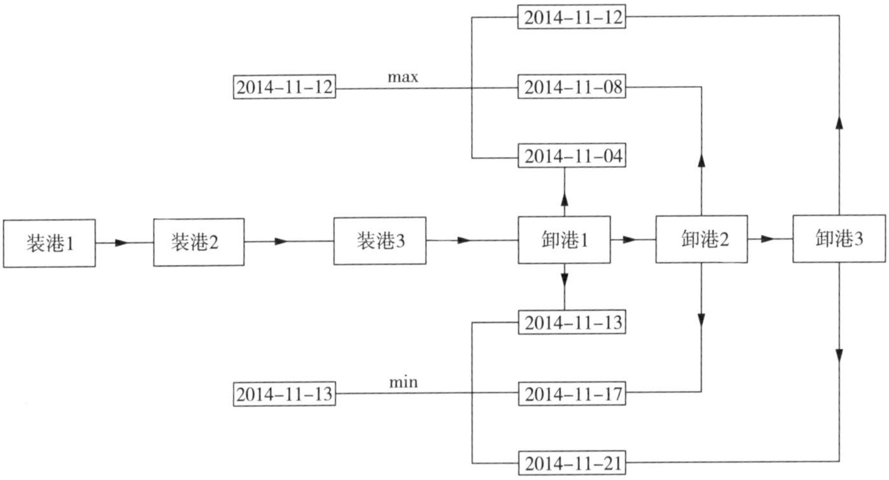

图3–11　航行路线–到货时间关联缩剪示意图

当油轮形成这种运输方案后，卸港1对卸载时间的限定为2014–11–04至2014–11–13，共计10天。考虑航程和卸货量的要求，卸港2经转换后对卸港1的卸载时间的限定为2014–11–08至2014–11–17，卸港3经转换后对卸港1的卸载时间的限定为2014–11–12至2014–11–21。很明显，时间有效解空间应是卸港1、卸港2、卸港3的卸油期限的交集。对于起始卸油时间，应取三港的最晚时间，也即2014–11–12；对于截止卸油时间，应取三港的最早时间，也即2014–11–13。因此，油轮只有在2014–11–12和2014–11–13 2天之内抵达卸港1才能满足该船在各卸港的时间维度的约束，也即时间维度可行解方案数量最终降至2种。

上述关联缩剪是通过油轮的航行路线约束实现了对时间维度的不可行解空间的缩剪。特别是，当所有卸港的截止卸油时间交集早于起始卸油时间的交集时，会导致有效方案数量降为0，也即“卸港1→卸港2→卸港3”这种行船路线是不可行的。也即，时间维度的约束也可以缩剪航程维度的不可行解空间，如图3–12所示。

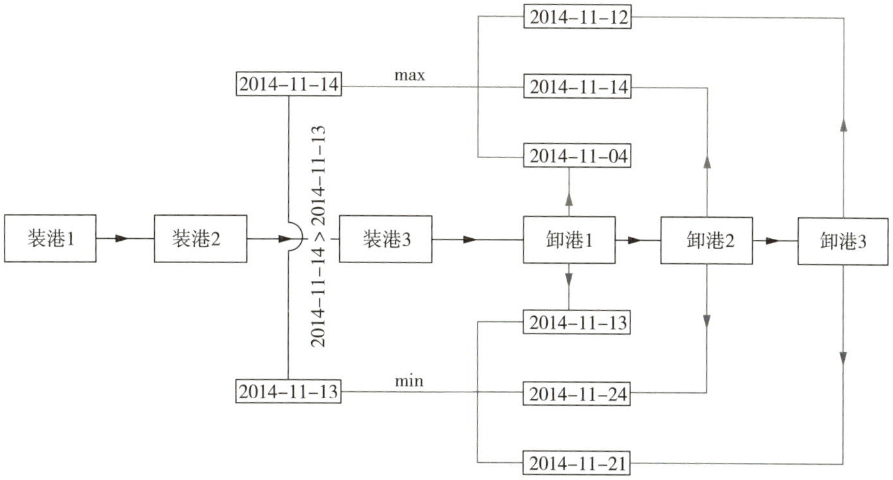

图3-12　航行路线－到货时间关联缩剪示意图

不可行解空间的缩剪也可以通过聚类算法来实现。在运输优化计算开始之前，先通过聚类计算，将不同批次的油品分成不同的类型。相同类型的油品可以进行拼装运输，不同类型的油品不能拼装运输。由于聚类操作是在运输优化计算开始之前，因而对运输优化计算的时间消耗不会造成很大的影响。

（5）子算法支持下的染色体生成与解读示例。在上述子算法的支持下，应用改进差分进化算法求解原油远洋运输方案时，可以按以下方法进行染色体的生成与解读。假设主算法迭代过程中生成的某代染色体组如表3-3所示（*X*、*Y*实数染色体已进行整数排序处理）。

表3-3　某代运输方案染色体组编码

X	1	2	3	4	7	6	5
Y	3	1	2	4	6	7	5
Z	2	4	3	1	5		
D	0.12	0.23	0.48	0.89	0.64		

则运输方案染色体解读过程如下：

①令船舶*Z*对供应原油*X*进行装载，生成拼装方案。

已知*Z*的起始点为2号船，其剩余载重为26万吨。令2号船对采购货物*X*进行装载，*X*起始点为1号供应原油，其剩余数量为20万吨（参考表3-1基因附加属性表）。由于1号供应原油剩余数量小于2号船舶的剩余载重，因此2号船将其完全装载。装载后，2号船剩余载重为26万吨－20万吨＝6万吨，1号供应原油剩余数量为0。

令*Z*的起始点保持不变，仍为2号船，并令*X*的起始点后移一位，指向2号原油。

令2号船继续装载2号原油，由于2号船剩余载重6万吨，小于2号原油剩余数量10万吨，因而2号船只能装载6万吨2号原油，其剩余载重为0，2号供应原油的剩余数量为10万吨 – 6万吨 = 4万吨。

此时，2号船满载，共计装载20万吨1号供应原油和6万吨2号供应原油。

令Z起始点后移一位，指向4号船，其剩余载重为26万吨。令X起始点保持不变，仍然指向2号原油，其剩余数量为4万吨。由于4号船舶剩余载重大于2号原油剩余数量，因此4号船将其完全装载。装载后，4号船的剩余载重为26万吨 – 4万吨 = 22万吨，而2号供应原油剩余数量为0。

令Z的起始点保持不变，仍为4号船。令X的起始点后移一位，指向3号供应原油。令4号船继续装载3号供应原油，由于4号船剩余载重为22万吨，大于3号供应原油的剩余数量13万吨，因此令4号船将其完全装载。装载后，4号船的剩余载重为22万吨 – 13万吨 = 9万吨，3号供应原油的剩余数量为0。

令Z起始点保持不变，仍为4号船。令X的起始点后移一位，指向4号供应原油。令4号船继续装载4号原油，由于4号船的剩余载重为9万吨，等于4号供应原油剩余数量9万吨，因此令4号船将其完全装载。装载后，4号船的剩余载重为0，4号供应原油的剩余数量为0。

此时，4号船满载，共计装载4万吨2号供应原油、13万吨3号供应原油和9万吨4号供应原油。

令Z的起始点后移一位，指向3号船，其剩余载重为26万吨。令X的起始点后移一位，指向7号供应原油，其剩余数量为18万吨。由于7号供应原油的剩余数量小于3号船的剩余载重，因此令3号船将其完全装载，装载后，3号船的剩余载重为26万吨–18万吨=8万吨，7号供应原油剩余数量为0。

令Z起始点保持不变，仍为3号船。令X起始点后移一位，指向6号供应原油。令3号船继续装载6号供应原油，由于3号船的剩余载重为8万吨，小于6号供应原油的剩余数量19万吨，因而3号船只能装载8万吨6号供应原油，其剩余载重为0，6号供应原油剩余数量为19万吨 – 8万吨 = 11万吨。

此时，3号船满载，共计装载18万吨7号供应原油和8万吨6号供应原油。

令Z起始点后移一位，指向1号船，其剩余载重为26万吨。令X的起始点保持不变，仍然指向6号原油，其剩余数量为11万吨。由于1号船的剩余载重大于6号供应原油的剩余数量，因此令1号船将其完全装载。装载后，1号船的剩余载重为26万吨 – 11万吨 = 15万吨，6号供应原油的剩余数量为0。

令Z的起始点保持不变，仍为1号船。令X的起始点后移一位，指向5号供应原油。令1号船继续装载5号供应原油，由于1号船的剩余载重为15万吨，大于5号供应原油的剩余数量14.5万吨，因而令1号船将其完全装载。装载后，1号船的剩余载重为15万吨 - 14.5万吨 = 0.5万吨，5号供应原油的剩余数量为0。

此时，1号船共计装载11万吨6号供应原油和14.5万吨5号供应原油。由于供应原油X已被完全拆分装载，因此装船过程结束，Z中剩余的5号船不参与运输。

②令载油船根据需求进行分配卸载，生成配送方案。

已知Z的起始点为2号船（见表3–3中的Z行），共计装载20万吨1种类的供应原油和6万吨2种类供应原油。令Y起始点指向第一个剩余需求数量不为0的需求油品，当前为3号需求原油（见表3–3中的Y行），其剩余需求数量为13万吨，需求油种类型为3。由于2号船中无相关种类的油品，因而不对其配送。

令Y起始点指向下一个剩余需求数量不为0的需求油品，也即指向1号需求原油，其剩余需求数量为20万吨，需求油种类型为1。令2号船对1号需求原油进行配卸20万吨1种类的供应原油，则1号需求原油剩余需求数量为0，2号船的1种类供应原油的剩余装载量为0。

令Y的起始点指向下一个剩余需求数量不为0的需求油品，也即2号需求原油，其剩余需求数量为10万吨，需求油种类型为2。令2号船对2号需求原油进行配卸6万吨的2种类供应原油，则2号需求原油的剩余需求数量为10万吨 - 6万吨 = 4万吨，仍有待下一船继续配卸。2号船的2种类供应原油的剩余装载量为0。

至此，2号船所装载的供应原油完全配送完毕。根据2号船的装油方案和卸油方案，并参考各油品批次所在的装、卸港（见表3–1的X_{Port}/装港行和Y_{Port}/卸港行），即可得到2号船的行船路线：

X_{Port1}(1, 20/20)→X_{Port2}(2, 6/10)→Y_{Port1}(1, 20/20)→Y_{Port2}(2, 6/10)。

其中，X_{Port1}（1，20/20）表示船去1号装港，装载20万吨供应原油中的20万吨；X_{Port2}（2，6/10）表示船去2号装港，装载10万吨供应原油中的6万吨；Y_{Port1}（1，20/20）表示船去1号卸港，卸载20万吨需求原油中的20万吨；Y_{Port2}（2，6/10）表示船去2号卸港，卸载10万吨需求原油中的6万吨。

令Z的起始点后移一位，指向4号船，共计装载4万吨2种类的供应原油、13万吨3种类的供应原油和9万吨4种类的供应原油。

令Y的起始点指向第一个剩余需求数量不为0的需求油品，也即3号需求原油，其剩余需求数量13万吨，需求类型为3。令4号船对3号需求原油进行配卸13万吨3种类的供应原油，则3号需求原油的剩余需求数量为0，4号船中3种类的供应原油剩余装载量为0。

令Y的起始点指向下一个剩余需求数量不为0的需求油品，也即2号需求原油，其剩余需求数量为4万吨，需求类型为2。令4号船对2号需求原油进行配卸4万吨2种类的供应原油，则2号需求原油剩余需求数量为0，4号船中2种类供应原油的剩余装载量为0。

令Y起始点指向下一个剩余需求数量不为0的需求油品，也即4号需求原油，剩余需求数量为9万吨，需求类型为4。令4号船对4号需求原油进行配卸9万吨4种类供应原油，则4号需求原油的剩余需求数量为0，4号船中4种类供应原油的剩余装载量为0。

至此，4号船所装载的供应原油完全配送完毕。根据4号船的装油方案和卸油方案，并参考各油品批次所在的装、卸港（见表3-1的X_{Port}/装港行和Y_{Port}/卸港行），即可得到4号船的行船路线：

X_{Port2}（1，4/10）→X_{Port3}（3，13/13）→X_{Port4}（3，9/9）→Y_{Port3}（3，13/13）→Y_{Port2}（2，4/10）→Y_{Port4}（4，9/9）。

以此类推，令3号船和1号船按从前至后的顺序对Y中剩余需求数量不为0的需求原油进行配卸，分别可得各自的行船路线。

3号船：

X_{Port7}（7，18/18）→X_{Port6}（6，8/19）→Y_{Port6}（6，8/19）→Y_{Port7}（7，18/18）。

1号船：

X_{Port6}（6，11/19）→X_{Port5}（5，14.5/14.5）→Y_{Port6}（6，11/19）→Y_{Port5}（5，14.5/14.5）。

③为各船装货期标记为“自选”的原油选择装期。

计算到货期的具体步骤为：从前至后读取编号为i的油轮中装载的供应染色体的基因所代表的供应油品；若编号为i的油轮中装载的供应染色体基因所代表的某批次供应原油的装期并非自选，则以此油品批次的装期为基准，根据装港间的航程，既向前反向推算该油轮中装载的供应染色体的前序基因所代表的油品批次的装期，又向后正向推算该油轮中装载的供应染色体的后续基因所代表的油品批次的装期；若该油轮中装载的供应染色体的所有基因所代表的油品批次的装期属性都为自选，则根据该油轮中装载的需求染色体的第一个基因所代表的油品批次的卸载期限和装期染色体第i号基因计算第一卸期，而后根据第一卸期反向推算该油轮中供应染色体的基因所代表的油品批次的装期。

分别以2号船和3号船为例说明选装货期的方法。对于2号船，装载有20万吨的1号供应原油和6万吨的2号供应原油，配送给1号需求原油20万吨和2号需求原油6万吨。从前至后检查2号船中是否装载有固定装期的供应原油。由于2号船装载的1号供应原油的装期固定为10–1，因此D染色体不起作用，对于2号船所装载的各批次原油的装期选择，应以1号供应原油的固定装期为基准来向后正向推算（因为该船先装载了1号供应原油，再装载2号供应原油），具体方法为：2号原油的装货期=1号供应原油的装货期+1号供应原油数量÷1号装港的装油速度+1号装港拖船时间+1号装港与2号装

港间的航程 ÷ 2号船的航速。

对于3号船，装载有18万吨7号供应原油和8万吨6号供应原油，配送给6号需求原油8万吨和7号需求原油18万吨。由于3号船所装载的所有批次的供应原油都为“自选”装期，因此D染色体起作用。对于2号船装载的各批次原油装期选取可根据6号需求原油的$6Y_{\text{Date1}}$和$6Y_{\text{Date2}}$求得，具体步骤为：首先，计算3号船的“第一卸期” = $6Y_{\text{Date1}} + (6Y_{\text{Date2}} - 6Y_{\text{Date1}}) \times 3D(0.48)$ = 11月16日；其次，由“第一卸期”反推3号船中6号供应原油的装货期 = “第一卸期” – 6号卸港与6号装港间的航程 ÷ 3号船的航速 – 6号供应原油的船载数量 ÷ 6号装港的装油速度 – 6号装港的拖船时间；最后，由6号供应原油的装期反推7号供应原油的装期。方法为：7号供应原油的装期 = 6号供应原油的装货期 – 6号装港与7号装港间的航程 ÷ 3号船的航速 – 7号供应原油的船载数量 ÷ 7号装港的装油速度 – 7号装港的拖船时间。

④根据以上过程生成优化采购–运输方案。

根据装船过程，2号供应原油被2号船分载6万吨，被4号船分载另外的4万吨，因此2号供应原油需要分两个批次采购和运输，采购时各批次的装期申报也由2号船和4号船的具体运输过程确定。同理，6号供应原油被3号船分载8万吨，被1号船分载另外的11万吨，因此6号供应原油也需要分两个批次采购和运输，采购时各批次的装期申报也由3号船和1号船的具体运输过程确定。装期的计算方法如前文所述。

总而言之，在上述四染色体编码方案、基因组压缩–拆解、解空间关联缩剪等子算法的支持下，差分进化主算法的寻优效率会得到显著提升。在没有子算法支持的情况下，主算法的寻优时间将大幅超出业务可容忍范围；而在子算法的支持下，主算法的寻优时间往往在十几分钟之内（硬件环境为8核心酷睿I7处理器、油品批次数量为30余个），如此，可以快速计算各个局部优化方案，然后再通过模糊聚类图总控法拼接各局部优化方案，实现全局性整体优化，如此可为我国原油采购–远洋运输业务的战略决策提供科学支撑。

3.1.4 原油采购–远洋运输优化问题小结

本节介绍了我国原油采购–远洋运输的作业流程，分析了原油采购–远洋运输优化问题的数学属性，并给出了优化问题的求解方法：模糊聚类图总控法 + 局部差分进化算法。

在本节的实践运筹案例求解过程中，数学模型和优化算法占有重要地位，但却又不是全部内容。因为在环境动态变化、需求模糊不清、问题规模庞大、限制条件严苛、理论很难攻克、需要实时抉择和灵活处理的情况下，数学建模难度极高且工作量极大，优化算法又很难处理如此大规模的复杂变量，因此建立“人机融合”的石油战略运筹方法才是我们最"接地气"的方案选择。我们将动态价值决策的任务交给人和聚类图，将大规模机械计算的任务交给计算机和进化算法，通过二者的紧密结合，最终实现了复杂问题的求解。

另外，类似原油采购–远洋运输优化这种类型的问题已经越来越多地出现在各行各业的运输业务中，例如船舶燃料的拼船加注优化问题、化工品的订单拼装配送优化问题、顺风车的乘客拼车优化问题、网上购物的拼车配送优化问题、超市货源的拼车配送优化问题等。这其实是运输工具大型化趋势和商品定制个性化趋势之间的矛盾作用的结果，此时要释放或激发大型交通运输工具的经济效益潜力，就必须使用一种有效的矛盾调和方法——拼装配送优化技术。因此，总体来看，开发拼装配送优化技术是调和经济效益的需要，是社会发展进步的需要，是运筹学开枝散叶的需要，同时也是石油战略运筹学站稳脚跟和推广应用的巨大推动力，值得进一步研究和推进。

3.2 原油管网输送优化问题分析与求解

我国地域幅员辽阔，炼化企业也随之分布在各省、市、自治区的广袤土地上，不断地为全国各地人们的生产生活提供炼化产品支撑。那么如何安全、经济、及时、足量地把不同油田的产出原油和不同卸港的进口原油运送至不同地区的炼化企业呢？这就引出了大型复杂原油管网的排产优化问题。在本节中，我们将以某原油管网的运行优化案例为代表，讨论大型复杂原油管网的输送优化问题。

3.2.1 原油管网运输优化问题简介

进口原油经大型油轮运回国内卸港后即进入管输配送环节。对于一个采用联盟式作业模式的集团公司来说，为优化基础设施建设投资，相邻地域的炼厂常共用码头油库接卸原油，并经同一管网转输进厂，形成一个大型多级分支管网顺序输送多种原油至沿途多家炼厂的复杂生产任务。

某原油管网包含一个首站、四个末站和若干中间站。其中，首站是黄岛油库，该油库通过其卸港油轮泊位接收和储存远洋进口原油；四个末站是齐鲁石化、济南炼化、沿江炼化和洛阳石化四家炼化企业，分别位于全国不同地区；剩下的是中间站，包括广饶站、东营站、临邑站等，主要任务是向下游站场转输原油，但东营站在向下游转输进口原油的同时还会额外注入胜利原油，因而具有半首站、半中间站的性质。管网的流向总图如图3–13所示。

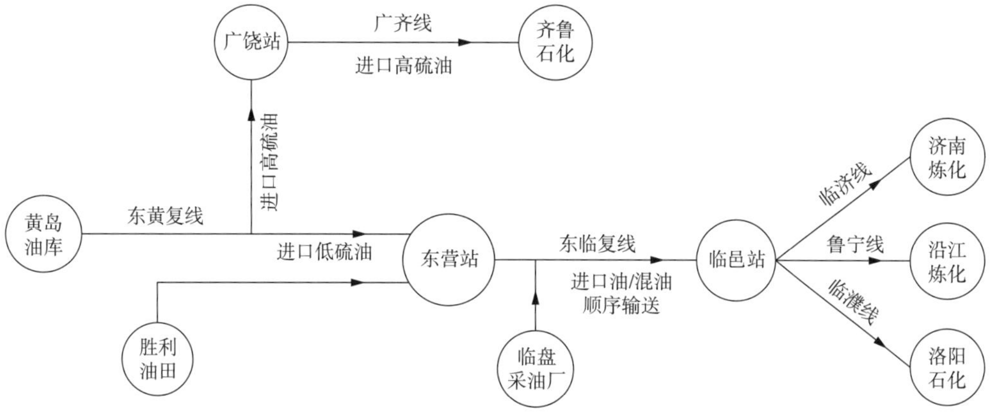

图3-13　某原油管网原油流向图

上述原油管网的转输作业主要包括三个主要环节：一是大型油轮不断将进口高硫油和进口低硫油卸载至黄岛油库，油品经掺混调和后分别输送至齐鲁石化（东黄复线+广齐线）和东营站（东黄复线）；二是在东营站，将黄岛油库转输来的部分进口低硫油与胜利油掺混，而后与纯进口低硫油顺序输送至临邑站（东黄复线）；三是临邑站再将东营站转输来的各种原油分别输送至济南炼化（临济线）、沿江炼化（鲁宁线）和洛阳石化（临濮线）。在上述原油管网中，东营、临邑是两个重要的中转站场，在接收上游来油的同时，又要向下游发送油品。在执行输油任务时，应严格保证两个站场各油种的罐存实时处于安全范围内。

3.2.2　原油管网运输优化问题属性分析

原油管网运输计划优化的目标、约束条件和决策变量（可用的调节手段）如下所述。

1. 原油管网转输计划优化目标

（1）平稳输送（也即尽量减少油品批次切换次数）。

（2）降低输油泵的电能损耗。

2. 原油管网转输计划优化的约束条件

（1）保证完成既定的转输任务。

（2）保证水力安全，例如：进站不欠压；出站不超压等。

（3）管网各级站场中各油种每时每刻（全时域）都不冒油（液位超出总罐容上限），不欠油（液位低于总罐容下限）。

（4）各油种批次按指定时间节点抵达炼厂。

3. 原油管网转输计划优化可用的调节手段

（1）调整各油品批次的管输顺序。

（2）调整各油品批次的输送流量和输送时间。

（3）优选各级站场的泵组合。

（4）出站节流等。

不难看出，原油管网运输方案优化是一种包含多维度决策变量的、受复杂条件约束的矛盾性多目标优化问题。其中，全时域约束是最严苛的限制条件之一，它要求每时每刻首站和中间站罐存都不能超过上限和下限；而矛盾性目标则主要是指节能降耗和平稳输送之间的对立统一，编制原油管网运输计划时提倡选择次优的支管流量组合，以损失部分能耗为代价来减少批次切换次数，以保障管网平稳运行。但为了平稳运行，究竟可以额外耗损多少能量，这在事前却是没有一个定量标准的，需要计划人员在编制管网运输计划时根据过程中间出现的启发性信息来随时调整或折中谋划，直到最终计划达到令人满意的目标为止。

3.2.3 原油管网运输优化问题的求解方法

在多级分支原油管网多油种顺序输送方案优化过程中，两种优化目标相互矛盾，众多约束条件紧密关联，计划调节过程非常复杂。如第2章第2.5节所述，现有关于多目标优化问题的处理方法较多，但却都不是非常严谨。这其中，较为常用的一种是加权组合法，也即在目标函数中加入权重系数，将多目标优化问题简化为单目标优化问题，而后采用合适的单目标优化算法来求解。显然，这种处理方法不够灵活，只能获得既定权重条件下的优化解，却无法在模型求解过程中同步实现对权重参数的优化权衡。而对于矛盾性目标优化问题而言，权重系数的优化权衡恰恰是非常关键和引人注目的。

基于此，我们认为，大型复杂原油管网运输方案优化需要跳出数学建模-算法求解的传统思路，转向开发可视化智能排产方法，以人机混合智能的方式实现对矛盾性目标的折中优化。也就是说，求解原油管网运输方案优化问题，既要用“人机结合”的价值运筹策略，也要用传统规划的建模计算思路。将二者融合起来，可以形成三种关键方法，并组合构成大型复杂原油管网可视化智能排产技术。这三种关键方法分别是：①管网模型快速搭建方法；②管道经济输量区间可视化搜索方法；③管网反馈式排演图排产方法。

三种方法之间有紧密的依赖关系。为保证管网各级站场各油种的罐存时刻处于安全范围内，需要使用反馈式排演图排产方法来排演控制；在应用反馈式排演图进行管网排产时，需要保持各管道的流量处于经济输量区间内；在搜索管道经济输量区间时，需要反复快速搭建管网模型，求解水力参数和启泵方案。也即，方法③依赖于方法②，方法②依赖于方法①。下文将分别介绍这三种方法。

1. 管网模型快速搭建方法

寻优时间是任何石油战略运筹问题都必须要考虑的重要因素。在大型复杂原油管网运行方案优化中，搭建管网模型的时间常远长于算法的寻优时间，成为制约提高优化效率的“瓶颈”工作。因此，开发管网模型快速搭建方法，辅助提高寻优效率就显得尤为必要。

本节所讲管网模型是由管网水力计算子模型和管网能耗优化子模型构成的，其中管网水力计算子模型主要用于求解在各泵站启泵方案已知时，管网各主－支管的流量参数，而管网能耗优化子模型主要用于求解在各主－支管流量参数确定时，各泵站的最优启泵方案（能耗最低）。下文将详细介绍两种子模型的内涵及图形化搭建流程。

1）管网水力计算模型

具有水力学相关性的大型复杂原油管网一般是由多条沿途分注、分输管线构成的，代表性或普适性的沿途分注、分输原油管网模型如图3–14所示，主要由以下单元构成。

（1）主管（1条）。包括主管站场组和主管管道组。

（2）注入支管（若干条）。包括注入支管站场组和注入支管管道组。

（3）分输支管（或称下载支管，若干条），包括分输支管站场组和分输支管管道组，其水力方程为：主管首端–联结点前主管–支管末端。

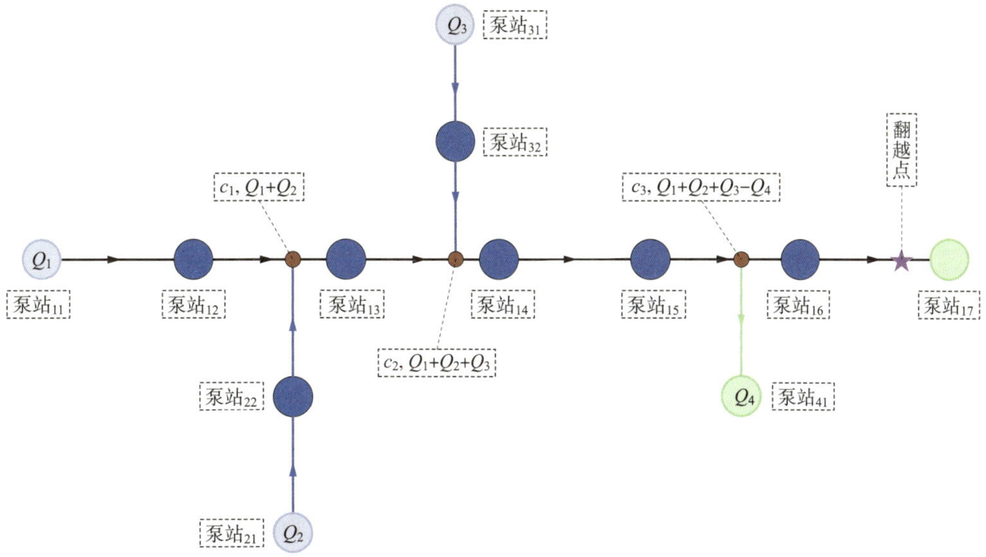

图3–14　沿途分注、分输原油管网模型示意图

（4）主-支管联结点。包括：主管-注入支管联结点和主管-分输支管联结点。

沿途分注、分输原油管网水力模型的待求变量包括各支管的流量 Q_i 和各节点的压力 P_{ci} 等。

在图3-14中，包含4个管道水力系统。编号1的是主串联管道系统（简称主管），其范围为：泵站$_{11}$-泵站$_{12}$-泵站$_{13}$-泵站$_{14}$-泵站$_{15}$-泵站$_{16}$-泵站$_{17}$（或翻越点）；编号2的是注入支管串联系统（简称注入支管），其范围为：泵站$_{21}$-泵站$_{22}$-泵站$_{13}$-泵站$_{14}$-泵站$_{15}$-泵站$_{16}$-泵站$_{17}$（或翻越点）；编号3的是注入支管串联系统（简称注入支管），其范围为：泵站$_{31}$-泵站$_{32}$-泵站$_{14}$-泵站$_{15}$-泵站$_{16}$-泵站$_{17}$（或翻越点）；编号4的是分输支管串联系统（简称分输支管），其范围为：泵站$_{11}$-泵站$_{12}$-泵站$_{13}$-泵站$_{14}$-泵站$_{15}$-泵站$_{41}$。

图3-14中，圆形指输油站场；线条指管道；c 指主-支管联结点，其中 c_1、c_2 为注入支管与主管的联结点，c_3 为分输支管与主管的联结点；Q 指各支管流量，其中 Q_1 为主管的注入流量，Q_2、Q_3 为两条支管的注入流量，Q_4 为分输支管的下载流量。显然，c_1 至 c_2 联结点之间的管道流量为 Q_1+Q_2，c_2 至 c_3 联结点之间的管道的流量为 $Q_1+Q_2+Q_3$，c_3 联结点至翻越点或末站之间的管道的流量为 $Q_1+Q_2+Q_3-Q_4$。

值得注意的是，上述管网水力模型的注入支管和分输支管数量是不限的，并非只有3条。但上述3条注入支管和分输支管可以形成管网水力模型通式，也就是说无论向管网中添加多少条注入支管或分输支管，其遵守的规律都与通式相同。

如果已知各泵站的启泵组合，那么要求解各支管的流量，可以应用下述方法。根据能量守恒定律，也即首站进站压力+泵站提供压力-站内摩阻损耗压力-站内节流损失压力=管道摩阻消耗压力+末站要求进站压力（或翻越点最低剩余压力）+位差压力。图3-14所示主串联管道系统和各支串联管道系统的水力方程如式（3-8）~式（3-11）所示。

主串联管道的水力方程如式（3-8）所示。

$$
\begin{aligned}
\rho_{11} g H_{s1} + \sum_{i=1}^{N_1^{P_m}} \rho_{1i} g (P_1 - H_{m1} - H_{j1})_i = {} & \Sigma(\rho_i g f_i L_i Q_1^{2-m})_{1\sim c_1} \\
& + \Sigma\left[\rho_i g f_i L_i (Q_1 + Q_2)^{2-m}\right]_{c_1 \sim c_2} \\
& + \Sigma\left[\rho_i g f_i L_i (Q_1 + Q_2 + Q_3)^{2-m}\right]_{c_2 \sim c_3} \\
& + \Sigma\left[\rho_i g f_i L_i (Q_1 + Q_2 + Q_3 - Q_4)^{2-m}\right]_{c_3 \sim \mathrm{End}} \\
& + \sum_{i=1}^{N_1^{P_n}} \sum_{j=1}^{N_1^{P_g^i}} \rho_{ij} g \left(Z_{z1}^{ij} - Z_{q1}^{ij}\right) + \rho_{\mathrm{End1}} g H_{sz1}
\end{aligned}
\tag{3-8}
$$

式中，ρ_{11} 指编号为1的主管系统的首站管输流体密度；g 为重力加速度；H_{s1} 指编号为1的主管系统的首站吸入压头；$N_1^{P_m}$ 指编号为1的主管系统的泵站总数；ρ_{1i} 指编号为1的主管系统第 i 号泵站的管输流体密度；$(P_1)_i$ 指编号为1的主管系统第 i 号泵站串联泵系统提升的压头；（H_{m1}）$_i$指编号为1的主管系统第i号泵站的站内局部摩阻损耗；（H_{j1}）$_i$指编号为1的－主管系统第i号泵站的站内节流损耗；以上三者相加减时，将其写为（$P_1 - H_{m1} - H_{j1}$）$_i$的形式，下文不再赘述；$\Sigma(\rho_i g f_i L_i Q_1^{2-m})_{1\sim c_1}$指编号为1的主管系统的首端至$c_1$联结点之间的所有管节的流动摩阻之和；$\Sigma\left[\rho_i g f_i L_i(Q_1+Q_2)^{2-m}\right]_{c_1\sim c_2}$指编号为1的主管系统$c_1$联结点至$c_2$联结点之间的所有管节的流动摩阻之和；$\Sigma\left[\rho_i g f_i L_i(Q_1+Q_2+Q_3)^{2-m}\right]_{c_2\sim c_3}$指编号为1的主管系统$c_2$联结点至$c_3$联结点之间的所有管节的流动摩阻之和；$\Sigma\left[\rho_i g f_i L_i(Q_1+Q_2+Q_3-Q_4)^{2-m}\right]_{c_3\sim \mathrm{End}}$指编号为1的主管系统$c_3$联结点至主管系统End端之间的所有管节的流动摩阻之和，$N_1^{P_n}$指编号为1的主管系统首端至末端（或翻越点）之间的管道总数；$N_1^{P_g}$指第i段管道所包含的管节总数（一段管道可能由多个管节组成，各管节之间的管径、壁厚、粗糙度等参数可能有差异）；ρ_i为某段管道第i管节内的流体密度；ρ_{ij}为第i段管道第j管节内的流体密度；f_i指某段管道第i管节的摩阻系数；L_i指某段管道第i管节的长度；Q_1、Q_2、Q_3、Q_4分别指编号为1的主管道、编号为2的注入支管、编号为3的注入支管和编号为4的下载支管的管内流量（下文中意义与此相同，不再赘述）；m为列宾宗流态参数；Z_Z^{ij}指第i级管道第j级管节的终点高程；Z_q^{ij}指第i级管道第j级管节的起点高程；$\rho_{\mathrm{End}1}$是编号为1的主管系统末段管节内的流体密度；H_{sz1}指编号为1的主管系统的末站进站压头（或翻越点要求的最低压头）；若管道存在翻越点，则式中End代指翻越点，否则End代指管道系统末端。

$$
\begin{aligned}
\rho_{21} g H_{s2} + \sum_{i=1}^{N_2^{P_m}} \rho_{2i} g (P_2 - H_{m2} - H_{j2})_i = & \Sigma(\rho_i g f_i L_i Q_2^{2-m})_{2\sim c_1} \\
& + \Sigma\left[\rho_i g f_i L_i(Q_1+Q_2)^{2-m}\right]_{c_1\sim c_2} \\
& + \Sigma\left[\rho_i g f_i L_i(Q_1+Q_2+Q_3)^{2-m}\right]_{c_2\sim c_3} \\
& + \Sigma\left[\rho_i g f_i L_i(Q_1+Q_2+Q_3-Q_4)^{2-m}\right]_{c_3\sim \mathrm{End}} \\
& + \sum_{i=1}^{N_2^{P_n}} \sum_{j=1}^{N_2^{P_g^i}} \rho_{ij} g \left(Z_{z2}^{ij} - Z_{q2}^{ij}\right) + \rho_{\mathrm{End}2} g H_{sz2}
\end{aligned}
\quad (3\text{–}9)
$$

式中，ρ_{21}指编号为2的注入支管系统的首站管输流体密度；H_{s2}指编号为2的注入支管系统的首站吸入压头；$N_2^{P_m}$指编号为2的注入支管系统的泵站总数；ρ_{2i}指编号为2的注入支管系统第i号泵站管输流体密度；（P_2）$_i$指编号为2的注入支管系统第i号泵站串联泵系统提升的压头；（H_{m2}）$_i$指编号为2的注入支管系统第i号泵站的站内局部摩阻损耗；（H_{j2}）$_i$指编号为2的注入支管系统第i号泵站的站内节流损耗；$\Sigma(\rho_i g f_i L_i Q_2^{2-m})_{2\sim c_1}$指编号为2的注入支管系统的首端至$c_1$联结点之间的所有管节的管内流动摩阻之和；$\Sigma\left[\rho_i g f_i L_i(Q_1+Q_2)^{2-m}\right]_{c_1\sim c_2}$指编号为2的注入支管系统$c_1$联结点至$c_2$联结点之间的所有管节的管内流动摩阻之和；$\Sigma\left[\rho_i g f_i L_i(Q_1+Q_2+Q_3)^{2-m}\right]_{c_2\sim c_3}$指编号为2的注入支管系统$c_2$联结点至$c_3$联结点之间的所有管节的管内流动摩阻之和；$\Sigma\left[\rho_i g f_i L_i (Q_1+Q_2+Q_3-Q_4)^{2-m}\right]_{c_3\sim \text{End}}$指编号为2的注入支管系统$c_3$联结点至系统End端之间的所有管节的流动摩阻之和；$N_2^{P_m}$指编号为2的注入支管系统首端至末端（或翻越点）间的管道总数；$N_2^{P_g^i}$指某段管道所包含的管节总数；$\rho_{\text{End}2}$指编号为2的注入支管系统末段管节的流体密度；H_{sz2}指编号为2的注入支管系统的末站进站压头（或翻越点要求的最低压头）。

$$\begin{aligned}\rho_{31} g H_{s3}+\sum_{i=1}^{N_3^{P_m}}\rho_{3i} g(P_3-H_{m3}-H_{j3})_i &=\Sigma\left(\rho_i g f_i L_i Q_3^{2-m}\right)_{3\sim c_2}\\&+\Sigma\left[\rho_i g f_i L_i (Q_1+Q_2+Q_3)^{2-m}\right]_{c_2\sim c_3}\\&+\Sigma\left[\rho_i g f_i L_i (Q_1+Q_2+Q_3-Q_4)^{2-m}\right]_{c_3\sim \text{End}}\\&+\sum_{i=1}^{N_3^{P_m}}\sum_{j=1}^{N_3^{P_g^i}}\rho_{ij} g\left(Z_{z3}^{ij}-Z_{q3}^{ij}\right)+\rho_{\text{End}3} g H_{sz3}\end{aligned}\tag{3-10}$$

式中，ρ_{31}指编号为3的注入支管系统的首站管输流体密度；H_{s3}指编号为3的注入支管系统的首站吸入压头；$N_3^{P_m}$指编号为3的注入支管系统的泵站总数；ρ_{3i}指编号为3的注入支管系统第i号泵站管输流体密度；$(P_3)_i$指编号为3的注入支管系统第i号泵站串联泵系统提升的压头；$(H_{m3})_i$指编号为3的注入支管系统第i号泵站的站内局部摩阻损耗；$(H_{j3})_i$指编号为3的注入支管系统第i号泵站的站内节流损耗；$\Sigma\left(\rho_i g f_i L_i Q_3^{2-m}\right)_{3\sim c_2}$指编号为3的注入支管系统的首端至$c_2$联结点之间的所有管节的管内流动摩阻之和；$\Sigma\left[\rho_i g f_i L_i (Q_1+Q_2+Q_3)^{2-m}\right]_{c_2\sim c_3}$指编号为3的注入支管系统$c_2$联结点至$c_3$联结点之间的所有管节的管内流动摩阻之和；$\Sigma\left[\rho_i g f_i L_i (Q_1+Q_2+Q_3-Q_4)^{2-m}\right]_{c_3\sim \text{End}}$指编号为3的注入支管系统$c_3$联结点至系统End端之间的所有管节的流动摩阻之和；$N_3^{P_m}$指编号为3的注入支管系统首端至末端（或翻越点）间的管道总数；$N_3^{P_g^i}$指某段管道所包含的管节总数；$\rho_{\text{End}3}$指编号为3的注入支管系统末段管节的流体密度；H_{sz3}指编号为3的注入支管系统的末站进站压头（或翻越点要求的最低压头）。

$$\begin{aligned}\rho_{11} g H_{s1}+\sum_{i=1}^{N_4^{P_m}}\rho_{4i} g(P_4-H_{m4}-H_{j4})_i &=\Sigma\left(\rho_i g f_i L_i Q_1^{2-m}\right)_{1\sim c_1}\\&+\Sigma\left[\rho_i g f_i L_i (Q_1+Q_2)^{2-m}\right]_{c_1\sim c_2}\\&+\Sigma\left[\rho_i g f_i L_i (Q_1+Q_2+Q_3)^{2-m}\right]_{c_2\sim c_3}\\&+\Sigma\left[\rho_i g f_i L_i Q_4^{2-m}\right]_{c_3\sim \text{End}4}+\sum_{i=1}^{N_4^{P_m}}\sum_{j=1}^{N_4^{P_g^i}}\rho_{ij} g\left(Z_z^{ij}-Z_q^{ij}\right)\\&+\rho_{\text{End}4} g H_{sz4}\end{aligned}\tag{3-11}$$

式中，$N_4^{P_m}$指编号为4的分输支管系统的泵站总数；ρ_{4i}指编号为4的分输支管系统第i号泵站管输流体密度；$(P_4)_i$指编号为4的分输支管系统第i号泵站串联泵系统提升的压头；$(H_{m4})_i$指编号为4的分输支管系统第i号泵站的站内局部摩阻损耗；$(H_{j4})_i$指编号为

4的注入支管系统第i号泵站的站内节流损耗；$\Sigma\left(\rho_i g f_i L_i Q_1^{2-m}\right)_{1\sim c_1}$指编号为4的分输支管系统的首端至$c_2$联结点之间的所有管节的管内流动摩阻之和；$\Sigma\left[\rho_i g f_i L_i\left(Q_1+Q_2\right)^{2-m}\right]_{c_1\sim c_2}$指编号为4的分输支管系统的$c_1$联结点至$c_2$联结点之间的所有管节的管内流动摩阻之和；$\Sigma\left[\rho_i g f_i L_i\left(Q_1+Q_2+Q_3\right)^{2-m}\right]_{c_2\sim c_3}$指编号为4的分输支管系统$c_2$联结点至$c_3$联结点之间的所有管节的管内流动摩阻之和；$\Sigma\left[\rho_i g f_i L_i Q_4^{2-m}\right]_{c_3\sim \mathrm{End4}}$指编号为4的分输支管系统$c_3$联结点至系统End4端之间的所有管节的流动摩阻之和；$N_4^{P_n}$指编号为4的分输支管系统首端至末端（或翻越点）间的管道总数；$N_4^{P_k}$指某段管道所包含的管节总数；ρ_{End4}指编号为4的分输支管系统末段管节的流体密度；H_{sz4}指编号为4的分输支管系统的末站进站压头（或翻越点要求的最低压头）。

观察由式（3–8）~式（3–11）所组成的方程组不难发现，各类管道水力方程通式如下：

（1）主管水力方程：主管首端–整体主管–主管末端。

（2）注入支管水力方程：支管首端–相应联结点后的主管–主管末端。

（3）下载支管水力方程：主管首端–相应联结点前的主管–支管末端。

在某管网水力模型中，共有1条主管，N_1条注入支管，N_2条分输支管，则对主管及各支管分别列水力平衡方程，可得到由N个（$N=1+N_1+N_2$）独立的方程所组成的方程组，且方程组中共有N个未知的待求流量Q_i，待求变量数正好等于方程数。

由于方程组内每个方程式或函数式，例如式（3–8）~式（3–11），都是连续可微的，因而可以采用牛顿迭代法等经典方法予以求解。当然，我们也可以采用非线性规划方法来实现求解，并且采用非线性规划法求解方程组还会有一些独到的优点。

令目标函数：

$$F([Q])=\min\sum_{i=1}^{N}\left(P_{\text{supply}}-P_{\text{consume}}\right)_i^2 \tag{3–12}$$

式中，$[Q]$指流量变量组合，根据流量变量组合可以计算出消耗压力P_{consume}的大小；$\sum_{i=1}^{N}\left(P_{\text{supply}}-P_{\text{consume}}\right)_i^2$指上述各管道系统的水力方程组中各方程的左、右两端之差的平方和。一般情况下，当目标函数取得最小值时，也即当$F([Q])=0$时，所对应的流量组合$[Q]$即为管网水力模型的工作流量。

对于上述的无约束非线性规划模型，可采用步长加速法、单纯形加速法、拟牛顿法等直接优化算法来实现求解。应当注意，当且仅当优化算法所搜索到的流量组合$[Q]$能使目标函数$F([Q])$近似等于0，且$[Q]$所对应的各管节内的流态符合前提假设时，$[Q]$才是正确解。另外，若所得结果使得目标函数中的供压小于耗压时，说明流量初值设置过高，应减小初值设置并重新进行计算。

2）管网能耗优化模型

密闭管网能耗优化模型是一个0–1规划问题，其本质是求解可以实现输量要求的最优启泵组合$\{X_{ij}\}$，以降低不必要的能量损耗。

管网优化模型的目标函数为：

$$\min \sum_{i=1}^{N}\sum_{j=1}^{N_i} C_{ij}X_{ij} \tag{3–13}$$

式中，N指密闭管网系统的泵站总数；N_i指第i号泵站内的泵机组数；C_{ij}指第i号泵站第j号泵在某流量下运行时的总功率损耗；X_{ij}是0–1变量，代指第i号泵站的第j号泵是否开启，该泵开启时，X_{ij}=1；否则，X_{ij}=0。

主管道（从主管第2站至末站）共有6个进站不欠压限制方程和6个进站不超压限制方程，其中第x级站（位于联结节点c_2~c_3之间）的进站不欠压限制方程如下：

$$\begin{aligned}
&\rho_{11}g(H_{s1})_1+\sum_{i=1}^{x}\rho_i g(H_{1i}-H_{1mi}-H_{1ji})-\sum_{i=1}^{I_{c_1}-1}\sum_{j=1}^{J_i}\rho_{ij}gf_{ij}L_{ij}Q_1^{2-m}\\
&-\sum_{i=I_{c_1}}^{I_{c_1}}\sum_{j=1}^{J_{c_1}-1}\rho_{ij}gf_{ij}L_{ij}Q_1^{2-m}-\sum_{i=I_{c_1}}^{I_{c_1}}\sum_{j=J_{c_1}}^{J_i}\rho_{ij}gf_{ij}L_{ij}(Q_1+Q_2)^{2-m}\\
&-\sum_{i=I_{c_1}+1}^{I_{c_2}-1}\sum_{j=1}^{J_i}\rho_{ij}gf_{ij}L_{ij}(Q_1+Q_2)^{2-m}\\
&-\sum_{i=I_{c_2}}^{I_{c_2}}\sum_{j=1}^{J_{c_2}-1}\rho_{ij}gf_{ij}L_{ij}(Q_1+Q_2)^{2-m}\\
&-\sum_{i=I_{c_2}}^{I_{c_2}}\sum_{j=J_{c_2}}^{J_i}\rho_{ij}gf_{ij}L_{ij}(Q_1+Q_2+Q_3)^{2-m}\\
&-\sum_{i=I_{c_2}+1}^{x}\sum_{j=1}^{J_i}\rho_{ij}gf_{ij}L_{ij}(Q_1+Q_2+Q_3)^{2-m}-\sum_{i=1}^{x}\sum_{j=1}^{J_i}\rho_{ij}g\left(Z_Z^{ij}-Z_q^{ij}\right)\\
&-\rho_{xJ_i}g(H_{S\min})_x\geqslant 0
\end{aligned} \tag{3–14}$$

式中，$(H_{s1})_1$为首站吸入水头；H_{1i}指第i级泵站泵机组所能提供的水头；H_{1mi}指第i级泵站站内局部摩阻损失水头；H_{1ji}指第i级泵站站内节流损失水头；I_{c1}指主管系统中c_1联结点前的管级总数；I_{c_2}指主管系统中c_2联结点前的管级总数；J_i指第i级管道的管节总数；J_{c_1}指主管系统中c_1联结点所在管线的管节编号；J_{c_2}指主管系统中c_2联结点所在管线的管节编号；f_{ij}指主管系统中第i级管道第j级管节的摩阻系数；L_{ij}指主管系统中第i级管道第j级管节的长度；ρ_xJ_i指主管系统中第x级管道第J_i级管节管内流体密度；$(H_{s\min})_x$指主管系统中第x级泵站所要求的最低进站水头。

注入支管，以3号注入支管系统为例，从该支管第2站至主管末站，共有5个进站不欠压限制方程和5个进站不超压限制方程，其中第x级站（位于联结点c_2~c_3之间）的进站不欠压限制方程如下：

$$
\begin{aligned}
&\rho_{31} g(H_{s1})_3 + \sum_{i=1}^{x} \rho_i g(H_{1i} - H_{1mi} - H_{1ji}) - \sum_{i=1}^{N_3} \sum_{j=1}^{J_i} \rho_{ij} g f_{ij} L_{ij} Q_3^{2-m} \\
&- \sum_{i=I_{c_2}}^{I_{c_3}} \sum_{j=J_{c_3}}^{J_i} \rho_{ij} g f_{ij} L_{ij} (Q_1 + Q_2 + Q_3)^{2-m} \\
&- \sum_{i=I_{c_{3+1}}}^{I_{c_3}} \sum_{j=1}^{J_i} \rho_{ij} g f_{ij} L_{ij} (Q_1 + Q_2 + Q_3)^{2-m} \\
&- \sum_{i=I_N}^{x} \sum_{j=1}^{J_i} \rho_{ij} g \left(Z_Z^{ij} - Z_q^{ij}\right) \\
&- \rho_{xJ_i} g (H_{S\min})_x \geqslant 0
\end{aligned}
\qquad (3\text{–}15)
$$

式中，$(H_{s1})_3$指编号为3号的注入支管系统的首站吸入水头；N_3指编号为3号的注入支管系统的支管部分的泵站总数。

根据式（3–14）和式（3–15），可构建管网能耗优化的计算机求解模型，主要步骤如下：

（1）计算主管各管节的流量。按质量守恒定律，将主管与支管的要求输量进行叠加。

（2）计算目标函数各自变量系数C_{ij}。第i号泵站第j号泵的自变量系数C_{ij}（第i号泵站第j号泵的总耗电量）=第i号泵站第j号泵的扬程H_{ij}×第i号泵站第j号泵的输油密度ρ_{ij}×重力加速度g÷第i号泵站第j号泵的流量Q_{ij}÷第i号泵站第j号泵的效率E_{ij}×1.01。

$$C_{ij} = 1.01\rho_{ij} g H_{ij} / (Q_{ij} E_{ij}) \qquad (3\text{–}16)$$

式中，ρ_{ij}指第i站的第j号泵输流体的密度；g为重力加速度；H_{ij}指第i站的第j号泵的扬程；Q_{ij}指第i站的第j号泵的流量；E_{ij}指第i站的第j号泵在流量Q_{ij}时的泵效率。

（3）按照0–1规划标准模型，构建约束条件矩阵AB。

第一，确定AB矩阵行数。矩阵行数=（主管泵站总数－1）+ Sum（支管沿油品流向所经过的泵站总数–1），具体表达式如下：

$$(N_m)_{AB} = (N_{mPs} - 1) + \sum_{i=1}^{N_{up}} [(N_{bPs})_i - 1] \qquad (3\text{–}17)$$

式中，$(N_m)_{AB}$指AB矩阵的行数；N_{mPs}指主管泵站总数；N_{up}指注入支管总数；$(N_{bPs})_i$指第i条支管油品流向所经过的泵站总数。

第二，确定AB矩阵列数。矩阵列数=管网中各泵站输油泵的总数+一列常数项，具体表达式如下。

$$(N_n)_{AB} = \sum_{i=1}^{N_{mPs}} (N_P)_i + \sum_{i=1}^{N_{uPn}} \sum_{j=1}^{(N_{bPs})_i} (N_P)_j + 1 \qquad (3\text{–}18)$$

式中，$(N_n)_{AB}$指AB矩阵的列数；$(N_p)_i$指第i号泵站内输油泵总数；N_{uPn}指管网中的注入支管总数；$(N_p)_j$指第j号泵站内的泵数。

第三，计算AB矩阵中各自变量的系数。矩阵中第i行第j列自变量系数AB_{ij}的计算式为：

$$AB_{ij} = \rho_{ij} g H_{ij},\ j < (N_n)_{AB} \qquad (3\text{–}19)$$

式（3–19）中，H_{ij}与流量Q_{ij}之间的关系表达式如下：

$$H_{ij}=a_0+a_1Q_{ij}+a_2Q_{ij}^2+a_3Q_{ij}^3+a_4Q_{ij}^4 \tag{3–20}$$

式中，a_0、a_1、a_2、a_3和a_4为离心泵的特性常数，可通过实际测量数据回归获得。

第四，计算AB矩阵中各行的常数项。AB矩阵中第i行常数项为所研究的第i条管道的首端吸入压力、各泵站局部摩阻损失压力、各管节摩阻损失压力、克服位差压力及最低允许进站压力（或翻越点高点最低剩余压力）之和。

（4）求解优化模型（采用隐枚举等算法），获得最优启泵方案。

3）管网模型搭建流程

为提高建模效率，可采用数据库绑定方法搭建管网模型，主要步骤如下。

（1）搭建主–支串联管道系统物理模型，如图3–15所示。

图3–15　搭建串联管道系统物理模型

（2）指定各主–支管道联结节点，指定末站和翻越点（若存在），如图3–16所示。

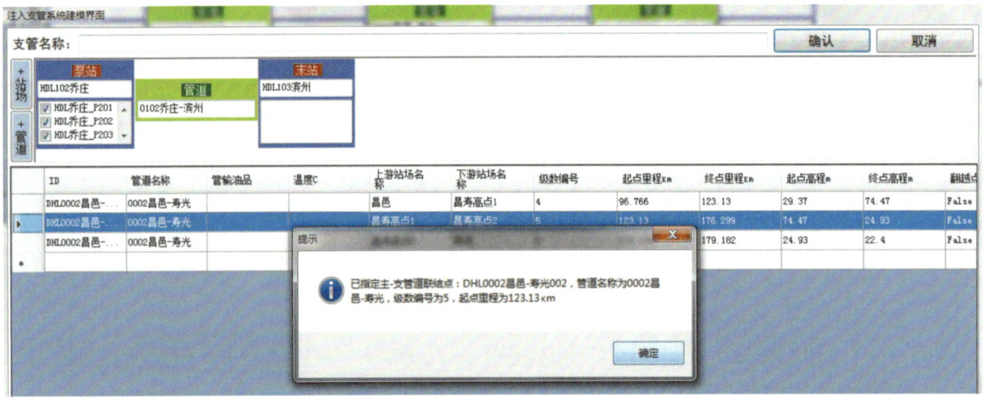

图3–16　指定各主–支管道联结节点

（3）双击泵站控件，从数据库中选择相应高程参数及泵特性参数，如图3–17所示。

（4）双击管道控件，从数据库中选择相应管道参数及油品物性参数，如图3–18和图3–19所示。

（5）建立模型，检验模型正确性，如图3–20所示。

（6）设置初值，求解模型。

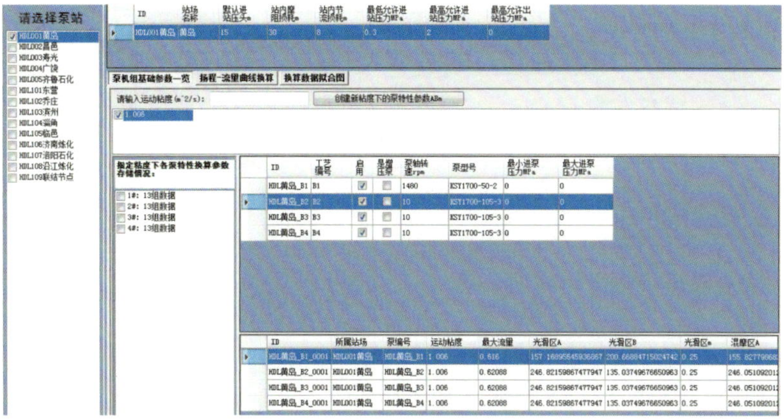

图3-17　绑定数据库中的相关泵特性数据

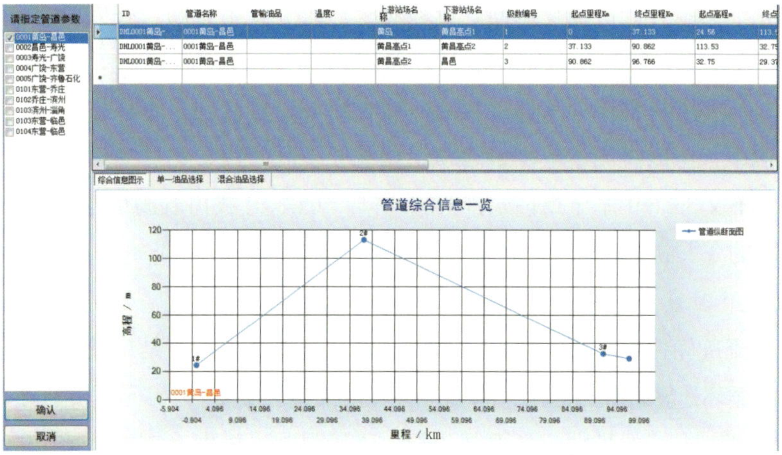

图3-18　绑定数据库中的相关管道数据

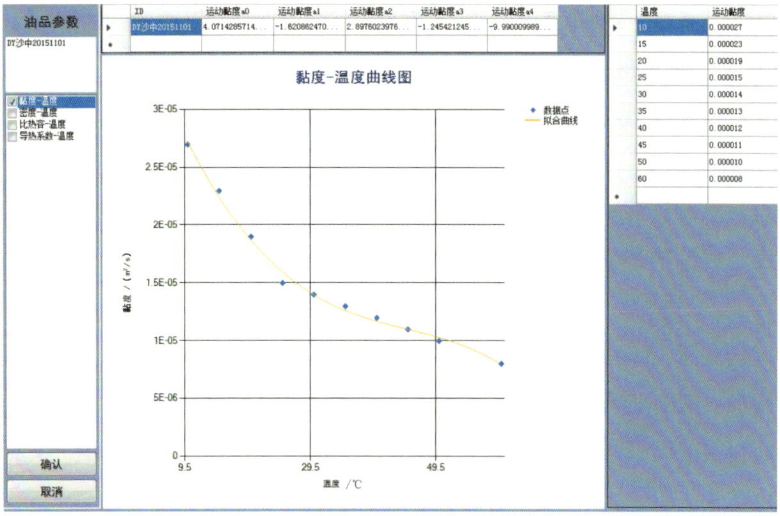

图3-19　绑定数据库中的相关油品数据

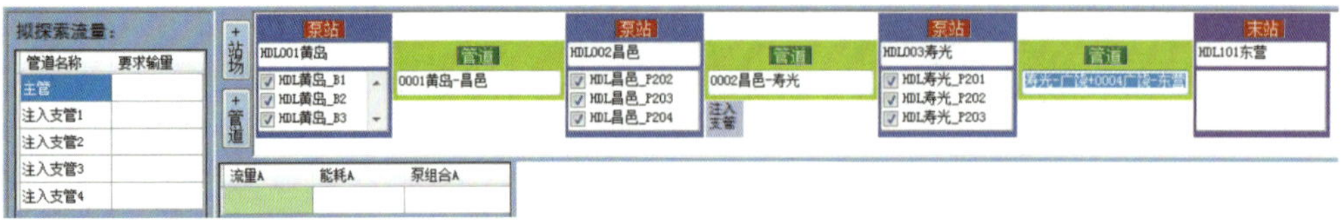

图3-20 建立模型并校核数据

2. 管网流量可视化优化方法

1）可视化流量优化方法的内涵

大型复杂原油管网的一个显著特点是多种原油大批量顺序输送。要解决多种原油大批量顺序输送优化这个问题，可以用到可视化流量优化方法，该方法的最终目的是找出多种原油的综合经济输量区间，也即对于一大型复杂管网，各类原油分别以什么输量输送可使泵组合的综合电耗最低。

计划人员如果从整体上掌握了管网的综合经济输量区间，那么在后期的管输计划图形化排演中，可以将流量范围始终锁定在该经济区间内，然后通过不断试错及图形化反馈（见下文3.2.3中基于反馈式排演图的排产方法），找出既满足经济性要求又满足平稳性要求的令人满意的折中化管输方案。

2）可视化流量优化方法的步骤

可视化流量优化方法总共包括三个大步骤，其中第二大步是最关键的步骤，它是一个大型的循环计算过程，这个大型循环计算中又包含了9个小步骤。具体步骤如下：

（1）计算各支管的最大流量限制。最大流量限制可根据管道最大承压能力与摩阻消耗压力的平衡得出。管道摩阻可用达西摩阻公式计算。

（2）在最大流量界限范围内搜索转折流量点，优化转折流量点下的最优泵组合，并记录最优泵组合的能耗。转折流量点是指当串联管道系统的流量小于或等于该转折流量时，有唯一的最优泵组合可满足管输任务要求，超出该流量后，最优泵组合会发生改变。

转折流量点的搜索流程如图3-21所示。不难看出，在转折流量点下寻找最优泵组合的问题属于典型的线性整数规划（0–1规划）问题，可采用分支定界法或隐枚举法等来求解。

转折流量点搜索流程具体包括以下步骤：

①计算Q_i^t，初始时可令Q_i^t等于$Q_{\min}$，而后续计算中可令$Q_i^t=Q_i+\mathrm{d}Q$。

②判断Q_i^t是否小于或等于$Q_{\max}$。若否，则计算停止。若是，利用0–1规划方法（本节选用隐枚举法）求解可提供Q_i^t的最优泵组合。

③判断是否存在能够提供Q_i^t的泵组合。若否，则停止；若是，记录该G_i，并转步骤④。

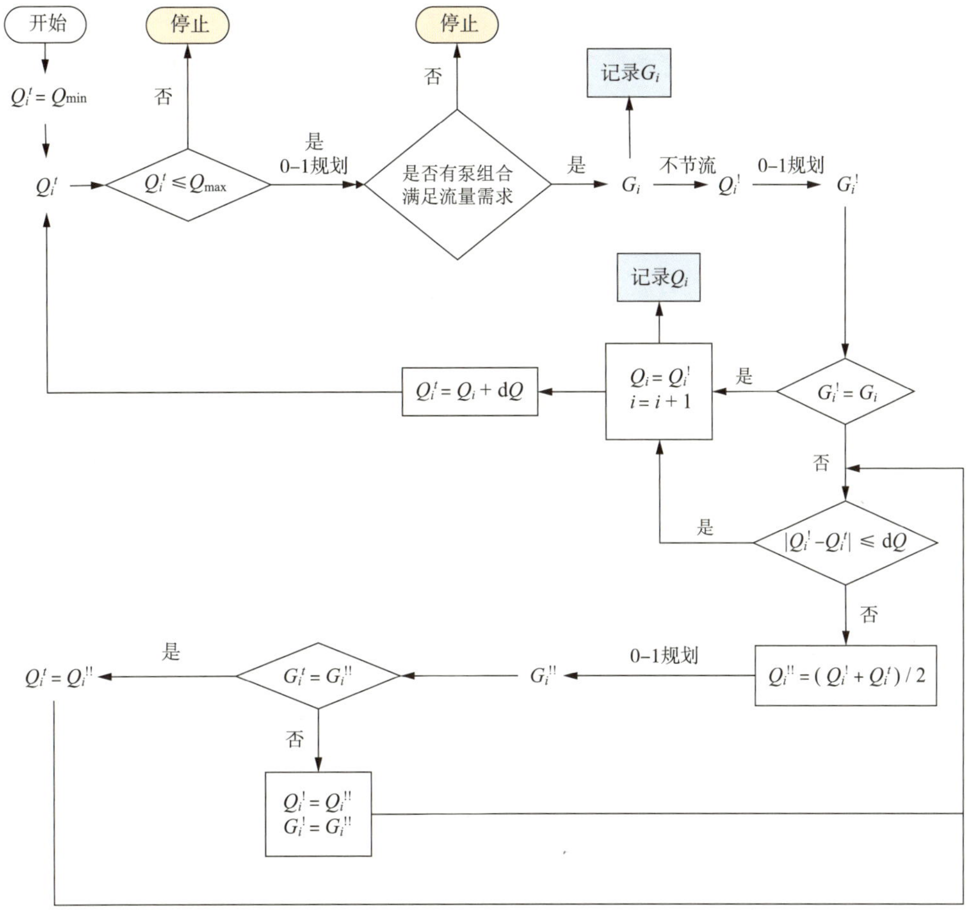

图3–21　单支管道转折流量–最优泵组合搜索方法流程图

④计算$Q_i^{!}$，并利用0–1规划方法求解$G_i^{!}$。

⑤判断$G_i^{!}$是否等于G_i。若是，转步骤⑥；若否，转步骤⑦。

⑥$Q_i^{!}$是转折流量Q_i，记录Q_i，转步骤①，开始下一转折流量的搜索。

⑦判断Q_i^t与$Q_i^{!}$之差是否小于dQ。若是，转步骤⑥；若否，转步骤⑧。

⑧令$Q_i^{!!} = (Q_i^{!} + Q_i^t)/2$，并用0–1规划方法求解$Q_i^{!!}$下的$G_i^{!!}$，转步骤⑨。

⑨判断G_i是否等于$G_i^{!!}$。若是，令$Q_i^t = Q_i^{!!}$，转步骤⑦；若否，令$Q_i^{!} = Q_i^{!!}$，$G_i^{!} = G_i^{!!}$，转步骤⑦（应当注意，步骤⑨中，是和否后的参数设置不同，但在设置好参数后都要转回步骤⑦，所以会有两个转步骤⑦操作，这并不是错误）。

在上述步骤中，Q_i^t为探索流量；Q_{min}为管道系统所允许的最小流量；Q_i为转折流量点；dQ为所允许的流量误差；Q_{max}为管道系统所允许的最大流量；G_i为能够提供Q_i^t的最优泵组合；$Q_i^{!}$为在不节流的情况下泵组合G_i所能够提供的最大流量；$G_i^{!}$为可提供$Q_i^{!}$的最优泵组合；$Q_i^{!!}$为二次探索流量；$G_i^{!!}$为能够提供$Q_i^{!!}$的最优泵组合。

（3）利用流量–能耗图逐级合并支管能耗，获取综合的优化输送方案。

能耗合并包括两支支管能耗合并、三支及以上支管能耗合并两种方法，其中两支支管能耗合并方法流程如图3–22所示。

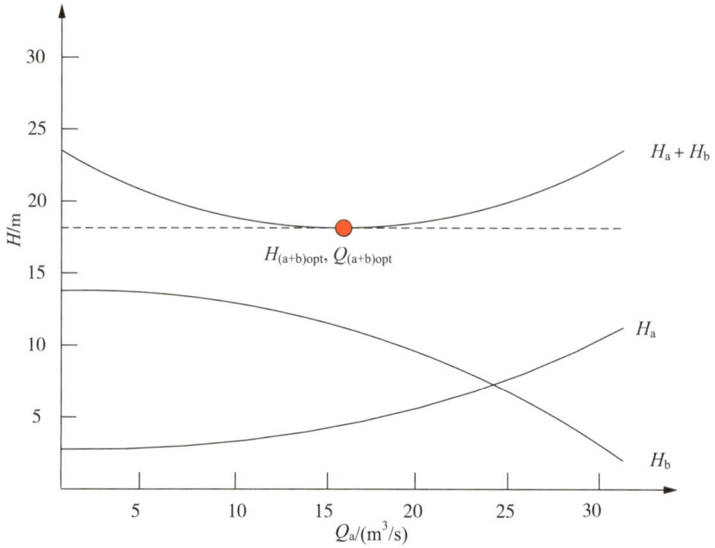

图3–22　两支支管能耗合并方法流程图

假定A、B两个支管分别运输a、b两种油品。在生产时间及生产任务一定的情况下，两支管的流量之间形成以下对应关系：

$$t^2 = V_a/Q_a + V_b/Q_b \tag{3–21}$$

式中，t^2为所规定的两个支管的管输总时间，s；V_a为a油种的任务输送总量，m^3；V_b为b油种的任务输送总量，m^3；Q_a为A支管的不同流量取值，m^3/s；Q_b为B支管的不同流量取值，m^3/s。

按式（3–21）可将步骤（2）中得出的B支管的最低能耗–转折流量曲线转换为B支管最低能耗–A支管转折流量曲线，如式（3–22）所示：

$$(H_b - Q_b) \sim (H_b - Q_a) \tag{3–22}$$

式中，H_b为给B支管提供各种流量Q_b所必需的最低能耗。

将$H_a - Q_a$（其中H_a为A支管提供相应流量Q_a时的所必需的最低能耗）与$H_b - Q_a$两条曲线合并，最终得到两支支管的最优工况点能耗$H_{(a+b)opt}$和流量$Q_{(a+b)opt}$，及与之相邻的次优方案区间。

对于三个支管的能耗合并，可在获得各种生产任务下的两个支管最优工况点后按相似方法得出，如图3–23所示。

说明：本章物理量单位为表述便捷，大量使用符号表示，未与其余章节统一。

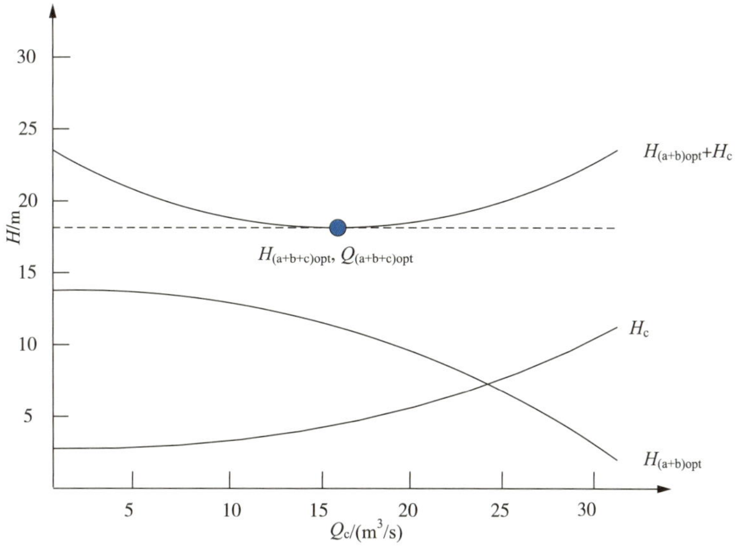

图3-23　三支及以上支管能耗合并方法流程图

假定在原A、B两支管基础上增加第三支支管C，该支管输送油种c，则在生产时间及生产任务一定的情况下，三个支管的流量之间形成以下对应关系：

$$t^3 = V_a / Q_a + V_b / Q_b + V_c / Q_c \tag{3-23}$$

式中，t^3为所规定的三个支管的管输总时间，s；V_c为c油种的任务输送总量，m^3；Q_c为C支管的不同流量取值，m^3/s。

按式（3-23）可将从图3-22中得出的A、B两个支管能耗合并获取的最优工况点所组成的最低能耗-转折流量曲线转化为与C支管流量之间的关系，如式（3-24）所示。

$$[H_{(a+b)opt} - Q_{(a+b)opt}] \sim [H_{(a+b)opt} - Q_c] \tag{3-24}$$

而后，将$H_{(a+b)opt} - Q_c$与$H_c - Q_c$（其中H_c为给C支管提供各种流量Q_c所必需的最低能耗，m）两条曲线合并得图3-23，最终得到三个支管的最优工况点能耗$H_{(a+b+c)opt}$和流量$Q_{(a+b+c)opt}$，以及与之相邻的次优方案区间。以此类推，不再赘述三个以上支管的综合优化低能耗输送方案。

3）可视化流量优化方法示例

假定某分支管网首站相同，由A_1、B_1、C_1三个支管组成，分别输送a_1、b_1、c_1三种油品，其总量分别为V_1=228096m^3、V_2=221184m^3、V_3=138240m^3，月度总计输油时间为30 d（图3-24）。管道最大承压分别为4.0MPa、4.8MPa和6.0MPa。A_1、B_1、C_1三个支管分别有4台、4台和5台泵来提供流动压力。

示例管网的可视化流量优化方法具体步骤如下：

（1）根据管道最大流量下的摩阻损耗等于管道最大承压可得A_1、B_1、C_1三个支管最大流量限制分别为0.6 m^3/s、0.6 m^3/s和0.7 m^3/s。

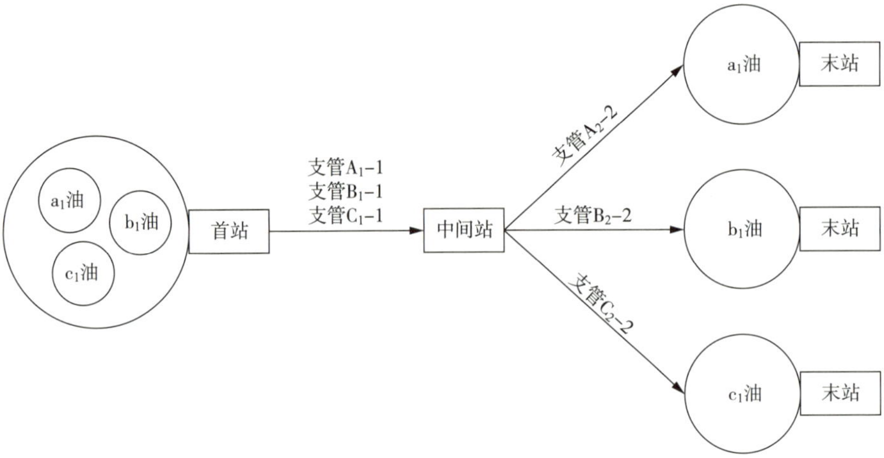

图3–24　示例管网流程图

（2）绘制各支管的最低能耗–转折流量曲线。

以A_1管为例，起始令$dQ = 0.01m^3/s$，$Q_1^{\,t} = 0.01m^3/s$。

通过传统0–1规划方法（隐枚举法）求得$Q_1^{\,t} = 0.01m^3/s$下A_1支管的最优泵组合$G_1\{1, 1, 0, 0\}$。

计算最优泵组合G_1在不节流工况下所能提供的最大流量$Q_1^{\,!} = 0.08m^3/s$。

通过0–1规划方法求得$Q_1^{\,!} = 0.08m^3/s$下的最优泵组合$G_1^{\,!}\{0, 0, 1, 0\}$。

由于$G_1 \neq G_1^{\,!}$，因而通过二分法求得以$G_1\{1, 1, 0, 0\}$为最优泵组合的转折流量（超过该流量，则存在新的最优泵组合）。

当某次迭代后得到$Q_1^{\,t} = 0.599m^3/s$，$Q_1^{\,!} = 0.0600m^3/s$，$|Q_1^{\,!} - Q_1^{\,t}| < dQ$，就获得了以$G_1\{1, 1, 0, 0\}$为最优泵组合的转折流量$Q_1 = Q_1^{\,t} = 0.6m^3/s$。

令$Q_2^{\,t} = Q_1^{\,t} + dQ$，按上述步骤开始$G_2$、$Q_2$的搜索，直至$Q_i^{\,t} > Q_{max}$或没有泵组合能够满足探索流量$Q_i^{\,t}$为止。

最终获得A_1支管的各转折流量及相应转折流量下的最优泵组合方案（表3–4）。

表3–4　A_1支管各转折流量下的最优泵组合及能耗

转折流量 Q_{a_1}/（m^3/s）	最优泵组合	能耗（水头）/m
0.17	1 1 0 0	2.55
0.21	0 0 1 0	2.82
0.33	1 0 1 0	4.48
0.42	1 1 1 0	6.77
0.51	0 1 1 1	8.68
0.59	1 1 1 1	12.39

同理，可获得B_1、C_1支管的各转折流量及相应转折流量下的最优泵组合方案（表3-5、表3-6）。

表3-5　B_1支管各转折流量下的最优泵组合及能耗

转折流量 Q_{a_1}/（m^3/s）	最优泵组合	能耗（水头）/m
0.19	1 0 0 0	2.47
0.22	0 0 1 0	2.71
0.33	1 0 1 0	4.62
0.41	1 1 1 0	6.79
0.49	0 1 1 1	9.01
0.58	1 1 1 1	11.48

表3-6　C_1支管各转折流量下的最优泵组合及能耗

转折流量 Q_{a_1}/（m^3/s）	最优泵组合	能耗（水头）/m
0.12	0 1 0 0 0	2.52
0.23	1 1 0 0 0	3.74
0.38	1 0 1 0 1	6.15
0.49	1 1 1 0 0	8.79
0.54	1 1 1 1 0	11.07
0.67	1 1 1 1 1	13.24

（3）根据式（3-8）将A_1、B_1支管的能耗流量图合并得图3-25。

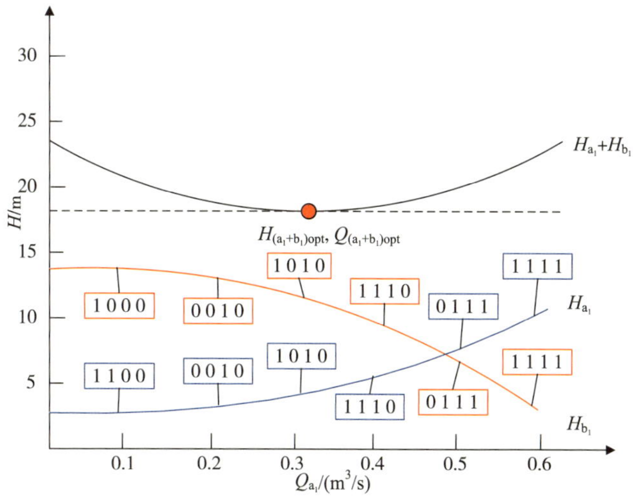

图3-25　示例两个支管能耗合并方法流程图

从图3-25中可得出，在既定任务下的两个支管的最优工况点：$Q_{(a_1+b_1)opt}$，$H_{(a_1+b_1)opt}$，以及最优工况下的各支管最优泵组合方案A$_1$—{1 0 1 0}或记为{1，0，1，0}，B$_1$—{1 0 1 0}。根据式（3-23）将C$_1$支管的能耗-流量图与A$_1$、B$_1$支管的最优综合流量-能耗图合并，得图3-26。

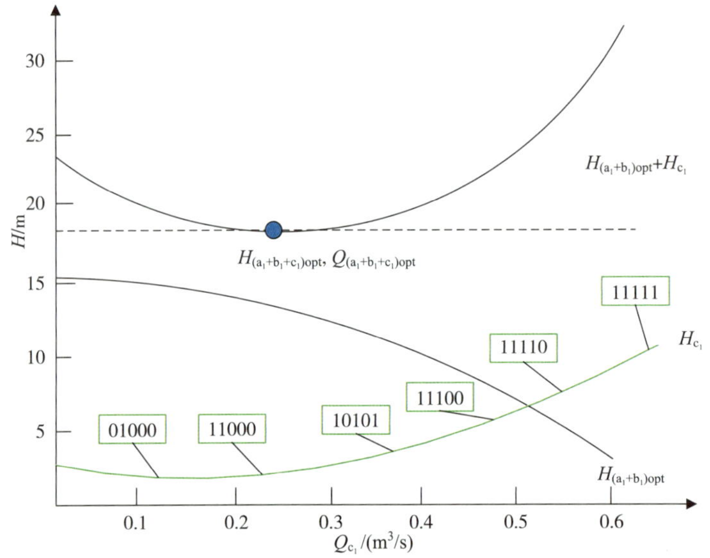

图3-26　示例三个支管能耗合并图

从图3-26中可得出，在既定任务下的三个支管的最优工况点：$H_{(a_1+b_1+c_1)opt}$，$Q_{(a_1+b_1+c_1)opt}$，以及最优工况下的各支管最优泵组合方案A$_1$—{0 0 1 0}，B$_1$—{1 0 1 0}，C$_1$—{1 1 0 0 0}。

至此，获得三个支管多油种顺序输送的最优流量，分别为Q_{a_1} = 0.22 m^3/s、Q_{b_1} = 0.32 m^3/s、Q_{c_1} = 0.16 m^3/s，相应的输送时间$t_{a_1} = V_{a_1}/Q_{a_1} \approx 12$ d、$t_{b_1} = V_{b_1}/Q_{b_1} \approx 8$ d、$t_{c_1} = V_{c_1}/Q_{c_1} \approx 10$ d，相应的启泵组合方案A$_1$—{1 0 1 0}，B$_1$—{1 0 1 0}，C$_1$—{1 1 0 0 0}，该方案下的各支管能耗与总能耗之和$H_{(a_1+b_1)opt} + H_{c_1}$ = 18.2 m。同时，在最优点邻近区间内还有一段能耗相对较低的次优方案，可供人工在管网排产过程中选择，以折中实现能耗优化和批次平稳的矛盾性目标。

从示例可看出，上述多种原油大批量顺序管输可视化流量优化方法不但能够找出最低能耗下的各原油的经济流量组合，而且可以提供较多的次优经济流量空间，以供人工在批次平稳和节能降耗之间进行折中优化。可视化流量优化方法提高了管输方案编制的经济性和时效性，同时由于优化方案的可视性较好，能够降低辅助计划人员降低方案编制失误的风险。

3．基于反馈式排演图的排产方法

在大型复杂管网顺序输送多种原油的过程中，要实现关于节能-平稳的矛盾性目标优化，需要结合计算机的高效计算和计划人员的灵活决策优势，也即先依靠优化算法搜索出各分支管道各种原油的经济输量区间，再由计划人员初步假定全局经济转输计划，而后经原油管网排演图排演计划，反馈批次切换情况及约束条件违反情况等，最终由人在节能–平稳之间进行折中考量，合理修改和平衡各类原油的输送顺序、流量和时间等参数。

这其中，调整管网输送参数和图形反馈输送计划优劣的过程是反复进行的，在思路上有些类似于用二分法求解高次元方程，是一个通过不断试错，不断缩小范围，最终获得令人满意的管网运输方案的过程。在这个试错过程中，反馈式排演图是最关键的技术，它类似一个大型的业务逻辑推演“沙盘”，能够形象、直观、动态地展示多维度、大规模、强关联的管网运行参数间的复杂逻辑关系，为计划人员寻找优化方案提供全局视野指导，启示折中优化方向，规避违反约束风险。

1）反馈式排演图的构成要素

反馈式排演图由横轴、纵轴、粗实直线、细实折线、细虚线、颜色和文字等元素组成，各元素的意义如下所述：

（1）横轴，表示时间，以“天（d）”为坐标间隔。

（2）纵轴，表示站场，站场包含泵机组和油库。

（3）实线的颜色，对应油种，不同油种由不同颜色来代表。

（4）粗实直线，表示油品批次，粗实直线所对应的纵坐标为处理该批次油品的站场，粗实直线起点所对应的横坐标为该批次油品的起输时间，粗实直线终点所对应的横坐标为该批次油品的终输时间。

（5）细实折线，某站场的不同颜色的水平细实线表示各油种的罐存量，不同颜色的水平细线的上下起伏对应着不同油种罐存量的高低变化。

（6）细虚线：黑色细虚线为坐标网格；某站场的红色水平细虚线标识的是各种油品的罐容上/下限；站场之间的蓝色的竖直细虚线或倾斜细虚线指示的是各油品批次的站间流向。

（7）文字：意义如文字内容自身所述。

2）反馈式排演图的操作步骤

应用反馈式排演图优化大型复杂原油管网的输送方案时，可按图3–27所示步骤进行：

（1）搜索各支管的综合经济流量范围，以供计划人员在折中调和能耗优化–批次平稳之间的矛盾时参考，方法如“管网流量可视化优化方法”一节所述。

（2）指定多级分支管网运行方案图中各图形、颜色和文字等的意义，可参考“反馈式排演图的构成要素”。

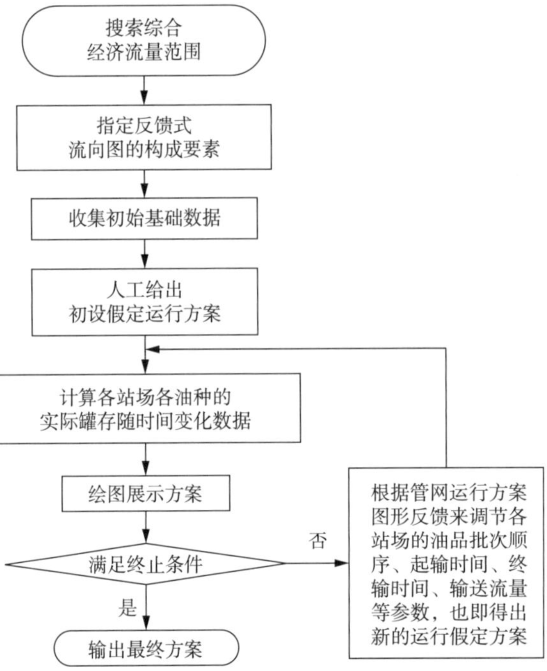

图3-27　反馈式排演图优化操作步骤

（3）收集初始基础数据，包括各站场的各油种的罐容上/下限和当前罐存量等不同维度的初始基础数据。

（4）人工给出初始的假定运行方案，包括假设各站场外输油品批次的编号、油种、中间站、接收站、起输时间、终输时间、输送流量等参数。

（5）根据步骤（4）中的假定运行方案数据，由计算机后台自动计算各站场、各油种的实际罐存随时间的变化。

此步计算中，会遇到批次切换过程的管道过渡流量计算问题。在批次切换的不稳定过程中，管道流量会随切换时间增长而渐变，最终趋于稳定状态。对于大批次油品切换的渐变过程可用平均流量计算各级站场的罐存随时间的变化。对于小批次油品切换的渐变过程可选取若干混油界面控制点，计算相应流量数据，而后通过多项式拟合获得流量-里程函数，并将之转换为流量-时间函数，进而精确计算各级站场罐存随时间的变化（图3-28）。

①［子步骤（5）-1］按式（3-25）拟合，获得批次切换不稳定过程中流量随混油界面推进里程的变化函数。

$$Q(l)=a_0+a_1l+a_2l^2+a_3l^3 \tag{3-25}$$

式中，Q为管道流量；l为因油品批次切换而形成的混油界面的推进里程；a_0、a_1、a_2和a_3为多项式拟合参数。

②［子步骤（5）-2］按精度要求，将管道划分为若干微元，并按式（3-26）计算混油界面抵达管道各节点的时间。

$$t_i = \sum_{j=1}^{i} \frac{A_j \Delta L_j}{Q_j} \tag{3-26}$$

式中，t_i为混油界面推进至L_j位置处（第i段微元管段）的时间；A_j为第j段微元管段的横截面积；ΔL_j为第j段微元管段的长度；Q_j为混油界面推进至第j段微元管段时的瞬时流量，可通过式（3-25）计算得出。

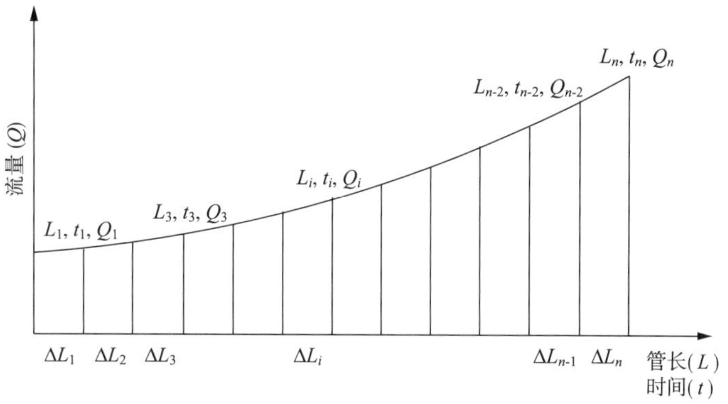

图3-28　流量-管长曲线与流量-时间曲线转换关系示意图

③［子步骤（5）-3］按式（3-27）拟合，获得批次切换不稳定过程中流量随切换时间的变化函数。

$$Q(t) = b_0 + b_1 t + b_2 t^2 + b_3 t^3 \tag{3-27}$$

式中，t为油品批次切换后所历经的时间；b_0、b_1、b_2和b_3为多项式拟合参数。

（6）根据初步方案数据绘制管网运行方案排演图，在排演图中生成各站场、各油种的罐存量变化曲线，并观察各站场是否出现"油荒"（罐存量低于罐容下限）、"冒罐"（罐存量高于罐容下限）、超期（超出炼厂规定的到油期限）等潜在事故状态。

（7）计划人员根据管网运行方案排演图的反馈来调节各站场的油品批次顺序、油品批次的起/终输时间、油品批次的流量等参数（也即得出了新的管网运行假定方案），并返回步骤（5）。

实际上，这里每调节一次参数就要重复一次步骤（5）、步骤（6）和步骤（7），也就是根据参数的调整来重新计算管网整体运行状态，并做图形化排演展示，以启示计划人员发现问题和抓住机会。通过不断地试错式调节，最终使管网运行方案达到合理状态。当然，在参数调节的过程中尤其应注意对经济流量范围的把控，尽可能使泵机组在高效区间运行，以降低能耗损失。

（8）下达和执行折中优化后的管网运行方案。

3）反馈式排演图的应用示例

以前文所述的原油管网为例，具体演示基于反馈式排演图的管网运行计划编制方法。具体步骤如下：

（1）搜索各支管的经济流量区间（按“管网流量可视化优化方法”得出）。

（2）指定管网运行方案反馈式排演图中各图形、颜色和文字的意义，具体如下。

①［子步骤（2）–1］横轴：表示时间，以“天”为单位来标识，本例中横轴时间跨度为4–28至5–24。

②［子步骤（2）–2］纵轴：表示站场，站场包含泵机组和油库，本例中纵轴站场从上至下依次为黄岛、广饶、齐鲁石化、东营、临邑、济南炼化、洛阳石化和沿江炼化。

③［子步骤（2）–3］实线的颜色：对应油种。每种油品都与唯一的一种颜色对应，本例中进口高硫油用黄色标识，进口低硫油用蓝色标识，胜利油用绿色标识，输送给济南炼化的混油用浅蓝色标识，输送给沿江炼化的混油用粉色标识。

④［子步骤（2）–4］粗实直线：表示油品批次，粗实直线所对应的纵坐标为处理该批次油品的站场，粗实直线起点所对应的横坐标为该批次油品的起输时间，粗实直线终点所对应的横坐标为该批次油品的终输时间。

⑤［子步骤（2）–5］细实折线：某站场的不同颜色的水平细实线表示各油种的罐存量。

⑥［子步骤（2）–6］细虚线：黑色细虚线为坐标网格；某站场的红色水平细虚线标识的是各种油品的罐容上/下限；站场之间的蓝色的竖直细虚线或倾斜细虚线指示的是各油品批次的站间流向。

⑦［子步骤（2）–7］文字：意义如文字内容所述。

（3）收集初始数据，包括各站场的各油种的罐容上/下限和当前罐存量等。

（4）人工制定初步假定方案，包括各站场外输油品批次的编号、油种、中间站、接收站、起输时间、终输时间、流量等，如表3–7所示。

表3–7　油品批次初始假定计划表

批次编号	外输站	起输时间	终输时间	接收站	中间站	油　种	流　量
HD2016001	黄岛	2016–4–29	2016–5–3	齐鲁石化	广饶	进口高硫	2.93
HD2016002	黄岛	2016–5–3	2016–5–7	东营	广饶	进口低硫	2.07
DY2016001	东营	2016–5–6	2016–5–11	临邑		胜利油	2.5
DY2016002	东营	2016–5–11	2016–5–15	临邑		进口低硫	2.8
LY2016001	临邑	2016–5–16	2016–5–21	济南炼化		济南混油	1

续表

批次编号	外输站	起输时间	终输时间	接收站	中间站	油　种	流　量
LY2016002	临邑	2016-5-21	2016-5-23	洛阳石化		进口低硫	1.5
LY2016003	临邑	2016-5-23	2016-5-25	沿江炼化		沿江混油	3

注：流量单位为万立方米/天（$10^4m^3/d$）。

（5）根据表3-7中的计划数据，计算各站场各油种的实际罐存随时间的变化，如表3-8所示。

表3-8　油品罐存量随时间变化数据表

站　场	储存油种	罐容上限	罐容下限	初始库存	4-28库存	4-29库存	5-3库存	5-3 20:01库存	5-6 0:22库存
黄岛	进口高硫	25	0.2	15	15	15	4.5	4.5	4.5
黄岛	进口低硫	25	0.2	15	15	15	15	13.4	9.4
东营	胜利油	17.5	0.15	13	13	13	13	13	13
东营	进口低硫	19.2	0.15	4.5	4.5	4.5	4.5	4.5	8.5
临邑	进口低硫	19.3	0.88	4.5	4.5	4.5	4.5	4.5	4.5
临邑	混油	20.5	0.12	8.0	8.0	8.0	8.0	8.0	8.0

注：罐容单位为万立方米（10^4m^3）。

（6）根据表3-7和表3-8中的数据绘制管网运行排演图，并观察各站场是否出现“油荒”（罐存量低于罐容下限）、“冒罐”（罐存量高于罐容下限）、超期（超出炼厂规定的到油期限）等潜在事故状态，如图3-29所示。

（7）根据管网运行方案排演图状态来反馈调节各站场的油品批次顺序、油品批次的起/终输时间、油品批次的流量等运行参数。计划人员通过反馈调节，最终使管网运行方案达到合理状态。在调节的过程中尤其应注意流量的控制，尽可能使泵机组在能耗高效区运行，以降低能耗损失。在本例中，各支管流量都处于经济区间内，同时也不存在“油荒”“冒罐”及超期等潜在事故状态，也即一次试排产成功。

当然，在实际编制大型复杂管网运行计划中，基本是不可能一次排产成功的。最经常出现的事故情况是“油荒”“冒罐”等，这时一般可采取“面多加水、水多加面”的试错应对措施，若某站某油种出现“冒罐”危险，则可以采取降低上游来油流量、延迟上游起输时间、加大下游输油流量、提前下游起输时间等不同的措施。每种措施试调后，都可能会在排演图上引发连锁反应。利用这些连锁反应，我们通过排演图反馈来一一反复试错，最终获得令人满意的管网综合运行方案。

（8）下达和执行管网运行方案。

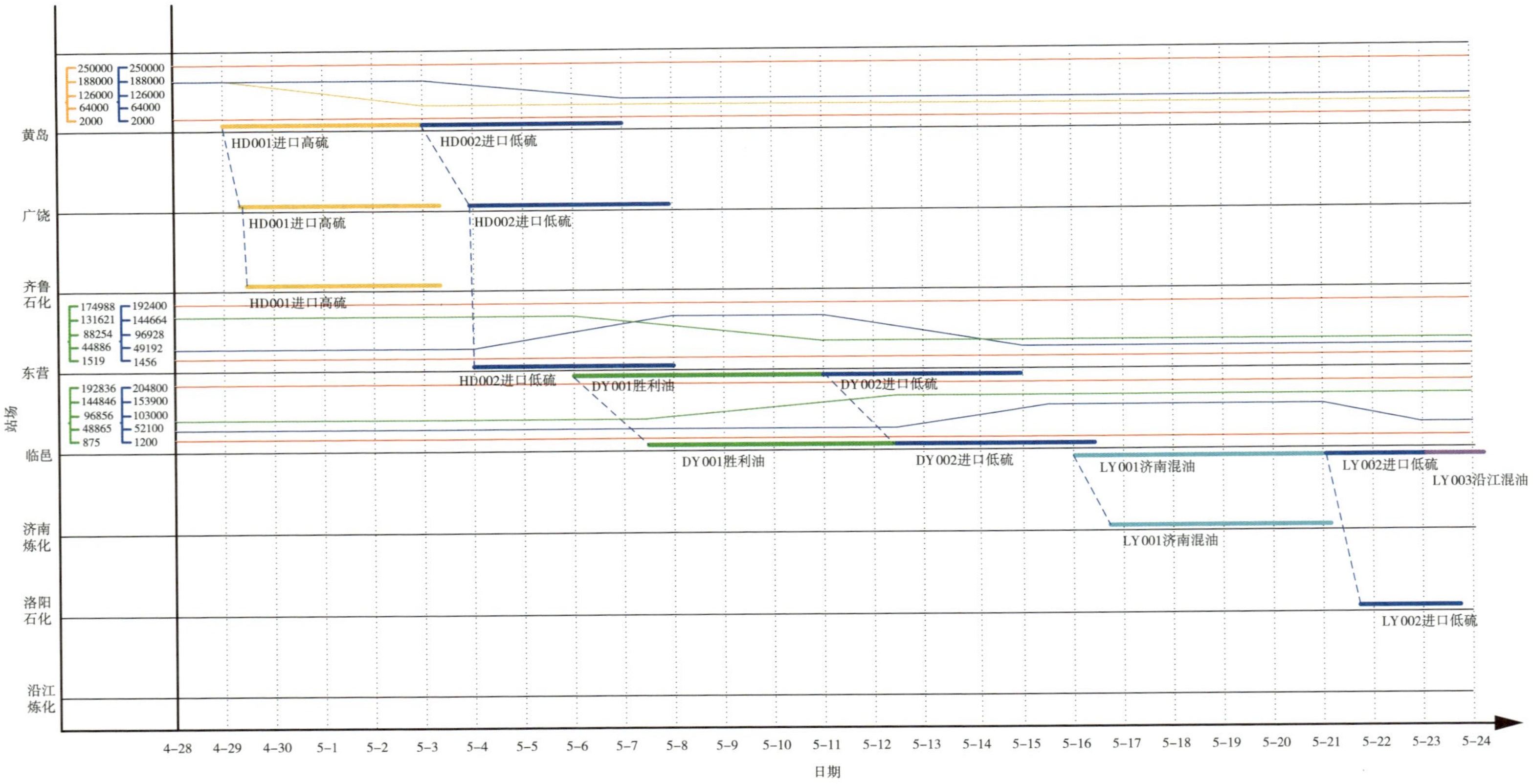

图3-29　某原油管网多种原油顺序输送反馈式排演图排产界面

3.2.4 原油管网输送优化问题小结

本节介绍了某原油管网的运输的作业流程，分析了原油管网运输优化问题的数学属性，并给出了优化问题的求解方法：隐枚举法+可视化法+排演法。

（1）本节所述的主要内容总结。多级分支管网担负着顺序输送多种原油至沿途各家炼厂的复杂排产任务，管网排产过程中存在既节能、又平稳的矛盾性目标优化问题，受到水力安全、罐存安全、到油时间等多种条件的严苛约束。针对这个问题，提出了原油管网可视化智能排产方法，实现了管网水力计算及能耗优化模型的快速搭建；提出了管网流量可视化优化方法，实现对管网经济输量区间的可视化综合搜索；提出了反馈式排演图排产方法，实现了管网各级站场油品批次与罐存数据的全局关联和图形化排演展示，启发计划人员折中优化关于批次平稳和节能降耗的矛盾性目标。通过综合应用传统0-1规划、业务逻辑可视化等方法，形成了大型复杂原油管网排产优化问题解决方案。

（2）关于本节内容的延伸思考。原油管网可视化智能排产技术的核心是对管网全局运行信息的抽象整合，通过关联展示管网各级站场的油品批次、油品罐存等数据，启发计划人员综合权衡节能和平稳目标间的矛盾，在管网排产的过程中同步实现对目标权重系数的优化权衡。管网可视化智能排产技术直观形象、操作便捷、启发性强，可与原油远洋运输优化方法集成融合，形成我国原油物流特色问题（全局、动态、实时、模糊、大规模、NP-Hard、矛盾性目标优化）的成套解决方案。提出该技术的最终考量是，既然要寻求矛盾性目标优化问题的令人满意解，那就可以将“令人满意”的搜索操作在寻优过程中及时交给人去抉择，而不用呆板的算法参数去衡量什么是“令人满意”。

3.3 炼化企业生产计划优化问题分析与求解

3.3.1 炼化企业生产计划优化问题简介

炼化企业生产计划关乎对石油资源的战略配置、对工业发展的支撑水平和对人民生活的保障质量。它向上决定了该从国内外市场上采购什么种类的原油、采购多少数量、如何运输进厂等，向下决定了该为社会生产什么种类的产品、生产多少数量、如何配送给客户等，中间决定了炼化企业的生产活动该按什么纲领和秩序进行、工艺流程该采取什么方案、企业能否取得最大经济效益等。

在国内石化产品需求繁杂，国际原油市场动态变化，厂内装置工艺环环相扣等各类复杂条件下，如何统筹安排大规模的、系统性的、强耦合的、高标准的、严要求的炼油化工生产任务，在满足我国市场（包括以石化产品为原料的工业生产和以石化产品为消费的人民生活）对石化产品的种类、数量和质量等需求的前提下，充分利用炼化企业所购置的宝贵石油资源来获取最佳的经济效益，就成为生产计划优化工作的直接动机、最终目的和根本遵循。

炼化企业生产计划编制是一项事关全厂生产营运活动全局的综合性和系统性工作，需要企业的计划部门、运销部门、财务部门等全面深度参与和紧密团结协作。其中，计划部门的任务较重，不但要负责统筹协调各部门配合工作，还要对本厂的炼化装置和工艺流程有全盘的了解和深度的把握，如表3-9所示。

表3-9 某厂炼化装置及加工能力数据表

序 号	装置名称	加工能力/（万吨/年）
1	1#常减压	500
2	重整预加氢	55
3	连续重整	44
4	芳烃抽提	44
5	1#催化装置	88
6	2#催化装置	88
7	蜡油加氢	138
8	焦化装置	88
9	丁烷脱沥青	50
10	S-Zorb	31
11	直馏柴油加氢精制	163
12	航煤加氢	50
13	催化柴油加氢精制	63
14	气分装置	28
15	烷基化	13
16	制氢装置	2
17	1#气体脱硫	22
18	2#气体脱硫	35
19	硫黄回收	3

运销部门在生产计划编制中也扮演着重要的角色，其提供的月度产品销售预测数据是编制生产计划的重要依据，尤其是在进行计划优化时，各类产品的销量范围和销售价格等将是构建计划优化数学模型的不可缺失的重要参数，如表3-10所示。

表3-10 某厂某月度计划产品销售预计表

产品名称	最小 / 万吨	最大 / 万吨	价格 / （元 / 吨）
92#乙醇汽油(Ⅵ)			4671
95#乙醇汽油(Ⅵ)	2	4	5069
98#乙醇汽油(Ⅵ)			5268
航煤	4		4163
0#车用柴油（Ⅵ）	0		4167
重整生成油	3.6	3.8	3466
石脑油	1		3301
石油醚	0.1	0.2	4052
2#燃料油	0.5	0.5	4036
低硫焦	0		
高硫石油焦	0		955
普通道路沥青	0.5	1	2225
硬质沥青母粒	0.25	0.25	2667
商品干气			2124
商品液化气			3528
丙烯			5315
硫黄			842

财务部门在生产计划编制中也发挥着重要作用，其不但在财务管理方面为计划执行提供资金保障，同时也为计划部门提供对市场原材料（原油主原材料和氢气等其他辅助原材料）等的价格数据的评价或核对等支持，如表3-11所示。

表3-11 某厂某月度计划外购资源数据表

资源名称	最小 / 万吨	最大 / 万吨	价格 / （元 / 吨）
阿曼	0	7	3507
巴士拉轻油	0	7	3441
科威特	0	6	3458

续表

资源名称	最小 / 万吨	最大 / 万吨	价格 / (元 / 吨)
沙特重油	13	13	3345
沙特中质油	5	13	3471
杰诺	0	7	3475
管输进口油	15	15	3543
化纤轻烃	0.25	0.25	3301
外购碳九	1.1	1.1	5360
外购抽余油	0.9	0.9	3301
外购重芳烃	0.1	0.1	4167
外购工业柴油	0.5	0.5	4512
外购重石脑油	0.45	0.45	3466
外购天然气	0.04	0.05	3459
外购氢气			12712

以某炼化企业为例，其各部门协同编制月度生产计划的主要流程如下（按时间节点）：

（1）计划部门在每月1号开始着手收集财务价格、运销市场需求等数据，为计划编制工作做好准备。

（2）计划部门于每月5日根据集团公司总部下达的季度生产计划指标和原油配置计划，提出本企业的下月度生产计划初稿A，并移交运销部门讨论。

（3）每月10日前，运销部门根据生产计划初稿A与销售公司等有关单位对接运销计划。根据对接情况，运销部门会编制下月度的产品销售计划和运输出厂计划，并反馈给计划部门和财务部门。

（4）根据运销部门和财务部门的反馈意见，计划部门于每月15日前编制出下月度生产计划修改稿B，提交生产经营碰头会讨论，并根据会议意见编制生产计划修改稿C。

（5）运销部门根据计划修改稿C编制下月度原材料计划，财务部门根据生产计划、销售计划和原材料计划编制财务成本计划，于每月20日前交计划部门。

（6）每月22日，由分管生产计划的经理主持召开会议，讨论下月度的企业生产计划。

（7）计划部门根据讨论会上的决定于24日前编制正式月度计划，并提交分管经理审批。

（8）计划部门于每月25日将所制定的生产经营计划上报集团公司总部，并于每月

28日前将该计划下发企业各有关部门执行。

在上述过程中，可以应用传统方法编制生产计划。传统计划编制较依赖手工劳动和人工经验，因而存在以下问题：

（1）传统生产计划编制方法的科学性不足。传统的生产计划一般是参考已完成的生产结果来编制的，而以往的生产结果却并不一定是最优的，甚至还存在能力放空的浪费现象。此外，由于炼化工艺流程较长且耦合性较强，一个生产装置的调整必然带来其上、下游装置的连锁变化，单靠手工关联和测算是很难的。

（2）传统生产计划编制方法的时间效率低。编制生产计划时，数据收集工作量大，数据准确性较差，计算频繁且需要反复循环进行，导致人工劳动强度较大。另外，当原料性质、装置参数、工艺流程、市场环境等各类因素发生变化时，传统计划编制方法很难在短时间内作出准确的响应。

（3）传统生产计划编制方法的盲区、盲点较多。炼化企业生产过程存在着能力瓶颈和能力过剩等情况，应用传统方法编制生产计划时，一般不能及时地发现和很好地考察这些瓶颈节点和过剩环节，因而也就不易提出对应的量化指标和改进建议。从长远看，传统生产计划编制方法不利于炼化企业的精益经营和可持续发展。

鉴于传统生产计划编制方法存在的缺点和不足，当前炼化企业一般会采用运筹学方法来优化编制企业生产计划。这就涉及分析问题属性的问题、建立优化模型的问题和求解优化模型的问题，通俗地说，即炼化企业生产计划优化的难点在哪里，如何用数学语言来描述炼化企业的生产计划优化问题、炼化企业生产计划优化问题具体属于哪一类的运筹优化问题，选用哪一类或哪几类优化方法可以有效地求解炼化企业生产计划优化问题。

3.3.2 炼化企业生产计划优化问题属性分析

（1）炼化企业生产计划优化问题是长流程、多变量、强耦合的系统性优化问题。如前文所述，计划编制是炼化企业生产环节的重要一环，决定着企业生产什么？生产多少？怎么生产？因此，制定合理的生产计划，是保障生产活动有序进行、完成既定社会目标和取得较好企业效益的前提。要想科学合理地制定炼化企业的生产计划，必须解决好生产流程中众多因素之间的复杂关联关系。

炼化企业的生产主线涵盖原油采购、储存运输、炼化加工、油品调和等主要环节，以原油、氢气、天然气等为主要原料，通过一次加工（常减压蒸馏）、二次加工（如催化裂化、催化重整、延迟焦化、加氢裂化等）、油品调和、产品精制等加工过程，连续不断地生产汽油、煤油、柴油、燃料油及化工原料、沥青、石油焦、硫黄等其他炼化产品，如图3-30所示。

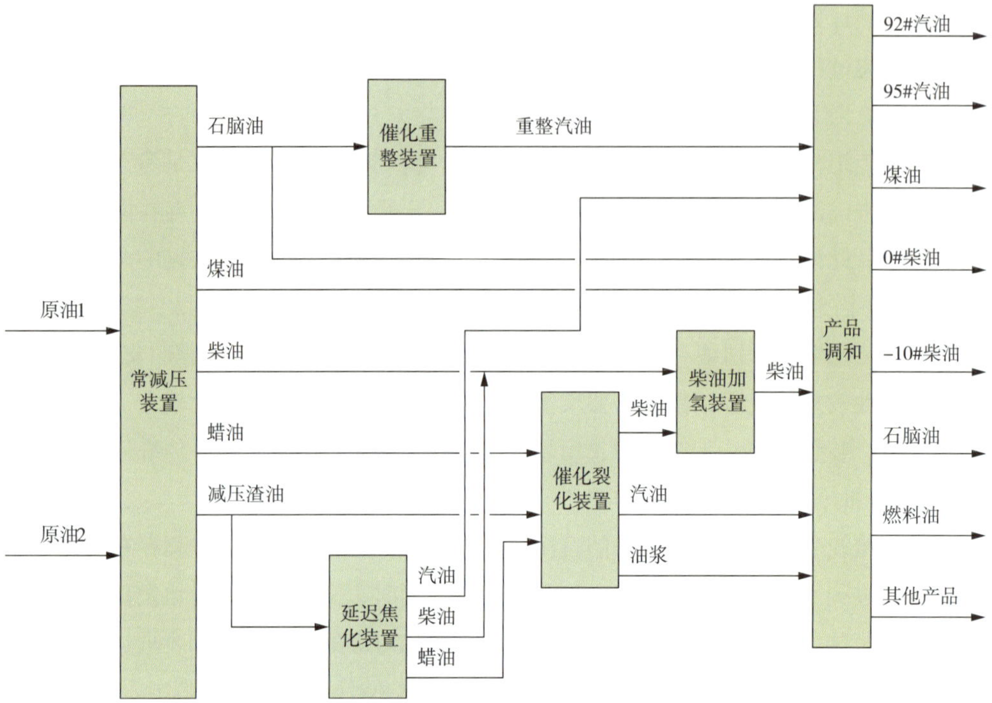

图3-30　某炼化企业加工流程示意图

从图3-30可见，炼化企业的生产工艺流程较长且复杂，涉及众多的环节和参数，这些环节和参数相互关联、相互传递、相互促进、相互制约，使得生产计划的优化编制工作变得非常复杂。例如，常减压装置进料原油的性质发生变化，则炼化流程中的后续装置都将受到影响，这些影响最终将层层传递到最终的产品上，汽油、煤油、柴油、燃料油、石油焦、化工原料等产品的数量和质量都有可能发生相应的不可忽略的变化；再如，催化裂化装置处于炼化流程的“纽带”位置上，它有多个进料物流和多个出料物流，其进料物流对上游的常减压装置和延迟焦化装置会有所要求或限制，其出料物流对下游的柴油加氢装置和油品调和装置也会有所要求或限制，也即催化裂化装置的任何一个物流的流量或性质发生变化都可能会通过其内在的传递规律而改变数学模型层面的约束。

不难发现，在优化编制炼化企业生产计划时，需要考虑的因素非常多，各因素之间的关联也非常复杂。在系统性地考虑各类因素及其相互之间的关联关系的前提下，如何制定最佳的生产计划方案，使其既能满足市场需求，又能达到较高的盈利水平，是各炼化企业都在一直争相追逐的目标，因为它事关炼化企业的生产经营战略，对企业的适应生存、竞争决胜和可持续发展至关重要。

（2）炼化企业生产计划优化问题是要全面考虑销售收入、主原料成本、辅原料成本和加工成本等的综合性优化问题。炼化企业生产计划优化问题是以最优化的观点，通过建立数学规划模型，描述与炼化企业生产相关的一系列收入和费用问题，来获得最优的生产计划方案，使企业能够在完成生产任务的同时可获得最大的经济效益。这里所谓的收入和费用主要是指销售产品的预期收入、采购原材料的支付费用、不同工艺的加工成本等，所谓的综合考虑主要是指取“正号”的销售收入和取“负号”的费用支出的“加和”能够在相关的限制条件下取得最大值。

①销售产品的预期收入。炼化企业生产计划优化是以市场需求为驱动的，计划优化的最终目的是在原材料和工艺流程等因素的约束下以最佳的方式来满足市场对产品的需求。因此，生产什么、生产多少、怎么生产等最终均需要根据市场的情况及企业的生产能力来决定。优化销售产品的预期收入，需要考虑的因素包括产品数量需求、产品质量需求、产品市场售价等，如汽油产品有89#、92#、95#等不同的牌号，其质量指标不同，则价格往往也有较大的差异。企业希望多生产价格较高的高标号汽油，但高标号汽油的市场需求却是有限的，因而并不能无限量生产。企业希望少生产价格较低的低标号汽油，但低标号汽油的市场需求量却是较大的，在增加销售数量的情况下也会有较大的收益。因此，所有这些影响产品销售收入的因素，在编制生产计划时都要进行综合性地考虑和优化。

②采购原材料的支付费用。炼油企业生产所需的原材料按需求数量和占用资金成本可分为主要原材料和辅助原材料两大类。其中，主要原材料一般指的是原油（以化工为主的炼化企业除外），原油的成本一般会占到炼化企业总加工成本的90%左右，因此原油的优化采购对企业效益的影响是巨大的。辅助原材料是在炼化企业自身加工流程中不生产或者产量不能满足要求的一些物料，需要通过外部购买来满足生产需求，如催化原料蜡油或者渣油、调和高标号汽油所用的组分——甲基叔丁基醚（MTBE）、为补充氢源而购买的氢气或满足自身制氢需求而采购的煤、天然气原料等。这些主、辅原材料的采购方案一般需要根据炼化企业加工流程的需要和经济性指标而决定，它是生产计划编制中需要重点优化的参数之一。

③不同工艺的加工成本。炼油企业的生产装置一般分为常减压蒸馏装置和不同类型的二次加工装置，每一类装置可能按照多种方案来进行生产运行。常减压蒸馏装置根据切割温度的不同可以设置多套加工方案，对于比较重要的二次加工装置，如催化裂化、连续重整、加氢裂化等，也常设置多个不同的生产方案。同一装置在不同的生产方案下可以加工不同的原料，生产不同种类的产品或不同数量和不同质量的产品，相应地，装置的加工费用也会存在一定的差异。另外，炼化装置在生产运行时一般还需要消耗一定的水、电、汽、风、燃料等公用工程能源，不同装置在不同生产方案下的能源消耗量也有一定的差别。加工成本也是炼化企业生产计划优化工作中需要综合考虑的因素之一，考虑加工成本实际上也就是在对加工工艺进行优化。

在对上述三种类型参数（销售产品的预期收入、采购原材料的支付费用、不同工艺的加工成本）进行综合优化时，还会受到一系列的限制，如装置产能、物料平衡、调和规则等，这就需要建立参数关联方程，形成数学约束来限定优化空间。构建数学约束方程需要一系列的数据支持，包括常减压蒸馏装置的原油切割数据、二次装置的投入产出数据、各装置的加工费用数据、产品调和指标数据等。为确定常减压装置加工方案，需要按照方案切割温度从原油评价数据库中将可能购买或加工的原油进行切割，得到各原油侧线的收率、性质等数据，原油切割数据是建立常减压一次加工模型的基础；为实现物料平衡约束，需要收集二次加工装置不同方案下的投入产出数据，计算不同方案的收率，用于建立二次加工装置模型，同时也要收集物性传递系数，用于建立全厂物性传递模型；为安排装置的加工处理量，需要收集装置加工费用数据，不同装置的加工成本大小、装置收率和产品质量一起能直接影响到装置加工处理量的安排，最终影响到企业的利润；为保障产品合格，需要收集调和规则数据，炼厂大部分产品是通过各种组分调和而成的，在编制计划前必须了解各种产品的调和规则，例如，一部分产品可按照组分定比例混合而成，我们称之为比例调和，而另一部分产品则需要根据质量指标来指导调和，以使产品满足相关标准要求。

3.3.3 炼化企业生产计划优化问题求解方法

应用运筹学方法及相应的商业软件进行炼化企业生产计划优化的一般过程包括：建立生产计划优化数学模型，将数学模型转化为程序模型，对程序模型进行寻优求解，对寻优结果进行系列实际分析，最终得到可行的优化生产计划。这其中，一项很重要的工作就是建立生产计划优化数学模型。

1. 建立生产计划优化数学模型

炼化企业生产计划优化数学模型是一种用数学语言描述的实际问题，一般由一个呈线性的目标函数和一系列常呈非线性的约束方程构成。在建立炼化企业生产计划优化数学模型时，一般需要重点考虑三个要素：决策变量，也即优化问题最终需要求解哪些未知量；目标函数，也即待优化的各未知量的数学综合关系表达式；约束条件，也即待优化的各未知量应处于什么样的数学空间中。

1）决策变量

炼化企业生产计划优化数学模型的决策变量可从影响企业利润的因素中辨识和筛选出来，一般为各类产品的产量（影响销售收入）、各类原材料的采购量（影响原料成本）、各套装置的开关情况（影响加工成本）。在厘清决策变量后，就可以进一步建立优化模型的目标函数和限制条件了。

2）目标函数

炼化企业生产计划优化一般以总利润最大为目标：

$$\max\ obj=\sum_{i=1}^{N_1}c_i^1x_i^1-\sum_{i=1}^{N_2}c_i^2x_i^2-\sum_{i=1}^{N_3}c_i^3x_i^3-\sum_{i=1}^{N_4}c_i^4x_i^4 \tag{3-28}$$

式中，i为编号标识；N_1为产品的总种类数；N_2为装置或加工方案的总种类数；N_3为主原料的总种类数；N_4为辅原料的总种类数；c_i^1为第i种产品的市场售价；x_i^1为第i种产品的生产数量；c_i^2为第i套装置或方案的加工费用；x_i^2标志第i套装置或方案是否开启的变量（0–1变量）；c_i^3为第i种主原料的买入价格；x_i^3为第i种主原料的投入数量；c_i^4为第i种辅原料的买入价格；x_i^4为第i种辅原料的投入数量。

值得注意的是，为方便分析讨论，式（3–28）中的原料、产品等均使用裸价，也即不包括各种税费，同时因为固定成本是不变的常数值，对模型的优化结果没有影响，故也不予考虑。

3）限制条件

炼化企业生产计划优化模型的限制条件一般包括：装置进/出料平衡约束、物料平衡约束、质量指标控制约束、原料供应量约束、装置加工能力约束、产品需求量约束、公用工程平衡约束等几大类。

（1）装置进/出料平衡约束。

常减压蒸馏装置进料量平衡约束：

$$IP_i=\Sigma\ O_{ik} \tag{3-29}$$

式（3–29）的意义是，常减压蒸馏装置的进料总量等于各进料原油的数量之和。其中，O_{ik}为装置的第i种加工方案的第k种原油的进料量；$\Sigma\ O_{ik}$为关于k角标的加和；IP_i为装置的第i种加工方案的总进料量。

常减压蒸馏装置侧线产出量平衡约束：

$$B_{ij}=\Sigma\ O_{ik}S_{ikj} \tag{3-30}$$

式（3–30）的意义是，常减压蒸馏装置第j条侧线的收量等于各进料原油在第j条侧线的收量之和。其中，$\Sigma\ O_{ik}S_{ikj}$为关于k角标的加和；B_{ij}为装置加工方案i的第j条侧线产出量；S_{ikj}为在装置加工方案i下，第k种原油在第j条侧线的收率。

注意：一套炼化装置的侧线收率常用一个百分数来表示，且所有侧线收率的加和一般应等于1。

与常减压蒸馏装置类似，二次加工装置可建立如下的进料量平衡约束条件和侧线产出量平衡约束条件：

$$IP_i=\Sigma\ G_{ij}=\Sigma\ A_{ij} \tag{3-31A}$$

$$A_{ij}=\Sigma\ D_{ij}IP_i \tag{3-31B}$$

式中，IP_i为第i套装置的总加工量，一般等于各股进料侧线的进料量之和；G_{ij}为第i套装置第j条进料侧线的进料量；ΣG_{ij}为关于角标j的加和，此处角标j标志进料测线编号；A_{ij}为第i套装置第j条出料侧线的产出量；ΣA_{ij}为关于角标j的加和，此处角标j标志出料侧线编号；D_{ij}为第i套装置的第j条出料侧线的收率。

值得注意的是，在炼化生产流程中，有很多的二次加工装置会有多个进料侧线和多个出料侧线，且出料侧线收率D_{ij}也可能不是一个简单的固定的常数，而是关于多股进料的综合性质的函数。这些性质包括残碳量、K值、硫含量、氮含量等，一般可通过各侧线进料的性质和各侧线进料的数量来加权平均获得。此时，装置的第j条出料侧线的收率就需要根据进料量性质的线性回归式来计算获得，这就引出了较常用的Δ–Base处理方法。

如图3–31所示，以建立第3#二次加工装置的进、出料平衡约束方程为例，讨论Δ–Base处理方法，以求得该装置各出料侧线的精确收率D_{3j}，j=1，2，3。

第3#二次加工装置共有三股进料量和三股出料量，分别是G_{31}、G_{32}、G_{33}和A_{31}、A_{32}、A_{33}。其中，G_{31}来自上游的1#加工装置的一股出料A_{13}，G_{32}、G_{33}来自上游的2#加工装置的两股出料A_{21}、A_{22}；在生产中，一般会将G_{31}、G_{32}、G_{33}混合/混流后作为一股总进料注入二次加工装置；A_{31}是3#二次加工装置一股出料，供应下游的5#加工装置，A_{32}、A_{33}是3#二次加工装置两股出料，供应下游的6#加工装置。

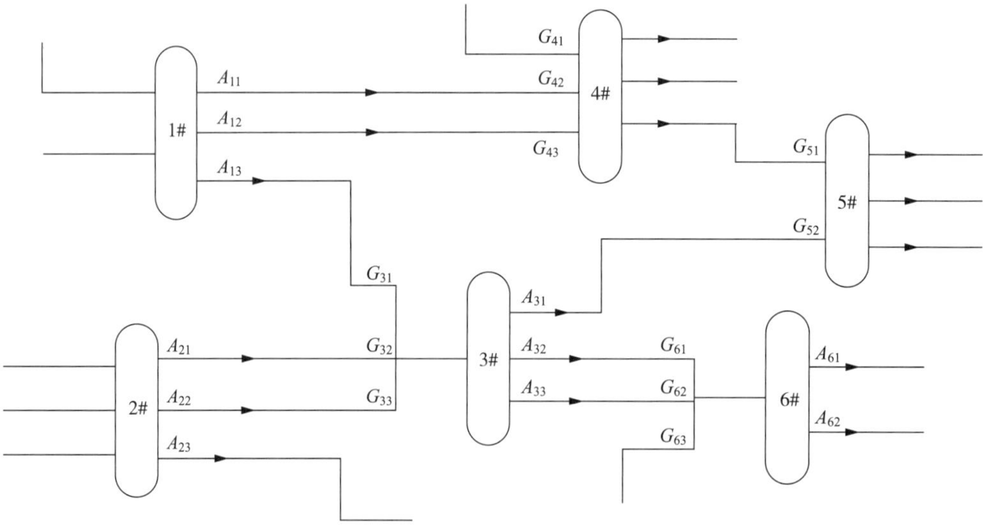

图3–31　多进料侧线、多出料侧线装置的进、出料平衡示意图

那么对于第3#二次加工装置有：

$$IP_3 = \sum_{j=1}^{3} G_{3j} = \sum_{j=1}^{3} A_{3j} \tag{3-32A}$$

$$A_{3j} = \Sigma D_{3j} IP_3 \tag{3-32B}$$

假设第3#二次加工装置的收率D_{3j}，$j=1$，2，3不是常数，而是关于总进料或混合进料的性质（假设只与总进料的硫含量y_S^{31}、氮含量y_N^{31}两个性质相关）的函数，则我们一般使用式（3-32C）来计算D_{3j}：

$$\begin{cases} D_{31}=d_{31}+\alpha_{S1}(y_S^{31}-y_{SB1}^{31})/\Delta_{S1}+\alpha_{N1}(y_N^{31}-y_{NB1}^{31})/\Delta_{N1} \\ D_{32}=d_{32}+\alpha_{S2}(y_S^{31}-y_{SB2}^{31})/\Delta_{S2}+\alpha_{N2}(y_N^{31}-y_{NB2}^{31})/\Delta_{N2} \\ D_{33}=d_{33}+\alpha_{S3}(y_S^{31}-y_{SB3}^{31})/\Delta_{S3}+\alpha_{N3}(y_N^{31}-y_{NB3}^{31})/\Delta_{N3} \end{cases} \tag{3-32C}$$

式中，d_{31}、d_{32}、d_{33}一般被称为Base收率或基础收率，是常数，其中d_{31}为第3#二次加工装置的第1条出料侧线的Base收率，d_{32}为第3#二次加工装置的第2条出料侧线的Base收率，d_{33}为第3#二次加工装置的第3条出料侧线的Base收率；y_{SB1}^{31}、y_{SB2}^{31}、y_{SB3}^{31}、y_{NB1}^{31}、y_{NB2}^{31}、y_{NB3}^{31}一般被称为Base性质，是常数，其中y_{SB1}^{31}为对应第3#二次加工装置的第1条出料侧线的Base收率的硫含量，y_{SB2}^{31}为对应第3#二次加工装置的第2条出料侧线的Base收率的硫含量，y_{SB3}^{31}为对应第3#二次加工装置的第3条出料侧线的Base收率的硫含量，y_{NB1}^{31}为对应第3#二次加工装置的第1条出料侧线的Base收率的氮含量，y_{NB2}^{31}为对应第3#二次加工装置的第2条出料侧线的Base收率的氮含量，y_{NB3}^{31}为对应第3#二次加工装置的第3条出料侧线的Base收率的氮含量；Δ_{S1}、Δ_{S2}、Δ_{S3}、Δ_{N1}、Δ_{N2}、Δ_{N3}一般被称为总进料性质的步长值，是常数，与之相对应的α_{S1}、α_{S2}、α_{S3}、α_{N1}、α_{N2}、α_{N3}一般被称为Δ收率，也是常数，它们表示进料性质偏离Base性质的幅度对相应收率的影响，例如，当$\Delta_{S2}=0.001$、$\alpha_{S2}=0.0006$、$y_S^{31}-y_{SB2}^{31}=0.003$时，收率$D_{32}$就会增加$0.0006\times\dfrac{0.003}{0.001}=0.0018$。

其实，所谓的Δ-Base方法就是为侧线收率D_{3j}建立了一个多变量线性回归表达式。式（3-32C）中D_{31}、D_{32}、D_{33}是因变量，y_S^{31}、y_N^{31}是自变量，除此之外，其余符号都是常量，可通过装置的历史生产数据回归得到。因此，整个“收率-进料性质”的函数表达式是一次的或线性的。当然，在工业实际中，影响二次加工装置各出料侧线收率的因素一般远不止硫含量、氮含量两种，还可能包括残碳量、K值、温度等众多因素，建模时可以将这些因素都考虑进去。

不难发现，上述处理过程中引入了IP_3、G_{3j}、A_{3j}、y_S^{31}、y_N^{31}等中间变量，这些中间变量一般不会出现在目标函数中（或者说中间变量在目标函数式中的系数为0），而只出现在限制条件中。引入这些中间变量并不会改变优化模型的本质，但会使优化模型变得更加简洁和模块化。例如，引入G_{31}、y_S^{31}等来建立第3#装置的出料侧线收率约束式时，若在模型中加入类似式（3-32D）的系列约束，可以实现“约束传递”，从而保持优化模型的本质不变：

$$\begin{cases} y_S^{31} = \dfrac{G_{31}y_S^{13} + G_{32}y_S^{21} + G_{33}y_S^{22}}{G_{31} + G_{32} + G_{33}} \\ G_{31} = A_{13} \\ G_{32} = A_{21} \\ G_{33} = A_{23} \end{cases} \quad (3\text{-}32D)$$

式中，y_S^{13}为第1#装置的第3条出料侧线的中间产品的硫含量；y_S^{21}为第2#装置的第1条出料侧线的中间产品的硫含量；y_S^{22}为第2#装置的第2条出料侧线的中间产品的硫含量。

对于某一约束$T \leqslant 4$来说，若引入中间变量V，并将原约束式写成$\begin{cases} T = V \\ V \leqslant 4 \end{cases}$，则约束的本质是不变的，这一点在炼化生产计划优化模型中相当重要。假如不引入y_S^{31}中间变量，而是将式（3–32D）等号右侧的表达式直接代入式（3–32A）~式（3–32C），则会发现，约束方程的表达式将变得非常冗长，且某些中间变量如A_{23}、y_S^{21}等，还需要继续向上游装置追溯，直至最终将其表示为关于x_i^1、x_i^2、x_i^3、x_i^4变量的表达式为止，这样无疑会增加优化模型的复杂性和建模难度。

（2）物料平衡约束。

$$\Sigma L_i^m = \Sigma F_j^m \quad (3\text{-}33)$$

式（3–33）的意义是，对于任何一种物料，其各进料线的来源量之和应等于各出料线（侧线）的去向量之和。其中，ΣL_i^m为关于角标i的加和；ΣF_j^m为关于角标j的加和；L_i^m为第m号物料的第i个来源；F_j^m为第m号物料的第j个去向。

注意：这里所说的第m号物料可以指不同的原材料、不同的最终产品或不同的中间产品等其中的任何一种具体的物流。在炼化企业的较长的加工流程中，某些上游装置的出料（或中间产品）会成为某些下游装置的进料（有时也会被称为来源、原料或中间原料）。所以，这里所说的原料或产品都是一个相对的概念，有可能指最初原料或中间原料，也可能指最终产品或中间产品。

（3）质量指标控制约束。

质量物性控制约束：

$$LQ \leqslant \Sigma L_i Q_i \quad (3\text{-}34)$$

或者：

$$LQ \geqslant \Sigma L_i Q_i \quad (3\text{-}35)$$

体积物性控制约束：

$$LQ/\rho \leqslant \Sigma (L_i Q_i / \rho_i) \quad (3\text{-}36)$$

或者：

$$LQ/\rho \geqslant \Sigma (L_i Q_i / \rho_i) \quad (3\text{-}37)$$

式中，L为某种最终产品或中间产品的产量；Q为产品的质量控制指标，或者说是所规定的不可逾越的质量指标；ρ为产品的密度；L_i为产品的第i种组分含量；Q_i为产品的第i种组分的实际质量指标；ρ_i为产品的第i种组分的密度。

以产品的硫含量指标控制为例，Q指产品的硫含量指标的允许最高值，$\Sigma L_i Q_i$指组成产品的各种组分的总含硫量，$\leqslant LQ$是指产品的总含硫量不得大于LQ值。除了硫含量指标控制外，还有大量的其他指标控制，如汽油的辛烷值指标、闪点指标、密度指标等，再如柴油的十六烷值指标、煤油的冰点指标、燃料油的倾点指标等。当然，加工流程中的部分中间产品也是常有相应的指标控制要求的。

（4）原料供应量约束。

$$M_{i-\min} \leqslant M_i \leqslant M_{i-\max} \tag{3-38}$$

式中，M_i为第i种原料的供应量；$M_{i\text{-min}}$为第i种原料的允许最小供应量；$M_{i\text{-max}}$为第i种原料的允许最大供应量。

（5）装置加工能力约束。

$$U_{i-\min} \leqslant U_i \leqslant U_{i-\max} \tag{3-39}$$

式中，U_i为第i套装置的加工量；$U_{i\text{-min}}$为第i套装置的允许最小加工量；$U_{i\text{-max}}$为第i套装置的允许最大加工量。

（6）产品需求量约束。

$$P_{i-\min} \leqslant P_i \leqslant P_{i-\max} \tag{3-40}$$

式中，P_i为第i种产品的产量；$P_{i\text{-min}}$为第i种产品允许的最小产量；$P_{i\text{-max}}$为第i种产品允许的最大产量。

（7）公用工程平衡约束。

$$\Sigma E_i + IE_i - \Sigma \beta_{ji} U_j - OE_i \geqslant 0 \tag{3-41}$$

式中，E_i为第i种公用工程品的厂内生产量；IE_i为第i种公用工程品的外购量；$\Sigma \beta_{ji} U_j$是关于j角标的加和，表示装置j对第i种公用工程品的消耗量；β_{ji}为装置j对第i种公用工程品的消耗系数；U_j为装置j的加工量；OE_i为第i种公用工程品的外销量。

在炼化企业中，有的公用工程品可以在厂内生产一部分，有的公用工程品在厂内产出过剩时可以向外销售一部分，有的公用工程品需要全部从外部采购或只从外部采购一部分。

为表述方便，在各类限制条件约束方程中大量使用了A、B、D、E、F、G、L、M、IE、IF、O、OE、P、Q、S、U、ρ、α、β等符号。这其中，有部分符号为常系数，如S、α、β等，而其余符号则代表中间变量。在实际建模中，这些中间变量在本质上都是通过物性传递等规律或规则最终转化为关于x_i^1、x_i^2、x_i^3、x_i^4的一次元、二次元或三次元数学表达式。总体来说，在整个生产计划优化数学模型中，最终只会存在x_i^1、x_i^2、x_i^3、x_i^4四大类待求变量及为满足特殊约束而引进的一些中间变量，而其他的则都为优化模型的常系数。

通过前文的分析不难看出，炼化企业生产计划优化问题要求解的未知变量包括销售收入、主原料成本、辅原料成本和加工成本四大类。其中，加工成本中涉及装置的开关，因而模型可能存在0–1整数变量，而其他变量则一般可取连续值。由于生产计划优化模型的目标函数是对四大类因素进行“加和”，因而一般呈线性；生产计划优化模型的约束方程一般会存在物性传递，因而常呈非线性，且一般是“二次元”或“三次元”的。对于这类含有整数变量的、目标函数呈线性的、限制条件一般为“二次元”或“三次元”的优化模型，很明显可以应用第2章所介绍的分支定界法中混合线性递归法来进行求解。

2. 将数学模型转化为程序模型

虽然炼化企业生产计划优化数学模型从属性上看并不是很复杂的，并且也有合适的算法来进行寻优计算，但它却不适合人工直接求解，其原因主要有大规模、规整化和模块化三个方面的问题。

（1）优化模型的大规模特点决定了其适于计算机求解。炼化企业装置多、物料多、关联多，导致优化模型待求变量多、限制条件多。一个普通的优化模型就常有几万行、十几万列的规模。这样大规模的优化模型显然是不利于人工求解的，因为单轮迭代计算就能把大型纸张占满，甚至一张大型纸张根本就不能容下单轮迭代计算的众多中间参数。此外，人工计算常会出现小的错误或误差，在这种需要多次反复迭代计算的模型求解中，一个小小的失误常会被无限地传递和放大，导致过程差之毫厘，结果谬以千里。鉴于人工计算的缺点，利用计算机求解模型就成了一个较好的选择。

（2）优化模型的规整化特点决定了其适于计算机求解。炼化企业生产计划优化数学模型的结构是较为规整的，不论是目标函数还是限制条件，都可以用矩阵数组或文本文件的形式来存储其待求变量及其对应的系数。待求变量及其系数地址的存储空间编号较易对应，这就为计算机计算程序的编写和调试提供了极大的方便。相应地，模型求解的计算规则也是可以转化为计算机规则的，如单纯形法的求解步骤在计算机中就可用单纯形表的方式来进行，唯一最优解、无界最优解、多重最优解、无最优解等情况都能在计算过程中的矩阵参数上得到体现，一旦发现参数特征，程序就可作出相应响应。

（3）优化模型的模块化特点决定了其适于计算机求解。从前文所讨论的限制条件的种类看，优化模型是具有模块化特征的。每一类限制条件都具有共同或相似的属性和方法，这无疑是具有“类”的特征的，非常适合用面向对象的编程方式来实现，也是较为容易做成“树”状导航管理和图形化建模功能的。例如装置“类”或模块，它可以承载装置进料、装置侧线出料、侧线出料收率等规则或参数的规定或设置；再如模型约束“类”或模块，它可以承载装置进/出料平衡、装置加工能力上下限、物料平衡等约束条件的建立。此外，对于大规模的计划优化模型而言，建模过程常会出现各种失误，而应用面向对象的编程方式、“树”状导航管理和基于图形化的建模思想是非常有利于调试计算机程序和排查模型错误的。

综上所述，炼化企业生产计划优化模型最终是要转化为程序模型或矩阵形式，从而利用计算机来实现高效求解的。当前可用于炼化企业生产计划优化的商业软件有很多，按模型建模方式和内置求解算法主要可分为两类：第一类采用数据规则建模+二次元求解算法；第二类采用业务规则建模+三次元求解算法。具体对比如下：

①建模规则方面的对比。第一类软件采用数据规则建模方式，其建模过程以Excel办公软件为载体，非炼化企业的生产计划优化模型只要按软件要求的数据规则（这个数据规则主要是基于数学层面的）输入Excel，就可以实现求解。第二类软件产品采用业务规则（这个业务规则主要是基于工艺层面的）建模方式，自带具有较强专业性的建模功能模块，它对炼化企业生产计划优化模型进行了专业化和模块化拆分，有较强的建模针对性和便捷性。但对于非炼化企业的生产计划优化模型，则需要按业务规则抽象转化成炼化企业生产计划优化模型，而后才能实现求解。在跨行业的模型抽象转化过程中，容易受到业务壁垒的干扰。对比来看，在实际问题-数学模型翻译转换方面，第一类软件的通用性更强；在对炼化企业生产计划优化模型建模方面，第二类软件的专业性更强。

②求解算法方面的对比。第一类软件的内置算法一般是二次元模型求解算法，对于密度为变量（原油按吨买，成品油按升卖）的三次元模型，则需要通过一定的转化方法，将其转化为二次元模型，才能实现模型求解，而这个转化可能导致问题简化和精度降级；第二类软件内置的模型求解算法采用了三次元求解技术，对于三次元模型无须简化处理，精度损失较小。第一类软件已经在全球范围内的多家大型炼化集团应用了几十年的时间，其求解算法的缺陷几乎都被用户反馈给了软件开发者，经过软件开发者多轮次的版本提升，在算法稳定性方面已经非常可靠。第二类软件使用范围还不大，有的用户还处于试用阶段，在稳定性方面有待观察。

鉴于第一类软件成熟稳定，已被广泛应用和熟知，本书将以第二类软件为例，介绍优化过程。从逻辑上看，第二类软件的主要功能包括优化模型的模块化建模、优化模型的程序性转化、优化模型的递归求解等。在软件功能设计中，优化模型的程序性转化功能一般是被镶嵌在优化模型的递归求解功能中的。第二类软件的使用流程如图3-32所示。

从图3-32可见，炼化企业生产计划优化模型是由一系列的子模块构成的。在生成最终优化模型之前，需要先建立一系列的子模块，并为其设置相关的参数。在子模块中设置参数的本质目的是指定最终优化模型的待求变量，给定待求变量在目标函数和限制条件中的系数，确定约束方程中各函数项之间的数学关系表达式。

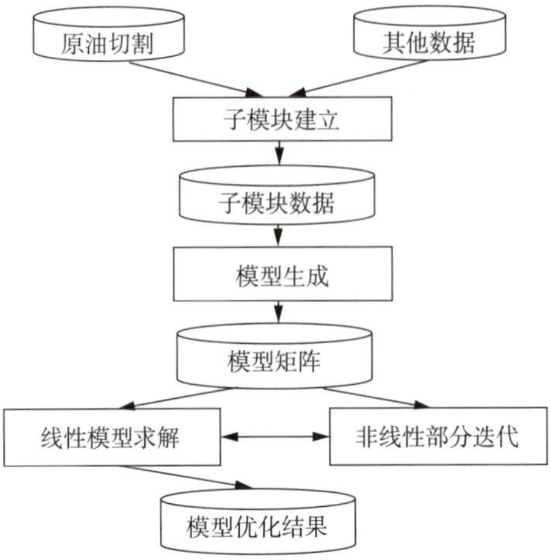

图3-32　系统建模优化流程示意图

在分别设置好每个子模块的参数后，就可以生成最终的炼化企业生产计划优化模型了。将优化模型分解为子模块的好处有很多，例如模块化的建模方式清晰易懂，多种变量的分类设置方便建模，模块参量的分表存储适合排错，树状展开的导航方式易于定位等。

炼化企业生产计划优化模型管理系统的起始建模界面（树根界面）如图3-33所示。

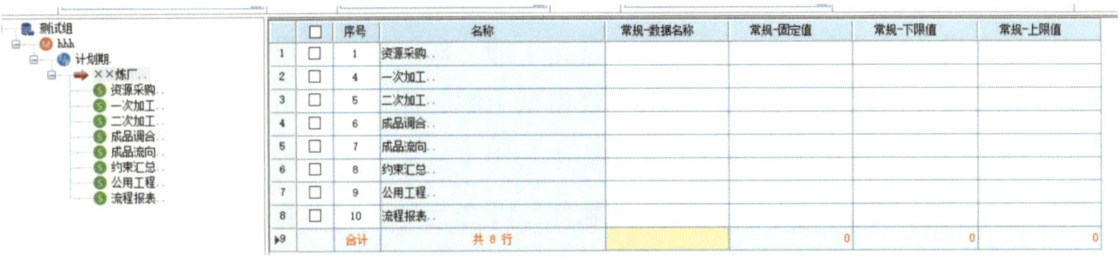

图3-33　生产计划优化模型包含的子模块示意图

炼化企业生产计划优化模型系统的构成子模块主要包括资源采购、一次加工、二次加工、成品调和、成品流向、公用工程、约束汇总等，如下文所述。

（1）资源采购子模块。

资源采购子模块如图3-34所示，其主要作用是指定优化模型的原材料成本类的决策/待求变量。另外，资源采购子模块还具有指定各原材料物流的去向的功能。

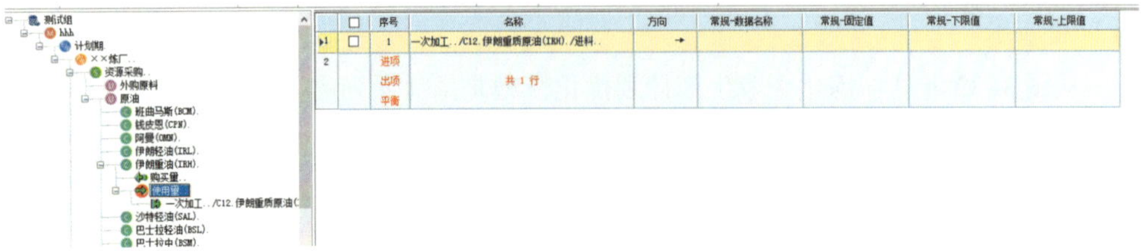

图3-34　资源采购子模块示意图

在资源采购子模块下，可指定的原材料成本待求变量包括各类原油消耗量和外购原料消耗量。如果将每种原油作为一个加工方案，则对应的可指定一个求该种原油消耗量的待求变量，并将其连接到一次加工、二次加工装置及下游其他装置。

（2）一次加工子模块。

一次加工子模块如图3-35和图3-36所示，其主要功能是指定或修正优化模型中相关约束方程中的待求变量的系数。

图3-35　一次加工模块结构示意图

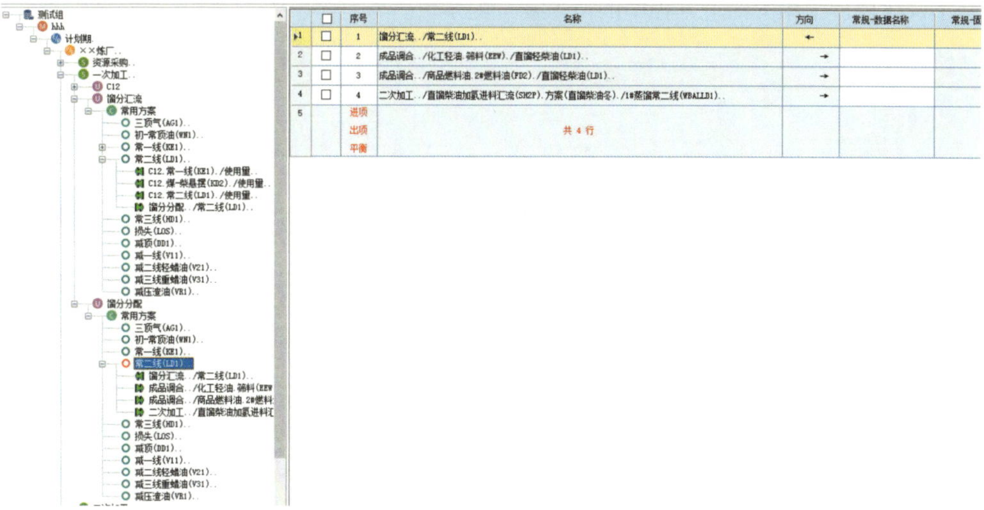

图3-36　物料流向结构示意图

一次加工子模块可以根据不同原油加工方案的装置侧线收率将资源采购中的待求变量传递到后续的二次加工或成品调和子模块。传递的方法是对不同原油加工方案的侧线收率系数进行加权平均，而后将所得到的加权平均收率系数乘以原材料数量（待求变量之一）。

另外，一次加工子模块也具有指定各进料物流的来源和各侧线出料物流的去向的功能。一次加工的原材料物性一般是给定值，也就是从原油数据库中切割出来的数据，如图3-37所示。

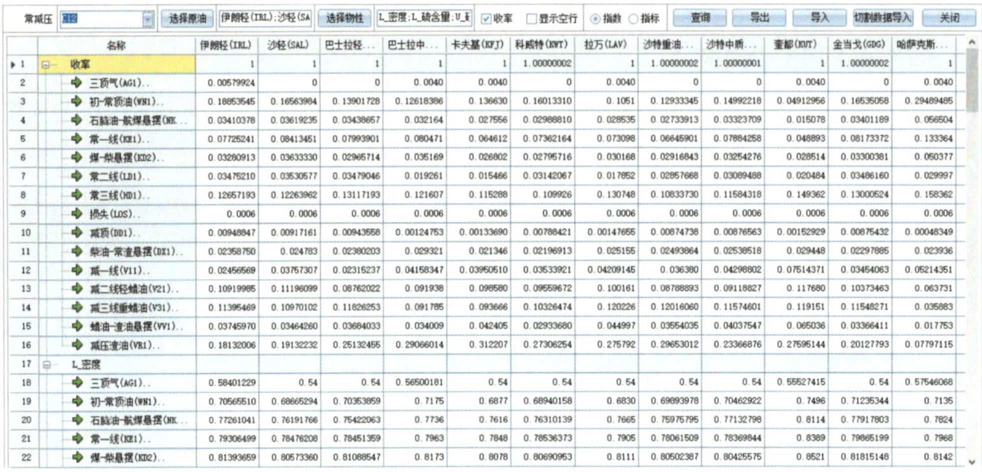

图3-37　常减压切割数据示意图

（3）二次加工子模块。

二次加工子模块如图3-38所示，与一次加工子模块类似，其主要功能也是指定或修正优化模型中相关约束方程中的待求变量的系数。

图3-38　二次加工子模块示意图

二次加工子模块的进料可以承接从一次加工子模块中的出料传递而来的待求变量，并在待求变量前乘以其不同的侧线收率，而后继续传递给后续的二次加工子模块或成品调和子模块。

另外，二次加工子模块也具有指定各进料物流的来源和各侧线出料物流的去向的功能。在某个二次加工方案下，除了给出收率外，还给出了物性传递系数，如图3-39所示。

（4）成品调和子模块。

成品调和子模块如图3-40所示，其主要功能有两个：一是指定优化模型的产品销售收入类的待求变量；二是指定或修正优化模型中相关约束方程中的待求变量的系数。这与二次加工子模块是相似的。

图3-39　物性传递系数示意图

图3-40　成品调和子模块示意图

成品调和子模块的进料可以承接从一次加工子模块和二次加工子模块中传递而来的原料类的待求变量，同时它也指定了产品销售收入类的待求变量。通过成品调和子模块的进、出物料关系，可以建立不同种类待求变量之间的联系，也即能够支持建立相关的模型约束方程，这一点将在下文的约束汇总子模块中具体讨论。

另外，成品调和子模块还具有指定各进料物流的来源和各产品物流的去向的功能，同时也能够给出调和组分与调和产品之间的关系，并给定相关物性的质量控制指标。

（5）成品流向子模块。

成品流向子模块如图3-41所示，它不但指定了产品的不同去向，同时还包括了使用量、销售量、入库量等相关数据。

（6）公用工程子模块。

公用工程子模块如图3-42所示，其主要功能是设置不同装置的不同加工方案的公用工程消耗数据，它还可以向优化模型中引入装置加工成本类的待求变量，且一般是

图3-41　成品流向子模块示意图

图3-42　公用工程子模块示意图

0–1变量，因为它是描述装置方案开关的变量。若某套装置的某个方案启动，则其对应的待求变量取值为1；若该方案不启用，则其对应的待求变量取值为0。

值得注意的是，公用工程子模块向优化模型中引入的0–1待求开关变量也是用于约束装置进料量的“门槛值”的重要变量，详见约束汇总子模块所述。公用工程子模块还可以给出公用工程转化装置及公用工程平衡项，如图3–43所示。

（7）约束汇总子模块。

约束汇总子模块的主要功能是向优化模型中引入限制条件或约束方程，包括原料约束方程、产品约束方程、装置加工能力约束方程和其他种类的约束方程。

①原料约束。

原料约束如图3–44所示。在原料约束界面中，给出了可采购原料的种类和价格等信息，并且可以设置每种原料采购量的最小和最大数量限制。

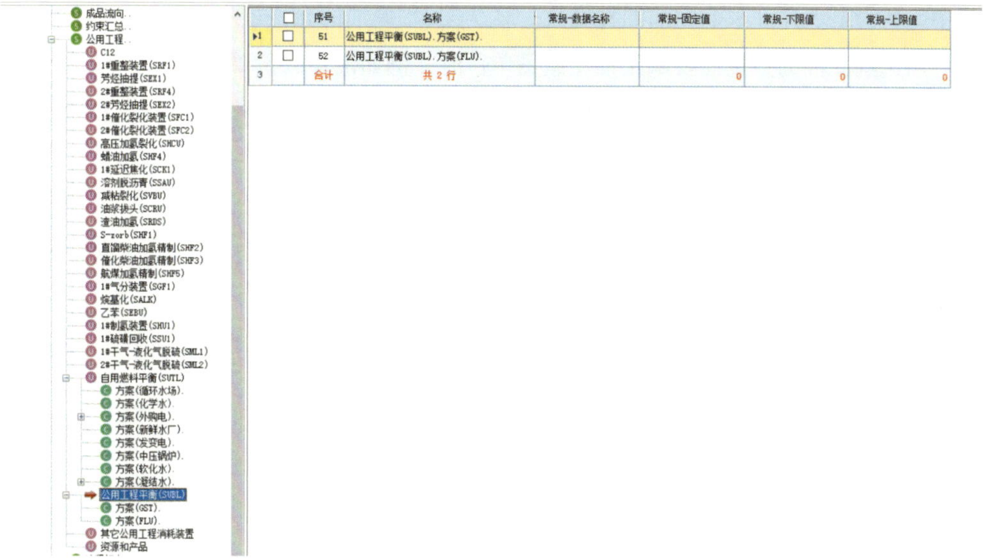

图3-43 公用工程平衡结构示意图

图3-44 原料约束设置示意图

原料约束中也常存在“门槛”限制，例如某种原油的采购量必须达到门槛采购数量（小于该数量时将予以忽略，不执行采购，否则导致船运成本大幅升高），此时可添加的约束方程为：

$$x_i^3 \geqslant H_i I_i \tag{3-42}$$

式中，x_i^3为第i种原油的采购数量，为连续变量；H_i为第i种原油的门槛采购数量，为常量，例如6万吨、13万吨、26万吨等；I_i为0–1整数变量，当采购第i种原油时，其值取1，反之，其值取0。

当候选采购油种有最大数限制时（采购油种太多时，不利于实际混炼操作），则可添加的约束方程为：

$$\sum_{i=1}^{N_3} I_i \leqslant N_I \tag{3-43}$$

$$x_i^3 \leqslant M_i I_i \tag{3-44}$$

式中，N_I为最大允许采购原油的种类数；M_i为第i种原油的允许最大采购量。

当选购原油的数量需要满足油轮载量单位时，例如油轮载量单位为3万吨、6万吨、13万吨、26万吨等，此时要求x_i^3的解值也应为3、6、13、26等整数，即要求x_i^3变量须呈台阶式增长，而非连续增长，此时可添加的约束方程为：

$$x_i^3 = kd_i \tag{3-45}$$

式中，d_i为每个批次的第i种原油的数量；k为第i种原油的批次数量，为待求整数变量。

通过在原料约束界面中设置相关的参数，就可以将上述数学公式变为计划优化模型的一部分，在最终编译成的程序模型中也就有了对原料的相关约束或限定，求解模型所得结果也将符合相关要求。

②产品约束。

产品约束如图3-45所示。在产品约束界面中，给出了每种产品的市场售价等信息，并且可以设置每种产品市场销售量的最小和最大数量限制。

图3-45　产品约束示意图

③装置加工能力约束。

装置加工能力约束如图3-46所示。在装置加工能力约束界面中，可以设置每套生产装置的月度最大加工负荷，当然也有部分装置需要设置最小加工负荷。

这里除可建立正常的装置加工约束方程外，还可能涉及装置或方案的物流门槛控制约束方程的建立。

如前文所述，有些装置或方案的进料是有范围约束或门槛约束的，当实际进料量低于装置允许的最低进料量时，意味着该装置需要关闭处理，也即待求变量$x_i^2 = 0$，对应着进料量也为0；反之，当实际进料量处于装置允许范围内时，待求变量$x_i^2 = 1$，对应着进料量也可正常取值。在有物流门槛约束时，可以添加新的装置约束方程，将优化模型修改为原优化模型与新约束方程的复合形式：

$$\begin{cases} \text{原规划模型} \\ x_{ij} \leqslant U_{x_{ij}} x_i^2 \\ x_{ij} \geqslant L_{x_{ij}} x_i^2 \end{cases} \tag{3-46}$$

图3-46　加工能力约束示意图

式中，x_{ij}为第i套装置或方案的第j股进料量；$U_{x_{ij}}$为进料量x_{ij}的允许最大值；$L_{x_{ij}}$为进料量x_{ij}的允许最小值；x_i^2为标记第i套装置或方案开启或关闭状态的0–1待求变量。

通过在装置加工能力约束界面中设置相关参数，也可以将上述数学公式转化到程序模型中，以获得形式符合要求的优化解。

④其他种类约束。

其他种类约束主要指装置进料比例约束、进料物性约束、物料平衡约束等，例如催化进料比例、重整装置加氢焦化汽油比例、催化进料硫含量最大值等，如图3–47所示。

图3–47　其他种类约束示意图

在添加好上述子模块并设置好相应的参数后，就相当于建好了炼化企业生产计划优化程序模型了，后续将程序模型转化为标准矩阵数组的工作及模型寻优工作将由软件的求解模块来完成。

3. 对程序模型进行寻优求解

炼化企业生产计划优化问题一般是启动求解界面，调用模型求解功能，选择要求解的方案、约束参数、计算参数等后，进行求解计算，如图3-48所示。

图3-48　模型求解示意图

在正式开始求解计算之前，软件会先将程序模型转化为标准数学矩阵，如图3-49所示。

```
 BUYCRT1*TYPE: EQ
BUYOMN1  -1.00*BUYIRL1-1.00
*BUYIRH1 -1.00*BUYSAL1 -1.00*BUYBSL1 -1.00*BUYBSM1  -1.00*BUYKFJ1 -1.00
*BUYKWT1 -1.00*BUYLAV1 -1.00*BUYSAH1  -1.00*BUYSAM1  -1.00*BUYMEB1  -1.00
*BUYMSL1  -1.00*BUYKMK1 -1.00*BUYTGZ1  -1.00*BUYGRS1  -1.00*BUYCBD1  -1.00
*BUYKUT1 -1.00*BUYNMB1  -1.00*BUYXCB1 -1.00*BUYHNG1  -1.00*BUYKSJ1 -1.00
*BUYDLA1 -1.00*BUYODD1  -1.00*BUYJNO1  -1.00*BUYCBA1  -1.00*BUYTPC1  -1.00
*BUYZFR1 -1.00*BUYRAB1 -1.00*BUYCGT1  -1.00*BUYESD1  -1.00*BUYOKZ1  -1.00
*BUYSLK1 -1.00*BUYURL1 -1.00*BUYSBL1 -1.00*BUYOSB1  -1.00*BUYGFT1 -1.00
*BUYEST1 -1.00*BUYMAL1  -1.00*BUYBIJ1 -1.00*BUYPLT1 -1.00*BUYMX11  -1.00
*BUYMDO1  -1.00*BUYCNT1  -1.00*BUYDUR1  -1.00*BUYMEZ1  -1.00*BUYRCL1 -1.00
*BUYSAX1 -1.00*BUYSBR1 -1.00*BUYANT1  -1.00*BUYBGA1  -1.00*BUYBON1  -1.00
*BUYEFD1 -1.00*BUYFKD1 -1.00*BUYKOL1 -1.00*BUYGBB1  -1.00*BUYMJI1  -1.00
*BUYMSA1  -1.00*BUYBRK1 -1.00*BUYCHN1  -1.00*BUYSRI1 -1.00*BUYESP1 -1.00
```

图3-49　生成数学矩阵示意图

在完成标准数学矩阵的生成任务后，可以启动算法正式开始寻优计算。当求解界面最终给出的优化模型的状态为“优解”标志时，说明优化模型的求解算法是收敛的，并已经找到了模型的最优解。

4. 对寻优结果进行实际分析

在获得优化的生产计划后，还可以从不同的角度对其进行综合分析，得出一些指导性结论。下文将分别从所得方案的投入产出情况、装置负荷情况、技术经济指标、加工流程总图、组分调和关系等几个方面进行观察分析，以加强对全厂计划的总体把握和深度理解，进而对所得计划的实际可执行性作出更加准确的判断，同时也可发现企业生产流程中存在的瓶颈点和浪费点等。

1）投入产出情况分析

以某炼化企业的月度生产计划优化结果分析为例，其投入产出情况如表3-12所示。

表3-12　投入产出表

名　称	数量 / 万吨	下限约束 / 万吨	上限约束 / 万吨	价格 /（元 / 吨）
投入				
原油	41.00			–3458
沙特重油	13.00			–3345
沙特中质油	6.68	5.00	13.00	–3471
杰诺	6.32	0.00	7.00	–3475
管输进口油	15.00			–3543
外购原料	3.42			–4413
化纤轻烃	0.25			–3301
外购碳九	1.10			–5360
外购抽余油	0.90			–3301
外购重芳烃	0.10			–4167
外购工业柴油	0.50			–4512
外购重石脑油	0.45			–3466
外购天然气	0.04	0.04	0.05	–3459
外购氢气	0.08			–12712
投入小计	44.42			
产出				
汽油	12.03			4902
92#乙醇汽油（Ⅵ）	6.03			4671
95#乙醇汽油（Ⅵ）	4.00	2.00	4.00	5069
98#乙醇汽油（Ⅵ）	2.00	0.00	2.00	5268

续表

名　称	数量/万吨	下限约束/万吨	上限约束/万吨	价格/（元/吨）
煤油	5.60			4163
航煤	5.60	4.00	100000.00	4163
柴油	10.20			4167
0# 车用柴油（Ⅵ）	10.20	0.00	100000.00	4167
化工轻油	4.60			3430
重整生成油	3.60	3.60	3.80	3466
石脑油	1.00	1.00	100000.00	3301
商品原料油	0.10			4052
石油醚	0.10	0.10	0.20	4052
商品燃料油	0.50			4036
2# 燃料油	0.50			4036
石油焦	2.60			955
高硫石油焦	2.60	0.00	100000.00	955
沥青	1.04			2331
普通道路沥青	0.79	0.50	1.00	2225
硬质沥青母粒	0.25			2667
气体产品	4.51			3833
商品干气	0.35	0.00	100000.00	2124
商品液化气	3.12	0.00	100000.00	3528
丙烯	1.04	0.00	100000.00	5315
固体产品	0.38			842
硫黄	0.38	0.00	100000.00	842
其他	0.03			1996
液氨	0.03	0.00	100000.00	1996
烧焦自用损失	2.62			0
自用燃料气	1.15	0.00	100000.00	0
催化烧焦	1.48	0.00	100000.00	0
损失	0.20			
损失	0.20			0
产出小计	44.42			

表3-12中所列的投入主要为原油，共有4个品种，总重41万吨，其他外购原料合计3.42万吨；主要产品为成品油，其中汽油、煤油、柴油产品产量分别为12.03万吨、5.6万吨、10.2万吨，三种成品油的合计产量约占产品总量的62.7%。

2）装置负荷情况分析

在该炼化企业的月度生产计划中，各套装置负荷如表3-13所示，其中减压塔、2#催化、延迟焦化等装置加工能力达到了负荷上限，在实际执行生产计划的过程中应当加以注意。

表3-13　装置负荷表

名　称	加工量/万吨	约束下限/万吨	约束上限/万吨	加工负荷/%
1#常减压	41.00	0.00	44.29	92.58
1#减压塔	24.91	0.00	24.91	100.00
重整预加氢	5.56	0.00	6.09	91.30
连续重整	4.11	0.00	4.35	94.53
1#催化装置	9.31	0.00	9.96	93.40
2#催化装置	8.86	0.00	8.86	100.00
蜡油加氢	4.81	0.00	13.29	36.24
焦化装置	8.50	4.25	8.50	100.00
丁烷脱沥青	3.74	0.00	3.74	100.00
油浆拔头	1.23	0.00	1.38	88.85
S-Zorb	9.64	0.00	9.96	96.76
直馏柴油加氢精制	9.65	0.00	14.39	67.08
航煤加氢	5.66	0.00	6.64	85.23
催化柴油加氢精制	1.66	0.00	5.54	29.91
气分装置	3.28	0.00	3.88	84.64
制氢装置	0.03	0.03	0.04	57.14
1#气体脱硫	2.36	0.00	2.49	94.65
2#气体脱硫	2.50	0.00	3.32	75.14
硫黄回收	0.38	0.00	0.44	85.83

3）技术经济指标

技术经济指标如表3-14所示，从表中可以看出，综合商品率为93.64%，轻油收率为74.37%，柴/汽比为0.85，不考虑固定资产折旧费用时的吨油毛利为183.6元。

表3-14 技术经济指标表

项 目	数 据	备 注
商品总量/万吨	41.60	
综合商品率/%	93.64	
汽煤柴收率/%	62.66	
汽煤柴化收率/%	73.02	
轻油总量/万吨	33.03	
轻油收率/%	74.37	
综合自用率/%	5.90	
其中催化烧焦/万吨	3.32	
加工损失率/%	0.46	
柴/汽	0.85	
毛利合计/万吨	8156	未考虑固定费用
吨油毛利/（元/吨）	183.6	同上

4）加工流程总图

根据生产计划优化结果，还可以绘制该炼化企业的主要装置的加工流程总图。在流程总图中可以体现出上、下游装置之间的物流传递关系，使全厂的生产计划一目了然，如图3-50所示。

5）组分调和关系

组分调和表如表3-15所示，其中显示了调和组分与调和产品之间的数量关系。

表3-15 调和组分表 万吨

名 称	合计	92#乙醇汽油	95#乙醇汽油	98#乙醇汽油	航煤	0#车用柴油	石脑油	石油醚	2#燃料油	普通道路沥青	硬质沥青母粒
合计	36.19	6.03	4.00	2.00	5.60	10.20	1.00	0.10	0.50	0.79	0.25
外购碳九	1.10	0.15	0.39	0.56							
加氢汽油	9.51	5.15	2.91	1.44							
外购抽余油	0.90	0.69	0.11	0.00				0.10			
脱戊烷油	0.03	0.03	0.00								
外购重石脑油	0.45		0.45								
精制石脑油	0.14		0.14								
加氢航煤	5.60				5.60						
加氢直馏柴油	8.97					8.97					

续表

名称	合计	92#乙醇汽油	95#乙醇汽油	98#乙醇汽油	航煤	0#车用柴油	石脑油	石油醚	2#燃料油	普通道路沥青	硬质沥青母粒
加氢催化柴油	0.47					0.47					
蜡油加氢柴油	0.16					0.16					
外购重芳烃	0.10					0.10					
外购轻燃料油	0.50					0.50					
拔头油	0.57						0.57				
直柴加氢石脑油	0.00						0.00				
直馏石脑油	0.43						0.43				
直馏轻柴油	0.50								0.50		
拔头重油浆	0.34									0.34	
沥青质	0.70									0.45	0.25

编制出一份完整的生产计划并不是炼化企业生产计划优化工作的全部，有时我们还可以根据业务需求设置相关的模型参数，以对拟采购原油的经济效益进行排序，对中间物料的保本价进行测算，对优化模型的灵敏度进行分析等，如此可以跳出优化模型所圈定的固化解域范围，辅助实现对优化模型本身的优化。

1）原油经济效益排序

对于占到加工成本约90%的原油，如何优化选择品种、降低采购费用，是各炼化企业都十分关心的问题。通过原油经济效益测算排序，可为炼化企业优化选购原油品种提供重要参考。

原油排序界面如图3-51所示，按照程序界面提示的步骤进行测算：①选择测算基础方案；②选择基础油种并设置数量；③选择待测油种并设置测算数量；④选择计算参数后正式启动测算。

测算完成后，可以查看计算结果，计算结果如表3-16所示，从表中可以看出，所测算的4种原油均是负的效益。相对而言，伊朗原油的效益较好，阿曼原油的效益最差。

表3-16　原油经济效益排序表

序　号	原油名称	原油数量/万吨	吨油效益/（元/吨）	桶油效益/（美元/桶）	原油价格/（元/吨）	保本价/（元/吨）
1	阿曼	0.1	−136.36	−2.92	3507	3371
2	伊朗重油	0.1	−62.27	−1.33	3386	3324
3	科威特	0.1	−96.15	−2.06	3458	3362
4	吉拉索	0.1	−118.88	−2.33	3631	3513

1#常减压

进料	加工量
沙特重油	13.00
沙特中质油	6.68
杰诺	6.32
管输进口油	15.00
合计：	41.00

产品/侧线	产量	收率
三顶气	0.12	0.28
初-常顶油	5.35	13.04
常一线	5.66	13.81
常二线	0.67	1.64
常三线	4.73	11.53
损失	0.02	0.06
减顶	0.07	0.18
减一线	2.91	7.09
减二线轻蜡油	4.15	10.12
减三线重蜡油	6.71	16.36
减压渣油	10.61	25.89
合计：	41.00	100.00

1#重整预分馏

进料	加工量
初-常顶油	4.92
直柴加氢石脑油	0.60
催柴加氢石脑油	0.00
航煤加氢石脑油	0.04
纯氢	0.01
合计：	5.57

产品/侧线	产量	收率
酸性气	0.00	0.02
重整预分馏干气	0.01	0.12
含硫液化气	0.33	5.83
重整预分馏拔头	0.99	17.81
重整进料	4.24	76.18
损失	0.00	0.03
合计：	5.57	100.00

1#重整装置

进料	加工量
1#重整进料	4.11
化纤轻烃	0.25
合计：	4.36

产品/侧线	产量	收率
重整氢	0.33	7.63
干气	0.02	0.49
重整液化气	0.37	8.50
重整脱戊烷油	0.03	0.72
重整生成油	3.60	82.61
损失	0.00	0.05
合计：	4.36	100.00

直馏蜡油汇流

进料	加工量
1#减一线	2.91
1#减二线	4.15
合计：	7.06

产品/侧线	产量	收率
1#直馏蜡油	7.06	100.00
合计：	7.06	100.00

1#催化裂化装置

进料	加工量
直馏蜡油1	3.71
加氢精制蜡油	1.65
减四线	3.95
合计：	9.31

产品/侧线	产量	收率
酸性气	0.08	0.91
1#催化干气	0.29	3.14
1#催化液化气	1.67	17.98
1#催化汽油	4.34	46.68
1#催化柴油	1.66	17.79
1#催化油浆	0.55	5.91
1#催化烧焦	0.69	7.40
损失	0.02	0.20
合计：	9.31	100.00

2#催化裂化装置

进料	加工量
直馏蜡油	3.10
加氢蜡油	2.84
减四线	2.75
重碳四	0.17
重整预分馏拔头	0.28
LTAG柴油	1.16
合计：	10.29

产品/侧线	产量	收率
酸性气	0.07	0.64
2#催化干气	0.17	1.63
2#催化液化气	1.64	15.94
2#催化汽油	5.10	49.57
2#催化柴油	1.83	17.76
2#催化油浆	0.68	6.60
2#催化烧焦	0.79	7.65
损失	0.02	0.21
合计：	10.30	100.00

蜡油加氢

进料	加工量
直馏蜡油	0.25
脱沥青油	2.29
焦化蜡油	2.28
纯氢	0.03
合计：	4.85

产品/侧线	产量	收率
酸性气	0.09	1.92
干气	0.00	0.02
加氢石脑油	0.05	1.00
加氢柴油	0.22	4.58
加氢蜡油	4.48	92.47
损失	0.00	0.02
合计：	4.85	100.00

1#延迟焦化

进料	加工量
减压渣油1	6.88
脱油沥青	0.74
拔头轻油浆	0.39
拔头重油浆	0.50
合计：	8.50

产品/侧线	产量	收率
酸性气	0.11	1.27
焦化干气	0.36	4.22
焦化液化气	0.36	4.24
焦化汽油	1.24	14.61
焦化柴油	1.55	18.26
焦化蜡油	2.28	26.79
石油焦	2.60	30.57
损失	0.00	0.03
合计：	8.50	100.00

溶剂脱沥青

进料	加工量
减压渣油1	3.74
合计：	3.74

产品/侧线	产量	收率
脱沥青油	2.29	61.20
脱油沥青	1.44	38.55
损失	0.01	0.25
合计：	3.74	100.00

油浆拔头

进料	加工量
1#催化油浆	0.55
2#催化油浆	0.68
合计：	1.23

产品/侧线	产量	收率
拔头轻油浆	0.39	31.75
拔头重油浆	0.84	68.01
损失	0.00	0.25
合计：	1.23	100.00

S-Zorb

进料	加工量
1#催化汽油	4.34
2#催化汽油	5.10
蜡油加氢石脑油	0.05
重整预分馏拔头	0.15
纯氢	0.02
合计：	9.66

产品/侧线	产量	收率
酸性气	0.00	0.05
汽油加氢干气	0.13	1.34
汽油加氢液化气	0.00	0.05
加氢汽油	9.51	98.46
损失	0.01	0.10
合计：	9.66	100.00

直馏柴油加氢精制

进料	加工量
1#蒸馏常三线	4.73
1#蒸馏减顶	0.07
1#蒸馏常二线	0.17
2#催化柴油	1.83
焦化汽油	1.24
焦化柴油	1.55
蜡油加氢柴油	0.06
纯氢	0.12
合计：	9.77

产品/侧线	产量	收率
酸性气	0.10	1.00
直柴加氢干气	0.10	1.00
直柴油加氢石脑油	0.60	6.17
加氢直柴	8.97	91.80
损失	0.00	0.02
合计：	9.77	100.00

催化柴油加氢精制

进料	加工量
1#催化柴油	1.66
纯氢	0.04
合计：	1.70

产品/侧线	产量	收率
酸性气	0.02	1.27
3#加氢干气	0.04	2.53
催柴加氢石脑油	0.00	0.02
加氢催柴	1.63	96.05
损失	0.00	0.13
合计：	1.70	100.00

航煤加氢精制

进料	加工量
直馏煤油	5.66
纯氢	0.00
合计：	5.67

产品/侧线	产量	收率
酸性气	0.00	0.03
航煤加氢干气	0.02	0.39
航煤加氢石脑油	0.04	0.65
加氢航煤	5.60	98.91
损失	0.00	0.02
合计：	5.67	100.00

1#气分装置

进料	加工量
1#催化脱硫液化气	1.66
2#催化脱硫液化气	1.62
合计：	3.28

产品/侧线	产量	收率
丙烷	0.37	11.22
丙烯	1.04	31.85
气分醚前碳四	1.70	51.70
重碳四	0.17	5.13
损失	0.00	0.11
合计：	3.28	100.00

1#制氢装置

进料	加工量
焦化干气	0.23
合计：	0.23

产品/侧线	产量	收率
高纯氢	0.03	11.10
制氢解吸气	0.20	88.68
损失	0.00	0.22
合计：	0.23	100.00

氢气汇总

进料	加工量
外购氢气	0.08
重整产氢	0.33
制氢产氢	0.03
合计：	0.44

产品/侧线	产量	收率
干气管网	0.21	48.53
氢气	0.23	51.47
合计：	0.44	100.00

1#硫黄回收

进料	加工量
酸性气	0.48
合计：	0.48

产品/侧线	产量	收率
硫黄	0.38	79.03
液氨	0.03	5.61
损失	0.07	15.36
合计：	0.48	100.00

1#干气-液化气脱硫

进料	加工量
重整预加氢干气	0.01
1#催化干气	0.29
汽油加氢干气	0.13
直柴加氢干气	0.10
催柴加氢干气	0.04
1#催化液化气	1.67
三顶气	0.12
合计：	2.36

产品/侧线	产量	收率
1#脱硫干气	0.69	29.38
1#脱硫液化气	1.66	70.31
H_2S	0.00	0.01
损失	0.01	0.30
合计：	2.36	100.00

2#干气-液化气脱硫

进料	加工量
2#催化干气	0.17
2#催化液化气	1.64
重整预加氢液化	0.33
焦化液化气	0.36
合计：	2.50

产品/侧线	产量	收率
2#脱硫干气	0.18	7.36
2#脱硫液化气	1.62	65.00
重整脱硫液化气	0.68	27.22
H_2S	0.00	0.10
损失	0.01	0.32
合计：	2.50	100.00

图3-50 加工流程图

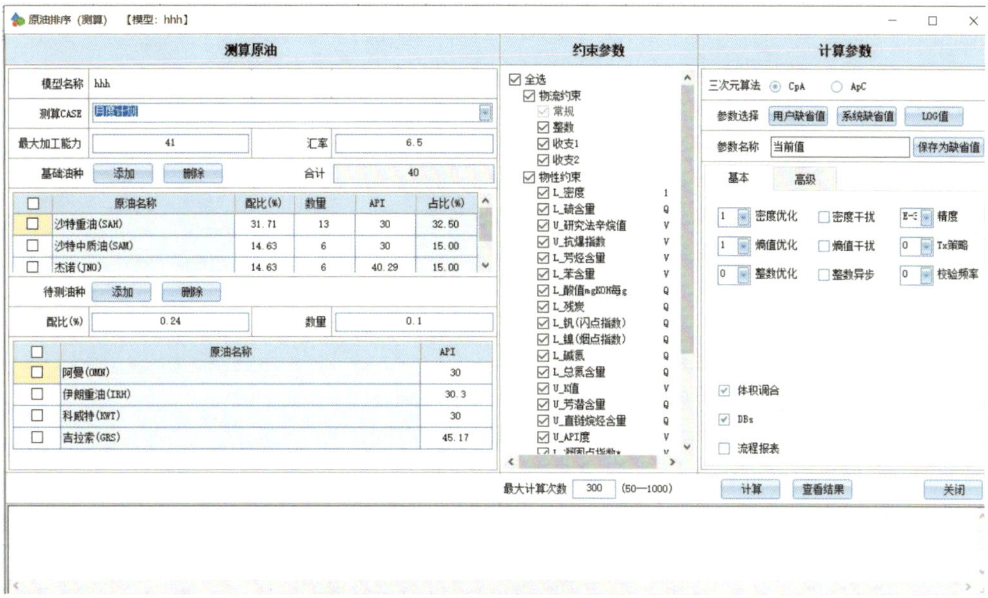

图3-51 原油经济效益测算排序界面图

表3-16中所列的保本价即该原油的盈亏平衡点，计划人员可以通过保本价指标来判断原油的买入机会。市场价低于保本价则可以购买，市场价高于保本价则需要减少购买量。

2）中间物料保本价测算

测算中间物料的保本价可为提高加工能力、消除装置瓶颈、发现市场机会等提供参考依据。中间物料排序界面如图3-52所示，测算步骤与原油经济效益排序类似：①选择测算基础方案；②选择中间物料并设置数量和价格；③选择计算参数后正式开始测算。

测算完毕后，可以查看计算结果，如表3-17所示。从表中可以看出，在所测算的几个汽油组分中，催化汽油的保本价最高，初-常顶石脑油的保本价最低。

表3-17 中间物料排序结果表

序 号	中间物料名称	数量/万吨	价格/(元/吨)	单位价值/(元/吨)	保本价/(元/吨)
1	重整生成油	0.01	1000	-3668	4668
2	1#催化汽油	0.01	1000	-3956	4956
3	初-常顶油	0.01	1000	-3111	4111
4	焦化汽油	0.01	1000	-3317	4317

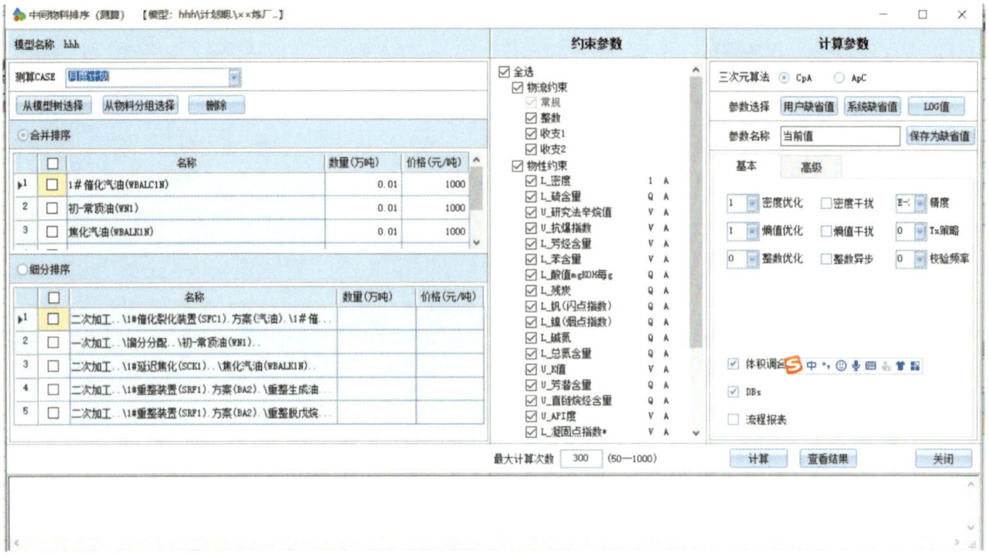

图3-52 中间物料保本价测算界面图

与原油经济效益排序类似，此处的保本价也是该物料的盈亏平衡点。如果作为商品销售，市场价格高于保本价越多的产品，按市场价格进行销售，效益也越好。

3）模型灵敏度分析

炼油企业所面对的是一个复杂多变的市场，不仅各种原料的价格时常上下波动，各种产品的需求量和市场售价也经常高低起伏。不论是原料的采购价格和采购数量发生波动，还是产品的市场售价和需求数量发生起伏，所有的这些变化都可能会对优化模型的求解结果产生一定的影响。

假设现已基于一组产品价格和需求量数据得到了一套生产计划优化方案，那么当产品市场发生了一定幅度的变化后，上述计划优化方案是否还有效？若依然有效，则当市场价格和需求量指标发生多大幅度的变化后，该方案会失效？这些问题都可以通过模型灵敏度分析来获得答案。

所谓模型灵敏度分析是指优化结果对模型参数和约束条件的变化的敏感程度。例如，当优化模型中的某约束条件的右端常数项发生波动时，目标函数值会发生多大的变化；当产品的市场售价发生变化后，目标函数值将发生怎么样的变化；当产品的市场售价发生多大幅度的变化后，原来的优化产品的结构会发生变化等。

模型灵敏度分析通常以折合成本和影子价格来表征。对上例中的规划模型进行灵敏度分析，可分别得到对原料、产品、装置负荷等不同的灵敏度分析结果，如表3-18~表3-20所示。

表3-18 原料采购灵敏度分析

名 称	购买量 / 万吨	价格 / (元 / 吨)	约束下限	约束上限	折合成本 / (元 / 吨)
伊朗轻油	0	-3554	0	0	51.1
伊朗重油	0	-3387	0	0	42.6
沙特轻油	0	-3557	0	0	9.6
沙特重油	13	-3345	13	13	-16.4
穆尔班	0	-4129	0	0	-328.3
吉拉索	0	-3631	0	0	-15.2
卡宾达	0	-3910	0	0	-302.9
南巴	0	-3693	0	0	49.6
杰诺	6.32	-3475	0	7	0
管输进口油	15	-3543	15	15	33.2
芒都	0	-3523	0	0	-14.6
外购常渣	0	-3846	0	0	-190.0
外购蜡油	0	-3900	0	0	-128.1
外购减渣	0	-3419	0	0	-944.7
化纤轻烃	0.25	-3301	0.25	0.25	1154.0
外购碳九	1.1	-5360	1.1	1.1	-421.0
外购抽余油	0.9	-3301	0.9	0.9	981.5
外购工业柴油	0.5	-4512	0.5	0.5	-343.6
外购重石脑油	0.45	-3466	0.45	0.45	1382.4
外购天然气	0.04	-3459	0.04	0.05	-3459.1

折合成本为正的表示盈利，折合成本为负的表示亏损，折合成本的数值大小表示单位数量的该原料可对目标函数值构成的影响。

从表3-18可以看出，伊朗轻油、伊朗重油、沙特轻油、管道混合油等原油折合成本是正的，且折合成本越大代表盈利能力越强，因而希望增加购买量；沙特重油、吉拉索、卡宾达等原油折合成本是负的，说明增加购买量将是亏钱的；杰诺原油由于没有达到约束边界，其折合成本为0。外购原料中的化纤轻烃、抽余油、重石脑油等对效益有正贡献，而其余的外购原料则呈负贡献。

表3-19　产品销售灵敏度分析

名　称	销售量/万吨	价格/（元/吨）	约束下限	约束上限	折合成本/（元/吨）
92#乙醇汽油(Ⅵ)	6.03	4671	0	+inf	0.0
95#乙醇汽油(Ⅵ)	4.00	5069	2	4	336.0
98#乙醇汽油(Ⅵ)	2.00	5268	0	+inf	473.8
0#车用柴油（Ⅵ）	10.20	4167	0	+inf	0.0
重整生成油	3.60	3466	3.6	3.8	−1060.4
石脑油	1.00	3301	1	+inf	−792.5
2#燃料油	0.50	4036	0.5	0.5	46.2
硬质沥青母粒	0.25	2667	0.25	0.25	766.0
重整氢气	0.00	13123	0	0	411.5

产品销售的灵敏度分析也是类似的，折合成本为正代表盈利，折合成本为负代表亏损，折合成本的数值大小代表了单位数量的该产品可对目标函数值构成的影响。如表3-19中达到约束边界的95#汽油、98#汽油、重整生成油，其折合成本分别为336元/吨、473.8元/吨、−1060.4元/吨，表示增加95#汽油、98#汽油，每吨可分别带来336元、473.8元效益，而每增加重整生成油1吨，则损失效益1060.4元。而92#汽油、0#柴油则由于没有达到约束边界，其折合成本为0。

表3-20　装置加工能力灵敏度分析

装置名称	加工量/万吨	约束下限	约束上限	影子价格/（元/吨）	变化下限/万吨	变化上限/万吨
1#常减压	41	0	44.29	0		
1#减压塔	24.91	0	24.91	159.9	23.08	28.22
连续重整	4.11	0	4.35	0		
1#催化装置	9.31	0	9.96	0		
2#催化装置	8.86	0	8.86	67.8	8.09	11.07
焦化装置	8.5	4.25	8.5	401.7	8.27	8.77
丁烷脱沥青	3.74	0	3.74	557.4	3.34	4.17

加工能力的影子价格含义与折合成本类似，达到约束边界的才会有影子价格值，而没有达到约束边界时，其影子价格为0。影子价格越大，代表单位约束的改变量对效益的影响越大。表3-20中1#减压塔的影子价格为159.9元/吨，代表该装置的加工能力每增加1吨，效益将增加159.9元。这里要注意影子价格的适用范围，1#减压塔的影子

价格适用范围是23.08万~28.22万吨，超出这个范围需要重新进行测算。同样，焦化装置的影子价格为401.7元/吨，其适用范围为8.27万~8.77万吨，加工能力在该范围内变化，装置每增加1吨的加工能力，效益将增加401.7元。

4）三次元算法求解效果对比

当前炼化企业进行生产计划优化时多将问题简化为二次元模型。但在炼化业务中，除了数量、质量、体积等常规的指标外，还有一个比较特殊的变量——密度，有待考虑。由于体积物性一般随物流密度的变化而变化，因而在建立优化模型时，应当将密度作为变量来处理，然而目前的情况却是普遍将密度作为一个特殊的“常量”来处理，如此建立的优化模型就退化成了二次元模型。

虽然二次元模型比较容易求解，但却丢失了一定的精度。如果将密度也作为模型的变量之一，则炼化企业生产计划优化模型是三次元的，虽然其求解难度会有所增加，但求解结果也往往会取得更好的经济效益。本例中的测算使用的正是三次元算法，对比本例二次元与三次元算法结果，可直观地感受二者的效果差异。对比结果如表3-21所示。

表3-21　不同算法结果对比表

项　目	二次元算法 / 万元	三次元算法 / 万元	差异 / 万元
目标值	8056	8156	100.49
原料采购			
杰诺	6.42	6.32	–0.10
沙特重油	13.00	13.00	0.00
沙特中质油	6.58	6.68	0.10
管输进口油	15.00	15.00	0.00
化纤轻烃	0.25	0.25	0.00
外购碳九	1.10	1.10	0.00
外购抽余油	0.90	0.90	0.00
外购重芳烃	0.10	0.10	0.00
外购工业柴油	0.50	0.50	0.00
外购重石脑油	0.45	0.45	0.00
外购天然气	0.04	0.04	0.00
外购氢气	0.08	0.08	0.00
产品销售			
92#乙醇汽油(Ⅵ)	6.00	6.03	0.03
95#乙醇汽油(Ⅵ)	4.00	4.00	0.00

续表

项　目	二次元算法 / 万元	三次元算法 / 万元	差异 / 万元
98# 乙醇汽油（Ⅵ）	2.00	2.00	0.00
航煤	5.60	5.60	0.00
0# 车用柴油（Ⅵ）	10.20	10.20	0.00
重整生成油	3.60	3.60	0.00
石脑油	1.00	1.00	0.00
石油醚	0.10	0.10	0.00
2# 燃料油	0.50	0.50	0.00
高硫石油焦	2.60	2.60	0.00
普通道路沥青	0.79	0.79	0.00
硬质沥青母粒	0.25	0.25	0.00
商品干气	0.36	0.35	−0.01
商品液化气	3.14	3.12	−0.02
丙烯	1.04	1.04	0.01
硫黄	0.38	0.38	0.00
液氨	0.03	0.03	0.00
自用燃料气	1.15	1.15	0.00
催化烧焦	1.48	1.48	−0.01
损失	0.20	0.20	0.00
装置负荷			
1# 常压塔	41.00	41.00	0.00
1# 减压塔	24.63	24.91	0.28
重整预加氢	5.60	5.56	−0.04
连续重整	4.16	4.11	−0.05
1# 催化装置	9.31	9.31	0.00
2# 催化装置	8.86	8.86	0.00
蜡油加氢	4.81	4.81	0.00
焦化装置	8.50	8.50	0.00
S-Zorb	9.61	9.64	0.03
直馏柴油加氢精制	9.59	9.65	0.07
航煤加氢	5.66	5.66	0.00
催化柴油加氢精制	1.65	1.66	0.01
气分装置	3.25	3.28	0.03

如表3-21所示，在原油结构基本相同的情况下，三次元算法实现了更高的汽油产量，从而提高了经济效益约100.49万元，比二次元算法高约1.25%，取得了显著的效果。

5）算法求解结果人工调整

依靠算法求得的最优方案常不具有实际可执行性。为了追求最高的经济效益，我们在建立生产计划优化数学模型时，所设置的限制条件一般都是卡在“约束边界”的，因而所求得的最优方案也常会存在“卡边”的情况。例如，国家标准规定了某类成品油含硫量的“极限值”，我们在模型中设置限制条件时就会令该产品的含硫量小于或等于这个“极限值”，然后求解优化模型所得出来的最优方案有可能是：该产品的含硫量恰好达到了“极限值”。

这样的极限或卡边生产方案虽然在经济效益上是最优化的，但实际执行起来却存在很大的风险，因为稍微出现一些误差或意外情况，就会导致产品质量不合格。因此，炼化企业常会把算法求解出来的最优方案作为一个基准或参考，通过调整一些参数或舍弃一些经济效益，来减少“卡边”操作和换得产品质量安全保障。也即最终仍要通过“人机结合”来获得一个具有较高经济效益的、具有较低操作风险的、具有实际可执行性的、能够令人满意的生产方案。

3.3.4 炼化企业生产计划优化问题小结

本节介绍了炼化企业生产计划编制流程，分析了生产计划优化问题的数学属性，并给出了优化问题的求解方法：分支定界法+线性递归法+人工微调法。

（1）从国家战略的角度看，炼化企业生产计划优化向上关乎国家原油资源的获取安全，向下关乎国家经济发展的保障水平，中间关乎企业自身的盈利生存能力，是不可忽视的战略性运筹问题。

（2）从企业运营的角度看，生产计划是炼化企业生产经营活动的总纲领、总依据、总秩序，是提高企业盈利能力的重要手段，是提升企业核心竞争力的重要依仗，是评价企业生产管理水平的重要指标，是值得企业投入大量资源和力量来优化编制的重要指导性文件。炼化企业最初的生产计划编制方法是人工经验法，其最终目标是在长流程、多变量、各种因素相互纠缠的不利条件下找到一个可行的生产方案。在科学化、精益化、集约化经营成为发展潮流的当今时代，炼化企业的生产计划的编制目标已不再限于找到一个可行的方案了，而是希望借助运筹学的原理和方法在原料供应约束、产品需求约束、装置加工能力约束等各类复杂限制条件下找到全局化的效益最优方案。

（3）从问题属性的角度看，炼化企业生产计划优化问题属于混合整数非线性规划问题，具体的是混合整数三次元规划问题。它涉及整数变量的求解，例如装置开关0-1变量和原油采购台阶变量等。它的目标函数一般呈线性，限制条件一般呈三次元非线性形式（如果考虑密度变量）。它的规模非常庞大，因为炼化生产流程长、变量多、关联紧密、约束繁杂。当前用于炼化企业生产计划优化的商业软件较多，它们都擅长或易于将炼化企业生产计划优化实际问题转化为程序模型和数学矩阵，进而实现问题求解。但大多数优化软件内置的都是二次元模型求解算法，对于原油按吨买、成品油按升卖、密度应作为变量的实际情况而言，二次元算法的精度有些不足，所得优化结果的总效益往往低于三次元算法。

（4）从创新应用的角度看，我们不但可以利用计划优化技术来统筹安排总体计划，也可以在特定条件下对各个分项进行测算和优化，例如，对原油采购方案进行优化选择和对中间物料进行优化测算等。在做这些优化测算工作时，所用基本算法往往是相同的，所不同的仅是优化的对象、建模的范围和针对的时间段等，所以创新应用计划优化技术也是提高生产计划优化能力和水平的重要的一环，可为企业调整原料结构和产品结构等各种不同层面的决策提供科学的依据。

此外，灵活应用计划优化技术还可以进行灵敏度分析，从而对优化模型自身进行优化。炼化企业生产能力或经济效益的瓶颈点在哪里？松动哪个约束和松动多大幅度会让目标函数得到显著提升？优化模型中原料和产品价格发生变化时会对优化结果产生多大影响？诸如此类的问题都可以通过灵敏度分析来获得答案。依据灵敏度分析结果可以快速回答原料购买效益、产品增产效益、装置扩能效益等问题，并给出适用的范围，为企业灵活应对市场变化和分析企业生产经营瓶颈等提供有力的依据。也就是说，炼化企业生产计划优化技术不但可以在优化模型的限制条件所圈定的可行解域内进行方案寻优，还可以用于对优化模型本身的限制条件进行优化，扩展限制条件所圈定的可行解域范围，令优化问题本身有更大的潜在优化空间。

3.4 炼化企业装置检修期计划优化问题分析与求解

任何的炼化装置都会突然发生故障或将要发生故障。发生故障后，一般要进行事故抢修。在可能要发生事故之前，常需要做计划检修。一般来说，事故抢修的损失往往要大于计划检修的损失，因为事故所带来的安全危害和经济损失常常是影响巨大的和不可控的。为避免或减少事故危害和抢修损失，炼化企业一般会定期进行装置计划检修。从生产层面看，装置检修就意味着加工流程和生产计划的明显变化。那么如何在检修期间配置好新的加工流程，维护好其他装置的运行，安排好其他产品的生产，从而尽可能地降低损失和获得较高的经济效益呢？这就引出了炼化企业装置检修期间的生产计划优化问题，下文将简称为装置检修期计划优化。

3.4.1　炼化企业装置检修期计划优化问题简介

炼化企业是复杂流程工业的典型代表，具有生产连续、流程长、装置间物料关系复杂、上下游装置关系密切等特点，某一个装置的停工检修往往会牵扯到其他装置的陪停，尤其是在有多套系列装置的情况下，如何制定合理的停工计划，在保证生产平稳的前提下，尽量减少停工带来的效益损失，是一件非常有意义的工作。

以某炼化企业的化工装置检修为例，讨论检修期内的生产计划优化问题。该企业有大型生产装置近50套，年原油加工能力超过1000万吨，各装置的月度加工能力如表3-22所示。

表3-22　主要加工装置及能力表　　万吨

序　号	装置名称	负荷下限	负荷上限	备　注
1	Ⅰ套常压	22.50	31.50	
2	Ⅱ套常压	19.50	25.50	
3	Ⅲ套常压	25.50	35.25	
4	Ⅰ重预加氢	3.00	5.00	
5	Ⅰ重	3.60	4.95	
6	Ⅱ重预加氢	3.81	6.99	
7	Ⅱ重	4.32	5.94	
8	Ⅰ催化	4.05	6.75	
9	Ⅱ催化	7.71	14.10	
10	Ⅰ加裂	3.24	4.68	
11	Ⅱ加裂	4.50	6.30	
12	蜡油加氢	4.86	8.10	
13	Ⅰ焦化	0.00	8.55	
14	Ⅱ焦化	7.50	8.55	
15	溶脱	2.03	2.57	
16	Ⅰ套渣油加氢能力	7.80	11.14	
17	Ⅱ套汽油加氢	0.00	5.40	
18	Ⅲ套航煤加氢	6.21	10.35	
19	Ⅳ套柴油加氢	3.86	12.86	
20	Ⅴ套S-Zorb加氢	0.21	6.75	
21	新建S-Zorb	0.21	4.05	

续表

序　号	装置名称	负荷下限	负荷上限	备　注
22	Ⅵ套柴油加氢	4.05	13.50	
23	Ⅶ套柴油加氢	4.05	13.50	
24	Ⅰ气分	0.27	0.52	
25	Ⅱ气分	0.59	1.14	
26	PSA1	0.00	0.25	
27	PSA2	0.00	0.35	
28	膜分离	0.00	0.08	
29	MTBE	0.61	0.68	
30	烷基化	1.08	1.35	
31	硫黄回收	0.00	2.16	
32	乙烯裂解	3.83	4.95	计划停工
33	裂解汽油加氢	2.21	3.47	计划停工
34	丁二烯抽提	0.50	0.79	计划停工
35	MTBE	0.35	0.64	计划停工
36	正丁烯抽提	0.11	0.23	计划停工
37	环氧乙烷	0.71	0.74	计划停工
38	乙二醇	1.20	1.95	计划停工
39	环氧丙烷	0.73	1.16	计划停工
40	苯乙烯	1.59	2.52	计划停工
41	乙苯	1.76	2.93	计划停工
42	Ⅱ芳烃抽提	1.89	2.97	
43	Ⅰ芳烃抽提	1.35	2.70	
44	苯抽提	1.01	2.03	
45	POX装置	8.19	11.70	计划停工
46	异构化	0.00	8.95	计划停工
47	Ⅰ聚丙烯	0.54	1.05	
48	Ⅱ聚丙烯	0.81	1.49	
49	聚乙烯	1.35	2.25	计划停工

现要对表3-22中的乙烯裂解、苯乙烯、苯抽提等化工装置进行停工检修，计划检修时间为40天。在化工装置停工检修期间，炼油装置产出的石脑油、加裂尾油、轻烃等裂解料不再供应给相应的化工装置。同样，化工装置产出的裂解氢气和含芳烃汽油调和组分等也将因装置停产而不再供应给炼油装置。

那么问，各套炼油装置该如何运转，该企业能在化工装置检修期间获得最佳的生产效益呢？要回答这个问题，需要从以下几个角度或分项进行分析讨论：

（1）哪些炼油装置需要伴随化工装置一起停工？何时停工？何时开工？是否可以提前开工？如果是，提前多久开工？

（2）在化工装置停工检修期间，效益最好的原油加工量是多少？主要炼油产品的产量应定为多少合适？

（3）在化工装置停工检修期间，哪些物料可以适当周转库存，以减少因开/停工而造成的其他装置的波动？

上述问题是相互关联和相互影响的。选用了不同的原油和加工量，就需要采用不同的开工装置和开工方案；反之，选用了不同的停工方案和停工装置，将要加工的原油品种和数量也可能会不一样。所有这些问题应该是在一个统一的大计划模型下进行优化求解，从而得到满足所有限制条件的最优解。

3.4.2 炼化企业装置检修期计划优化问题属性分析

1）优化目标

炼化企业装置检修期计划优化的目标是：在人为划定的一个被扩展的装置检修期间（下文也常将其称为“测算周期”，它一般会额外包含停工前的一段稳定生产时期和再次开工后的一段稳定生产时期），通过安排新的生产方案，使得炼化企业中仍然保持生产的其他装置所构成的加工方案的整体生产效益取得最大值。

2）约束条件

炼化企业装置检修期计划优化所须遵从的约束条件包括：时间确定、物料平衡、质量平衡、能量平衡、氢气平衡、调度可行、整数取值等。

（1）时间确定。时间确定约束是指，计划停工检修的装置的停工时间是确定的。

（2）物料平衡。在停工检修期间，不停工的一次装置和二次装置之间的物流要匹配，去往库存的物流不可超出允许库容限制。

（3）质量平衡。所生产的产品应满足质量指标控制要求，如汽油的密度、辛烷值、抗爆指数等。

（4）能量平衡。能量平衡主要指公用工程的平衡，包括瓦斯、电、蒸汽等，其供应量应大于或等于消耗量。

（5）氢气平衡。氢气是炼油精制类装置的重要原料，能够裂解产生氢气的化工装置停工后必然会影响到部分炼油装置的氢气供应，重新进行氢气平衡是优化的重点工作之一。

（6）调度可行。调度可行包括最低负荷要求和停工连续要求等。其中，最低负荷要求是装置的开工条件之一，只有加工量高于其最低负荷要求的装置才能开工运转。如果加工量低于负荷下限，装置是无法正常操作的，可按停工考虑。连续停工要求是指装置的停工应该是连续的，不能随意地开/停，或者说每套装置的停/开工次数最多为1次，并同时保证装置停工时间上的可行性。例如，若某套炼油装置在化工装置停工后，立即跟随着停工一小段时间，然后再次开启进行生产，在达到约束边界后再次关闭，这样的方案是不被允许的，因为如此反复地开/停装置在高危流程工业中是不具备实际可操作性的。

（7）整数取值。主要指对应装置开/停“门槛约束”的变量为0-1变量。装置要开工，其加工量就必须高于允许的最低生产负荷，并低于其允许的最高生产负荷；否则，装置就需要关停。装置开工，变量值取1；装置关闭，变量值取0。

3）决策变量（可优化的参数）

可通过对原油的品种和数量、中间物料的库存量、装置的开/停时间等参数进行测算设置，以达到装置检修期计划优化的目的。

（1）库存优化。炼油装置和化工装置之间的互供物料可以通过库存来进行适当调节，以减少装置的物流波动。

（2）原油优化。主要指对原油的品种和加工量等参数的优化。

（3）开/停优化。主要指对陪伴停工的炼油装置的开/停时间的优化。化工装置停工，加裂尾油和石脑油的需求量减少，必然会影响到原油的加工量。原油加工量的减少可能会要求关闭某套常减压装置。常减压装置停工，连带造成蜡油、柴油、渣油等组分减少，从而形成了一系列的问题。例如，加氢裂化装置是否停工和何时停工，多套柴油加氢装置是否停工和何时停工，两套焦化装置和渣油加氢装置是否停工和何时停工等。

通过上述分析，我们可以总结出炼化企业装置检修期计划优化问题的属性如下：

（1）炼化企业装置检修期计划优化问题是一个混合整数三次元规划问题。前文的分析已经指出了炼化企业装置检修期计划优化编制的目的，也即要弄清在部分装置执行计划检修的情况下，如何通过合理地安排炼化生产计划（也即确定产品及产量、原料种类及数量、公用工程消耗量、其他非检修计划内的炼油装置的陪伴开/停时间等决策变量），可以使得该企业在整个装置计划检修期内取得最佳的生产经济效益。从优化问题的本质上看，这与上节所述的炼化企业生产计划优化问题没有太大的区别。因此，炼化企业装置检修期计划优化问题与炼化企业生产计划优化问题一样，在数学属性上都属于混合整数三次元规划问题。

（2）炼化企业装置检修期计划优化问题是一个多周期一体化的规划问题。实际上，炼化企业生产计划优化工作的最终目标可以归结为合理安排好生产流程中各项物料的流动路线、流动方向和流动数量。由于流程工业中一般存在着生产连续性和稳定性的要求，因而在整个生产计划期间，这些物流参数一旦设置好就不宜再变动。如果确实需要变动，那就需要将整个生产计划划分成多个子周期来考虑。在炼化企业装置检修期生产计划优化模型中，可以根据子周期内的特殊要求来设置相应的约束方程，从而确保求得的优化方案能够满足与子周期有关的各种条件限制。

如果不划分子周期，则默认为整个生产计划期内的各项物流参数是稳定不变的。对于炼化企业装置检修期计划优化这个多周期问题，不同子周期内各项物流参数是会发生变化的，如果我们将这个多周期问题按单周期方式来求解，则所获得的各项物流参数将是一个平均值，也即对多次发生变化的物流参数做了一个平均，这显然是脱离实际的。例如，按单周期来处理，所得某装置的平均生产负荷达到了80%，这看似满足装置生产负荷约束，但放在实际的多周期情况下分析却是不可行的。因为放在多周期情况下考虑，该装置可能在某个子周期内是关闭的，其生产负荷应为0，而在其他某个周期内，该装置是开启的，其生产负荷率可能达到了150%，将0生产负荷和150%生产负荷进行加权平均，可以得到80%的平均生产负荷，但显然在某子周期内让装置的生产负荷达到150%是不切实际的。首先，实际装置的生产负荷最大只宜达到100%，而150%的生产负荷只是一种脱离实际的数学假设；其次，在极高的生产负荷下，下游装置或库存容量能否在短时间内“吃”掉如此之高的物流峰值都是个问题。因此说，装置检修期生产计划优化问题是一个多周期一体化的规划问题，只有通过建立和求解多周期一体化的规划模型才能求解出有意义的优化方案。

3.4.3 炼化企业装置检修期计划优化问题求解方法

进行炼化企业装置检修期计划优化需要把握两个重点：第一个是建立一个针对整个测算周期的装置检修期计划优化模型；第二个是通过模型参数的变化设置和分阶段求解来依次确定哪些装置该停工、什么时间停工、什么时间恢复开工。这实际上也是开展装置检修期计划优化工作的整体思路。

（1）建立针对整个测算周期的装置检修期计划优化模型。

一般来说，装置检修期会存在不同的时间段，在这些不同的时间段之间，各装置的物流会发生变化，而在某一个具体的时间段内，各装置的物流基本不发生变化（或只发生一次开关变化），我们将装置物流不发生变化的时间段称为子周期。整个装置检修期计划优化问题的测算周期一般包含五个子周期，分别称为停工准备、停工整理、完全停工、开工准备、开工整理，如图3–53所示。

①停工准备期。也称为周期1，周期长度为7天。在停工准备期，所有的炼油和化工装置都开工，化工装置产生的供应炼油装置的中间产品可能会发生物料涨库，而炼

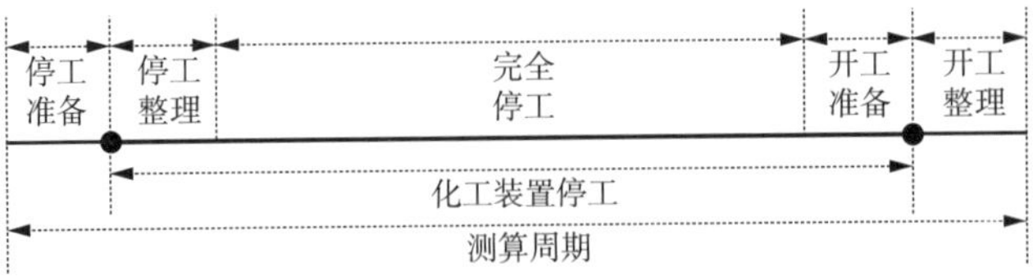

图3-53 停工测算周期划分示意图

油装置产生的进入库存的中间物料可能会降库。这样在化工装置停工期间，部分需要伴随停工的炼油装置可以多运转一段时间，增加一些生产效益。

②停工整理期。也称为周期2，周期长度为7天。在停工整理期，所有的化工装置全部停工，部分炼油装置需要伴随停工，具体的停工时间是一个可以优化的点。中间物料的库存允许发生变化，例如，炼油装置产出的本应供应化工装置的中间物料因化工装置停工而不得不转入库存，化工装置停工前产出的备进库存的中间物料在此子周期内可以继续供给炼油装置一段时间。

③完全停工期。也称为周期3，设计周期长度为26天。在停工期，所有的化工装置全部停工，需要伴随停工的炼油装置全程停工，中间物料的库存允许发生变化。

④开工准备期。也称为周期4，周期长度为7天。在开工准备期，所有的化工装置全部停工，已经停工的部分炼油装置可能需要提前开工，具体的开工时间是一个可以优化的点，中间物料的库存允许发生变化，例如已停工的炼油装置提前开工后，生产的中间物料可以临时备进库存，以待化工装置开工后抽取使用。

⑤开工整理期。也称为周期5，周期长度为7天。在开工整理期，所有的炼油和化工装置全部开工，中间物料的库存将恢复至第1周期的期初库存水平。如此约束，可以形成一个完成的装置检修周期或装置检修期计划优化模型测算周期。

最终，炼化企业装置检修期计划优化模型的目标函数应是上述各子周期的销售收入、原料成本和加工成本的代数和，优化模型的限制条件中也应增加对上述各子周期的有关约束方程。在这种目标函数和限制条件下，可以求解出各子周期内的各条物流参数，经后处理计算后形成一份完整的和可执行的停工检修期生产计划。为减少优化模型中整数变量的个数，提高优化方案的计算效率，可以将优化求解过程分阶段进行。

（2）变化设置模型参数和分阶段求解检修期生产方案。

处于炼化生产流程中的某套装置，其开/停工逻辑只会存在以下几种情况：

①周期2、周期3、周期4全部都开工。

②周期2、周期3、周期4全部都停工。

③周期2开工，周期3、周期4停工。

④周期4开工，周期2、周期3停工。

⑤周期2、周期4开工，周期3停工。

从上述开/停工逻辑中不难看出，对于一套装置而言，周期3是一个关键点，如果周期3开工，则周期2、周期4均需要开工；如果周期3停工，则周期2、周期4开工或停工均可，且没有相关性。抓住这个关键的逻辑点，我们就可以开展装置开/停工测算和检修计划优化了。如果只考虑中间物料的库存变化，而不考虑原料和产品的库存变化，则问题的分阶段求解思路如下：

第一步，厘清哪些装置可能要陪伴停工。明确必然停工的装置，例如所有的化工装置；判断必然不会停工的装置，如连续重整、催化裂化等装置；将剩下的可能停工的装置纳入开/停工测算范围（设为开关型决策变量），如加氢裂化、延迟焦化、柴油加氢等装置。

第二步，测算出装置是否需要陪伴停工。假设在完全停工期（周期3）的起始时间点和终止时间点上，所有中间物料的库存不变，据此假设来修改优化模型的相关参数，使其只针对完全停工期进行装置开/停工测算，通过使用门槛变量，测算或定位出哪些炼油装置的加工负荷不满足要求，是必须陪伴停工的。

第三步，测算出陪停装置在周期2和周期4内的加工量。对于第二步中测算出的必须陪伴停工的炼油装置，在优化模型中将其在完全停工期的加工能力上、下限约束都修改为0，而将其在停工整理期、开工准备期内的加工能力下限约束设置为0，加工能力上限约束设为实际值。同时，不再对这些停工装置使用门槛整数约束，而是全部改为数量连续数约束。求解模型，测算出陪停装置在停工整理期和开工准备期内的加工量。

第四步，测算出装置的具体停/开工日期。经上步计算，所求解出的陪伴停工装置在停工整理期和开工准备期内的加工量可能为0（即装置在这两个子周期内全程停工），也有可能不为0（即装置在这两个子周期内能够延迟停工或提前开工一小段时间）。在装置晚停和早开的这段时间内，有些中间物料可能会进入库存临时存储，因而可以根据库容数据，继续推算出晚停装置的具体停工日期和早开装置的具体开工日期。

1. 建立检修计划优化数学模型

基于前文给出的整体求解思路，可以着手建立炼化企业装置检修期计划优化模型。

1）决策变量

与生产计划优化数学模型相似，炼化企业装置检修期计划优化数学模型的决策变量一般包括各类产品的产量（销售收入）、各类原材料的采购量（原料成本）、各套装置的开启情况（加工成本）等。

2）目标函数

炼化企业装置检修期计划优化数学模型的目标函数一般可写为：

$$\max \ obj = \sum_{j=1}^{N} \left(\sum_{i=1}^{N_1} c_i^1 x_{ij}^1 - \sum_{i=1}^{N_2} c_i^2 x_{ij}^2 - \sum_{i=1}^{N_3} c_i^3 x_{ij}^3 - \sum_{i=1}^{N_4} c_i^4 x_{ij}^4 \right) \tag{3-47}$$

式中，i、j为编号标识符；N为一个大周期内的子周期数；N_1为产品的总种类数；N_2为装置或加工方案的总种类数；N_3为主原料的总种类数；N_4为辅原料的总种类数；c_i^1为第i种产品的市场售价；x_{ij}^1为第i种产品在第j个子周期内的生产数量；c_i^2为第i套装置或方案的加工费用；x_{ij}^2为标志第i套装置或方案在第j个子周期内是否开启的变量（0–1变量）；c_i^3为第i种主原料的买入价格；x_{ij}^3为第i种主原料在第j个子周期内的使用数量；c_i^4为第i种辅原料的买入价格；x_{ij}^4为第i种辅原料在第j个子周期内的使用数量。

与单周期生产计划优化模型的目标函数相似，式（3–47）中的原料、产品等也均使用裸价，也即不包括各种税费。同时，因为固定成本是不变的常数值，对模型的优化结果没有影响，故也不予考虑。

3）限制条件

炼化企业装置检修期计划优化模型的限制条件不但完全包含了单周期生产计划优化模型的限制条件，如装置进料平衡约束、装置出料平衡约束、物料平衡约束、质量指标控制约束、原料供应量约束、装置加工能力约束、产品需求量约束、公用工程平衡约束等，它还有一些额外的附加限制条件，例如，某些限制条件需要按子周期要求来分别写好约束方程，某些限制条件需要对接好相邻子周期间的数量连接约束，某些限制条件相比于单周期生产计划优化模型是新增的额外约束等。我们可以举几个与单周期生产计划优化模型不同的限制条件如下：

（1）物料平衡约束。在炼化企业装置检修期计划优化模型的物料平衡约束中，除需要考虑一般单周期生产计划优化模型的物料平衡约束外，还需要考虑子周期内的物料库存约束：

$$A_{i,j}^1 + G_{i,j}^1 = A_{i,j}^2 + G_{i,j}^2 \tag{3-48}$$

式中，$A_{i,j}^1$为第i种物料在第j个子周期内的生产数量；$G_{i,j}^1$为第i种物料在第j个子周期期初的库存量；$A_{i,j}^2$为第i种物料在第j个子周期内的消耗数量；$G_{i,j}^2$为第i种物料在第j个子周期期末的库存量。

（2）相邻子周期库存连接约束。对于多周期优化模型，某物料上一个子周期期末的库存量应等于下一个子周期期初的库存量：

$$G_{i,j}^2 = G_{i,j+1}^1 \tag{3-49}$$

式中，$G_{i,j+1}^1$为第i种物料在第j+1个子周期期初的库存量。

（3）最大库存约束。在多周期优化模型中，某种物料在任何子周期的期初库存或期末库存都不能超过其最大允许库存量：

$$G_{i,j}^1 \leqslant G_i^{\max} \tag{3-50}$$

$$G_{i,j}^{2} \leqslant G_{i}^{\max} \tag{3-51}$$

式中，$G_i^{\max}$为第i种物料的最大允许库存量。

（4）连续停工约束。对于某套生产装置，其子周期连续停工约束可描述为：

$$I_{i,j-1} + I_{i,j+1} - 2I_{i,j} \geqslant 0 \tag{3-52}$$

$$I_{i,j} = \begin{cases} 1 & U_{i-\min} \leqslant U_i \leqslant U_{i-\max} \\ 0 & U_i = 0 \end{cases} \tag{3-53}$$

式中，$I_{i,j}$为标志第i套装置在第j个子周期的开关状态的整数变量，为0–1变量；U_i为第i套装置的加工量；$U_{i-\min}$为第i套装置的允许最小加工量；$U_{i-\max}$为第i套装置的允许最大加工量。

对于本章所述的包含5个子周期的装置检修期计划优化模型而言，应重点关注的是装置在子周期2、子周期3、子周期4的开关状态。任何一套装置在连续的子周期2、子周期3、子周期4中，不可以出现{0，1，0}的非连续停工状态，也即在多个子周期内，不允许关闭装置两次及以上。但可以出现{0，0，0}、{1，1，1}、{1，0，0}、{1，0，1}和{0，0，1}等连续停工状态，也即对于任一套装置，在多个子周期内，允许不关停装置或只关停一次装置。

2. 将数学模型转化为程序模型

在明确装置检修期计划优化的数学模型后，就可以着手建立程序优化模型了。建立程序优化模型的总体思路是：首先，建立能够准确描述装置间物流关系的各子周期模型或单周期模型；其次，将多个子周期模型合并连接成一个多周期模型；最后，设置好多周期模型的各类限制条件。当然，根据优化过程的不同阶段要测算的对象的不同，限制条件中的约束方程设置会发生一定的变化。

1）建立单子周期模型

添加资源采购、一次加工、二次加工、成品调和、产品销售、期初库存、期末库存等不同模块，建立单周期模型。单周期模型的结构如图3–54所示，可以描述各装置间的物料关系，这与一般的企业单周期生产计划优化模型相类似，在此不再赘述。

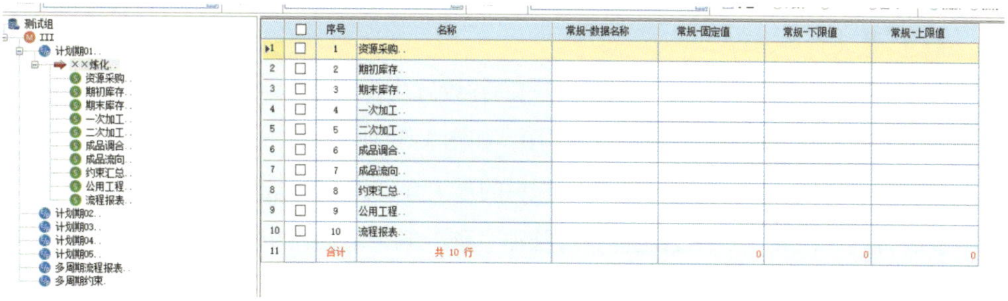

图3–54　单子周期模型结构示意图

2）初步建立多周期模型

在计划期级下复制出多个单子周期模型，并将其分别命名为计划期01、计划期02、计划期03、计划期04、计划期05。此时初步形成了多周期模型，但这个多周期模型的各单子周期是相互独立的，尚未连接成一个完整的多周期模型。

3）连接子周期间的库存

将多个相邻的单子周期模型用库存连接起来，形成多周期模型，如图3–55所示。本例中假设有4个中间物料的库存可以发生变化，分别是饱和液化气、加裂尾油、石脑油、碳五氢十。

图3–55 物料库存连接示意图

如图3–55所示，将石脑油第1个子周期的期末库存连接到第2个子周期的期初库存（令二者相等），将第2个子周期的期末库存连接到第3个子周期的期初库存……以此类推，也可以完成其他物料的子周期间的库存连接。

4）设置最大库存约束

将4个中间物料的第1个子周期的期初库存设置为0，如图3–56所示。

将第5个子周期的期末库存也设置为0，如图3–57所示。

将其他子周期的期末库存设置为该物料的最大允许库容，如图3–58所示。

假设将饱和液化气、加裂尾油、石脑油、碳五氢十4个中间物料的最大允许库存分别设置为0.2万吨、0.8万吨、4.0万吨、0.2万吨。

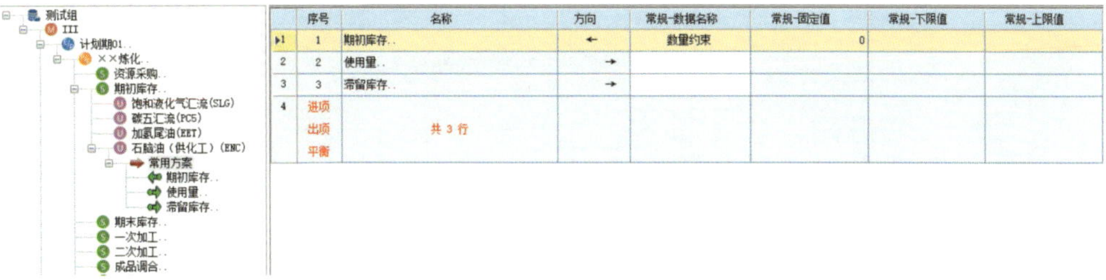

图3-56　期初库存设置示意图

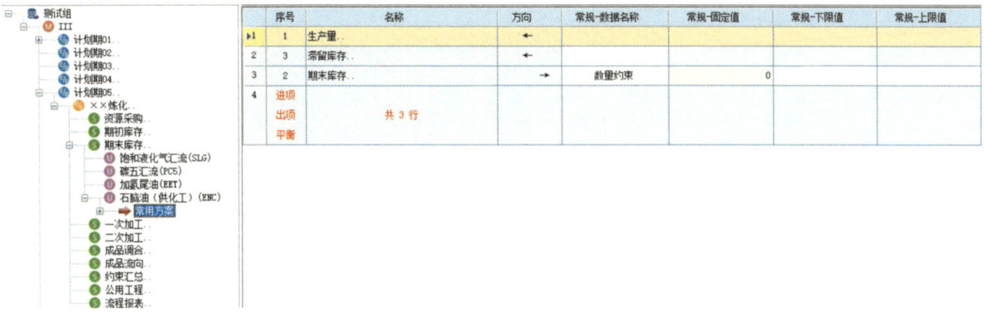

图3-57　第5个子周期末库存设置示意图

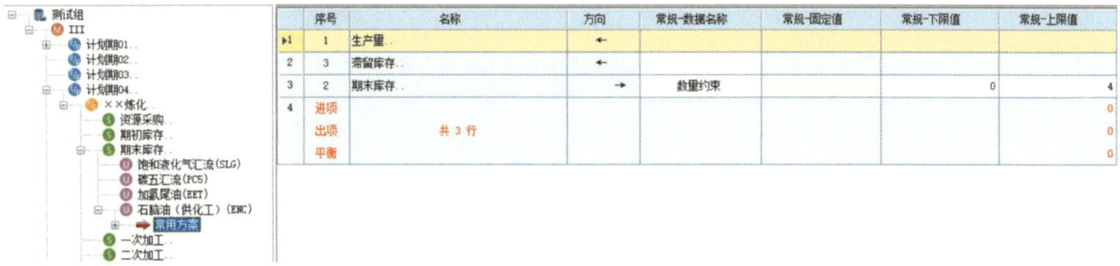

图3-58　其他子周期期末库存设置示意图

5）原料约束

原料约束主要是指可采的原油种类、原料的资源数量、相应的价格体系，如图3-59和图3-60所示。对于可采资源，给定数量上、下限范围约束；对于不可采资源，给定固定值约束0。

6）产品约束

产品约束与原料约束类似，给定产品可销售的数量和价格，如图3-61和图3-62所示。同样，不销售的产品可在固定值处给0，不约束销售上限的产品，不用给定相关的约束范围。

7）装置加工负荷约束

装置加工负荷约束如图3-63所示。在默认情况下，可以将各单子周期的装置加工负荷约束类型设置为数量约束，并给定上、下限数值；需要确定装置开/停状态时，可以将装置加工负荷的约束类型设置为门槛约束。

图3-59　原料采购数量约束示意图

图3-60　原料采购价格约束示意图

图3-61　产品销售数量约束示意图

图3-62　产品销售价格约束示意图

图3-63　装置加工负荷约束示意图

8）其他种类约束

其他约束包括装置进料比例、进料物性、特殊平衡控制等，与一般的单周期生产计划优化模型的约束给定方式相同。

3. 对程序模型进行寻优求解

如前文所述，装置检修期计划优化需要分步计算，先确定要停工的装置，再测算要停工装置的具体停工和开工时间。

1）确定要停工的装置

对于有可能会停工的装置，将其加工负荷约束的类型设置为门槛约束。对于设置了门槛约束的装置，若要开工，则其实际加工负荷必须处于加工能力的上、下限范围内。否则，装置就要关停，其实际加工负荷必须为0。为简化计算，一般只需要利用第3个子周期的优化模型，就可以测算出哪些装置必须停工了（表3-23）。

表3-23　第3个子周期各装置加工能力约束表　　万吨

装置名称	第3周期		
	约束名称	下限	上限
Ⅰ套常压	门槛设置	23.3	32.6
Ⅱ套常压	门槛设置	20.2	26.4
Ⅲ套常压	门槛设置	26.4	36.4
Ⅰ套减压	门槛设置	13.4	22.3
Ⅱ套减压	门槛设置	10.0	16.7
Ⅲ套减压	门槛设置	14.0	23.3
Ⅰ重预加氢	数量约束	3.1	5.2

续表

装置名称	第3周期		
	约束名称	下限	上限
Ⅰ重	数量约束	3.7	5.1
Ⅱ重预加氢	数量约束	3.9	7.2
Ⅱ重	数量约束	4.5	6.1
Ⅰ催化	数量约束	4.2	7.0
Ⅱ催化	数量约束	8.0	14.6
Ⅰ加裂	门槛设置	3.3	4.8
Ⅱ加裂	门槛设置	4.0	6.5
蜡油加氢	门槛设置	5.0	8.4
Ⅰ焦化	门槛设置	5.6	8.8
Ⅱ焦化	门槛设置	0.0	8.8
溶脱	门槛设置	2.1	2.7
Ⅰ套渣油加氢	门槛设置	8.1	11.5
Ⅱ套汽油加氢	数量约束	0.0	5.6
Ⅲ套航煤加氢	数量约束	6.4	10.7
Ⅳ套柴油加氢	门槛设置	4.0	13.3
Ⅴ套S-Zorb加氢	数量约束	0.1	7.0
新建S-Zorb	数量约束	0.1	4.2
Ⅵ套柴油加氢	门槛设置	4.2	14.0
Ⅶ套柴油加氢	数量约束	0.0	2.8
Ⅰ气分	数量约束	0.3	0.5
Ⅱ气分	数量约束	0.6	1.2
PSA1	数量约束	0.0	0.3
PSA2	数量约束	0.0	0.4
膜分离	数量约束	0.0	0.1
MTBE	门槛设置	0.6	0.7
烷基化	门槛设置	1.1	1.4
硫黄回收	数量约束	0.0	2.2

将表3-23中的可能停工的装置的加工负荷约束的类型设置为门槛约束（0-1整数），并设置好相应的加工能力的上、下限范围，而将其余的必然不会停工的装置的加工负荷约束的类型设置为数量约束（连续取值）。在多周期模型的基础上设置好相关参数，实现针对第3个子周期的装置开/停情况测算，所得结果如表3-24所示。

表3-24　第3个子周期的装置加工负荷测算结果表　　万吨

装置名称	约束名称	解　值	约束下限	约束上限
Ⅰ套常压	门槛设置	27.30	19.50	27.30
Ⅱ套常压	门槛设置	22.10	16.90	22.10
Ⅲ套常压	门槛设置	0.00	22.10	30.55
Ⅰ套减压	门槛设置	14.39	11.23	18.72
Ⅱ套减压	门槛设置	13.77	8.42	14.04
Ⅲ套减压	门槛设置	0.00	11.70	19.50
Ⅰ加裂	门槛设置	3.26	2.81	4.06
Ⅱ加裂	门槛设置	0.00	3.34	5.46
蜡油加氢	门槛设置	7.02	4.21	7.02
Ⅰ焦化	门槛设置	0.00	4.68	7.41
Ⅱ焦化	门槛设置	4.63	0.00	7.41
溶脱	门槛设置	1.81	1.76	2.23
Ⅰ套渣油加氢	门槛设置	0.00	6.76	9.66
Ⅳ套柴油加氢	门槛设置	0.00	3.34	11.14
Ⅵ套柴油加氢	门槛设置	4.38	3.51	11.70
MTBE	门槛设置	0.53	0.53	0.59
烷基化	门槛设置	0.00	0.94	1.17

从表3-24中可以看出，Ⅲ套常减压、Ⅱ加裂、Ⅰ焦化、Ⅰ套渣油加氢、Ⅳ套柴油加氢、烷基化6套主要装置的解值为0，也就说明，这些炼油装置在化工装置停工期间需要陪停。

2）确定具体停/开工时间

在确定了哪些装置需要陪伴停工后，下一步就可以确定陪停装置的具体的停/开工时间了。由于各装置的加工能力配套情况存在差异，加之物料流向的可调节性，因而各套停工装置的具体停/开工时间也存在一定的差异。

将确定不停工装置的加工能力约束类型由门槛约束改为数量约束，保持上、下限范围设置不变。将上述6套确定停工装置在第3个子周期的加工能力设置为0，在第2个、第4个子周期的加工能力下限约束设为0。做好上述约束修改后，将优化模型保存为方案2。方案2的约束设置如表3-25所示。

表3-25　停工时间测算装置能力设置表

万吨

装置名称	第 1 周期			第 2 周期			第 3 周期			第 4 周期			第 5 周期		
	约束名称	下限	上限	约束名称	下限	上限	约束名称	下限	上限	约束名称	下限	上限	约束名称	下限	上限
Ⅰ套常压	数量约束	5.25	7.35	数量约束	5.25	7.35	数量约束	23.3	32.6	数量约束	5.25	7.35	数量约束	5.25	7.35
Ⅱ套常压	数量约束	4.55	5.95	数量约束	4.55	5.95	数量约束	20.2	26.4	数量约束	4.55	5.95	数量约束	4.55	5.95
Ⅲ套常压	数量约束	5.95	8.23	数量约束	0	8.23	数量约束	0	0	数量约束	0	8.23	数量约束	5.95	8.23
Ⅰ套减压	数量约束	3.02	5.04	数量约束	3.02	5.04	数量约束	13.4	22.3	数量约束	3.02	5.04	数量约束	3.02	5.04
Ⅱ套减压	数量约束	2.27	3.78	数量约束	2.27	3.78	数量约束	10.0	16.7	数量约束	2.27	3.78	数量约束	2.27	3.78
Ⅲ套减压	数量约束	3.15	5.25	数量约束	0	5.25	数量约束	0	0	数量约束	0	5.25	数量约束	3.15	5.25
Ⅰ加裂	数量约束	0.76	1.09	数量约束	0.76	1.09	数量约束	3.3	4.8	数量约束	0.76	1.09	数量约束	0.76	1.09
Ⅱ加裂	数量约束	0.90	1.47	数量约束	0	1.47	数量约束	0	0	数量约束	0	1.47	数量约束	0.90	1.47
蜡油加氢	数量约束	1.13	1.89	数量约束	1.13	1.89	数量约束	5.0	8.4	数量约束	1.13	1.89	数量约束	1.13	1.89
Ⅰ焦化	数量约束	1.26	2.00	数量约束	0	2.00	数量约束	0	0	数量约束	0	2.00	数量约束	1.26	2.00
Ⅱ焦化	数量约束	0.00	2.00	数量约束	0.00	2.00	数量约束	0.0	8.8	数量约束	0.00	2.00	数量约束	0.00	2.00
溶脱	数量约束	0.47	0.60	数量约束	0.47	0.60	数量约束	2.1	2.7	数量约束	0.47	0.60	数量约束	0.47	0.60
Ⅰ套渣油加氢	数量约束	1.82	2.60	数量约束	0	2.60	数量约束	0	0	数量约束	0	2.60	数量约束	1.82	2.60
Ⅳ套柴油加氢	数量约束	0.90	3.00	数量约束	0	3.00	数量约束	0	0	数量约束	0	3.00	数量约束	0.90	3.00
Ⅵ套柴油加氢	数量约束	0.95	3.15	数量约束	0.95	3.15	数量约束	4.2	14.0	数量约束	0.95	3.15	数量约束	0.95	3.15
MTBE	数量约束	0.14	0.16	数量约束	0.14	0.16	数量约束	0.6	0.7	数量约束	0.14	0.16	数量约束	0.14	0.16
烷基化	数量约束	0.25	0.32	数量约束	0	0.32	数量约束	0	0	数量约束	0	0.32	数量约束	0.25	0.32

调用算法程序求解上述方案2，在求解结果中重点查看6套陪停装置在第2个、第4个子周期的停/开工情况，如表3-26所示。

表3-26 陪停装置加工负荷结果表 万吨

装置名称	周期1	周期2	周期3	周期4	周期5
Ⅲ套常压	8.23	7.17	0	5.47	8.19
Ⅱ加裂	1.47	1.47	0	0.62	1.47
Ⅰ焦化	0.66	0.24	0	0.00	1.05
Ⅰ套渣油加氢	2.60	2.02	0	1.52	2.22
Ⅳ套柴油加氢	3.00	2.40	0	2.00	3.00
烷基化	0.32	0.00	0	0.00	0.26

根据陪停装置的加工能力，可测算出其在子周期2、子周期4中的停/开工天数。子周期2的开工天数也就是晚停工的天数，子周期4的开工天数也就是提前开工的天数，结果如表3-27所示。

表3-27 停工时间测算结果表 万吨

装置名称	最大负荷	周期2 加工天数	说明	周期4 加工天数	说明
Ⅲ套常压	1.18	6.1	晚停6天	4.7	早开5天
Ⅱ加裂	0.21	7.0	晚停7天	2.9	早开3天
Ⅰ焦化	0.29	0.8	晚停1天	0.0	
Ⅰ套渣油加氢	0.37	5.4	晚停5.5天	4.1	早开4天
Ⅳ套柴油加氢	0.43	5.6	晚停5.5天	4.7	早开5天
烷基化	0.05	0.0		0.0	

从表3-27可见，除烷基化装置外，其他5套装置均存在晚停或早开情况，而且晚停和早开的天数也各不相同。

3）库存变化

两种代表性中间物料的库存变化情况如表3-28所示。

表3-28 两种代表性中间物料的库存变化表 万吨

名称	周期1初	周期1末	周期2末	周期3末	周期4末	周期5末
加裂尾油	0	0.17	0.17	0.17	0.17	0.00
石脑油	0	0	1.64	1.71	2.16	0.00

从表3-28可见，加裂尾油在第1子周期期末的库存量增至0.17万吨，并保持到第4子周期期末，在第5子周期期末又恢复到第1子周期期初的库存量；石脑油在第1子周期并未增加库存量，从第2子周期开始持续增加库存量，到第4子周期期末库存量增加到2.16万吨，在第5子周期期末又降至第1子周期期初的库存水平，这样的库存变化是符合模型限制条件设定的。

4. 对寻优结果进行实际分析

在调用优化算法求得炼化企业装置检修期计划优化结果后，我们可以从原油加工情况、产品产量情况、装置负荷情况、装置停工情况、技术经济指标、生产效益情况等不同的角度进行结果数据分析，以得到相关的结论或有用的规律。

对上述优化案例的寻优结果分析如下：

1）原油加工情况表

在装置检修期间，炼化企业的原油加工情况可从表3-29中的有关原料的库存变化数据中分析出来。

表3-29　有关原料的库存变化表　　万吨

名　称	周期1	周期2	周期3	周期4	周期5	合　计
原油	21.00	16.98	49.40	15.35	21.00	123.73
沙特轻油（SAL）	4.40	1.47	5.45	1.47	2.65	15.44
沙特中质油（SAM）	2.94	2.94	5.58	2.94	2.94	17.32
巴士拉轻油（BSL）	1.47	1.47	5.45	1.47	1.47	11.32
科威特（KWT）	2.94	2.91	5.45	1.88	2.94	16.11
卡斯蒂利亚（CTL）	0.79	0.79		0.79	0.79	3.16
达混合原油（DAR）	0.25	0.07	0.17	0.08	0.17	0.75
荣卡多（RCD）	0.67	1.47	4.65	1.47	1.47	9.73
阿曼（OMN）	2.94	1.47	5.45	1.47	2.94	14.26
瓦斯科尼亚（VSN）	1.47	1.47	0.53	1.47	1.47	6.40
卡宾达（CBD）					0.22	0.22
尼罗（NIL）			2.73			2.73
福蒂斯（FOT）	0.04					0.04
卡伦（QRN）	0.61	1.47	4.71	0.85	1.47	9.11
伊拉谢玛（IRM）	1.47	1.47	5.45	1.47	1.47	11.32
威特亚兹（VTY）	1.02		3.77		1.02	5.81

续表

名　称	周期1	周期2	周期3	周期4	周期5	合　计
原油主要性质						
硫含量/%	1.73	1.69	1.40	1.67	1.59	1.55
酸值/（mgKOH/g）	0.31	0.42	0.43	0.45	0.40	0.40
API	30.97	29.29	31.38	29.04	30.42	30.63
炼油原料	0.05	0.05	0.18	0.05	0.05	0.37
外购甲醇（BME）	0.05	0.05	0.18	0.05	0.05	0.37
化工原料	1.89	0.07	0.10	0.05	2.08	4.20
化工外购甲醇（BMC）	0.04				0.04	0.08
空气（AIR）	1.56				1.84	3.40
水（H_2O）	0.10				0.13	0.23
化工外购苯（BBZ）	0.10					0.10
化工外购氢气（BH_2）	0.09	0.07	0.10	0.05	0.07	0.38
化工供炼油	0.10		0.20			0.30
外购甲苯（BTU）	0.10		0.20			0.30

从表3-29可见，在装置检修期间，企业所加工原油品种有所变化，外购原料也有所不同。第3子周期所加工原油硫含量明显降低（由1.7%左右降至1.4%左右），酸值明显升高（由0.31mgKOH/g左右升至0.43mgKOH/g左右），API度明显升高（由30.97左右升至31.38左右）。这意味着在装置检修期间，需要采购性质更好一些的原油来满足生产需求。另外，受化工装置停工的影响，原化工供炼油的甲苯物料产量减少，已不能完全满足生产需求，在第1子周期和第3子周期内需要外购一部分，以满足调和汽油的使用量。

2）产品产量情况

在装置检修期间，炼化企业的产品产量情况如表3-30所示。

表3-30　产品产量表　　万吨

名　称	周期1	周期2	周期3	周期4	周期5	合　计
汽油	3.79	3.84	14.25	3.84	3.84	29.54
92#车用汽油（Ⅵ）	1.90	2.09	7.24	2.09	2.09	15.41
95#车用汽油（Ⅵ）	1.81	1.67	6.71	1.67	1.67	13.52
98#车用汽油（Ⅵ）	0.08	0.08	0.29	0.08	0.08	0.61
煤油	2.92	2.40	6.09	2.03	2.93	16.37
航煤	2.92	2.40	6.09	2.03	2.93	16.37

续表

名 称	周期 1	周期 2	周期 3	周期 4	周期 5	合 计
柴油	5.85	4.69	12.90	4.21	5.82	33.47
军用柴油	0.22	0.13		0.05	0.22	0.61
0# 车用柴油（Ⅵ）	4.73	3.19	9.55	2.78	4.22	24.46
出口 0# 柴油	0.90	1.38	3.35	1.38	1.38	8.40
石脑油	0.90	0.92	3.35	0.92	0.92	7.02
燃料油	0.06	0.06	0.21	0.06	0.06	0.44
轻质燃料油	0.06	0.06	0.21	0.06	0.06	0.44
沥青	0.94	1.50	3.77	1.43	1.50	9.14
高等级道路沥青	0.94	1.50	3.77	1.43	1.50	9.14
商品原料油	0.08	0.12	0.29	0.12	0.12	0.72
5 号工业白油	0.08	0.12	0.29	0.12	0.12	0.72
石油焦	0.68	0.46	1.86	0.44	0.63	4.08
高硫石油焦	0.15	0.09	0.74	0.10	0.07	1.15
自用石油焦	0.53	0.37	1.12	0.34	0.56	2.92
液化气	0.42	0.92	2.80	0.85	0.88	5.87
商品液化气	0.42	0.92	2.80	0.85	0.88	5.87
其他产品	0.38	0.28	0.70	0.25	0.32	1.94
丙烯	0.06	0.06	0.23	0.06	0.06	0.49
硫黄	0.31	0.22	0.46	0.19	0.26	1.44
自用损失	2.18	0.58	1.88	0.55	2.43	7.62
催化烧焦	0.28	0.26	1.01	0.26	0.28	2.09
自用燃料气	0.33	0.25	0.68	0.22	0.32	1.80
自用燃料油	0.02		0.00		0.02	0.05
损失	1.54	0.07	0.19	0.07	1.80	3.68
乙烯部分	3.04				2.97	6.02
裂解碳五	0.12				0.14	0.26
乙烯	0.08				0.08	0.15
裂解碳九	0.12				0.13	0.26
轻质裂解焦油	0.02				0.02	0.05
乙烯焦油	0.12				0.14	0.26
液化燃料气	0.02				0.02	0.05
丁二烯	0.17				0.17	0.34

续表

名 称	周期 1	周期 2	周期 3	周期 4	周期 5	合 计
丁烯-1	0.00				0.00	0.00
环氧乙烷	0.17				0.17	0.35
乙二醇	0.32				0.43	0.76
二乙二醇	0.02				0.02	0.04
多乙二醇	0.01				0.01	0.02
含氧尾气	0.00				0.00	0.00
环氧丙烷	0.27				0.23	0.50
苯乙烯	0.61				0.53	1.14
液体燃料	0.05				0.05	0.10
残油副产品	0.00				0.00	0.00
聚乙烯部分	0.53				0.53	1.05
DFDA	0.53				0.53	1.05
聚丙烯部分	0.59	0.22	0.80	0.21	0.59	2.42
EPC	0.29					0.29
F28	0.25	0.18	0.80	0.18	0.25	1.65
T30G		0.04		0.04		0.08
T30S	0.06				0.35	0.41
芳烃部分	0.78	0.10	0.27	0.10	0.78	2.03
苯		0.10	0.27	0.10		0.47
对二甲苯	0.60				0.60	1.21
邻二甲苯	0.18				0.18	0.35

通过对比表3-30中各子周期的生产数据可知，在化工装置检修期间，汽油的产量受到的影响不大，柴油、航煤、石油焦等产品的产量明显降低，而沥青、液化气等产品产量有所增加。

3）装置负荷情况

在检修期间，装置加工负荷如表3-31所示。不难看出，在化工装置停工期间，Ⅰ套常减压装置和Ⅱ套常减压装置是满负荷运行的，而连续重整、催化裂化等装置的加工负荷则因受Ⅲ套常减压装置停工影响，其加工负荷是降低的，Ⅱ焦化装置则因受Ⅰ焦化装置停工的影响，其加工负荷是升高的。

表3-31 装置加工负荷表

名称	周期1		周期2		周期3		周期4		周期5		合计/万吨
	加工量/万吨	负荷率/%	加工量/万吨	负荷率/%	加工量/万吨	负荷率/%	加工量/万吨	负荷率/%	加工量/万吨	负荷率/%	
Ⅰ套常压	7.35	100.00	5.26	71.55	27.30	100.00	5.25	71.43	7.35	100.00	52.51
Ⅱ套常压	5.43	91.18	4.55	76.47	22.10	100.00	4.55	76.47	5.48	92.05	42.10
Ⅲ套常压	8.23	100.00	7.17	87.18			5.55	67.50	8.17	99.36	29.12
Ⅰ套减压	3.88	77.00	3.02	60.00	14.25	76.14	3.04	60.37	3.88	76.94	28.08
Ⅱ套减压	3.32	87.88	2.78	73.53	13.77	98.06	2.79	73.88	3.34	88.41	26.00
Ⅲ套减压	4.43	84.36	4.24	80.74			3.27	62.24	4.74	90.28	16.68
Ⅰ重预加氢	1.17	100.00	1.12	95.85	3.29	75.97	1.17	100.00	1.17	100.00	7.91
Ⅰ重	1.11	95.74	1.06	91.76	3.12	72.73	1.11	95.74	1.11	95.74	7.50
Ⅱ重预加氢	1.21	74.43	1.12	68.59	4.47	73.79	1.04	63.83	1.49	91.36	9.33
Ⅱ重	1.14	82.04	1.01	72.73	4.03	78.24	0.94	67.68	1.39	100.00	8.50
Ⅰ催化	1.50	95.54	1.46	92.93	4.98	85.06	1.18	75.02	1.51	95.59	10.63
Ⅱ催化	3.29	100.00	2.95	89.52	11.57	94.66	3.29	100.00	3.29	100.00	24.38
Ⅰ加裂	1.09	100.00	1.09	100.00	3.12	77.02	1.09	100.00	1.09	100.00	7.49
Ⅱ加裂	1.47	100.00	1.47	100.00			0.66	45.04	1.47	100.00	5.07
蜡油加氢	1.89	100.00	1.55	81.76	7.02	100.00	1.89	100.00	1.89	100.00	14.24
Ⅰ焦化	0.68	33.88	0.24	12.04					1.05	52.63	1.97
Ⅱ焦化	0.93	46.44	0.71	35.49	4.63	62.43	0.42	20.96	1.19	59.78	7.87

续表

名称	周期1		周期2		周期3		周期4		周期5		合计/万吨
	加工量/万吨	负荷率/%	加工量/万吨	负荷率/%	加工量/万吨	负荷率/%	加工量/万吨	负荷率/%	加工量/万吨	负荷率/%	
溶脱	0.47	78.75	0.04	7.16	1.81	81.37	0.47	78.75	0.05	8.21	2.85
Ⅰ套渣油加氢	2.60	100.00	2.02	77.76			1.54	59.42	2.20	84.67	8.37
Ⅱ套汽油加氢	0.48	38.29	0.37	29.64			0.31	24.42	0.55	43.40	1.71
Ⅲ套航煤加氢	2.27	93.96	1.74	72.05	5.38	60.00	1.59	65.72	2.28	94.52	13.26
Ⅳ套柴油加氢	3.00	100.00	2.40	79.85			2.02	67.32	3.00	100.00	10.42
Ⅴ套S-Zorb加氢	1.58	100.00	0.80	50.61	5.85	100.00	0.86	54.43	1.58	100.00	10.65
新建S-Zorb	0.46	48.48	0.95	100.00	0.65	18.48	0.95	100.00	0.38	40.17	3.38
Ⅵ套柴油加氢	1.25	39.66	0.95	30.00	4.27	36.50	0.95	30.00	0.95	30.00	8.35
Ⅶ套柴油加氢	0.05	8.16	0.05	7.27	1.69	72.21	0.04	6.55	0.05	7.42	1.88
Ⅰ气分	0.06	52.17	0.12	100.00	0.23	52.17	0.12	95.35	0.06	52.17	0.60
Ⅱ气分	0.26	96.73	0.20	76.03	0.86	86.89	0.14	52.17	0.22	84.42	1.68
PSA1	0.06	98.18	0.05	94.10	0.16	74.57	0.06	98.18	0.06	98.18	0.38
PSA2	0.05	60.49	0.04	47.37	0.16	50.97	0.04	44.08	0.05	63.11	0.33
膜分离	0.02	100.00	0.02	100.00			0.02	100.00	0.00	25.62	0.06
MTBE	0.15	93.69	0.14	90.00	0.53	90.00	0.14	90.00	0.14	90.00	1.10
烷基化	0.32	100.00							0.25	80.95	0.57
硫黄回收	0.31	62.38	0.22	42.93	0.46	24.83	0.19	37.77	0.26	51.21	1.44
乙烯裂解	1.08	93.84							1.08	93.84	2.17

续表

名称	周期 1		周期 2		周期 3		周期 4		周期 5		合计 / 万吨
	加工量 / 万吨	负荷率 / %	加工量 / 万吨	负荷率 / %	加工量 / 万吨	负荷率 / %	加工量 / 万吨	负荷率 / %	加工量 / 万吨	负荷率 / %	
裂解汽油加氢	0.75	92.26							0.81	99.94	1.55
丁二烯抽提	0.17	90.51							0.17	94.60	0.34
MTBE	0.11	73.98							0.12	77.32	0.23
丁烯-1	0.04	81.08							0.05	84.75	0.09
环氧乙烷	0.17	100.00							0.17	100.00	0.35
乙二醇	0.32	71.18							0.43	95.19	0.76
环氧丙烷	0.27	99.32							0.23	86.24	0.50
苯乙烯	0.59	100.00							0.51	86.83	1.10
乙苯	0.65	95.29							0.56	82.74	1.22
Ⅱ芳烃抽提	0.44	63.64							0.48	68.93	0.92
Ⅰ芳烃抽提	0.21	61.10							0.23	66.18	0.44
苯抽提	0.24	50.00	0.15	31.33	1.03	58.61	0.15	30.71	0.22	45.90	1.77
POX 装置	2.70	98.90							2.70	98.91	5.40
异构化	2.09	100.00							2.09	100.00	4.17
Ⅰ聚丙烯	0.25	100.00	0.22	88.32	0.80	88.19	0.21	87.63	0.25	100.00	1.72
Ⅱ聚丙烯	0.35	100.00							0.35	100.00	0.69
聚乙烯	0.53	100.00							0.53	100.00	1.05

4）装置停工情况

炼油装置停工情况如表3-32所示，在化工装置停工检修期间，6套主要的陪停炼油装置的停工天数从29—40天不等。

表3-32 装置停工情况表

装置名称	停工天数	说 明
Ⅲ套常压	29	比化工装置晚停6天、早开5天
Ⅱ加裂	30	比化工装置晚停7天、早开3天
Ⅰ焦化	39	比化工装置晚停1天
Ⅰ套渣油加氢	30.5	比化工装置晚停5.5天、早开4天
Ⅳ套柴油加氢	29.5	比化工装置晚停5.5天、早开5天
烷基化	40	与化工装置同步

5）技术经济指标

技术经济指标情况如表3-33所示，在化工装置停工期间，轻油收率指标略有上升，柴/汽比指标显著下降。

表3-33 技术经济指标情况表

项 目	周期1	周期2	周期3	周期4	周期5	合 计
商品总量/万吨	16.02	15.19	46.22	14.15	17.02	108.59
综合商品率/%	88.02	96.32	96.09	96.26	87.51	93.44
汽煤柴收率/%	69.01	69.31	69.11	68.57	64.73	68.31
汽煤柴化收率/%	73.96	75.14	76.07	74.83	69.46	74.35
轻油总量/万吨	13.54	11.97	36.88	11.12	13.63	87.12
轻油收率/%	74.40	75.90	76.67	75.65	70.08	74.97
综合自用率/%	3.93	3.36	3.66	3.39	3.64	3.63
其中催化烧焦/%	1.75	1.71	2.19	1.84	1.65	1.92
加工损失率/%	0.10	0.00	0.00	0.00	0.11	0.03
柴/汽	1.54	1.22	0.91	1.10	1.52	1.13

6）生产效益情况

测算周期内的效益分析情况如表3-34所示，测算周期内的累计效益为5.9亿元。

表3-34　效益情况表　　万元

名　称	周期 1	周期 2	周期 3	周期 4	周期 5	合　计
原料购买	-68137.3	-53991.1	-159511.7	-48571.7	-67048.6	-397260.4
产品销售	85378.2	59798.0	184561.0	55888.0	88276.5	473901.6
公用工程	-4553.9	-1668.0	-5227.3	-1603.3	-4520.0	-17572.5
毛利	12687.0	4138.9	19822.0	5713.0	16707.9	59068.7

3.4.4　炼化企业装置检修期计划优化问题小结

本节介绍了炼化企业装置检修期生产计划编制流程，分析了装置检修期生产计划优化问题的数学属性，并给出了优化问题的求解方法：多周期法+多阶段法+分支定界法+线性递归法。

（1）炼化企业装置检修期计划优化是大型混合整数规划问题，单靠手工是几乎不可能制作出一份最优方案的。同样，如果使用线性规划技术也是不能求解混合整数规划问题的。

例如，将上述案例的第3子周期可能停工装置的下限约束设置为0，则计算结果如表3-35所示。

表3-35　使用线性规划技术测算装置停工情况

装置名称	加工量 / 万吨	偏离下限 /%	负荷率 /%
Ⅰ套常压	14.01	-28.14	51.3
Ⅱ套常压	11.89	-29.63	53.8
Ⅲ套常压	25.78		84.4
Ⅰ套减压	7.99	-28.83	42.7
Ⅱ套减压	7.42	-11.95	52.8
Ⅲ套减压	14.86		76.2
Ⅰ加裂	4.06		100.0
Ⅱ加裂	5.46		100.0
蜡油加氢	2.82	-33.13	40.1
Ⅰ焦化	0.78	-83.40	10.5
Ⅱ焦化	0.81	0.00	10.9
溶脱	0.24	-86.58	10.6
Ⅰ套渣油加氢	7.17		74.2
Ⅳ套柴油加氢	10.29		92.3

续表

装置名称	加工量 / 万吨	偏离下限 /%	负荷率 /%
Ⅵ套柴油加氢	0.00	-100.00	0.0
MTBE	0.26	-50.91	44.2
烷基化	0.82	-12.81	69.8

如果从表3-35中哪套装置的加工负荷超出了限定来判断，则可能会得出Ⅰ套常压装置或Ⅱ套常压装置需要停工的错误结论，且溶脱、Ⅵ套加氢、MTBE也可能被错误停工，而渣油加氢、Ⅳ套加氢、烷基化在最优化状态下需要停工的装置可能不会被停工。

（2）炼化企业装置检修期计划优化问题存在多周期的概念，可以分成多个阶段来进行求解，以降低模型复杂度和求解计算量。炼化企业装置检修期计划优化的求解步骤可以总结如下：

①根据停工装置的具体情况划分子周期，并按各子周期的有关限制设置约束条件，最终形成一个整体的多周期优化模型。

②针对某个对计算最有利的子周期，将模型中的某些限制条件设置为门槛约束，借助混合整数规划来确定哪些装置需要停工。

③在确定了哪些装置需要停工的前提下，重新设置优化模型的有关限制条件，求解得出装置的停工时间及提前开工时间。

（3）应用混合整数规划技术来求解炼化企业装置检修期计划优化问题会取得较好的经济效益，且只要限制条件设置合理，则其所得最优化方案在调度层面一定是可行的。

我们可以通过几个具体的案例来验证混合整数规划技术在停工优化中的效果。设置如下案例：假设Ⅰ套常压、Ⅱ套常压、溶脱、蜡油加氢、Ⅵ套加氢、MTBE装置分别停工，如此可得A、B、C、D、E、F六个方案的效益值，如表3-36所示。

表3-36　停工方案测算对比结果表　　万元

周期	最优方案	方案A	方案B	方案C	方案D	方案E	方案F
周期1	12983	12213	12213	12213	12213	12213	12213
周期2	7283	4723	4816	4260	5054	4260	4311
周期3	19843	11561	9868	11921	13947	-3715	12330
周期4	6689	6529	6531	6529	6529	6545	6520
周期5	12261	11757	11757	11757	11757	11757	11761
合计	59060	46782	45184	46679	49499	31060	47134
与最优方案的差异	—	-12278	-13876	-12381	-9561	-28000	-11926

从表3-36可见，如果不使用混合整数规划技术来制定装置检修期计划方案，则所得的停工方案均不是最优化的，其效益值相比最优方案都有明显的降低。同时，如果真地随意安排装置停工，则还可能导致调度层面不可行的严重问题。

3.5 重质燃料油调和优化问题分析与求解

重质燃料油（本节以180#为例）是大型船舶远洋航行的主要燃料（为满足相关国家的环保法规要求，近岸航行时一般会切换相对清洁的柴油动力），在2014年左右，国内销量就已超过400万吨/年。受国家产业政策影响，当前我国炼化企业普遍采用原油深加工技术，通过渣油加氢、重油催化等系列工艺将原料“吃干榨尽”，最终残余的渣油、油浆等因杂质或重组分的含量较高，一般不能直接作为重质燃料油产品使用。

我国重质燃料油市场竞价非常激烈，为降低燃料油的生产成本，民营企业往往不靠炼化手段解决问题，而常采用减压渣油、催化油浆、沥青、页岩油、碳九、碳十、煤焦油、水上油、乙烯焦油、轮胎裂解油等各类市场上可买到的低价劣质组分来调和生产重质燃料油。由于组分油种类混乱，重质燃料油产品质量事故时有发生。中国石化是燃料油市场的重要供应商之一，为保障使用安全，维护品牌形象，节约化石能源，保护环境安全，提高企业效益，有必要从运筹学的角度探讨重质燃料油调和优化问题。

3.5.1 重质燃料油调和优化问题简介

所谓油品调和，是指利用一定的设备，通过一定的方法，将性质（例如油溶性等）在某种程度上相近、指标（例如密度、黏度、硫含量等）具有潜在的互补性的两种或两种以上的油品组分按一定的比例混合均匀，从而调和出一种满足特定质量要求（所有指标符合标准规定）的新产品的生产过程，当然，有时为了改善调和油品的特定质量指标，还需要在调和过程中加入某些微量的添加剂，如降凝剂、降黏剂、稳定剂等，但加剂的成本一般较高，在利润空间不大的重质燃料油调和中不常使用。

对于重质燃料油调和优化问题，其主要目的是尽可能地挑选出价格相对便宜、指标相对较好的组分油，然后在一定设备和工艺下进行掺混，调和出成本尽可能低、质量指标符合标准规定的重质燃料油产品。调和油的质量要求根据执行标准的不同而不同，或者说不同的执行标准对燃料油质量指标有着不同的规定，如国家标准、行业标准、商议标准等。其中，商议标准是指根据客户需求而灵活商定的产品指标体系，在进行交易时，卖方只需要保证所交付油品的质量指标满足双方协议即可。

常用油品调和工艺一般分为离线调和和在线调和两种。其中，离线调和又称为间歇调和或油罐调和，在线调和又称为连续调和或管道调和。与离线调和相比，在线调和具有以下优点：对储罐的数量和容量需求少；适于大批量连续作业，一次调和合格率高；密闭操作，蒸发损耗低，隔绝有毒物质；自动执行，调和精确，人工劳动强度低。目前，在线调和工艺已广泛应用于汽油、煤油、柴油中，而对于重质燃料油，国内尚未见成熟的工艺应用案例。究其原因，主要是重质燃料油的调和组分繁杂混乱，某些指标的检测尚不能在线进行，某些指标的预测尚无较好的方法，调和优化模型尚未完整地建立。

若仔细分析则不难发现，建立调和优化模型是实现重质燃料油在线调和的重点所在，但建立重质燃料油调和优化模型面临着以下三个难点：第一，可用于重质燃料油调和的组分油（如减压渣油、催化油浆、沥青、页岩油、碳九、碳十、煤焦油、水上油、乙烯焦油、轮胎裂解油等）种类较多、性质很差、价格和质量参数波动非常大，因而调和优化模型也可能随之不断发生变化，这显著增大了优化模型的动态性；第二，各组分油掺混后的质量指标（如密度、黏度、闪点、倾点、总沉积物等）常呈明显的非线性，导致调和油的质量指标预测模型函数较难建立，如果使用简单函数，则其预测精度难免不足或预测范围较为有限，如果使用复杂函数，则又会使得优化模型变得复杂和难于求解；第三，由调和油质量指标限制所圈定的可行解域是未知的，需要做大量的样本分析检测实验，才能通过数据驱动的方式建立各种质量指标的预测函数或预测模型，从而据此完善调和优化模型的限制条件，也即如何有效减少样本的分析检测工作量，成了值得思考的难点之一。

3.5.2 重质燃料油调和优化问题属性分析

（1）重质燃料油调和优化首先是一个建模工作统筹优化问题。燃料油调和优化问题不是个一般意义上的运筹优化问题，它还涉及调和指标预测优化、化验分析选点优化等建模工作层面的统筹优化。换句话说，虽然运筹优化问题的重点在于对实际问题的数学语言表达和数学优化模型的计算求解，但在普通问题中对实际问题的数学语言表达工作并不存在客观限制，只需要保证表述准确即可，而在重质燃料油调和优化问题中，对实际问题的数学语言表述却受到客观限制，因为调和优化模型的限制条件是依据调和指标预测函数来建立的，而预测函数的建立又依赖于对大量已知样本的分析检测数据的拟合或训练。由于获取大量的样本分析检测数据非常耗人、耗时、耗力，因而重质燃料油调和优化模型的建立工作也需要进行统筹优化。

（2）重质燃料油调和优化还是一个属性可变的运筹优化问题。无论按照哪种标准建立的燃料油调和优化模型，都可以大概地表示为如下的伪数学式的形式：

以调和组分成本之和最低为目标函数：

$$Z=\min f(\boldsymbol{X})=\sum_{i=1}^{n}c_i x_i \tag{3-54}$$

以调和油质量指标满足标准要求为限制条件：

$$\begin{cases}
g_{\text{黏度}}(\boldsymbol{X})\geqslant \text{标准规定下限}\\
g_{\text{黏度}}(\boldsymbol{X})\leqslant \text{标准规定上限}\\
g_{\text{密度}}(\boldsymbol{X})\leqslant \text{标准规定上限}\\
g_{\text{CCAI}}(\boldsymbol{X})\leqslant \text{标准规定上限}\\
g_{\text{闪点}}(\boldsymbol{X})\geqslant \text{标准规定下限}\\
g_{\text{酸值}}(\boldsymbol{X})\leqslant \text{标准规定上限}\\
g_{\text{倾点}}(\boldsymbol{X})\geqslant \text{标准规定下限}\\
g_{\text{残碳}}(\boldsymbol{X})\leqslant \text{标准规定上限}\\
g_{\text{总沉积物}}(\boldsymbol{X})\leqslant \text{标准规定上限}\\
g_{\text{杂质含量}}(\boldsymbol{X})\leqslant \text{标准规定上限}\\
g_{\text{相容性}}(\boldsymbol{X})\in \text{标准规定范围}\\
g_{\text{稳定性}}(\boldsymbol{X})\in \text{标准规定范围}\\
0\leqslant x_i\leqslant 1\\
\sum_{i=1}^{n}x_i=1
\end{cases} \tag{3-55}$$

式中，n为组分油的种类总数；c_i为第i号组分油的采购价格；x_i为第i号组分油在调和油中所占的掺混比例；$\boldsymbol{X}=\{x_1, x_2, \cdots, x_i, \cdots, x_n\}$，指一种调和方案中各组分油所占的掺混比例；$g_i(\boldsymbol{X})$为第$i$类调和质量指标的预测函数，如$g_{\text{黏度}}(\boldsymbol{X})$表示调和黏度指标的预测函数；$\in$表示质量指标满足标准要求，主要用于限定不易用数量描述的质量指标，如相容性和稳定性；限制条件中有个下标为杂质含量，这里的杂质可以指水、钒、钠、铝、硅、钙、锌、磷、氢、氮、硫化氢等，因为这类杂质含量指标的预测函数是一个关于x_i的线性加权平均式，所以用一个式子统一表示。

上述调和优化模型中的标准规定范围或标准规定上/下限主要由所依据的调和标准给定，例如，现要根据某合同附件的商业协议标准来调和180#重质燃料油，则据该商议标准规定，调和油运动黏度的上限要符合国家推荐标准《船用燃料油》（GB/T 17411—2012）的规定，也即50℃时不得超过180mm²/s（平方毫米/秒），除此之外，买卖双方还额外限定了一个调和油运动黏度下限，也即要求50℃时不低于4mm²/s。

观察上述调和优化模型，其目标函数是线性的，在限制条件中，除$\sum_{i=1}^{n}x_i=1$和$g_{\text{杂质含量}}(\boldsymbol{X})$肯定是线性约束外，其他的约束则不一定呈线性，需要视具体情况而定。因此说，重质燃料油调和优化还是一个属性可变的运筹优化问题，在调和工作的不同阶段，对调和优化问题的解空间会有不同的了解，而根据对调和优化解空间的了解程度，可以建立不同属性的调和优化模型。

在调和工作进行的初期，哪些组分油可用需要探索尝试，组分油的可行掺混比例也需要探索尝试，也即在调和初期，需要考虑的探索尝试的范围或空间是较宽的。在这个较大待探索范围或空间中，密度、黏度、闪点、倾点等质量指标一般是呈非线性的，需要用非线性函数来预测。以这些非线性指标预测函数为限制条件的调和优化模型显然是一个非线性规划问题。

在调和工作进行到一定阶段后，对潜在最优调和空间会有一定的了解，建立调和优化模型时，可以通过限定各调和变量的取值范围，将优化模型收缩到某一个局部范围内。在这个局部范围内，可以用线性函数来近似或相对准确地预测调和油的质量指标。尤其是按商业协议标准进行调和时，买卖双方常忽略大量的次要质量指标，而只关心黏度等部分关键指标，这时线性质量指标预测函数常能满足精度要求。当所有被关注的指标预测函数都为线性函数时，调和优化模型也就退化成了一个线性规划模型。

3.5.3 重质燃料油调和优化问题求解方法

如上节中所述，重质燃料油调和优化既是一个建模工作的统筹优化问题，还是一个属性可变的运筹优化问题。基于这个双重的问题属性，我们可以先讨论建模工作统筹优化问题的解决方案，再讨论纯数学的运筹优化问题的求解方法，有主次、有步骤、有互补地实现对整个重质燃料油调和优化问题的满意求解。

1. 首先看建模工作统筹优化问题

我们知道，求解优化模型的前提是建立优化模型，建立优化模型的前提是建立调和指标预测函数，建立调和指标预测函数的前提是有大量的样本分析检测数据。因此，建模工作统筹优化问题的重点就落在了如何大幅减少样本分析检测工作量，尽快建立可用的调和优化模型上。

在给出建模工作统筹优化问题的解决方案前，我们可以先讨论一个只使用两种组分油进行燃料油优化调和的简单示例。如图3-64所示，只有在三个曲线组所圈定的小区间范围内的调和方案才是具有潜在经济价值和满足标准质量规定的，也即只有这三个小区间才是值得投入分析检测工作量的范围，才是需要将调和优化模型准确化的范围，而其他大部分区间范围内的调和方案是没有经济价值或不能满足质量标准的，因而也是不值得浪费分析检测时间或工作量的。

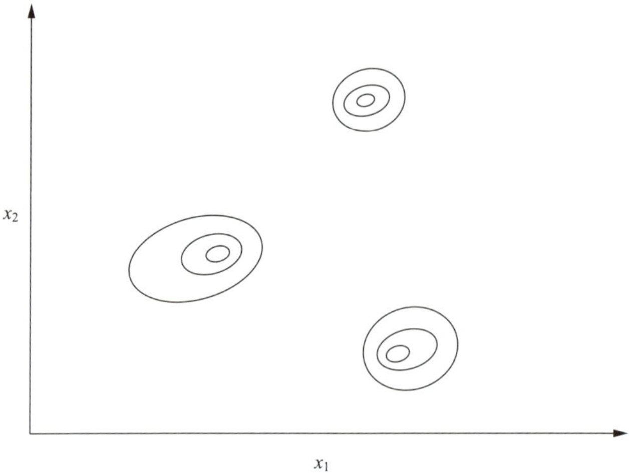

图3-64　使用两种组分油调和燃料油的优化方案区间示意图

在这些没有潜在经济价值和质量指标不满足标准要求的区间范围内，我们希望其控制样本数据是稀疏的。利用这些稀疏样本数据拟合训练可以得到相对粗糙的指标预测函数，这些预测函数的预测输出精度基本够用即可，甚至可以直接使预测输出数据不合格，也即可以利用限制条件将这些不具有潜在经济价值和不满足标准质量指标规定的调和区间排除在可行解域之外。

在具有潜在经济价值且质量指标可能满足标准要求的区间范围内，我们希望其控制样本数据是密集的。利用这些密集的样本数据进行训练可以得到比较准确的指标预测函数，使得调和优化模型的限制条件在这些潜在优化区间中是较为准确的，如此可为算法寻优提供精度保障。最终，我们希望控制样本的分布规律能够如图3-65所示。

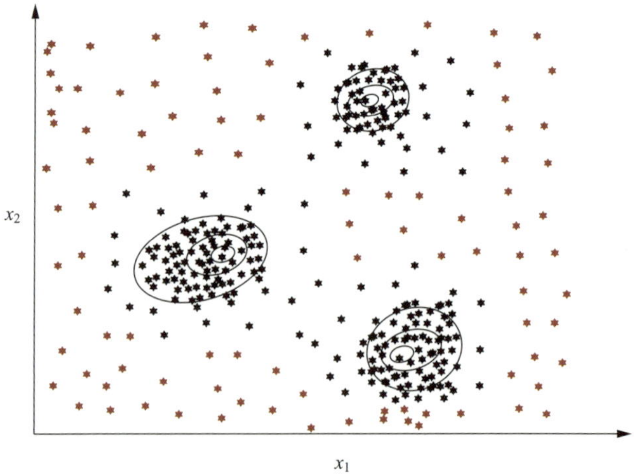

图3-65　理想的控制样本的分布规律示意图

基于上述分析，我们可以尝试采用如图3-66所示的建模工作统筹优化解决方案。

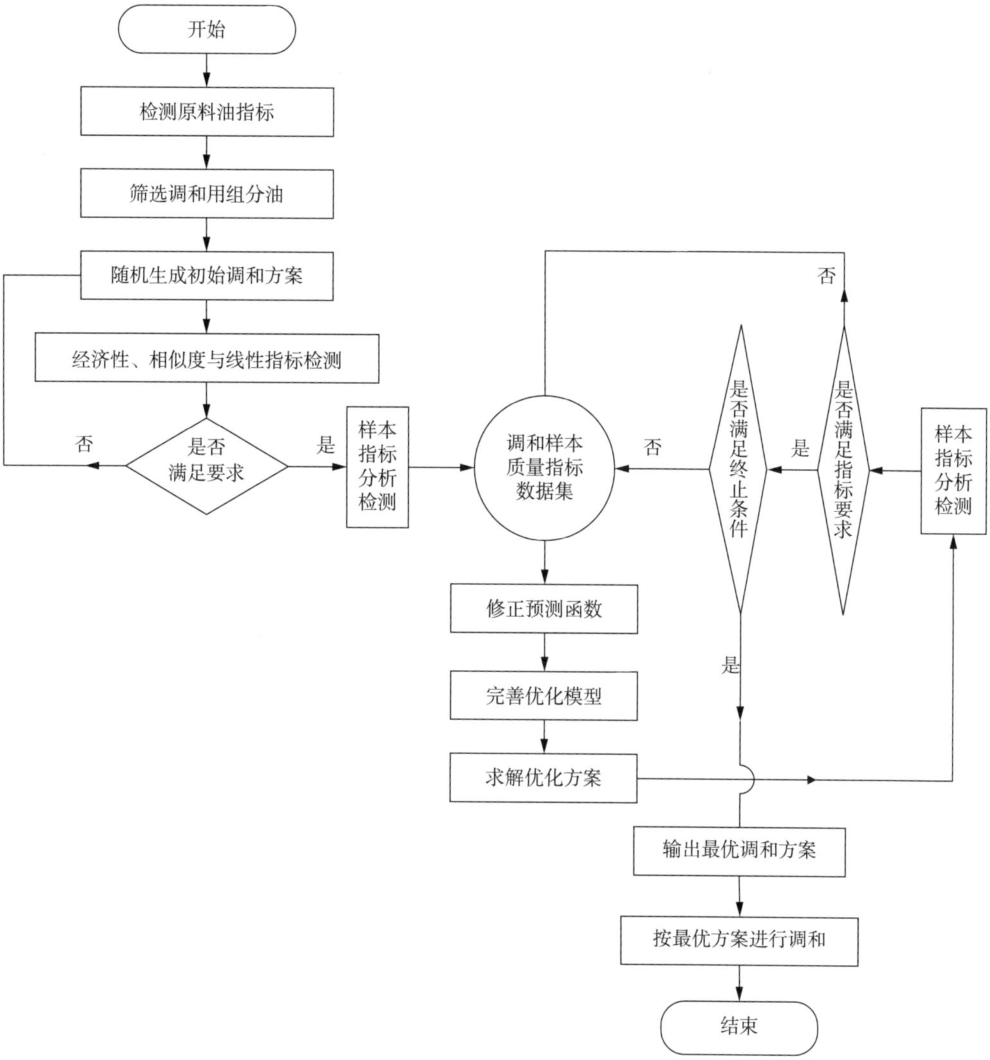

图3-66　建模工作统筹优化解决方案示意图

在图3-66中，最主要的工作包括样本质量指标的分析检测、指标预测函数的拟合训练、油品调和方案的优化搜索三大块。三大块工作是相辅相成的，样本质量指标的分析检测可为指标预测函数的拟合训练提供充足的数据，使对相关质量指标的预测更加准确；指标预测函数的拟合训练可以为油品调和方案的优化搜索建立限制条件，将优化搜索限定在可行解域的内部；调和方案的优化搜索可以指导样本的优化筛选，以尽可能地减少对劣质样本的分析检测工作量。三大块工作按图3-66所示的流程反复循环，可以推进调和优化模型尽快建立和起效。

假如要使用如表3-37所示的组分油来调和180#重质燃料油，则按图3-66所述的建模工作的主要步骤如下：

表3-37　组分油性质表

样品名称	油浆	3# 蜡油	碳十	水上油	页岩油	煤柴	碳九	辽河 90 沥青	北沥 140 沥青	辽河 140 沥青	煤焦油	乙烯焦油
价格 /（元/吨）	4150	5735	4800	4150	5250	3300	4800	4426	4430	4576		3450
酸值 /（mg/g）	0.98	0.12	0.03	0.03	0.76	0.15	0.08	0.89	1.01	0.92	0.29	0.08
灰分 /%	0.388	0.172	0.005	0.079	0.007	0.009	<0.001	0.08	0.035	0.123	0.150	0.003
闪点 /℃	224	208	92	140	136	70	36	115	>300.0	222	141	104
残炭 /%（质量分数）	9.5	0.59	0.28	1.73	1.72	2.51	0.91	18.11	15.72	16.3	6.31	13.43
碳含量 /%	89.6	83.94	91.4	84.66	84.61	83.08	90.26	84.42	86.44	86.15	91.82	92.01
硫含量 /%(质量分数)	0.49	0.35	0.0567	0.1317	0.49	0.1717	0.0199	3.41	1.18	0.49	0.07	0.0673
氢含量 /%	8.44	11.16	7.65	10.55	11.84	8.68	8.88	10.17	10.74	10.59	7.42	7.51
氮含量 /（mg/kg）	4352	4384	47.28	3413	11964	6305	36.77	6347	6405	7361	136	170
50℃运动黏度 /（mm^2/s）	829.06	104.93	1.822	22.57	9.28	24.88	2.78	78Pa·s	43.2Pa·s	52.07Pa·s	21.6	71.8
净热值 /（kcal/kg）	9390	9340	9410	9480	9840	8900	9630	9530	9680	9610	8650	9320
倾点 /℃	9	9	−24	27	30	24	<−51	45	>42	>42	27	−21
密度 /（kg/m^3）（20℃）	1063.6	971.3	991.9	939.7	897.4	1023.3	954.5	1028.6	1001.2	1032.3	1077.4	1067
密度 /（kg/m^3）（50℃）	1045.4	953	968.6	921.4	897.4	1005	929.9	1010.3	982.9	1014.1	1059.2	1048.8
水分 /%	0.03	25	2.5	1.1	<0.03	1.2	0.06	<0.03	<0.03	<0.03	2.6	0.06
沥青质 /%	2.94	0.23	0	1.64	1.25	9.07	0	10.66	5.43	4.97		
钒 /（mg/kg）	1.54	0.04	0.05	0.34	0.24	0.03	0.05	374.1	91.46			
钠 /（mg/kg）	10.19	39.83	0.34	4.94	1.26	3.65	1.62	1.65	2.42			
铝 /（mg/kg）	435.9	5.77	0.08	4.78	0.49	0.82	0	0.58	2.67			
钙 /（mg/kg）	6.48	6.93	0	162.1	0	1.06	0	22.45	18.35			

注：沥青黏度为60℃动力黏度（低于该温度近似为固体），单位为Pa·s。

主要步骤（1）：建立调和优化模型。调和优化模型的目标函数形式较为简单，其实质就是调和成本最低，因而建模工作主要集中在理清限制条件上。对于硫、水、各种金属等的含量限定条件，可以通过对各组分油的掺混比例进行加权平均的方法获得；而对于黏度、密度、倾点及闪点等限定条件，则需要选用合适的多维非线性指标预测函数来建立，例如神经网络工具、支持向量机工具等，并应用调和样本数据集训练以使模型获得预测能力。此步中，非线性指标预测模型的系数还未给出，需要在后面的步骤中继续完善。

主要步骤（2）：检测组分油的质量指标。分析检测拟用于调和的组分油的各项质量指标，如运动黏度、密度、CCAI、残炭、闪点、倾点、沥青质等。

主要步骤（3）：筛选可用的组分油。每增加一种组分油都会导致调和方案的数量大幅（指数级“爆炸式”）增长。因此，减少非必要的组分油种类可以有效地提高对调和方案的寻优效率。可减少调和组分油种类的情况包括：弃用指标过差的组分油，弃用价格过高的组分油，两种或几种组分油指标相似时只选用其中的一种，两种组分油混合后易致不稳定时只选其中的一种。

以3#蜡油、水上油、页岩油、油浆、煤柴、C_9（碳九）、C_{10}（碳十）、辽河90沥青、北沥140沥青、辽河140沥青十种组分油调和满足国家质量标准规定的180#燃料油为例，有利于减少调和工作量的情况包括以下几种：

①3#蜡油不可用：首先，其价格过高，为5735元/吨（180#燃料油市场售价约为4200元/吨）；其次，其含水量过高，达到了25%（按国标GB/T 17411—2012规定，180#燃料油含水量应小于0.5%）；最后，其灰分也高，达到了0.172%（按国标GB/T 17411—2012规定，180#燃料油灰分含量应小于0.1%）。

②C_9\$C_{10}$二选一使用。两种组分油价格较高，性质较为相似，除$C_9$闪点较低，$C_{10}$含水量较高外，其余指标相差不大。在可低价购入这类产品时，可以考虑二选一使用，作为胶溶剂来溶解调和过程中产生的少量沉淀。

③辽河90、北沥140、辽河140三选一使用。三种沥青作为重油，可以考虑同一方案中只选用其中的一种。

④水上油与油浆二选一使用。两种组分油混合极易导致不安定现象，不推荐在调和方案中同时使用两种组分。

⑤可用页岩油拉低调和油的灰分、残炭、黏度、密度等指标。页岩油虽然价格较高，但运动黏度低、密度很小，在合理控制调和比例的情况下，可以有效改善调和油的部分关键性质指标。

主要步骤（4）：随机生成初始调和方案。随机生成调和方案时，首先应保证各项线性指标（加权平均）满足标准要求，若线性指标不合格，则应直接抛弃该方案；其次应保证随机生成方案具有较低的调和成本，若其调和成本明显高于预设控制值，则应抛弃该方案；最后还应保证各随机生成方案之间的空间欧式距离，也即保证各方案是不相似或不相近的，以免加大对重复样本的分析检测工作量。若所有线性指标、调和成本及不相似度都合格，则将该随机生成方案存入样本方案集，并继续随机生成下一个方案，直至总样本数量达到预定值为止。

主要步骤（5）：实验检测调和样本集中各样本的非线性指标。主要是检测黏度、闪点、倾点、密度、残炭、总沉积物等非线性指标，而后根据实验检测值算得碳芳香度指数。

主要步骤（6）：完善限制条件。利用调和方案样本及相应的指标检测结果，对限制条件中的黏度等非线性指标预测函数进行拟合或训练，得到预测函数中的待定系数，也即完善限制条件。

主要步骤（7）：求解优化模型，获得最优调和方案。选用适当的寻优算法求解步骤（6）中所得限制条件下的最优调和方案。由于步骤（6）中的限制条件并不十分精准，因而此时求解获得的最优调和方案是预测式的，不能直接作为最优方案输出。需要通过分析检测确定各项质量指标的精确值，然后判断指标是否满足标准要求，也即转步骤（8）继续进行。

主要步骤（8）：指标检测与合规性判断。分析检测步骤（7）中所得的优化调和方案的各项非线性指标，判断是否符合标准规定。若不符合，则将方案加入调和样本集并返回步骤（5）；若符合，则继续检验是否满足优化终止条件。若不满足，将方案加入调和样本集并返回步骤（5）；若满足，则输出最优解，并转步骤（9）。

主要步骤（9）：执行最优解。

图3-66中所述调和优化步骤的基本思想是，尽快地圈定具有潜在经济价值和满足质量标准规定的调和方案区间范围。

对“具有潜在经济价值”的区间范围的圈定相对简单，可根据燃料油的市场售价，计算高成本组分油的最高掺混比例（超过该比例肯定是亏本的），并添加相应的比例约束条件即可。

对“满足质量标准规定”的区间范围的圈定相对烦琐，需要尽可能多地在经济优势区间范围内优选样本并获得分析检测数据，充分利用这些分析检测数据将这个具有经济优势的区间范围内的质量指标预测函数准确化，也即形成更加准确的调和优化模型。通过求解调和优化模型，获得坐落于优势区间范围内的潜在调和优化方案。在分析检测优化算法给出的潜在优化方案后，如果符合标准规定，则获得优化方案；反之，则可以将其加入样本集，用于训练纠正质量指标预测函数，以进一步修正调和优化模型。

如上反复循环，则能剪除大量的无经济价值的解域和不满足质量标准规定的解域，实现对局部潜在优化解域的聚焦，以减少大量的无/低效分析检测工作，提高调和优化模型在局部潜在优化解域内的准确度，加快对调和优化方案的搜索效率。

需要注意的是，为进一步减少分析检测的工作量，对于超过一定掺混比例就必会导致产品质量指标不合格的劣质组分油，我们可以虚构调和样本指标数据，只要使其指标数据绝对不合格即可，将这种虚构的样本数据纳入总的训练样本集，可以使指标预测函数在一个很宽的区间范围内实现预测控制和保持相对准确，或者说至少是不影响调和优化模型的最优取值区间的。

2. 再看调和优化模型的求解问题

从全局的视角看，调和优化模型的限制条件肯定是非线性的；从局部的视角看，调和优化模型的限制条件可以用线性函数近似表示。也就是说，非线性是具有一般性的，而线性只是局部视角下的特殊性。在调和优化工作开展初期，我们对优化调和方案的区间分布是不清楚的，因而需要从全局的角度出发，建立非线性的限制条件或指标预测函数。

传统非线性指标预测函数多是基于样本统计分析而得出的固化预测函数，其特点是预测函数的参数固定不变。对于这类固化预测函数，当超出样本数据的控制范围时，其预测精度将难以保证。以Kendal-Monroe黏度预测函数为例：

$$\mu^{1/3}=\sum_{i=1}^{n}x_i\mu_i^{1/3} \tag{3-56}$$

式中，μ指调和油品的运动黏度，m^2/s；μ_i指第i号组分油的运动黏度，m^2/s；x_i指第i号组分油在调和油中所占的体积比例。

应用式（3-56）估算调和油黏度，所得结果如表3-38所示。

表3-38　调和油测量黏度与计算黏度

方案编号	油浆	水上油	页岩油	煤柴	辽河90	实测黏度/（mm^2/s）	计算黏度/（mm^2/s）
25#	0	20%	15%	20%	45%	298.45	8764.4
26#	10%	20%	15%	20%	35%	200.33	5176.3
27#	10%	10%	15%	30%	35%	274.56	5184.6
29#	10%	30%	15%	10%	35%	199.83	5167.9

从表3-38可见，式（3-56）所示的质量指标固化预测函数并不适用于重质燃料油调和指标的预测。重质燃料油调和所使用的组分油种类较多且经常变化，各种类组分油之间的性质差异也较大，需要大量调和样本数据支持才能归纳出高精度的预测函数。

重质燃料油调和指标预测函数应具有较好的自适应性，能够及时利用新累积的数据，不断更新自身参数，以扩展预测范围和提高预测精度。为使调和油的各项质量指标预测函数具有统一的形式覆盖性（预测函数形式比较通用），不额外增加优化模型的复杂度（利于选择合适的寻优算法），且预测精度能随样本数据的增长而提高（具有自适应拟合训练能力），可以考虑应用最小二乘支持向量机（LS–SVM）或神经网络等泛化能力较强的机器学习工具来建立调和油质量指标预测函数或优化模型的限制条件，以支持重质燃料油调和业务的可持续和高质量发展。

需要注意的是，如果是基于小样本的预测，可以使用支持向量机，但其缺点是随着样本数的增大，支持向量机预测模型将变得越来越复杂；而如果使用神经网络来建立调和指标预测模型，则受其网络参数复杂度的影响，以之为限制条件的调和优化模型将很难选择合适的求解算法。因此，在调和优化工作开展初期，应用LS–SVM工具来建立非线性指标预测模型是一种较好的选择。

LS–SVM是一种不依赖具体函数形式的通用拟合方法，具有建模效率高、预测精度高、自适应能力强等特点，在解决小样本、非线性及高维模式识别中表现出许多特有的优势，已越来越广泛地运用于很多不同的学科领域。

LS–SVM的基本思想是：利用一种非线性映射φ，将一个由n维输入数据$\boldsymbol{X}_i$和1维输出数据y_i组成的总样本数为N的训练样本集$D=\{(\boldsymbol{X}_i, \boldsymbol{y}_i) \mid i=1, 2, \cdots, N\}$，从原空间映射到特征空间$\varphi(\boldsymbol{X}_i)$，从而将低维特征空间的非线性回归问题转化为高维特征空间的线性回归问题。

在高维特征空间中构造线性最优决策函数：

$$y(\boldsymbol{X})=\boldsymbol{\omega}^{\mathrm{T}}\varphi(\boldsymbol{X})+b \tag{3-57}$$

根据结构风险最小化原理，要使实际风险降至最低，则ω和b的解应使式（3–58）取得极小值：

$$R=\frac{1}{2}\boldsymbol{\omega}^{\mathrm{T}}\boldsymbol{\omega}+cR_{\mathrm{emp}} \tag{3-58}$$

式中，$\boldsymbol{\omega}$为权向量，$\boldsymbol{\omega}^{\mathrm{T}}\boldsymbol{\omega}$反映了模型的复杂度；$c$为正则化参数，可实现对拟合精度和模型复杂性之间的折中；R_{emp}为误差控制函数。按照构建LS–SVM的基本思想，令误差的二范数的平方取最小值，则有：

$$\min J(\boldsymbol{\omega}, \boldsymbol{e})=\frac{1}{2}\boldsymbol{\omega}^{\mathrm{T}}\boldsymbol{\omega}+\frac{1}{2}\gamma\sum_{i=1}^{N}e_i^2 \tag{3-59}$$

$$\text{s.t. } y_i=\boldsymbol{\omega}^{\mathrm{T}}\varphi(\boldsymbol{X}_i)+b+e_i, \quad i=1, 2, \cdots, N$$

式中，e_i为误差；$\gamma=2c$为正则化参数。根据优化函数式（3–59）定义拉格朗日函数：

$$L(\boldsymbol{\omega}, b, \boldsymbol{e}, \boldsymbol{\alpha})=J(\boldsymbol{\omega}, \boldsymbol{e})-\sum_{i=1}^{N}\alpha_i\{\boldsymbol{\omega}^{\mathrm{T}}\varphi(\boldsymbol{X}_i)+b+e_i-y_i\} \tag{3-60}$$

式中，α_i为拉格朗日乘子，即支持向量。令式（3-60）中的相关参数的偏导数等于零，可得：

$$\begin{cases} \dfrac{\partial L}{\partial \omega} = 0 \rightarrow \boldsymbol{\omega} = \sum\limits_{i=1}^{N} \alpha_i \varphi(\boldsymbol{X}_i) \\ \dfrac{\partial L}{\partial b} = 0 \rightarrow \sum\limits_{i=1}^{N} \alpha_i = 0 \\ \dfrac{\partial L}{\partial e_i} = 0 \rightarrow \alpha_i = \gamma e_i \\ \dfrac{\partial L}{\partial \alpha_i} = 0 \rightarrow \boldsymbol{\omega}^{\mathrm{T}} \varphi(\boldsymbol{X}_i) + b + \boldsymbol{X}_i - y_i = 0 \end{cases} \tag{3-61}$$

式中，$i=1, 2, \cdots, N$。消去变量$\boldsymbol{\omega}$、$\boldsymbol{e}$，可得矩阵方程：

$$\begin{bmatrix} 0 & \boldsymbol{h}^{\mathrm{T}} \\ \boldsymbol{h} & \boldsymbol{\Omega} + \frac{1}{\gamma}\boldsymbol{I} \end{bmatrix} \begin{bmatrix} b \\ \boldsymbol{\alpha} \end{bmatrix} = \begin{bmatrix} 0 \\ \boldsymbol{Y} \end{bmatrix} \tag{3-62}$$

式中，$\boldsymbol{Y}=(y_1, y_2, \cdots, y_N)^{\mathrm{T}}$；$\boldsymbol{\alpha}=(\alpha_1, \alpha_2, \cdots, \alpha_N)^{\mathrm{T}}$；$\boldsymbol{h}=(1, 1, \cdots, 1)^{\mathrm{T}}$；$\boldsymbol{I}$为$N$阶单位矩阵；$\boldsymbol{\Omega}=[\varphi(\boldsymbol{X}_i)^{\mathrm{T}}\varphi(\boldsymbol{X}_j)]_{N\times N}$为$N$阶核函数矩阵。

根据Hilbert-Schmidt原理，对于任何对称函数成为内积核函数的充分必要条件是满足Mercer条件，即存在核函数$K(\boldsymbol{X}_i, \boldsymbol{X}_j)$，使得$K(\boldsymbol{X}_i, \boldsymbol{X}_j)=\varphi(\boldsymbol{X}_i)^{\mathrm{T}}\varphi(\boldsymbol{X}_j)$，因此，LS-SVM的函数估计形式为：

$$g(\boldsymbol{X})=\sum_{i=1}^{N}\alpha_i K(\boldsymbol{X}, \boldsymbol{X}_i)+b \tag{3-63}$$

代入样本数据，并用最小二乘法从方程式（3-62）中求得α_i与b后，式（3-63）即可作为调和油质量指标预测函数使用。

在调和工作进行过程中，随着新调和样本的大量积累，应及时更新指标预测函数的系数α与b，以不断提高函数的预测精度。在实际应用LS-SVM时，式（3-63）中的核函数$K(\boldsymbol{X}, \boldsymbol{X}_i)$可从线性核、多项式核、径向基核/高斯核、Sigmoid核、傅里叶核、样条核等核函数中选择一种，或者使用混合核函数。

（1）线性核：

$$K(\boldsymbol{X}, \boldsymbol{X}_i)=\boldsymbol{X}\cdot\boldsymbol{X}_i \tag{3-64}$$

（2）多项式核：

$$K(\boldsymbol{X}, \boldsymbol{X}_i)=[(\boldsymbol{X}\cdot\boldsymbol{X}_i)+1]^d \tag{3-65}$$

（3）径向基核：

$$K(\boldsymbol{X}, \boldsymbol{X}_i)=\exp\left(-\frac{\|\boldsymbol{X}-\boldsymbol{X}_i\|^2}{2\sigma^2}\right) \tag{3-66}$$

（4）Sigmoid核：

$$K(\boldsymbol{X}, \boldsymbol{X}_i)=\tanh(\alpha\boldsymbol{X}^{\mathrm{T}}\boldsymbol{X}_i+c) \tag{3-67}$$

关于“如何选择核函数来构建支持向量机是最好的”这个问题，一直没有明确的理论论证。当用作重质燃料油调和优化模型的限制条件时，为了寻优计算方便，我们一般推荐使用多项式核或径向基核。

以最小二乘支持向量机来构建调和优化模型的限制条件，则优化模型无疑是非线性的。关于目标函数呈线性而限制条件呈非线性的调和优化模型，可以探讨三类求解算法，分别是差分进化算法、拉格朗日乘子法、线性递归法。

（1）首先讨论差分进化算法。在用差分进化算法求解调和优化模型时，算法的主要流程并无多大变化，实现的重点在于编码问题，因为限制条件中存在一个等式约束，即所有变量（调和比例）的加和等于1，而差分进化算法直接处理等式约束是比较困难的。

一个可行的思路是将等式约束转入算法编码规则中，对每条调和方案染色体进行数据“归一化”处理（表3-39）。假设使用六种组分油调和时，某次进化过程中生成的某条染色体编码如下：

表3-39　染色体编码归一化前

X_{old}	x_1	x_2	x_3	x_4	x_5	x_6	总　和
归一前	0.364	0.171	0.500	0.407	0.838	0.560	2.840

通过简单的比例规则对上述染色体编码进行归一化处理后，进化计算将满足等式约束，如表3-40所示。

表3-40　染色体编码归一化后

X_{new}	x_1	x_2	x_3	x_4	x_5	x_6	总　和
归一后	0.128	0.060	0.176	0.143	0.295	0.197	1

在计算限制条件的满足性和染色体的适应值时，将使用归一化后的$\boldsymbol{X}_{new}$来替换归一化前的$\boldsymbol{X}_{old}$。如此，可以不用再考虑等式约束。

（2）其次讨论拉格朗日乘子法。按照拉格朗日乘子法的实现步骤，先添加松弛变量，将所有的限制条件变为等式约束，然后再引入拉格朗日乘子，将等式约束方程转化为目标函数的一部分，最终将有约束的非线性规划问题转化为无约束的非线性规划问题。如此，再结合步长加速法或单纯形加速法等直接寻优法，可实现对燃料油调和优化模型的最终求解，其处理流程如图3-67所示。

由于使用拉格朗日乘子法求解调和优化模型的实现步骤并无需要特别讨论的不同之处，所以在此不再赘述。

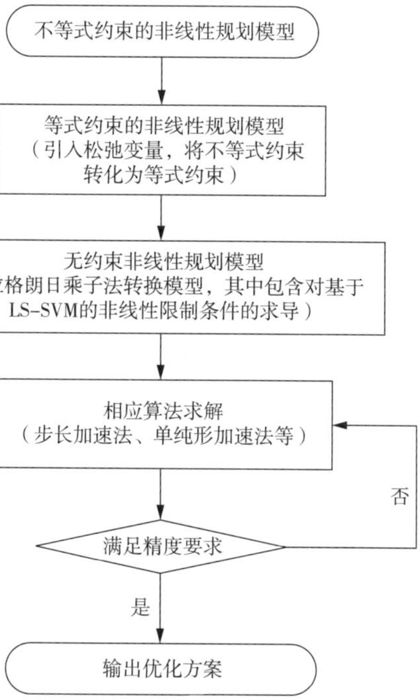

图3-67　拉格朗日乘子法混合无约束直接寻优法流程图

（3）最后重点讨论线性递归法。前文建立的调和优化模型的部分限制条件基于最小二乘支持向量机的非线性预测函数，在采用多项式核或径向基核等核函数后，对预测函数求偏导数是相对容易的，加之调和优化模型的目标函数是线性的，因此可以考虑应用线性规划+递归的方法来求解。

应用线性规划+递归法求解调和优化模型的基本思路是：在递归的每一步中，在参考点（或称为当前已知点，因为在新一轮递归中，参考点是前一轮递归的解，因而是已知的）处，对各非线性质量指标预测函数进行一阶泰勒展开，求得与各非线性预测函数相逼近的线性泰勒展开函数，从而构建一个可在参考点附近与原调和优化模型相近似的线性规划模型，而后采用单纯形法求解模型，获得新的参考点。若所求得的新参考点与原参考点之间的误差不满足精度要求，则在新参考点处继续构建近似线性规划模型，也即进入递归操作；若满足精度要求，则停止寻优计算，并输出寻优结果。

其中，线性泰勒逼近函数的构建是最为重要的工作之一。当代入径向基核函数后，基于最小二乘支持向量机的某调和指标预测函数形式（例如黏度、倾点等）可以写为：

$$g(\boldsymbol{X})=\sum_{i=1}^{N}\left[\alpha_i\exp\left(-\frac{\|\boldsymbol{X}-\boldsymbol{X}_i\|^2}{2\sigma^2}\right)\right]+b \tag{3-68}$$

式中：

$$\|\boldsymbol{X}-\boldsymbol{X}_i\|^2=\sum_{j=1}^{n}(x_j-x_{ij})^2 \tag{3-69}$$

因此，式（3–68）可又写为：

$$g(\boldsymbol{X})=\sum_{i=1}^{N}\left\{\alpha_i\exp\left[-\frac{\sum_{j=1}^{n}(x_j-x_{ij})^2}{2\sigma^2}\right]\right\}+b \tag{3-70}$$

质量指标预测函数$g(\boldsymbol{X})$在参考点$\boldsymbol{X}_k=(x_1^k,x_2^k,\cdots,x_n^k)$处的一阶泰勒展开式为：

$$g(\boldsymbol{X})=g(\boldsymbol{X}_k)+\sum_{j=1}^{n}\left(x_j-x_j^k\right)g'_{x_j}(\boldsymbol{X}_k) \tag{3-71}$$

对于一个训练好的LS–SVM预测函数式，式（3–70）中只有x_j是变量，而其余的都是常数，因而对变量x_j求偏导数，并将参考点X_k值代入偏导数的表达式可得：

$$g'_{x_j}(\boldsymbol{X}_k)=-\sum_{i=1}^{N}\left\{\alpha_i\exp\left[-\frac{\sum_{j=1}^{n}\left(x_j^k-x_{ij}\right)^2}{2\sigma^2}\right]\frac{x_j^k-x_{ij}}{\sigma^2}\right\} \tag{3-72}$$

将式（3–72）代入式（3–71），即可获得调和油质量指标预测函数在参考点$\boldsymbol{X}_k$附近的一阶线性逼近。不难发现，参考点$\boldsymbol{X}_k$附近的近似预测函数式（3–71）是关于x_j的一次元函数，因为式中的$g(\boldsymbol{X}_k)$、x_j^k、$g'_{x_j}(\boldsymbol{X}_k)$都是常数。

按上述方法，对调和优化模型中的各非线性质量指标预测函数都在参考点X_k处做一阶泰勒线性逼近，则可获得在$\boldsymbol{X}_k$附近范围内的近似线性规划模型，也即在参考点X_k附近的局部范围内将非线性规划问题转化为近似与之等价的线性规划问题，进而可通过单纯形法等进行求解，获得阶段优化解或新的参考点，从而继续递归计算，直至算法收敛后获得最终的最优方案。

应用线性递归法求解调和优化模型的计算流程如图3–68所示。

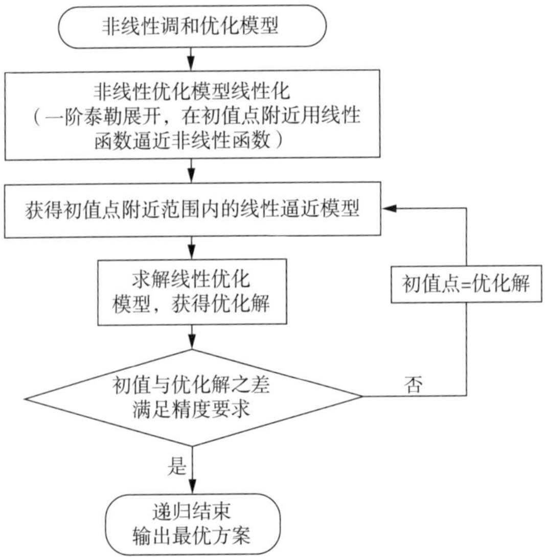

图3–68 线性规划+递归算法流程图

使用线性规划+递归方法时应当注意，由于线性逼近模型只有在逼近参考点附近的范围内才有效，如果某轮迭代中求得的优化解与参考点之间的距离过大，则可能会发生“不稳定”现象，导致算法不收敛，或即使算法最终收敛，也并不能保证所得解就是最优解。因此，一般推荐使用带有步长约束的线性递归法，在递归过程中根据具体情况而不断调整变量的步长（步长太大，算法不稳定；步长太小，算法速度慢），以保证算法稳定可靠。例如，在每轮迭代中，我们可以在线性逼近模型的限制条件中额外增加一些步长限制条件，其中第k轮迭代所增加的限制条件如式（3-73）所示,这样做可以实现对决策变量X的各分量的变化幅度的限定，确保线性逼近模型是有意义的。

$$\begin{cases} x_1 \leqslant (1+0.05)\,x_1^k \\ x_2 \leqslant (1+0.05)\,x_2^k \\ \quad \cdots \\ x_n \leqslant (1+0.05)\,x_n^k \\ x_1 \geqslant (1-0.05)\,x_1^k \\ x_2 \geqslant (1-0.05)\,x_2^k \\ \quad \cdots \\ x_n \geqslant (1-0.05)\,x_n^k \end{cases} \tag{3-73}$$

为加快线性模型的寻优计算，还可以考虑算法的并行性设计问题。基于最小二乘支持向量机建立的模型限制条件参数较多，一般有多少个有效的样本，就会产生多少个α_i参数，对应着也就有多少个核函数式要进行加和。当样本总数达到几万、十几万、几十万甚至更多时，每轮迭代内的计算量将变得相当大，为提高寻优速度，可以将加和计算工作分解成多CPU核心并行进行，以提高寻优算法的时间效率。

3.5.4 重质燃料油调和优化问题小结

本节介绍了重质燃料油调和作业流程，分析了调和优化问题的数学属性，并给出了优化问题的求解方法：样本建模统筹法+拉格朗日乘子法+步长加速法+线性递归法。

重质燃料油调和优化问题虽是从激烈的市场竞争中引出来的，但对国家石油资源的充分利用却有着战略性的意义。燃料油调和优化工作做得好，则催化油浆、煤焦油、轮胎裂解油等炼化剩余低价值产品、煤制油产品和报废物品等都可得到较好的利用，这相当于实现了对石油资源的有效节流和一定程度上的开源获取，相当于实现了对环保压力的有效缓解，这对于石油资源获取能力非常紧张的发展中工业大国而言，无疑是有重大意义的。

重质燃料油调和优化问题不是单纯的数学问题，更需要炼化技术的共同作用。如何提高组分油之间的相容性，如何增强调和油产品的稳定性，如何低成本、长周期地过滤调和油中的杂质和沉淀等都在炼化技术的解决范畴之内。当前，在国际上普遍要施行低硫船用燃料油标准的大趋势下，如何改造、改进、创新我国炼化企业的生产技术和生产工艺，使其经济地产出符合国际标准规定的重质燃料油产品或调和组分油，也是值得思考的炼化技术问题。

重质燃料油调和优化问题还引出了大数据技术的应用问题。由于推荐充分利用各种低价值的劣质组分油，导致了调和油质量指标预测变得非常困难，短期内想要根据分子模拟理论来直接计算调和指标的方法基本是不现实的，而依据大量的调和样本检测数据来建立质量指标预测函数才是比较快速和有效的手段。在燃料油调和初期，样本累积数据并不多，此时用一些传统的统计拟合算法可以暂时满足需求。但随着大量样本数据的不断累积，传统的统计拟合方法无论是在预测范围或是预测精度上都将显得“捉襟见肘”，此时，如何利用相关大数据算法充分挖掘数据内在规律就成为决定燃料油调和优化工作成败的关键所在。

3.6 输油管道设计选线优化问题分析与求解

本章3.1—3.5节所述的内容几乎都是生产运行层面的石油战略运筹案例。实际上，在大型石油设施的规划、设计、建设层面上也存在着大量的石油战略运筹问题，例如港口布局优化问题、储库规模优化问题、管道选线优化问题、炼厂设计优化问题，等等。

相比于生产运行层面的石油战略运筹问题的限制条件的严苛性，规划设计层面的石油战略运筹问题的模型参数往往较为宏观、较为笼统、较为简化，导致其优化限制条件也相对宽松，因此，规划设计优化模型一般属于简化模型或不严格模型，模型求解难度也相对较低。在本节中，我们将针对管道选线优化问题展开讨论，以加深对规划设计层面的石油战略问题的理解。

3.6.1 输油管道设计选线优化问题简介

假设存在如图3-69所示的输油管道设计选线优化问题，其中f_1和f_2为两个油田，r_1、r_2和r_3为三家炼化企业。在油田和炼化企业间存在着原油调运供应问题，运油方式可以是陆地管输，也可以是油轮海运。

假设两家油田f_1、f_2和一家炼厂r_1之间已铺有三条输油管道，现在需要考虑是否扩建这三条管道，待决策的扩建方式包括：$f_1 \to r_1$（200万吨/年）、$f_1 \to f_2$（300万吨/年）、$r_1 \to f_2$（100万吨/年）、$f_2 \to r_1$（100万吨/年）。

另外，还需要考虑是否新建$f_2 \to r_2$、$f_2 \to r_3$、$r_1 \to r_2$、$r_2 \to r_3$、$r_3 \to r_2$的输油管道，

新铺设管道的规模可以有200万吨/年、400万吨/年和600万吨/年三种选择。

最后，在海运方面，f_1到f_2存在可选用的海运航线、f_2到r_3存在可选用的海运航线，且二者都有15艘万吨油轮可供选用（每艘油轮每年可运输20次）。

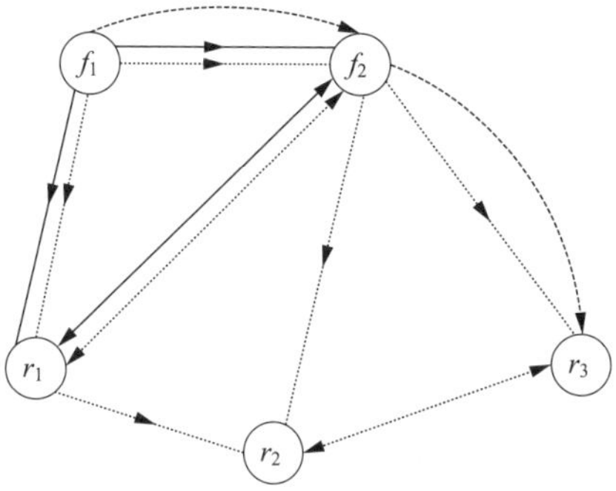

图3-69　待优选原油管网调运方案示意图

假设两个油田的年产油量分别为：

（1）f_1：1200万吨/年；

（2）f_2：700万吨/年。

假设三家炼化企业的年原油加工量分别为：

（1）r_1：450万吨/年；

（2）r_2：500万吨/年；

（3）r_3：750万吨/年。

假设两个油田和各家炼化企业之间的距离分别为：

（1）$f_1 \rightarrow r_1$，管道1000里①；

（2）$f_1 \rightarrow f_2$，管道500里，海运500里；

（3）$f_2 \rightarrow r_1$，管道800里；

（4）$f_2 \rightarrow r_2$，管道1000里；

（5）$f_2 \rightarrow r_3$，管道1200里，海运2000里；

（6）$r_1 \rightarrow r_2$，管道600里；

（7）$r_2 \rightarrow r_3$，管道500里。

假设各类运输费用价格和固定费用价格如下：

（1）现有管道运费价格：0.2元/（吨·1000里）。

（2）扩建管道固定费用价格：1000元/（里·年）。

（3）扩建管道运费价格：0.12元/（吨·1000里）。

（4）新铺管道固定费用价格：

① 1里=0.5千米，为使用方便，此处用里作为长度单位。

①1000元/（里·年）（200万吨/年）；

②1800元/（里·年）（400万吨/年）；

③2400元/（里·年）（600万吨/年）。

（5）新铺管道运费价格：0.15元/（吨·1000里）。

（6）海运运费：0.08元/（吨·1000里·船）。

现在要弄清的问题是，在满足原油供需平衡的前提下，该选用什么样的原油调运方案，可以使得原油海运费用、原油管输费用、扩建管道费用、新建管道费用的总和最低，将这个实际问题翻译成数学语言，就是管道设计选线优化问题的目标函数。

3.6.2 输油管道设计选线优化问题属性分析

（1）上述输油管道设计选线优化问题是一个混合整数线性规划问题。该优化问题的数学模型的具体形式见3.6.3节，无论是在目标函数还是限制条件中，都有连续和整数两种类型的决策变量，且各变量的多项式都是一次元的或线性的。

（2）上述输油管道设计选线优化问题是一个简化版的设计优化问题。在所给的前提条件中，有些系数的取值是大概的、粗糙的和不严谨的，只能满足规划设计需要，而不能用于实际生产运行。例如，从实际运行的角度看，管道运费是与运量或管道流量相关的变量，但为简化计算，此处将其当作常系数处理。如果将管道运费当作与管道流量相关的变量，则问题必然变为混合整数非线性规划问题，其建模和求解难度都会大幅增加。

3.6.3 输油管道设计选线优化问题求解方法

1）决策变量

该优化问题包含18个连续变量和28个整数变量，其中18个连续变量设置如下（表3-41）：

表3-41 连续型决策变量表

序 号	变量名称	变量范围/（万吨/年）	变量含义
1	$X_{f_1f_{20}}$	≤450	f_1经现有管道向f_2输送的原油量
2	$X_{f_1f_{21}}$	≤300	f_1经扩建管道向f_2输送的原油量
3	$X_{f_1r_{10}}$	≤600	f_1经现有管道向r_1输送的原油量
4	$X_{f_1r_{11}}$	≤200	f_1经扩建管道向r_1输送的原油量
5	X_{f_1}	≤1200	油田f_1的产油量
6	$X_{f_2r_{10}}$	≤200	f_2经现有管道向r_1输送的原油量

续表

序　号	变量名称	变量范围 /（万吨 / 年）	变量含义
7	$X_{r_1f_{20}}$	≤200	r_1经现有管道向f_2输送的原油量
8	$X_{f_2r_{11}}$	≤100	f_2经扩建管道向r_1输送的原油量
9	$X_{r_1f_{21}}$	≤100	r_1经扩建管道向f_2输送的原油量
10	$X_{f_2r_2}$	—	f_2经新建管道向r_2输送的原油量
11	$X_{f_2r_3}$	—	f_2经新建管道向r_3输送的原油量
12	X_{f_2}	≤700	油田f_2的产油量
13	$X_{r_1r_2}$	—	r_1经新建管道向r_2输送的原油量
14	X_{r_1}	≥450	炼化企业r_1的需求量
15	$X_{r_2r_3}$	—	r_2经新建管道向r_3输送的原油量
16	$X_{r_3r_2}$	—	r_3经新建管道向r_2输送的原油量
17	X_{r_2}	≥500	炼化企业r_2的需求量
18	X_{r_3}	≥750	炼化企业r_3的需求量

另外，还有28个整数变量设置如下（表3–42）：

表3–42　整数型决策变量表

序　号	变量名称	代表流向	变量含义
1	$I_{f_1f_2}$	f_1流向f_2	是否扩建f_1流向f_2的输油管道，0–1变量
2	$I_{f_1r_1}$	f_1流向r_1	是否扩建f_1流向r_1的输油管道，0–1变量
3	$I_{f_2r_{10}}$	f_2流向r_1	是否使用f_2流向r_1的现有输油管道，0–1变量
4	$I_{r_1f_{20}}$	r_1流向f_2	是否使用r_1流向f_2的现有输油管道，0–1变量
5	$I_{f_2r_{11}}$	f_2流向r_1	是否扩建f_2流向r_1的输油管道，0–1变量
6	$I_{r_1f_{21}}$	r_1流向f_2	是否扩建r_1流向f_2的输油管道，0–1变量
7	$I_{r_1r_{20}}$	r_1流向r_2	是否不新建r_1流向r_2的输油管道，0–1变量
8	$I_{r_1r_{21}}$	r_1流向r_2	是否新建200万吨级的r_1流向r_2的输油管道，0–1变量
9	$I_{r_1r_{22}}$	r_1流向r_2	是否新建400万吨级的r_1流向r_2的输油管道，0–1变量
10	$I_{r_1r_{23}}$	r_1流向r_2	是否新建600万吨级的r_1流向r_2的输油管道，0–1变量
11	$I_{f_2r_{20}}$	f_2流向r_2	是否不新建f_2流向r_2的输油管道，0–1变量
12	$I_{f_2r_{21}}$	f_2流向r_2	是否新建200万吨级的f_2流向r_2的输油管道，0–1变量
13	$I_{f_2r_{22}}$	f_2流向r_2	是否新建400万吨级的f_2流向r_2的输油管道，0–1变量
14	$I_{f_2r_{23}}$	f_2流向r_2	是否新建600万吨级的f_2流向r_2的输油管道，0–1变量
15	$I_{f_2r_{30}}$	f_2流向r_3	是否不新建f_2流向r_3的输油管道
16	$I_{f_2r_{31}}$	f_2流向r_3	是否新建200万吨级的f_2流向r_3的输油管道，0–1变量

续表

序 号	变量名称	代表流向	变量含义
17	$I_{f_2r_{32}}$	f_2流向r_3	是否新建400万吨级的f_2流向r_3的输油管道，0–1变量
18	$I_{f_2r_{33}}$	f_2流向r_3	是否新建600万吨级的f_2流向r_3的输油管道，0–1变量
19	$I_{r_2r_{30}}$	r_2流向r_3	是否不新建r_2流向r_3的输油管道，0–1变量
20	$I_{r_2r_{31}}$	r_2流向r_3	是否新建200万吨级的r_2流向r_3的输油管道，0–1变量
21	$I_{r_2r_{32}}$	r_2流向r_3	是否新建400万吨级的r_2流向r_3的输油管道，0–1变量
22	$I_{r_2r_{33}}$	r_2流向r_3	是否新建600万吨级的r_2流向r_3的输油管道，0–1变量
23	$I_{r_3r_{20}}$	r_3流向r_2	是否不新建r_3流向r_2的输油管道，0–1变量
24	$I_{r_3r_{21}}$	r_3流向r_2	是否新建200万吨级的r_3流向r_2的输油管道，0–1变量
25	$I_{r_3r_{22}}$	r_3流向r_2	是否新建400万吨级的r_3流向r_2的输油管道，0–1变量
26	$I_{r_3r_{23}}$	r_3流向r_2	是否新建600万吨级的r_3流向r_2的输油管道，0–1变量
27	IX	f_1流向f_2	实际使用的从f_1运向f_2的船数，整数变量，$0 \leqslant IX \leqslant 15$
28	IY	f_2流向r_3	实际使用的从f_2运向r_3的船数，整数变量，$0 \leqslant IY \leqslant 15$

2）目标函数

上述连续变量和整数变量中，在目标函数中具有非零价格系数的如表3–43所示：

表3–43 非零价格系数表

序 号	连续变量	价格系数	代表流向	系数备注
1	$X_{f_1f_{20}}$	0.10	f_1流向f_2	现有管道运价
2	$X_{f_1f_{21}}$	0.06	f_1流向f_2	扩建管道运价
3	$X_{f_1r_{10}}$	0.20	f_1流向r_1	现有管道运价
4	$X_{f_1r_{11}}$	0.12	f_1流向r_1	扩建管道运价
5	$X_{f_2r_{10}}$	0.16	f_2流向r_1	现有管道运价
6	$X_{r_1f_{20}}$	0.16	r_1流向f_2	现有管道运价
7	$X_{f_2r_{11}}$	0.096	f_2流向r_1	扩建管道运价
8	$X_{r_1f_{21}}$	0.096	r_1流向f_2	扩建管道运价
9	$X_{f_2r_2}$	0.15	f_2流向r_2	新建管道运价
10	$X_{f_2r_3}$	0.18	f_2流向r_3	新建管道运价
11	$X_{r_1r_2}$	0.09	r_1流向r_2	新建管道运价
12	$X_{r_2r_3}$	0.075	r_2流向r_3	新建管道运价
13	$X_{r_3r_2}$	0.075	r_3流向r_2	新建管道运价

续表

序　号	整数变量	价格系数	代表流向	系数备注
1	$I_{f_1f_2}$	50.0	f_1流向f_2	扩建管道固定费
2	$I_{f_1r_1}$	100.0	f_1流向r_1	扩建管道固定费
3	$I_{f_2r_{11}}$	80.0	f_2流向r_1	扩建管道固定费
4	$I_{r_1f_{21}}$	80.0	r_1流向f_2	扩建管道固定费
5	$I_{r_1r_{21}}$	60.0	r_1流向r_2	新建管道固定费（200万吨级）
6	$I_{r_1r_{22}}$	108.0	r_1流向r_2	新建管道固定费（400万吨级）
7	$I_{r_1r_{23}}$	144.0	r_1流向r_2	新建管道固定费（600万吨级）
8	$I_{f_2r_{21}}$	100.0	f_2流向r_2	新建管道固定费（200万吨级）
9	$I_{f_2r_{22}}$	180.0	f_2流向r_2	新建管道固定费（400万吨级）
10	$I_{f_2r_{23}}$	240.0	f_2流向r_2	新建管道固定费（600万吨级）
11	$I_{f_2r_{31}}$	120.0	f_2流向r_3	新建管道固定费（200万吨级）
12	$I_{f_2r_{32}}$	216.0	f_2流向r_3	新建管道固定费（400万吨级）
13	$I_{f_2r_{33}}$	288.0	f_2流向r_3	新建管道固定费（600万吨级）
14	$I_{r_2r_{31}}$	50.0	r_2流向r_3	新建管道固定费（200万吨级）
15	$I_{r_2r_{32}}$	90.0	r_2流向r_3	新建管道固定费（400万吨级）
16	$I_{r_2r_{33}}$	120.0	r_2流向r_3	新建管道固定费（600万吨级）
17	$I_{r_3r_{21}}$	50.0	r_3流向r_2	新建管道固定费（200万吨级）
18	$I_{r_3r_{22}}$	90.0	r_3流向r_2	新建管道固定费（400万吨级）
19	$I_{r_3r_{23}}$	120.0	r_3流向r_2	新建管道固定费（600万吨级）
20	IX	0.80	f_1流向f_2	一艘油轮的全年运费
21	IY	3.20	f_2流向r_3	一艘油轮的全年运费

表3-43中，管道运费价格系数的获得方法为：管道运费 × 两点间距，例如，变量$X_{f_2r_3}$的管道运费价格系数为新建管道运费（0.15）× f_2与r_3的间距（1200/1000）= 0.18；管道固定费用价格系数的获得方法为：管道固定费 × 两点间距 ÷ 10000，例如，变量$I_{r_1r_{23}}$的管道固定费价格系数为新建600万吨级管道的固定费（2400）× r_1与r_2的间距（600）÷ 10000（连续变量以万吨计量且油轮运量也以万吨计量）= 144.0；一艘油轮的全年运费的价格系数的获得方式为：海运运费 × 两点海上里程 × 全年运输次数，例如，变量IX的价格系数为海运运费（0.08）× f_1与f_2间的海上里程（500）× 全年运输次数（20）÷ 10000 = 0.8。

对于上述输油管道设计选线优化问题，如果我们将价格系数表中列出的连续变量记为X_i，i = 1，2，…，13，将连续变量的价格系数记为c_i^1，将价格系数表中列出的整数变量记为I_i，i=1，2，…，21，将整数变量的价格系数记为c_i^2，则该优化问题的目标函数可以写为：

$$\min \ obj=\sum_{i=1}^{13}c_i^1X_i+\sum_{i=1}^{21}c_i^2I_i \tag{3-74}$$

不难看出，上述目标函数表达式中包含有整形变量和连续变量，且关于各变量的多项式都是一次元的或线性的。

3）限制条件

该优化问题的限制条件主要可以分为三大类，分别是物料平衡约束方程、整数逻辑约束方程、整数变量–连续变量关系约束方程。

（1）物料平衡约束方程。需要对两个油田和三家炼化企业分别建立物料平衡方程式。

对于f_1油田，其自身产油量应等于经各条管道和所有油轮向外输送的原油量：

$$-X_{f_1}+X_{f_1f_{20}}+X_{f_1f_{21}}+X_{f_1r_{10}}+X_{f_1r_{11}}+20IX=0 \tag{3-75}$$

对于f_2油田，其自身的产油量、从f_1油田输入的油量、从r_1炼厂输入的油量之和，应等于经各条管道和所有油轮向外输送的原油量：

$$-X_{f_2}-X_{f_1f_{20}}-X_{f_1f_{21}}-20IX-X_{r_1f_{20}}-X_{r_1f_{21}}+X_{f_2r_{10}}+X_{f_2r_{11}}+X_{f_2r_2}+X_{f_2r_3}+20IY=0 \tag{3-76}$$

对于r_1炼厂，从油田f_1、f_2输入的原油量之和，应等于其向油田f_2的输出量、向炼厂r_2的输出量、自身的炼化量之和：

$$-X_{f_1r_{10}}-X_{f_1r_{11}}-X_{f_2r_{10}}-X_{f_2r_{11}}+X_{r_1f_{20}}+X_{r_1f_{21}}+X_{r_1r_2}+X_{r_1}=0 \tag{3-77}$$

对于r_2炼厂，从油田f_2、炼厂r_1、炼厂r_3输入的原油量之和，应等于其向炼厂r_3的输出量、自身的炼化量之和：

$$-X_{f_2r_2}-X_{r_1r_2}-X_{r_3r_2}+X_{r_2r_3}+X_{r_2}=0 \tag{3-78}$$

对于r_3炼厂，从油田f_2、炼厂r_2输入的原油量之和，应等于其向炼厂r_2的输出量、自身的炼化量之和：

$$-X_{f_2r_3}-20IY-X_{r_2r_3}+X_{r_3r_2}+X_{r_3}=0 \tag{3-79}$$

（2）整数逻辑约束方程。主要用于实现对“多种方案、只选其一”的控制，例如：对于扩建管道、不扩建管道，只选其一；对于管道正流向、管道反流向，只选其一；对于不新建管道、新建200万吨级管道、新建400万吨级管道、新建600万吨级管道，只选其一等。

对于油田f_2和炼厂r_1，现有管道只能取一种流向：

$$I_{f_2r_{10}}+I_{r_1f_{20}}=1 \tag{3-80}$$

对于油田f_2和炼厂r_1，可以不扩建管道；如果扩建管道，只能取一种流向：

$$I_{f_2r_{11}}+I_{r_1f_{21}}\leqslant 1 \tag{3-81}$$

对于几个可能需要新建的管道，只能在不新建管道、新建200万吨级管道、新建400万吨级管道、新建600万吨级管道等几种方案中取一种：

$$I_{r_1r_{20}} + I_{r_1r_{21}} + I_{r_1r_{22}} + I_{r_1r_{23}} = 1 \quad (3-82)$$

$$I_{f_2r_{20}} + I_{f_2r_{21}} + I_{f_2r_{22}} + I_{f_2r_{23}} = 1 \quad (3-83)$$

$$I_{f_2r_{30}} + I_{f_2r_{31}} + I_{f_2r_{32}} + I_{f_2r_{33}} = 1 \quad (3-84)$$

$$I_{r_2r_{30}} + I_{r_2r_{31}} + I_{r_2r_{32}} + I_{r_2r_{33}} = 1 \quad (3-85)$$

$$I_{r_3r_{20}} + I_{r_3r_{21}} + I_{r_3r_{22}} + I_{r_3r_{23}} = 1 \quad (3-86)$$

对于油田f_2和炼厂r_1，可以不扩建管道；如果扩建管道，扩建管道的流向必须与现有管道一致：

$$I_{f_2r_{11}} - I_{f_2r_{10}} \leqslant 0 \quad (3-87)$$

$$I_{r_1f_{21}} - I_{r_1f_{20}} \leqslant 0 \quad (3-88)$$

只有当两家炼化企业r_2、r_3之间的一个输油方向（假设称为正输油方向）不新建管道时，两者之间的另外一个输油方向（假设称为反输油方向）才允许新建管道：

$$-I_{r_2r_{30}} + I_{r_3r_{21}} + I_{r_3r_{22}} + I_{r_3r_{23}} \leqslant 0 \quad (3-89)$$

若$r_2 \to r_3$流向上新建管道，则$I_{r_2r_{30}} = 0$，$r_3 \to r_2$方向上不能新建管道，故有$I_{r_3r_{21}} + I_{r_3r_{22}} + I_{r_3r_{23}} \leqslant I_{r_2r_{30}} = 0$。若$r_2 \to r_3$流向上不新建管道，则$I_{r_2r_{30}} = 1$，故有$I_{r_3r_{21}} + I_{r_3r_{22}} + I_{r_3r_{23}} \leqslant I_{r_2r_{30}} = 1$，也即在$r_3 \to r_2$流向上可以选建200万吨级、400万吨级或600万吨级管道中的一种。

$$-I_{r_3r_{20}} + I_{r_2r_{31}} + I_{r_2r_{32}} + I_{r_2r_{33}} \leqslant 0 \quad (3-90)$$

若$r_3 \to r_2$流向上新建管道，则$I_{r_3r_{20}} = 0$，$r_2 \to r_3$方向上不能新建管道，故有$I_{r_2r_{31}} + I_{r_2r_{32}} + I_{r_2r_{33}} \leqslant I_{r_3r_{20}} = 0$。若$r_3 \to r_2$流向上不新建管道，则$I_{r_3r_{20}} = 1$，故有$I_{r_2r_{31}} + I_{r_2r_{32}} + I_{r_2r_{33}} \leqslant I_{r_3r_{20}} = 1$，也即在$r_3 \to r_2$流向上可以选建200万吨级、400万吨级或600万吨级管道中的一种。

（3）整数变量-连续变量关系约束方程。主要包括以下几个：

从油田f_1向油田f_2和炼厂r_1输送原油时，或者不通过扩建管道（整数变量取0），或者通过扩建管道（整数变量取1），但通过扩建管道输送的原油量不超过扩建管道的最大允许量。

$$X_{f_1f_{21}} - 300I_{f_1f_2} \leqslant 0 \quad (3-91)$$

$$X_{f_1r_{11}} - 200I_{f_1r_1} \leqslant 0 \quad (3-92)$$

从油田f_2向r_1炼厂输送原油时，或者不通过扩建管道（整数变量取0），或者通过扩建管道（整数变量取1），但通过扩建管道输送的原油量不超过扩建管道的最大允许量：

$$X_{f_2r_{11}} - 100I_{f_2r_{11}} \leqslant 0 \quad (3-93)$$

从r_1炼厂向油田f_2输送原油时，或者不通过扩建管道（整数变量取0），或者通过扩建管道（整数变量取1），但通过扩建管道输送的原油量不超过扩建管道的最大允许量。

$$X_{r_1f_{21}} - 100I_{r_1f_{21}} \leqslant 0 \quad (3-94)$$

从r_1炼厂向r_2炼厂输送原油时，或者不通过新建管道，或者通过新建200万吨级管道，或者通过新建400万吨级管道，或者通过新建600万吨级管道，但通过任何一种规模的新建管道输送的原油量都不得超过新建管道的最大允许输量（其中不通过新建管道时，最大允许输量相当于取0）。

$$X_{r_1r_2}-200I_{r_1r_{21}}-400I_{r_1r_{22}}-600I_{r_1r_{23}}\leqslant 0 \tag{3-95}$$

式（3-95）的含义是：

$$X_{r_1r_2}\leqslant\begin{cases}0 & I_{r_1r_{20}}=1\\ 200 & I_{r_1r_{21}}=1\\ 400 & I_{r_1r_{22}}=1\\ 600 & I_{r_1r_{23}}=1\end{cases} \tag{3-96}$$

从r_2炼厂向r_3炼厂输送原油时，或者不通过新建管道，或者通过新建200万吨级管道，或者通过新建400万吨级管道，或者通过新建600万吨级管道，但通过任何一种规模的新建管道输送的原油量都不得超过新建管道的最大允许输量（其中不通过新建管道时，最大允许输量相当于取0）。

$$X_{r_2r_3}-200I_{r_2r_{31}}-400I_{r_2r_{32}}-600I_{r_2r_{33}}\leqslant 0 \tag{3-97}$$

从r_3炼厂向r_2炼厂输送原油时，或者不通过新建管道，或者通过新建200万吨级管道，或者通过新建400万吨级管道，或者通过新建600万吨级管道，但通过任何一种规模的新建管道输送的原油量都不得超过新建管道的最大允许输量（其中不通过新建管道时，最大允许输量相当于取0）。

$$X_{r_3r_2}-200I_{r_3r_{21}}-400I_{r_3r_{22}}-600I_{r_3r_{23}}\leqslant 0 \tag{3-98}$$

从f_2油田向r_2炼厂输送原油时，或者不通过新建管道，或者通过新建200万吨级管道，或者通过新建400万吨级管道，或者通过新建600万吨级管道，但通过任何一种规模的新建管道输送的原油量都不得超过新建管道的最大允许输量（其中不通过新建管道时，最大允许输量相当于取0）。

$$X_{f_2r_2}-200I_{f_2r_{21}}-400I_{f_2r_{22}}-600I_{f_2r_{23}}\leqslant 0 \tag{3-99}$$

从f_2油田向r_3炼厂输送原油时，或者不通过新建管道，或者通过新建200万吨级管道，或者通过新建400万吨级管道，或者通过新建600万吨级管道，但通过任何一种规模的新建管道输送的原油量都不得超过新建管道的最大允许输量（其中不通过新建管道时，最大允许输量相当于取0）。

$$X_{f_2r_3}-200I_{f_2r_{31}}-400I_{f_2r_{32}}-600I_{f_2r_{33}}\leqslant 0 \tag{3-100}$$

4）求解方法

显然，上述模型是标准的混合整数线性规划模型，可应用分支定界法混合单纯形法等予以求解，在此不再赘述。

5）结果分析

经求解优化模型，得到最优目标函数值为$obj=818.75$，其对应的最佳的管道设计选线方案和原油调运方案如表3-44所示：

表3-44 优化结果数据表

序 号	变量名称	变量取值	变量含义
1	$X_{f_1 f_{20}}$	100	现有管道输油量
2	$X_{f_1 r_{10}}$	600	现有管道输油量
3	$X_{f_2 r_{10}}$	200	现有管道输油量
4	$X_{f_2 r_3}$	600	新建管道输油量
5	$X_{r_1 r_2}$	350	新建管道输油量
6	$X_{r_3 r_2}$	150	新建管道输油量
7	$I_{f_2 r_1}$	1	利用现有管道从油田f_2向炼厂r_1输送原油
8	$I_{f_2 r_{20}}$	1	油田f_2与炼厂r_2之间不新建输油管道
9	$I_{f_2 r_{33}}$	1	新建油田f_2流向炼厂r_3的600万吨/年的输油管道
10	$I_{r_1 r_{22}}$	1	新建炼厂r_1流向炼厂r_2的400万吨/年的输油管道
11	$I_{r_2 r_{30}}$	1	炼厂r_2—炼厂r_3流向上不新建输油管道
12	$I_{r_3 r_{21}}$	1	新建炼厂r_3流向炼厂r_2的200万吨/年的输油管道
13	IX	15	使用15艘船通过海运从油田f_1向油田f_2输送原油
14	IY	15	使用15艘船通过海运从油田f_2向炼厂r_3输送原油

表3-44所对应的最佳管道选线和原油调运方案示意图如下（图3-70）:

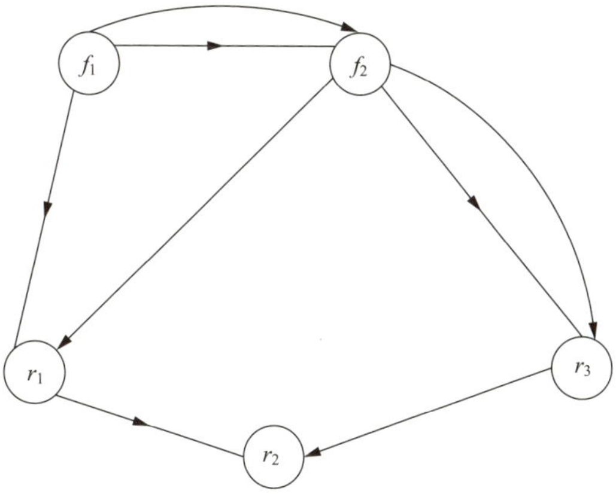

图3-70 原油管网调运方案结论示意图

3.6.4 输油管道设计选线优化问题小结

本节介绍了输油管道设计选线优化问题，分析了优化问题的数学属性，并给出了优化问题的求解方法：分支定界法+单纯形法。

（1）规划设计层面的石油战略运筹问题也是石油战略运筹学的重要研究内容。大型石油设施的规划设计方案一旦落地建设，就将成为后期生产运行的重要承载平台和终极限制条件。如果规划设计方案较为合理，则生产运行层面受到的限制就相对宽松，可以通过充分的优化调度实现精益生产和有效盈利。相反，如果规划设计方案不够合理，则生产运行层面受到的限制就会非常严苛，可以优化的参数和参数可调的范围就会非常有限，这可能严重制约企业未来的经营水平和盈利能力。以输油管道设计选线优化问题为例，如果新建的管道线路和规模不够合理，则可能需要通过其他路线进行调运配给，在这个过程中，可能导致管道泵机组能耗的额外增加，也有可能导致油田产量运不出去或某炼化企业的需求量得不到满足等系列问题。

（2）规划设计层面的石油战略运筹问题重在宏观、简于微观，可以提供重要参考。在规划设计优化阶段，一般不考虑生产运行细节，对优化模型的某些参数常会做统计式的简化处理，这样有可能将某些变量直接简化为常量，实现对大型宏观优化模型的简化。虽然对宏观问题进行简化处理可能会改变问题的属性，但在求解层面将会极大地降低难度。一般而言，在一定的程度或范围内，简化问题的求解结论仍是具有重要参考价值的。以输油管道设计选线优化问题为例，类似油田产量、炼厂需求量、管道运费价格等许多参数或者是统计值，或者是估计值，或者是临时值，或者是平均值，或者是代表值……这样的固定式参数设定虽然不够精确，但却改变了运筹问题的数学属性，降低了问题的求解难度。因为这些参数的精度一般处于一定的误差范围内，不会影响输油管道设计选线大局，因而对最终作出战略决策有着重要的参考价值。

3.7 本章小结

从某种角度看，石油工业是一条很长的供应链或价值链，从油田到炼化企业、从炼化企业到大区/省市销售公司、从大区/省市销售公司到各地的加油站点目前是最主要或最主干的链条。在这个链条之中，不同的环节都存在着具有战略性的运筹问题。

从本章所讨论的案例分析和求解过程中不难看出，石油战略运筹模型中的每一个变量设置和每一个参数变动都有可能对国家安全和人民生活产生直接或间接的影响，换句话说，石油战略运筹对保障人们生活、规避石油权力、赢得企业发展都有着重要的作用。

（1）石油战略运筹保障了人们生活所需，支撑了国民经济发展。在当代社会生活中，人们对石化产品的需求种类越来越多，需求数量越来越大，导致炼化企业直接和间接参与生产的各类产品越来越多，越来越复杂。从最常见的汽油、煤油、柴油、燃料油等直接炼油产品，到合成塑料、合成纤维、合成橡胶等石油化工工业所用的乙烯、丙烯、苯、甲苯、二甲苯等间接化工产品，这些产品的供应种类和供应数量都需要炼化企业在生产计划中予以统筹考虑。同时，为生产这些必需产品，又会向上游引出国际原油采购、原油远洋运输、原油储存管输等一系列的事关国民经济发展安全的战略性运筹问题。再者，为销售这些必需产品，又会向下游引出炼化企业到大区/省市公司油库的一次物流配送和从大区/省市公司油库到各加油站的二次物流配送等事关人们生产生活稳定的战略性运筹问题。因此可以说，做好石油战略运筹，是保障国民经济发展和提高人们生活水平的必要工作和有效手段。

（2）石油战略运筹强化了资源获取能力，规避了石油权力胁迫。做好石油战略运筹工作是抗衡石油权力胁迫的有效手段。买什么油能最好地满足我国人民生产生活所需？当最有利的油种因政治、战争、技术等原因而被停止或减少供应时，次优的原油采购和运输方案又有哪些？当某些油种大幅涨价时，我们可以采取哪些备用的采购方案？当某个重要石油运输要道被关闭时，我们可以采用哪些可替换的采购-运输措施？当优质资源获取困难时，我们的生产方案可以进行哪些调整以适应劣质石油的炼化生产？在保证国内产品需求的前提下，该花费多大的代价与俄罗斯、伊朗、委内瑞拉等国家进行交易币种谈判？在保证国防军事特种用油的前提下，如何安排生产方案，保障其他产品产量和经济效益？以上这些事关石油资源权、石油定价权、石油运输权、石油技术权、石油货币权、石油战胜权的重大难题，都可以通过不同业务层面的石油战略运筹工作来完全解决或降低影响。

（3）石油战略运筹推动了企业精益经营，提高了整体盈利水平。作为大型石油企业，在承担社会责任的前提下，盈利最大化是其追求的重要目标。虽然运筹学已经在当前的石油工业中发挥着重要的提质增效作用，但仍未发挥出其最大功效，或者说仍有较大的潜力空间可供挖掘。为进一步提高炼化生产的盈利能力，国家大型石油公司已开始着手推进基地聚集化、装置大型化、炼化一体化、生产绿色化、产品高端化等发展趋势。毫无疑问，这样的发展趋势必将对企业的统筹生产能力提出更高的要求，这意味着采购、运输、炼化业务的协调性需要进一步加强，主要原料的互供性要进一步加强，公用工程的统一性要进一步加强，各类产品的配置性要进一步加强，等等。面对如此之多的复杂要求，单靠人力经验来安排生产计划，显然是力不从心的。因而可以断言，在未来石油战略运筹学必将成为基地聚集化、装置大型化、炼化一体化、生产绿色化、产品高端化发展趋势的点睛之笔和盘活之棋，其自身也将因新的优化需求的提出而得到不断的创新和发展。

参考文献

[1] 王勇，肖文涛，李雪，等. 我国原油远洋运输的运作模式及面临挑战[J]. 油气储运，2016，35(7)：788-792.

[2] 肖文涛，徐宁，刘志玲，等. 原油采购-远洋运输方案模糊聚类图优化法[J]. 中国石油大学学报(自然科学版)，2017，41(2)：176-182.

[3] 周晓玲，王震，肖文涛. 原油远洋拼船运输方案优化研究[J]. 中国石油大学学报(自然科学版)，2016，40(2)：174-180.

[4] 肖文涛. 原油管网水力优化模型及快速搭建方法[J]. 石油工程建设，2018，44(06)：83-88.

[5] 肖文涛，李雪，刘刚，等. 大批量原油顺序管输流量可视化优化方法[J]. 油气储运，2018，37(4)：390-394.

[6] 肖文涛，刘刚，王辉，等. 基于反馈式流向图的多级分支管网顺序输送排产方法[J]. 油气储运，2019，38(5)：574-579.

[7] 何银仁，陈先芽，张慧. 炼油化工生产经营计划优化[M]. 北京：中国石化出版社，1999.

[8] 蔡智，黄维秋，李伟民，等. 油品调和技术[M]. 北京：中国石化出版社，2006.

[9] Degiorgis G L，Maturano S，Garay M，et al.Oil Mixture Viscosity Behavior：Use in Pipeline Design[C]. SPE Latin American and Caribbean Petroleum Engineering Conference. Argentina：Society of Petroleum Engineers，2001：1787-1806.

[10] 刘名瑞，肖文涛，张雨，等. 最小二乘支持向量机在重质燃料油调和中的应用[J]. 石油化工自动化，2017，53(1)：33-36.

[11] SUYKENSJ A K. Least Squares Support Vector Machines Classifiers[J]. Neural Processing Letters，1999，9(03)：293-300.

[12] 顾燕萍，赵文杰，吴占松. 最小二乘支持向量机的算法研究[J]. 清华大学学报(自然科学版)，2010，50(07)：1063-1066.

[13] 戴连奎，王拓. 在线拉曼分析仪的原理及其在汽油调和中的应用[J]. 石油化工自动化，2016，52(1)：1-6.

[14] 王莉，林锦国. 支持向量机的发展与应用[J]. 石油化工自动化，2016，52(3)：34-38.

第4章 石油战略运筹学的发展展望

运筹学是20世纪30—40年代兴起的一门交叉学科，它主要研究人类在追求某种目标时对各种有限资源的统筹运用，以期充分利用有限资源，使得所追求目标达到最优状态。运筹学研究对象的普遍性和研究过程的完整性，决定了运筹学应用的广泛性，在工农业生产、经济管理、国防安全等很多领域，都有大量的实际应用案例。

近年来，运筹学越来越多地被应用于石油战略决策中，已逐渐发展成为一门有行业特色的学科——石油战略运筹学。石油战略运筹学在研究和解决复杂石油战略实际问题的过程中也在不断地发展和创新自身的理论体系，各种各样的新模型、新理论和新算法不断涌现，有线性的和非线性的、连续的和离散的、动态的和静态的、确定性的和非确定性的，等等。目前，它已成长为一个有坚实理论支撑的、有较多业务分支的、有大量行业实践的、有众多待完善问题的学科。

4.1 新的优化需求不断被提出

在石油战略运筹中，优化近乎是没有止境的。随着优化技术的进步，原来的问题得到了很好的解决，但新的、更难的优化问题又会涌现出来，其要求会不断细化，属性会不断改变，变量会不断增加，难度会不断提高，例如：单一业务可能要求从局部优化上升到全局优化；多种业务可能要求从独立优化上升到协同优化；业务变化可能会提出新的、更高的优化需求；等等。

4.1.1 单一业务从局部优化到全局优化

局部和全局是相对的概念。局部可以指组成事物整体的各个部分或各个方面，也可以指事物发展所经历的各个阶段。全局是指事物的整体及其发展的全过程。全局性的东西，不能脱离局部而独立存在，在一定场合的全局，在另一场合则有可能是局部。

对石油化工而言，整个大行业按上、中、下游的维度可以分为勘探开发、储存运输、炼油化工和市场销售等不同的大环节，每个大环节都是全局的一部分。当然，每个大环节又可再细分为不同的行业、企业或子环节，因而大环节也就成了相对子环节的全局。

当前，石油战略运筹的关注重点仍然处在不同层面的局部优化上，对行业整体的全局优化能力还较为薄弱，如单个炼化企业的生产计划优化、单个省市的产品销售优化等、单个大区的仓储运输优化等，因为管理或技术的原因，不同业务环节衔接优化相对较少。

当然，随着局部优化的发展饱和，或局部可优化空间的减少，我们必然会触及全局优化需求。优化的“层级”越高，优化可能获得的效益也会更可观。因此，全局优化需求可能会越来越强烈，管理者也可能会把全局优化工作提上日程，这就要求石油战略运筹学必须紧盯业务需求，不断创新理论和融合技术，不断提高全局优化能力。

4.1.2 多种业务从独立优化到协同优化

我们常提工业化和信息化“两化深度融合”发展，其目的就是利用信息技术的高渗透和高带动特性，推动传统工业转型发展，培育新动能，塑造新模式，开启新业态，打造蓝海战略，跳出饱和市场，提高企业经营水平和盈利能力。作为信息技术的重要组成部分，运筹学在石油战略决策中的应用水平还有待继续提升，应用效果也有很大的潜力空间可待挖掘。

如果我们还是按照切割业务、各管一摊、分散优化、互不交流的方式经营石油企业，那么运筹学的应用水平就已经接近“天花板”了。在分散业务主导技术应用的背景下，各摊业务的优化目标不一致，甚至相互矛盾，最高决策必将受到干扰，很难实现战略运筹目的。

实际上，第3章中的案例分析在一定程度上就是强独立和弱协同的优化方式，原油需求优化、原油采购优化、原油运输优化和原油炼化优化各有各的目标。需求优化了，市场上可能采购不到所提报的油种，运输上可能导致费用激增；运输优化了，需求上可能退化成次优方案，生产上可能导致产品数量不足和质量下降，使得企业利润下滑。虽然“人机协同”的运筹模式在一定程度上缓解了各摊业务之间的矛盾冲突，但对石油生产战略的总体运筹力也随之降级了。

如果换从一个炼化企业内部生产过程的角度看，其生产计划、调度措施、工艺方案和装置控制的优化也属于不同层面的优化，各过程的职责部门在制定自身最优化目标时，对其他过程的优化考虑也不够全面，甚至造成了各优化目标相互矛盾、脱节和整体效益的下滑。

要实现各摊业务协同优化，就需要将各摊业务的优化目标作为协同优化的子目标进行整体考虑，自下而上将各业务进行串联，直达企业的战略层级，同时还要在每一层进行横向包纳联通，将各组织部门之间进行有机衔接，为协同优化奠定模型基础。虽然协同优化很有价值前景，但却不是一朝一夕就能轻易实现的，需要在管理上不断变革推进，在技术上不断创新应用，最终水到渠成，化茧成蝶。

4.1.3 业务变化提出新的更高优化需求

在快速发展变化的当今时代，随着石油行业新理论、新技术的迭代更新，新业务、新业态的不断涌现，新产品、新服务的不断开发，旧的业务形态面临着持续调整和转型的压力。如何将不断变化的新业务纳入企业乃至集团的全局优化、协同优化中，成了石油战略运筹学必须正视的重大挑战。随着运筹学中的图论、规划论、决策论、博弈论等方向分支的不断发展完善，综合运用多种理论方法和技术手段，建立易扩展、可伸缩、快响应、高度适应业务“多变”特点的石油战略运筹方法体系并开发相应的工业软件将成为新的研究课题。

4.2 新的问题属性不断被提炼

4.2.1 问题属性是优化难度的根本所在

如果从形式上看，求解优化问题的难点在于范围，主要指是全局的还是局部的，是独立的还是协同的，以及能否快速容纳新出现的业务优化需求；如果从本质上看，求解优化问题的难点在于问题的属性和规模，主要指是线性优化还是非线性优化，是离散变量优化还是连续变量优化，是静态优化还是动态优化，是单目标优化还是多目标优化，是独立性优化、协同性优化还是矛盾性优化，是多项式级时间复杂度优化还是指数级时间复杂度优化，如果是指数级时间复杂度优化，问题的变量维度是多少、变量的取值范围有多大，等等。

4.2.2 全新和综合属性问题将不断面世

爱因斯坦曾说：“提出一个问题往往比解决一个问题更为重要。”可以预见，随着工业化和信息化的快速融合发展，我们将不断发现和正面应对具有新属性的石油战略运筹问题，这既是运筹学工业应用的一个结果，也是开启新的未知理论大门的敲门砖。

笔者认为，对新的优化问题属性的发现和提炼主要包含两种情况：第一种是出现了一种与线性规划、非线性规划、NP-Hard问题、模糊规划、多目标规划等全然不同、相互正交、毫不纠缠的新的问题属性；第二种是出现了一些组合了线性规划、非线性规划、NP-Hard问题、模糊规划、多目标规划的新综合属性问题。第一种情况一般比较罕见，但却是非常有理论意义的；第二种情况一般比较常见，需要在工业实践中不断予以攻克。

4.2.3 新型综合属性问题已经大量涌现

在本书第3章所列举的石油战略运筹案例分析中不乏新综合属性问题。例如，原油采购–远洋运输优化问题是一个新综合属性问题，它是动态优化、模糊规划和NP–Hard问题的组合体；原油管网输送优化问题是一个新综合属性问题，它是整数规划、动态优化和矛盾性多目标规划的组合体；炼化企业生产计划优化问题是一个综合属性问题，它是非线性规划和混合整数规划的组合体；炼化企业装置检修期计划优化问题是一个新综合属性问题，它是混合整数规划和多周期优化问题的组合体……此外，诸如成品油管网输送优化和化工品物流配送优化等常见问题，也都属于相对复杂的新综合属性问题。

因此，可以断言，随着运筹学在石油工业中的应用广度的不断拓展和应用深度的不断提高，新的业务优化需求将不断被提出，新的优化问题属性也将随之被不断发现和提炼，这将有可能为石油战略运筹学的进一步发展提供全新的契机、强劲的动力和广阔的舞台。

4.3 新的优化方法不断被研发

在解决复杂实际工业问题的过程中,石油战略运筹学也在不断地发展壮大，各种新理论和新方法不断涌现，这其中有一些有待继续完善，有一些则刚刚被提出。在传统优化方法中，如线性规划、非线性规划、动态规划等，仍有不完善的地方需要改进；在新式优化方法中，如智能算法等，其理论根基还远未坚实……

4.3.1 传统优化方法仍有待继续完善

在线性规划中，是否存在强多项式求解算法，仍然是一个尚待解决的理论问题；在非线性规划中，如何高效求解非凸优化问题的全局最优解，还有待继续深入研究；在整数规划中，大部分优化问题都是NP–Hard属性的，对求解算法的全局性和时效性提出了严峻的挑战；在动态规划中，是否存在能够克服“维数灾难”的有效算法和如何利用一组可分的优化问题来逼近一个给定的不可分优化问题，尚有待进一步探索；在图论中，整数流、子图覆盖、经典拉姆齐函数估值等仍处于猜想阶段……所有的这些不完善都有可能成为引导新优化方法问世的内在动因。

4.3.2 新式优化方法的理论根基不牢

自启发式算法或智能算法，如神经网络、鸟群算法、蚂蚁算法、遗传算法、模拟退火算法、人工免疫算法、差分进化算法等，主要是采用数值方法去模拟人体的寻优智能、生物的寻优智能和其他社会与自然规律中存在的自寻优规律，从而实现对优化问题的求解。智能算法为研究不精确、不完整、不确定、多局部最优陷阱、NP-Hard等属性的问题提供了新的思路和手段，在许多特定问题的实际应用中表现良好。但这类算法的最大缺陷在于对收敛判定的理论依据不足，这对算法的使用环境造成的很大的限制，如在实时性、可靠性、精确性要求较高的控制系统中，一般不允许或很少使用这类具有随机性、模糊性和不确定性的新式算法。

4.3.3 实用主义催生新优化方法问世

在石油战略运筹中，“不管黑猫白猫，抓住老鼠就是好猫”是一种很重要的算法优劣评价法则或评价指标，例如虽然椭球算法的时间复杂度是多项式级的，但因其实际表现远不如指数级时间复杂度的单纯形法，因而在石油工业中一般都采用单纯形法来解决线性规划问题。也就是说，优化方法的应用效果，包括通用性、易用性、易懂性、全局性、实时性等指标，应该是放在第一位的，无论它在理论上是否严谨或是否成熟。

这就要求无论在什么样的情况下，都要解放思想和开拓创新，不管研究设计和应用尝试什么样的新优化方法，都不能将思想拘束于方法的理论性高低，相反更应将重点放在方法的实际效果的优劣上。在石油工业中，随着新的业务优化需求的不断提出和新的优化问题属性的时常涌现，诸如自启发式算法、反馈式排演图法、模糊聚类图法等新型和非常规的优化方法也必然随之被更多地提出、改进、完善和应用，成为制定石油战略的重要方法工具或技术武器。

4.4 大型优化模型有望被建立

4.4.1 简化的小型优化模型意味着丢失精度

在运筹学中，建立优化模型的本质是对实际物理问题的数学语言表达。在这个数学语言表达的过程中，有时为了迎合成熟的求解算法或为了减少计算机的寻优计算时间，业务人员不得不去花大力气简化模型。简化的模型，虽然易于求解，但也意味着损失精度，这不但意味着对实际问题的反映将有一定的误差，严重时甚至有可能会歪曲实际问题的内涵，这显然不是我们愿意看到的。

4.4.2 算力提升有望推动大型优化模型建立

过去，由于优化算法的不完善或是计算机算力的不充足，简化模型成为迫不得已的选择。未来，随着运筹理论的进步和计算机技术的快速发展，能够精确表达实际问题的并在可容忍时间内被彻底求解的大型石油战略优化模型将有望被不断建立。也就是说，随着运筹技术和计算机技术的进步，解决大型优化问题的能力不断提升，在客观上促进了优化模型的大型化和复杂化。

4.4.3 业务改进提出大型优化模型建设需求

先进优化技术在解决当前业务需求的同时，也会让业务产生更高级的需求。例如，在石化行业，满足了单装置、单厂优化后，更高层次的多厂联合优化的需求就会被提上日程；解决了多厂优化问题，就会出现上、中、下游衔接的全局优化需求。优化的范围越广，模型涉及的变量就会越多，模型构成的形式就会越复杂，模型的规模和求解难度也就会随之变大，以至于人们不得不研发自启发式算法、近似算法、人机协同优化方法等新的运筹方法来求解大规模模型。

4.5 人机协同优化有望被加强

关于如何处理大型、复杂、开放系统，科技泰斗钱学森先生曾提出一种较为可行的方法论——“从定性到定量综合集成方法”，提倡遵从先从整体到部分（由上而下），再从部分到整体（由下而上）的研究路线，采取人-机结合、人-网结合的解决方案，让人的优点和机器的优点强强结合、互为补充、相辅相成，形成创造性地解决问题的思路、模式和方法，这一举胜出了培根的“还原方法论”和彼塔朗菲的“整体方法论”。

4.5.1 人机协同促进优化效果倍增

人机协同优化的目的是让人和机器分别从事自身更擅长的事。在石油战略运筹中，人更擅长做有创造性的工作，可以多承担发现问题、创新方法和灵活决策的工作；机器更擅长做规则明确的工作，可以多承担大批量的、较繁重的、机械重复的工作。通过人和机器的共同作用，达到无法单独由人或机器实现的优化效果。

4.5.2 人机协同弥补优化算法短板

石油工业高度复杂，其流程冗长、工艺复杂、原料多变、产品繁多，在整体业务或大环节业务的战略运筹中，多目标优化、矛盾性目标优化、模糊优化、非线性优化等问题是会经常遇见的，对于这些类型的优化问题，单靠算法求解是不能完全胜任的；此外，大型优化、动态优化、快速响应优化等苛刻要求也常常纠缠在一起，这就难以给业务人员留下充足的时间去建立复杂的数学优化模型或调试优化模型的错误。

4.5.3 人机协同可使方案令人满意

在单靠算法不能完全解决复杂优化问题的背景下，开发一个较为通用、易于理解、相对包容、可以扩展的人机协同优化方法就显得非常有必要。对于动态模糊的、需要灵活决策的部分，我们可以交给业务人员来执行；对于其中大批量的、机械重复的循环计算部分，我们可以交给计算机来做；人和机器之间设置交互接口，能够相互识别、相互配合、协同作业，在错综复杂、动态多变、模糊不定、强非线性的条件下，通过快速响应、灵活应对、改变初值、并行计算等不同的处置方式，最终寻找到一批令人满意的优化方案。

4.6 学科交叉融合有望被深化

4.6.1 运筹学是石油工业数字化的重要支撑技术之一

现代石油工业系统的规模越来越庞大、结构越来越复杂、流程越来越冗长、参数越来越繁多，为保障这个巨型系统高效运行，人们向其中大量地引入了运筹学、人工智能、自动控制、计算机科学等众多学科。可以说，当前的石油工业系统已经成为一个支撑多学科生存发展、施展功能的“孕育平台”和各学科交叉融合、联合发挥的“演出平台”。这其中，运筹学是非常重要的一项基础支撑技术，扮演着不可或缺的角色，因为它既可以独立发挥功能，直接助力企业实现降本增效，又可以协同发挥功能，在一定程度上间接支撑人工智能、自动控制、计算机科学等其他学科或技术的深化应用和不断发展。

4.6.2 运筹学与人工智能技术在石油工业中相生相伴

当今时代，人工智能（AI）技术的重要性已经不言而喻。在西方国家，各大科技巨头已纷纷开始布局人工智能产业；在我国，人工智能也被上升到国家战略的高度。按照《中国制造2025》和《新一代人工智能发展规划》的有关指示精神和战略部署，石油工业的各个环节都在开展人工智能技术的研发和试用，并表现出非常乐观的应用前景。当前阶段，人工智能在石油工业中的研发应用已经开始崭露头角，如石油工程中的钻井自适应控制、炼化生产中的火灾视频识别、油品销售中的客户画像分析等，都已开始变成热门的研究课题。

也许有人还未注意到，人工智能这一引领科技发展潮流的前沿技术，自其诞生之初，就与运筹学有着千丝万缕的联系。从初露锋芒的专家系统所依赖的决策树，到后来大热的深度学习所依赖的多层神经网络等，人工智能的很多支撑算法本身就来自运筹学，甚至原本就是运筹学的一个研究分支，以至于有学者直接将运筹学称为人工智能的“引擎”，因为几乎所有的人工智能问题到最后都会归结为一个优化问题，也即归结为一个运筹学规划论问题。例如，机器学习中的一个经典方法——支持向量机，其算法参数求解问题就是一个非线性规划(二次规划和凸规划)的问题。

当前人工智能中最热门的技术流派就是联结主义，联结主义的典型代表就是各种类型的神经网络。利用神经网络来构建人工智能模型时，需要使用样本集来训练模型参数。模型参数训练的一般过程是：首先定义一个能量损失函数（Loss Function）作为目标函数，然后设定模型训练所要遵守的约束条件，最后采用合适的算法求解目标函数的能量最小值。从模型训练的内涵看，基于联结主义的人工智能的构建过程最终可归结为一个求解能量最小的优化问题，也就是运筹学规划论的研究范畴。因此，有人把运筹学看作人工智能的驱动“引擎”。此外，人工智能技术的兴起，吸引了大批的科技工作者重新投入优化算法的研究中去，掀起了运筹学发展的又一个高潮。并且，人工智能技术发展中积累的数据处理技术、分布计算技术、模糊处理技术及其他一些经验，都可借鉴到运筹学的发展中来。

人工智能技术最大的意义并不在于拓展全新的业务领域，而在于对现有所有业务领域的升级或改进，从这个意义上说，运筹学和人工智能之间并没有特别清晰的界限，二者要实现的目标是一致的。只是运筹学的规划论更追求用精确的模型求解精确的结果，而基于深度学习的人工智能技术，更像是一种混沌模糊的优化过程。在未来石油工业的发展中，必然会出现运筹优化技术与人工智能技术互相结合，共同解决各业务域优化难题的局面。一方面，运筹学的发展程度制约着人工智能的升级进步；另一方面，人工智能的发展也为运筹学提供了新的机遇和应用前景。因此，在未来的石油工业中，运筹学必将与人工智能技术相生相伴，一同步入一个快速发展的黄金时期。

4.6.3 运筹学与自动控制技术在石油工业中协同进步

石油工业高度模块化、系统化、耦合化。以炼油化工为例，油品调和、常减压蒸馏、催化裂化、加氢裂化、催化重整、加氢重整、乙烯裂解、芳烃抽提、烷基化、延迟焦化等各类装置模块工艺复杂、相互关联、高度耦合、变量极多，工艺参数常呈混沌、突变、随机、时变、关联等特性，有的参数的变化规律会呈明显的非线性特征。这些不利因素对装置自动控制技术提出了严苛的要求。很明显，以单输入、单输出、线性定常系统为主要研究对象的经典控制理论难以在炼化工业中得到大规模的有效应用。

20世纪60年代初，随着动态规划理论（1954年，贝尔曼）、极大值原理（1956年，庞特里雅金）、多变量最优控制和最优滤波理论（1960年，卡尔曼）的提出，现代控制理论开始形成和发展。在现代控制理论中，最优控制是重要的研究方向，它以状态空间描述（一阶微分或差分方程组）为数学模型，在此基础上构建最优化控制模型，并通过相关优化算法求解，得到系统优化控制方案。最优控制曾在航空、航天、制导等领域取得过辉煌的成果，在过程控制领域也有所移植，然而在炼化工业中，受高维度、强耦合、不确定性等因素的影响，很难建立精确的数学模型，因而最优控制理论的实际应用并不太多。

20世纪70年代末，以参数预测、强鲁棒性、多变量耦合、大时滞处理、自治应能力等为特征的先进过程控制（APC）开始在炼化工业中大放异彩。严格说来，先进过程控制并不是一个新的概念，而是一大类区别于经典控制的方法的统称。甚至有人认为，能够获得比经典PID控制更好的效果的控制策略都可以称为先进过程控制技术，如变增益控制、时滞补偿控制、解耦合控制、选择性控制等。

当前，应用比较广泛并且取得良好效果的是模型预测控制（MPC），所以现阶段人们讨论先进过程控制时，多指模型预测控制。但值得注意的是，依赖运筹优化技术的、具有智能化特征的新型控制方法，如神经网络控制等已经悄然兴起，并有一定规模的工业试用。虽然这类控制技术带有一定的模糊性和随机性，但经过长时间地与模型预测控制等方法的并轨运行和训练修正，其未必不能胜任复杂的炼化工业生产控制任务，甚至其性能表现有可能更加优异。另外，随着先进过程控制技术的逐渐成熟饱和和计算机算力的飞速发展，或许最优控制这个“冷话题”有一天又会变成热门话题，被融入先进过程控制中“梅开二度”，就如神经网络那般，在沉寂了很长的一段时间之后，突然又凭借深度学习网络的诸多变种以“AlphaGo”的形象重现于人们的视野之中，给人以惊艳的表现，并引发人类社会方方面面的重大变革。

谈到自动控制技术，就离不开参数测量工作。没有参数测量反馈，自动控制也就无从谈起。在炼化工业中，有些重要的工艺参数，如沸点、闪点、倾点、蒸气压、物料组成、组分含量等，常是难以直接在线测量的，我们可以将其称为难测参数。而难测参数一般与流量、压力、温度等易测参数之间存在着相对严谨的数学映射关系，利用这个映射关系可以建立软测量模型，通过所测到的易测参数来间接估算难测参数。当前，软测量技术已经得到了广泛的研究和应用，在炼化工业中，软测量技术也和预测控制技术相辅相成，联合推动了炼化生产过程产品质量的闭环控制、质量约束和卡边优化。值得注意的是，软测量技术同样是离不开运筹优化理论的，例如，软测量数据处理中用到的支持向量机、神经网络等和软测量建模中用到的遗传算法、粒子群算法等都直接或间接地与运筹优化技术有关，基于这些原理的软测量技术在炼油化工生产中已有较多的应用案例。因而可以断言，在未来的石油工业中，运筹学将与自动控制技术协同发展、共同进步，不断实现新的跨越，铸就新的辉煌。

4.7 本章小结

经过几十年的发展，运筹学理论研究越来越深，应用范围越来越广，目前已很难有一个人能够成为运筹学所有方向的专家。但就石油战略运筹学而论，新的优化需求、新的问题属性、新的优化方法、大型优化模型、人机协同优化、学科交叉融合等发展趋势或发展要求都将会使得运筹难度不断加大，理论范围不断扩展，应用程度不断加深，这需要广大从事石油战略研究的专家学者们加深交流、加强合作，不断将石油战略运筹学发扬光大，为国家政治、经济、军事等领域的健康发展贡献一份弥足珍贵的技术力量。

参考文献

[1] 胡晓东，袁亚湘，章祥荪. 运筹学发展的回顾与展望[J]. 中国科学院院刊，2012，27（02）：145-160.

[2] 于景元，周晓纪. 从定性到定量综合集成方法的实现和应用[J]. 系统工程理论与实践，2002，22（10）：26-32.

[3] 袁璞. 炼油过程先进控制技术的发展与应用[J]. 石油炼制与化工，1994，25（10）：28-33.

[4] 赵恒平. 中国石化先进过程控制应用现状[J]. 化工进展，2015，34（4）：930-934.

[5] 黄德先，江永亨，金以慧. 炼油工业过程控制的研究现状、问题与展望[J]. 自动化学报，

2017，43（6）：902–916.

［6］钱锋，杜文莉，钟伟民，等. 石油和化工行业智能优化制造若干问题及挑战［J］. 自动化学报，2017，43（6）：893–901.

［7］Zhou P, Lu S W, Chai T Y. Data–driven soft–sensor modeling for product quality estimation using case–based reasoning and fuzzy–similarity rough sets［J］. IEEE Transactions on Automation Science and Engineering, 2014,11(4): 992–1003.

［8］Dote Y, Ovaska S J. Industrial applications of soft computing: a review［J］. Proceedings of the IEEE, 2001,89(9):1243–1265.

［9］Gao X Y, Shang C, Jiang Y H, et al.Refinery scheduling with varying crude: a deep belief network classification and multimodel approach［J］. AICHE Journal,2014,60(7):2525–2532.

［10］栾郭宏，贺凯迅，程辉，等. 基于神经网络的近红外光谱辛烷值模型的研究及应用［J］. 计算机与应用化学，2014，31（1）：63–68.

［11］孙帆，钱锋. 乙二醇生产过程中环氧乙烷浓度的软测量研究［J］. 计算机与应用化学，2010，27（1）：6–10.

［12］俞金寿，刘爱伦，张克进. 软测量技术及其在石油化工中的应用［M］. 北京：化学工业出版社，2000.